KB032610

현대자동차 모빌리티

생산직/기술인력 자동차구조학

SD에듀
㈜·시대고시기획

SD에듀 현대자동차 모빌리티 생산직/기술인력 자동차구조학

Always with you

사람의 인연은 길에서 우연하게 만나거나 함께 살아가는 것만을 의미하지는 않습니다.
책을 펴내는 출판사와 그 책을 읽는 독자의 만남도 소중한 인연입니다.
SD에듀는 항상 독자의 마음을 헤아리기 위해 노력하고 있습니다. 늘 독자와 함께하겠습니다.

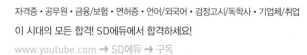

자격증 · 공무원 · 금융/보험 · 면허증 · 언어/외국어 · 검정고시/독학사 · 기업체/취업
이 시대의 모든 합격! SD에듀에서 합격하세요!
www.youtube.com → SD에듀 → 구독

현대자동차그룹은 창의적 사고와 끝없는 도전을 통해 새로운 미래를 창조함으로써 인류 사회의 꿈을 실현한다는 경영철학을 바탕으로 한다. 현대자동차그룹은 고객의 삶의 동반자로서 만족과 감동을 주는 브랜드로 더욱 성장하기 위해, 브랜드 슬로건 'New Thinking, New Possibilities'를 바탕으로 브랜드 방향성인 'Modern Premium'을 고객에게 전달하고자 한다.

현대자동차그룹은 이러한 그룹의 비전에 적합한 인재를 창출해 내기 위해 최근 수시 채용으로 전환하여 채용을 실시하고 있으며, 2023년 10년 만에 생산직 채용을 실시해 청년실업을 해소하고 국내 고용을 활성화하고자 하였다.

이에 SD에듀에서는 현대자동차 모빌리티 생산직/기술인력 필기시험을 준비하는 데 있어 가장 중요하면서도 기본이 되는 자동차구조학의 핵심이론과 적중예상문제를 정리하여 수험생들에게 도움이 되고자 다음과 같은 특징을 가진 본서를 출간하게 되었다.

도서의 특징

❶ 2024년 상반기 기출복원문제를 수록하여 최신 출제경향을 한눈에 파악할 수 있도록 하였다.

❷ 현대자동차 생산직/기술인력 필기시험 문제 유형을 분석 · 연구하여 만든 자동차구조학 핵심이론을 통해 보다 체계적으로 학습할 수 있도록 하였다.

❸ 핵심이론을 바탕으로 구성한 적중예상문제로 실제 시험에 출제될 가능성이 높은 문제 유형에 대비할 수 있도록 하였다.

끝으로 본서를 통해 현대자동차 모빌리티 생산직/기술인력 채용을 준비하는 여러분 모두에게 합격의 기쁨이 있기를 진심으로 기원한다.

SDC(Sidae Data Center) 씀

현대자동차그룹 이야기

⟳ 비전

휴머니티를 향한 진보
Progress for Humanity

현대자동차그룹은 진보가 인류에 대한 깊은 배려와 맞닿아 있을 때 비로소 의미를 가진다고 믿는다. 휴머니티는 현대자동차그룹을 하나로 만들고, 관계를 더욱 단단하게 해준다. 그리고 무엇에 힘을 쏟아야 할지 알려주며, 혁신을 향해 나아가야 할 지향점을 제시해 준다. 이러한 원칙은 현대자동차그룹의 관계를 더 강하게 하고, 서로를 공감하게 하여 더 가치 있는 삶을 제공한다. 현대자동차그룹은 인류를 위해 옳은 일을 하고자 존재한다.

⟳ 핵심 가치

5대 핵심 가치는 현대자동차그룹의 조직과 구성원에게 내재되어 있는 성공 DNA이자 더 나은 미래를 향하여 새롭게 발전시키고 있는 구체적인 행동양식이다. 현대자동차그룹은 5대 핵심 가치를 통해 글로벌 기업의 위상에 맞는 선진문화를 구축하며 성공 DNA를 더욱 발전시켜 나갈 것이다.

고객 최우선 CUSTOMER	최고의 품질과 최상의 서비스를 제공함으로써 모든 가치의 중심에 고객을 최우선으로 두는 고객 감동의 기업 문화를 조성한다.
도전적 실행 CHALLENGE	현실에 안주하지 않고 새로운 가능성에 도전하며 '할 수 있다'는 열정과 창의적 사고로 반드시 목표를 달성한다.
소통과 협력 COLLABORATION	타 부문 및 협력사에 대한 상호 소통과 협력을 통해 '우리'라는 공동체 의식을 나눔으로써 시너지효과를 창출한다.
인재 존중 PEOPLE	우리 조직의 미래가 각 구성원의 마음가짐과 역량에 달려 있음을 믿고 자기계발에 힘쓰며, 인재 존중의 기업문화를 만들어 간다.
글로벌 지향 GLOBALITY	문화와 관행의 다양성을 존중하며, 모든 분야에서 글로벌 최고를 지향하고 글로벌 기업 시민으로서 존경받는 개인과 조직이 된다.

○ 인재상

> 도전, 창의, 열정, 협력, 글로벌 마인드로
> **그룹의 핵심 가치를 실천할 수 있는 인재**

도전 ▶ 실패를 두려워하지 않으며,
신념과 의지를 가지고 적극적으로 업무를 추진하는 인재

창의 ▶ 항상 새로운 시각에서 문제를 바라보며
창의적인 사고와 행동을 실무에 적용하는 인재

열정 ▶ 주인의식과 책임감을 바탕으로
회사와 고객을 위해 헌신적으로 몰입하는 인재

협력 ▶ 개방적 사고를 바탕으로 타 조직과 방향성을 공유하고
타인과 적극적으로 소통하는 인재

글로벌 마인드 ▶ 타 문화의 이해와 다양성의 존중을 바탕으로
글로벌 네트워크를 활용하여 전문성을 개발하는 인재

현대자동차그룹 채용안내 INFORMATION

모집시기
시기가 정해져 있지는 않으며, 연중 수시로 진행

지원방법
현대자동차그룹 채용 홈페이지(talent.hyundai.com)를 통한 온라인 지원 접수

필수요건
❶ 고등학교 이상의 학력을 보유하신 분
❷ 해외여행에 결격 사유가 없는 분
❸ 남성의 경우, 지원서 접수 마감일까지 병역을 마쳤거나 면제되신 분

우대요건
[한국산업인력공단]에서 주관하는 국가기술자격 항목 중 자동차생산 직무와 관련된 자격증에 한해 우대
※ 발행처 기준, 한국산업인력공단 외 자격증은 입력하지 않아도 됨

채용절차

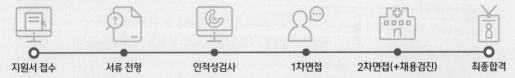

지원서 접수   서류 전형   인적성검사   1차면접   2차면접(+채용검진)   최종합격

학습플랜 STUDY PLAN

본서에 수록된 전 영역을 단기간에 끝낼 수 있도록 구성한 학습플랜이다. 한 번에 전 영역을 공부하지 않고, 한 영역을 집중적으로 공부할 수 있도록 하였다. 필기시험에 대한 기초 학습은 되어 있으나, 학습 계획 세우기에 자신이 없는 분들 혹은 미리 시험에 대비하지 못해 단시간에 많은 분량을 봐야 하는 수험생에게 추천한다.

TWO WEEKS STUDY PLAN

Start!

1일 차 ☐	2일 차 ☐	3일 차 ☐
_____월_____일	_____월_____일	_____월_____일

4일 차 ☐	5일 차 ☐	6일 차 ☐	7일 차 ☐
_____월_____일	_____월_____일	_____월_____일	_____월_____일

8일 차 ☐	9일 차 ☐	10일 차 ☐	11일 차 ☐
_____월_____일	_____월_____일	_____월_____일	_____월_____일

12일 차 ☐	13일 차 ☐	14일 차 ☐	
_____월_____일	_____월_____일	_____월_____일	**Finish**

이 책의 차례 CONTENTS

1

2024년 상반기 기출복원문제

※ 기출복원문제는 수험생들의 후기를 통해 SD에듀에서 복원한 문제로 실제 문제와 다소 차이가 있을 수 있으며, 본 저작물의 무단전재 및 복제를 금합니다.

01 다음 중 밑줄 친 단어의 철자가 옳지 않은 것은?

> The mechanics replace old parts of the gearshift and assamble it to maintain it in optimal condition.

① replace
② gearshift
③ assamble
④ maintain
⑤ condition

02 잇수가 48개인 A기어가 B기어와 서로 맞물려 회전하고 있다. A기어가 240바퀴 회전할 때 B기어가 320바퀴 회전한다면, A기어와 B기어의 잇수의 차이는?

① 12개
② 16개
③ 20개
④ 24개
⑤ 28개

정답 및 해설

01 | 어휘 |
• assemble : 조립하다

| 해석 |

정비사들은 변속기어의 오래된 부품을 교체하고 조립하여 최적의 상태를 유지합니다.

02 서로 맞물려 돌아가는 두 기어의 회전수의 비는 다음과 같다.

(A기어의 회전수) : (B기어의 회전수)＝240 : 320＝3 : 4

(A기어의 잇수)×3＝(B기어의 잇수)×4이므로 B기어의 잇수는 $\dfrac{48 \times 3}{4}$＝36개이다.

따라서 두 기어의 잇수의 차이는 48－36＝12개이다.

01 ③ 02 ① 정답

03 다음 글의 내용으로 적절하지 않은 것은?

> 최근 민간 부문에 이어 공공 부문의 인사관리 분야에 '역량(Competency)'의 개념이 핵심 주제로 등장하고 있다. '역량'이라는 개념은 1973년 사회심리학자인 맥클랜드에 의하여 '전통적 학업 적성 검사 혹은 성취도 검사의 문제점 지적'이라는 연구에서 본격적으로 논의된 이후 다양하게 정의되어 왔으나, 여기서의 역량의 개념은 직무에서 탁월한 성과를 나타내는 고성과자(High Performer)에게서 일관되게 관찰되는 행동적 특성을 의미한다. 즉, 지식·기술·태도 등 내적 특성들이 상호작용하여 높은 성과로 이어지는 행동적 특성이다. 따라서 역량은 관찰과 측정할 수 있는 구체적인 행위의 관점에서 설명된다. 조직이 필요로 하는 역량 모델이 개발된다면 이는 채용이나 선발, 경력 관리, 평가와 보상, 교육·훈련 등 다양한 인사관리 분야에 적용될 수 있다.

① 역량의 개념 정의는 역사적으로 다양하였다.
② 역량은 개인의 내재적 특성을 포함하는 개념이다.
③ 역량은 직무에서 높은 성과로 이어지는 행동적 특성을 말한다.
④ 역량 모델은 공공 부문보다 민간 부문에서 더욱 효과적으로 작용한다.
⑤ 역량 모델의 개발은 조직의 인사관리를 용이하게 한다.

04 체중계 눈금이 600N인 현수가 엘리베이터를 탔다. 이 엘리베이터가 2m/s²의 가속도로 위층으로 올라갈 때와 같은 가속도로 아래층으로 내려갈 때 엘리베이터 안에서 현수의 질량과 체중계 눈금은?(단, 중력가속도는 10m/s²으로 가정한다)

	상승할 때 현수의 질량	상승할 때 체중계 눈금	하강할 때 현수의 질량	하강할 때 체중계 눈금
①	72kg	600N	48kg	600N
②	72kg	720N	48kg	480N
③	60kg	720N	60kg	480N
④	60kg	480N	60kg	720N
⑤	60kg	600N	60kg	600N

정답 및 해설

03 민간 부문에서 역량 모델의 도입에 대한 논의가 먼저 이루어진 것으로 짐작할 수는 있지만, 이것이 민간 부문에서 더욱 효과적으로 작용한다는 것을 의미한다고 보기는 어렵다.

04 현수의 무게는 600N이므로 질량은 $\frac{600}{10}=60$kg이다. 따라서 위층으로 2m/s²의 가속도로 올라가는 엘리베이터 안에서 현수의 무게는 $60\times(10+2)=720$N이고, 같은 가속도로 아래층으로 내려가는 엘리베이터 안에서 현수의 무게는 $60\times(10-2)=480$N이다. 한편, 현수의 질량은 변하지 않으므로 항상 60kg이다.

03 ④ 04 ③ 〈정답〉

A는 H자동차 비서실에서 근무하고 있으며, B비서실장과 C대리와 함께 사장을 보좌하고 있다. 군대를 제대하고 입사한 A와 C대리는 동갑이지만 C대리가 입사 선배이므로 비서실에서 선후배로 지내고 있다.

05 다음 중 비서실 내에서의 바람직한 인간관계를 유지하기 위한 설명으로 적절하지 않은 것은?

① 선배 비서의 업무처리 방식이 자신의 방식과 다르더라도 선배의 업무스타일을 존중하고 맞추도록 노력하는 것이 좋다.
② 사장을 보좌하는 비서이지만, 비서실장의 지휘하에 업무를 수행하도록 한다.
③ 사장에게 보고할 내용이 있으면 비서실장에게 먼저 보고한 후 사장에게 보고한다.
④ 비서실장과 선배 비서가 갈등 관계에 있다면, 사장에게 조언을 구한 후 지시에 따른다.
⑤ 모르는 업무가 있다면, 독단적으로 처리하지 말고 선배 비서 등에게 조언을 구한다.

06 A는 최근 C대리가 다른 임원 비서에게 자신의 험담을 하는 것을 듣게 되어 선배 비서에게 약간의 실망감을 느꼈다. A와 선배 비서 간의 갈등을 해결하는 방법으로 가장 적절한 것은?

① 선배가 나에 대해 호의적이지 않음을 알았으므로 되도록 공동의 업무를 줄여나간다.
② 다른 임원 비서에게 오해를 적극적으로 해명하고 C대리와의 관계를 설명한다.
③ 업무시간이 끝난 후 회식 등의 모임에서 C대리에게 다가가려고 노력하여 친구로 지낸다.
④ C대리가 가입한 사내 등산모임에 가입하여 자연스럽게 오해를 풀도록 노력한다.
⑤ 업무 이외의 사적인 이야기는 아예 꺼내지 않도록 한다.

정답 및 해설

05 제시문의 비서실장과 선배 비서는 엄연한 회사의 상사로, 이런 직속 상사 간의 갈등 관계를 사장에게 직접 보고하는 등의 행동은 적절하지 않다.

06 갈등을 완화하기 위해 노력한다.
  • 완화(Smoothing) : 갈등해소 방법의 하나로, 당사자들의 차이를 축소해석하고 유사성이나 공동이익을 강조하는 방법

05 ④ 06 ④ 《정답》

07 다음 중 〈보기〉에 제시된 자동차 도장 순서를 바르게 나열한 것은?

> **보기**
>
> (가) 작업면 건조　　　　　　　　　　　(나) 베이스 코트 도장
> (다) 표면 샌딩　　　　　　　　　　　　(라) 클리어 코트 도장

① (가) － (다) － (나) － (라)　　　　② (가) － (다) － (라) － (나)
③ (다) － (나) － (라) － (가)　　　　④ (다) － (라) － (나) － (가)
⑤ (라) － (다) － (나) － (가)

08 다음은 주요 국가별 자국 영화 점유율에 대한 자료이다. 이에 대한 설명으로 옳지 않은 것은?

〈주요 국가별 자국 영화 점유율〉

(단위 : %)

구분	2020년	2021년	2022년	2023년
한국	50	42	48	46
일본	47	51	58	53
영국	28	31	16	25
프랑스	36	45	36	35
미국	90	91	92	91

① 자국 영화 점유율에서 프랑스가 한국을 앞지른 해는 2021년뿐이다.
② 4년간 자국 영화 점유율이 매년 꾸준히 상승한 국가는 하나도 없다.
③ 2020년 대비 2023년 자국 영화 점유율이 가장 많이 하락한 국가는 한국이다.
④ 2022년 자국 영화 점유율이 해당 국가의 4년간 통계에서 가장 높은 경우가 절반이 넘는다.
⑤ 2021년을 제외하고 프랑스, 영국의 자국 영화 점유율 순위는 매년 같다.

정답 및 해설

07 자동차 도장을 하기 위해서는 먼저 도장을 할 작업면에 도료가 잘 접착되도록 표면을 거칠게 하는 샌딩(연마) 작업이 필요하다. 이후 연마된 곳에 색을 나타내는 베이스 코트(베이스 컬러 코트)를 도포한 뒤, 이를 보호하기 위한 투명한 도료인 클리어 코트를 도포한다. 이후 클리어 코트를 경화시키기 위해 버너를 이용하여 약 140℃ 이상의 온도로 작업면을 건조시킨다.
따라서 자동차 도장 순서를 바르게 나열한 것은 (다) － (나) － (라) － (가)이다.

08 일본, 미국만 해당하므로 절반이 넘지 않는다.

오답분석
① 2021년에만 프랑스의 자국 영화 점유율이 한국보다 높았다.
② 표를 통해 쉽게 확인할 수 있다.
③ 2020년 대비 2023년 자국 영화 점유율이 하락한 국가는 한국, 영국, 프랑스이고, 이 중 한국이 4%p로 가장 많이 하락했다.
⑤ 2021년을 제외하고 프랑스, 영국은 각각 4, 5순위를 차지하고 있다.

07 ③　08 ④ 정답

09 다음과 같은 복합도르래를 이용하여 720N의 물건을 들어 올리고자 할 때, 필요한 힘의 크기는?(단, 도르래 등의 부속품의 무게는 고려하지 않는다)

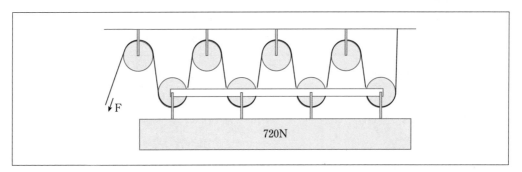

① 80N

② 90N

③ 160N

④ 180N

⑤ 360N

정답 및 해설

09 복합도르래에 작용하는 힘을 자유물체도로 표현하면 다음과 같다.

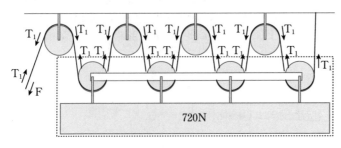

$F = T_1$이고, $8T_1 = 720$이므로 필요한 힘의 크기는 $\dfrac{720}{8} = 90$N이다.

09 ② 정답

10 다음과 같은 모양을 만드는 데 사용된 블록의 개수는?(단, 보이지 않는 곳의 블록은 있다고 가정한다)

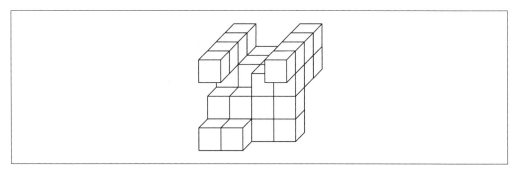

① 36개
② 37개
③ 38개
④ 39개
⑤ 40개

11 다음 중 기체 분자의 충돌 횟수에 대한 설명으로 옳지 않은 것은?

① 기체의 온도, 부피, 압력이 같다면 기체의 종류와 관계없이 기체 분자 간 충돌 횟수는 항상 같다.
② 같은 두 기체의 온도, 압력이 서로 같다면 부피가 큰 기체의 분자 간 충돌 횟수가 더 적다.
③ 같은 두 기체의 온도, 압력이 서로 같다면 분자 간 거리가 먼 기체의 분자 간 충돌 횟수가 더 적다.
④ 같은 두 기체의 온도, 부피가 서로 같다면 기체의 압력이 높은 기체의 분자 간 충돌 횟수가 더 많다.
⑤ 같은 두 기체의 압력, 부피가 서로 같다면 온도가 높은 기체의 분자 간 충돌 횟수가 더 많다.

정답 및 해설 ————————————————————————————————————○

10 · 1층 : $4 \times 4 - 4 = 12$개
· 2층 : $16 - 6 = 10$개
· 3층 : $16 - 6 = 10$개
· 4층 : $16 - 8 = 8$개
∴ $12 + 10 + 10 + 8 = 40$개

11 기체 분자의 충돌 횟수는 기체의 부피, 압력, 온도, 분자량에 따라 결정되며 다음과 같은 관계가 있다.
· 기체의 부피, 압력, 온도가 같다면 분자량이 작을수록 충돌 횟수는 증가한다.
· 기체의 온도, 압력, 분자량이 같다면 부피가 작을수록 충돌 횟수는 증가한다.
· 기체의 부피, 온도, 분자량이 같다면 압력이 높을수록 충돌 횟수는 증가한다.
· 기체의 부피, 압력, 분자량이 같다면 온도가 높을수록 충돌 횟수는 증가한다.

12 다음 주어진 입체도형 중 나머지와 다른 하나는?

①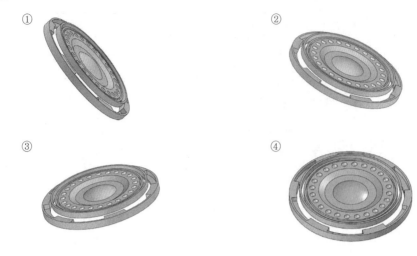

②

③

④

⑤

정답 및 해설

12 겉의 고리가 감싸고 있는 원반 부분이 ① · ② · ③ · ④는 위로 솟아있는 반면, ⑤에서는 함몰되어 있다.

13 다음 글의 내용을 바탕으로 할 때, 차량을 들어 올린 직후에 할 일로 가장 적절한 것은?

How to replace a spare tire

1. Prepare : Park on a flat surface, engage the parking brake, and turn off the engine.
2. Get tools : Locate the spare tire, jack, and lug wrench.
3. Loosen lug nuts : Use the lug wrench to loosen the lug nuts on the flat tire while it's still on the ground.
4. Position jack : Find the jack point under the car and raise it until the flat tire is off the ground.
5. Remove flat tire : Finish loosening and remove the lug nuts, then take off the flat tire.
6. Mount spare tire : Put the spare tire onto the hub and align the holes.
7. Attach lug nuts : Hand tighten the lug nuts onto the wheel studs.
8. Lower the vehicle : Carefully lower the car back to the ground with the jack.
9. Tighten lug nuts : Fully tighten the lug nuts in a star pattern.
10. Check everything : Ensure all nuts are tight, and the spare tire is secure.

---

① 러그너트를 별 모양 패턴으로 조인다.
② 러그너트를 끝까지 푼다.
③ 예비타이어를 허브에 올린다.
④ 조여져 있던 러그너트를 헐겁게 한다.
⑤ 펑크 난 타이어를 제거한다.

정답 및 해설

13 잭을 이용하여 차량을 들어 올리는 것은 4번 '잭 위치시키기' 작업이다. 이후 펑크 난 타이어를 제거하기 위해 먼저 헐거워진 러그너트를 완전히 풀어주어야 한다.

│해석│

예비타이어 교체 방법

1. 준비하기 : 평평한 곳에 주차하고, 주차 브레이크를 당기고, 엔진을 끕니다.
2. 도구 가져오기 : (작업 위치에) 예비타이어, 잭, 러그렌치(휠너트렌치)를 둡니다.
3. 러그너트(휠너트) 풀기 : 펑크 난 타이어가 아직 지상에 있을 때, 러그렌치를 사용하여 러그너트를 헐겁게 합니다.
4. 잭 위치시키기 : 차량 아래에 잭을 놓을 자리를 찾고, 펑크 난 타이어가 지면에서 떨어질 때까지 들어올립니다.
5. 펑크 난 타이어 제거하기 : 러그너트를 끝까지 풀고, 펑크 난 타이어를 제거합니다.
6. 예비타이어 장착하기 : 예비타이어를 허브에 올리고, 구멍을 정렬합니다.
7. 러그너트 부착하기 : 휠 스터드에 러그너트를 손으로 조입니다.
8. 차량 내리기 : 잭을 이용하여 차량을 조심스럽게 다시 지상으로 내립니다.
9. 러그너트 조이기 : 별 모양 패턴(대각선 순서)으로 러그너트를 단단히 조입니다.
10. 모든 것을 점검하기 : 모든 너트가 잘 조여졌는지 확인하고, 예비타이어가 단단히 고정되어 있는지 확인합니다.

오답분석

① 러그너트를 별 모양 패턴으로 조이는 것은 예비타이어를 교체하고, 차량을 내린 후에 하는 작업이다.
③ 차량을 들어 올린 직후에는 아직 펑크 난 타이어가 허브에 있는 상황이므로 이를 먼저 제거한 후에 예비타이어를 허브에 올려야 한다.
④ 러그렌치를 사용해 조여저 있는 러그너트를 헐겁게 하는 것은 차량을 들어올리기 전에 해야 한다.
⑤ 차량을 들어 올린 직후 헐거워져 있는 러그너트를 끝까지 풀어야 펑크 난 타이어를 제거할 수 있다.

13 ② **정답**

14 다음과 같은 회로에서 저항 R_3에 흐르는 전류의 세기는?

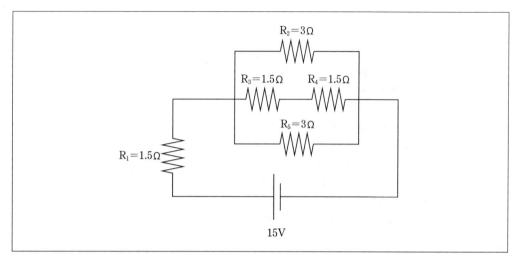

① 0.5A

② 1A

③ 1.5A

④ 2A

⑤ 2.5A

15 다음 중 자동차 관련 영어 명칭에 대한 뜻이 바르게 연결되지 않은 것은?

① Transmission — 변속기

② Headlight — 전조등

③ Coolant — 냉각수

④ Hood — 방열기

⑤ Generator — 발전기

정답 및 해설

14 R_2, R_3, R_4, R_5의 합성저항을 R_C라 하면 $\dfrac{1}{R_C}=\dfrac{1}{3}+\dfrac{1}{1.5+1.5}+\dfrac{1}{3}=1$이므로 $R_C=1\Omega$이고,

R_1과 R_C의 합성저항은 $1.5+1=2.5\Omega$이므로 전체 회로에 흐르는 전류의 세기는 $I=\dfrac{15}{2.5}=6A$이다.

즉, R_C에 걸리는 전압은 $15\times\dfrac{1}{1.5+1}=6V$이고, R_2, R_3+R_4, R_5에 걸리는 전압의 세기는 서로 같다.

이때 R_3, R_4의 합성저항은 $1.5+1.5=3\Omega$이다.

따라서 R_3에 흐르는 전류의 세기는 $\dfrac{6}{3}=2A$이다.

15 Hood는 자동차의 엔진 덮개인 보닛을 뜻한다. 방열기는 Radiator이다.

14 ④ 15 ④ **정답**

16 어떤 기기가 수평임을 알아보기 위해 수평자를 올려놓았을 때 눈금이 다음과 같았다. 수평자의 눈금을 중앙으로 이동시키기 위한 대책으로 가장 적절한 것은?

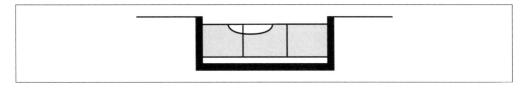

① 기기의 왼쪽을 더 높인 후 놓는다.
② 기기의 오른쪽을 더 높인 후 놓는다.
③ 수평자를 강하게 흔든 후 다시 놓는다.
④ 수평자를 눕혀서 놓는다.
⑤ 수평자를 뒤집어서 놓는다.

정답 및 해설

16 수평자는 중력에 의한 기포의 움직임을 통해 수평 여부를 알 수 있는 측정기구이다. 기포가 왼쪽으로 치우쳐져 있으면 왼쪽이 더 높은 상태이고, 오른쪽으로 치우쳐져 있으면 오른쪽이 더 높은 상태이다. 기포가 중앙에 있다면 그 기기는 현재 수평 상태임을 알 수 있다.

수평자를 이용한 기울기의 판단

기울기	왼쪽이 더 높음	수평	오른쪽이 더 높음	수직
수평자 기포의 위치				

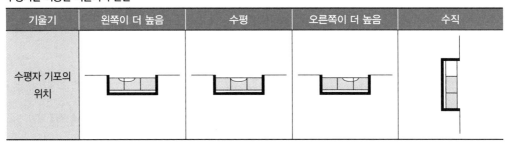

16 ② **정답**

17 프로젝트를 완료하는 데 A사원이 혼자 하면 7일, B사원이 혼자 하면 9일이 걸린다. 3일 동안 두 사원이 함께 프로젝트를 진행하다가 B사원이 병가를 내는 바람에 나머지는 A사원이 혼자 처리해야 한다. A사원이 남은 프로젝트를 완료하는 데에는 며칠이 더 걸리겠는가?

① 1일
② 2일
③ 3일
④ 4일
⑤ 5일

18 다음 글의 중심 내용으로 가장 적절한 것은?

> 헤르만 헤세는 어느 책이 유명하다거나 그것을 모르면 수치스럽다는 이유만으로 그 책을 무리하게 읽으려는 것은 참으로 그릇된 일이라 했다. 그는 이어서, "그렇게 하기보다는 모든 사람은 자기에게 자연스러운 면에서 읽고, 알고, 사랑해야 할 것이다. 어느 사람은 학생 시절의 초기에 벌써 아름다운 시구의 사랑을 자기 안에서 발견할 수 있으며, 혹은 어느 사람은 역사나 자기 고향의 전설에 마음이 끌리게 되고 또는 민요에 대한 기쁨이나 우리의 감정이 정밀하게 연구되고 뛰어난 지성으로 해석된 것에 독서의 매력 있는 행복감을 가질 수 있을 것이다."라고 말한 바 있다.

① 문학 작품을 많이 읽으면 정서 함양에 도움이 된다.
② 학생 시절에 고전과 명작을 많이 읽어 교양을 쌓아야 한다.
③ 남들이 읽어야 한다고 말하는 책보다 자신이 읽고 싶은 책을 읽는 것이 좋다.
④ 자신이 속한 사회의 역사나 전설에 관한 책을 읽으면 애향심을 기를 수 있다.
⑤ 독서는 우리의 감정을 정밀하게 연구하고 해석하여 행복감을 준다.

정답 및 해설

17 프로젝트를 완료하는 일의 양을 1이라 하면, A사원은 하루에 $\frac{1}{7}$, B사원은 하루에 $\frac{1}{9}$만큼의 일을 할 수 있다.

3일 동안 같이 한 일의 양은 $\left(\frac{1}{7}+\frac{1}{9}\right)\times 3=\frac{16}{21}$이므로, A사원이 혼자 해야 할 일의 양은 $\frac{5}{21}$이다.

이때 프로젝트를 완료하는 데 걸리는 시간을 일이라 하면 다음과 같은 식이 성립한다.

$\frac{1}{7}\times x=\frac{5}{21}$

$\therefore x=\frac{5}{3}$

따라서 A사원 혼자 프로젝트를 완료하는 데에는 총 2일이 더 걸린다.

18 헤르만 헤세가 한 발인 "자기에게 자연스러운 면에서 읽고, 알고, 사랑해야 할 것이다."라는 문구를 통해 남의 기준에 맞추기보다 자신의 감정에 충실하게 책을 선택하여 읽으라고 하였음을 알 수 있다.

19 다음과 같이 양 끝이 렌치인 공구로 체결 작업을 하기에 적절하지 않은 부품은?

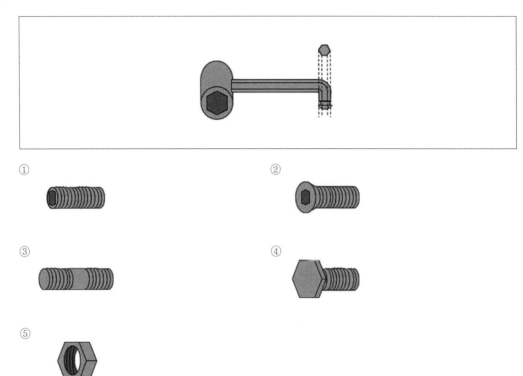

①

②

③

④

⑤

PART 1

정답 및 해설

19 제시된 공구는 육각나사, 육각너트, 육각형 홈이 있는 부품을 풀거나 조일 때 사용하는 렌치이다.
따라서 ③은 렌치와 결합할 수 있는 육각형 홈 등이 없으므로 체결 작업을 하기에 적절하지 않다.

19 ③ 정답

PART 1 2024년 상반기 기출복원문제 • **13**

20 다음과 같은 회로에서 스위치 S를 A, B, C와 연결할 때, 점등되는 전구의 수를 바르게 구한 것은?

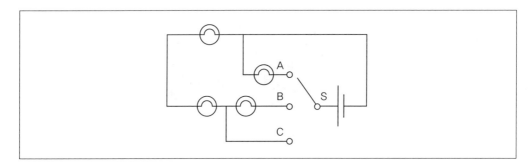

	A	B	C
①	1개	3개	2개
②	1개	4개	3개
③	2개	3개	2개
④	2개	4개	3개
⑤	3개	3개	3개

20 스위치 S와 A, B, C를 각각 연결했을 때 점등되는 전구는 다음과 같다.

구분	S - A	S - B	S - C
회로			
점등되는 전구 수	1개	3개	2개

21 다음은 H사의 모집단위별 지원자 수 및 합격자 수에 대한 표이다. 이에 대한 설명으로 옳지 않은 것은?

〈모집단위별 지원자 수 및 합격자 수〉

(단위 : 명)

구분	남성		여성		합계	
	합격자 수	지원자 수	합격자 수	지원자 수	모집정원	지원자 수
A집단	512	825	89	108	601	933
B집단	353	560	17	25	370	585
C집단	138	417	131	375	269	792
합계	1,003	1,802	237	508	1,240	2,310

※ (경쟁률) = $\dfrac{\text{(지원자 수)}}{\text{(모집정원)}}$

① 세 개의 모집단위 중 총 지원자 수가 가장 많은 것은 A집단이다.

② 세 개의 모집단위 중 합격자 수가 가장 적은 것은 C집단이다.

③ H사의 남성 합격자 수는 여성 합격자 수의 5배 이상이다.

④ B집단의 경쟁률은 $\dfrac{117}{74}$ 이다.

⑤ C집단에서는 남성의 경쟁률이 여성의 경쟁률보다 높다.

정답 및 해설

21 남성 합격자 수는 1,003명, 여성 합격자 수는 237명으로, $1,003 \div 237 ≒ 4.23$이다.
따라서 남성 합격자 수는 여성 합격자 수의 4배 이상이다.

오답분석

① 제시된 표의 합계에서 지원자 수 항목을 보면 A집단의 지원자 수가 933명으로 가장 많은 것을 알 수 있다.

② 제시된 표의 합계에서 모집정원 항목을 보면 C집단의 모집정원이 가장 적은 것을 알 수 있다.

④ 경쟁률은 $\dfrac{\text{(지원자 수)}}{\text{(모집정원)}}$ 이므로, B집단의 경쟁률은 $\dfrac{585}{370} = \dfrac{117}{74}$ 이다.

⑤ C집단에서 남성의 경쟁률은 $\dfrac{417}{138} ≒ 3.02$, 여성의 경쟁률은 $\dfrac{375}{131} ≒ 2.86$이므로, 남성의 경쟁률이 여성의 경쟁률보다 높다.

21 ③ 정답

22 다음 중 제시된 도형과 같은 것은?(단, 도형은 회전이 가능하다)

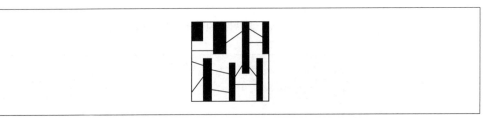

①

②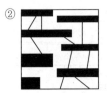

③

④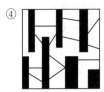

⑤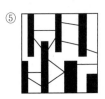

22 제시된 도형을 시계 반대 방향으로 90° 회전한 것이다.

23 다음은 굽은 도로에서 버스가 좌회전 중에 신호를 받고 감속하여 완전히 정지를 한 순간을 나타낸 그림이다. 이때 버스 손잡이가 움직인 방향은?

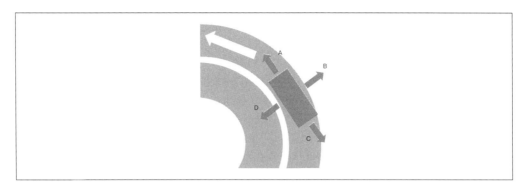

① A
② B
③ C
④ D
⑤ 움직이지 않음

정답 및 해설

23 버스가 완전히 정지했으므로 버스에 작용하는 알짜힘은 0이다. 이때, 버스 손잡이는 관성의 법칙에 의해 버스가 움직인 방향으로 등속 직선 운동을 하려고 한다. 따라서 버스 손잡이는 A방향으로 움직인다.

23 ① **정답**

24 다음 글의 제목으로 가장 적절한 것은?

기온이 높아지는 여름이 되면 운전자들은 자동차 에어컨을 켜기 시작한다. 그러나 겨우내 켜지 않았던 에어컨에서는 간혹 나오는 바람이 시원하지 않거나 퀴퀴한 냄새가 나는 경우가 있다. 이러한 증상이 나타난다면 에어컨 필터를 점검해 봐야 한다. 자동차에서 에어컨을 키게 되면 외부의 공기가 냉각기를 거쳐 차량 내부로 들어오게 되는데, 이때 에어컨 필터는 외부의 미세먼지, 매연, 세균 등의 오염물질을 걸러주는 역할을 한다. 이 과정에서 필터 표면에 먼지가 쌓이는데 필터를 교체하지 않고 오랫동안 방치하면 먼지에 들러붙은 습기로 인해 곰팡이가 생겨 퀴퀴한 냄새의 원인이 된다. 이를 방치하여 에어컨 바람을 타고 곰팡이의 포자가 차량 내부에 유입되면 알레르기나 각종 호흡기 질환의 원인이 된다. 그러므로 자동차 에어컨 필터는 주기적으로 교체해 주어야 한다. 일반적인 교체 주기는 봄ㆍ가을처럼 6개월마다 교체하거나, 주행거리 10,000km마다 하는 것이 적당하다. 최근에는 심한 미세먼지로 인해 3개월 주기로 교체하기도 하며, 운전자가 비포장 도로 등의 먼지가 많은 곳을 자주 주행한다면 5,000km에 한 번씩 교체해야 한다.

자동차 에어컨 필터 교체는 정비소에 가서 교체하거나, 운전자 스스로 교체할 수 있다. 운전자가 셀프로 교체하는 경우 다양한 필터를 자신의 드라이빙 환경에 맞춰 선택할 수 있고, 비용도 1만 원 안팎으로 저렴하게 교체할 수 있다. 제품 설명서나 교체 동영상 등을 참고하면 혼자서도 쉽게 에어컨 필터를 교체할 수 있다.

에어컨 필터는 필터의 종류에 따라 크게 순정 필터, 헤파(HEPA; High Efficiency Particulate Air) 필터, 활성탄 필터로 구분된다. 순정 필터는 자동차 출고 시 장착되는 오리지널 필터로 호환성이 좋고 일정한 품질이 보장되는 장점이 있다. 미세먼지 포집력이 뛰어난 헤파 필터는 일반적으로 공기 중의 0.3 이상의 먼지를 99.97% 걸러주는 고성능 필터로서 거를 수 있는 크기에 따라 울파, 헤파, 세미헤파 등급으로 구분된다. 마지막으로 활성탄 필터는 숯처럼 정화 능력이 좋은 탄소질이 포함된 필터로 오염물질 흡착력이 뛰어나고 공기 중의 불쾌한 냄새나 포름알데히드 등의 화학물질을 걸러주는 필터이다. 이와 같이 에어컨 필터는 다양한 종류가 있으며 평소 운전자의 주행 환경과 가격을 고려하여 교체하는 것이 가장 바람직하다.

① 자동차 에어컨 필터의 종류
② 자동차 에어컨 필터의 교체 시기
③ 자동차 에어컨 필터의 관리 방법
④ 여름철 자동차 에어컨의 취급 유의사항
⑤ 호흡기 질환을 유발하는 자동차 에어컨 필터

정답 및 해설

24 제시문은 자동차 에어컨 필터의 역할, 교체 주기, 교체 방법, 주행 환경에 따른 필터의 선택 등 자동차 에어컨 필터를 관리하는 방법에 대해 포괄적으로 설명하고 있는 글이다. 따라서 가장 적절한 제목은 '자동차 에어컨 필터의 관리 방법'이다.

오답분석
①ㆍ② 일부 문단의 중심 내용으로 글 전체를 포함하는 제목이 아니다.
④ 첫 번째 문단에서 여름철 자동차 에어컨 사용 시 필터를 주기적으로 교체해 주어야 한다고 설명하지만, 자동차 에어컨 취급 유의사항에 대한 내용은 없다.
⑤ 호흡기 질환은 오랫동안 방치된 자동차 에어컨 필터의 곰팡이에서 유발된다.

24 ③ **정답**

25 물건 X, Y를 조립할 때 필요한 부품 A, B의 개수와 가격은 다음과 같다. 물건 X, Y를 각각 100개씩 조립할 때 필요한 금액의 차이는?

〈조립 시 필요한 부품 A, B 수량〉

(단위 : 개)

구분	부품 A	부품 B
물건 X	10	8
물건 Y	6	12

〈부품 A, B 가격〉

(단위 : 원)

구분	부품 A	부품 B
가격	4,000	3,500

① 100,000원 ② 200,000원
③ 300,000원 ④ 400,000원
⑤ 500,000원

26 다음 글에서 밑줄 친 단어를 영어로 쓸 때, 'a'의 개수는?

섀시는 자동차에서 차체를 제외한 부분을 뜻하며 차대라고도 불린다. 여기에 포함되는 장치는 엔진, 서스펜션, 스티어링, 파워트레인, 브레이크, 휠, 타이어가 있다.

① 3개 ② 4개
③ 5개 ④ 6개
⑤ 7개

정답 및 해설

25 • 물건 X를 조립할 때 필요한 금액 : $(10 \times 4,000) + (8 \times 3,500) = 40,000 + 28,000 = 68,000$원
• 물건 Y를 조립할 때 필요한 금액 : $(6 \times 4,000) + (12 \times 3,500) = 24,000 + 42,000 = 66,000$원
따라서 X를 100개 조립할 때 필요한 금액과 Y를 100개 조립할 때 필요한 금액의 차이는
$(100 \times 68,000) - (100 \times 66,000) = 100 \times (68,000 - 66,000) = 100 \times 2,000 = 200,000$원이다.

26 밑줄 친 단어를 영어로 쓰면 다음과 같다.
• 섀시 : Chassis • 엔진 : Engine
• 서스펜션 : Suspension • 스티어링 : Steering
• 파워트레인 : Powertrain • 브레이크 : Brake
• 휠 : Wheel • 타이어 : Tire
따라서 밑줄 친 단어 중 'a'는 모두 3개이다.

27 해산물을 싣고 직선 도로 위를 달리는 트럭이 있다. 달리는 도중에 트럭의 물탱크에 담겨 있는 물의 수면이 다음 그림과 같이 진행 방향 쪽으로 기울어진 상태를 유지하였다. 이 트럭의 운동 상태에 대한 설명으로 가장 적절한 것은?

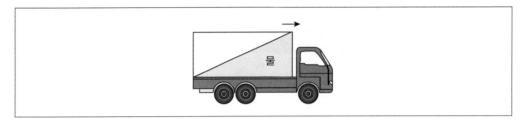

① 일정한 속도로 달리고 있다.

② 속도가 일정하게 감소하고 있다.

③ 속도가 일정하게 증가하고 있다.

④ 가속도가 일정하게 감소하고 있다.

④ 가속도가 일정하게 증가하고 있다.

28 다음 중 디젤엔진의 특징으로 옳지 않은 것은?

① 기온이 낮은 상황에서 시동이 잘 걸리지 않는다.

② 점화플러그의 스파크를 이용하여 실린더 내의 연료를 착화시킨다.

③ 가솔린엔진에 비해 열효율이 높다.

④ 연료분사량의 증감을 통해 엔진의 출력을 제어한다.

⑤ 흡입행정에서 연료를 흡입하지 않는다.

정답 및 해설

27 물이 받는 관성력이 트럭의 진행 방향 쪽으로 일정하므로 트럭의 가속도 방향은 진행 방향과 반대이다. 따라서 트럭은 속도가 일정하게 감소하고 있다.

28 디젤엔진은 실린더에서 압축된 고온·고압의 공기에 연료를 분사하여 자기착화를 일으키는 엔진이다. 점화플러그는 가솔린엔진에서 공기와 연료가 혼합된 혼합기를 실린더 내에서 불꽃(스파크)을 통해 착화시키는 장치로 가솔린엔진에서만 사용한다.

오답분석

① 디젤엔진은 고온·고압의 공기에 연료를 분사하여 자기착화를 통해 일으키는 엔진이므로, 겨울처럼 외부의 온도가 낮을 때 시동이 잘 걸리지 않는다. 따라서 예열플러그를 통해 시동을 걸기 전에 엔진 내부를 데워야 한다.

③ 일반적으로 디젤엔진은 가솔린엔진보다 2배 이상 압축비가 높으므로 높은 열효율을 가진다.

④ 디젤엔진의 출력은 실린더에 분사하는 연료량으로 조절한다. 연료를 많이 넣어 연소시키면 팽창압력이 높아져 실린더를 더욱 세게 밀어낸다. 반면 가솔린엔진은 실린더 내에 집어넣는 공기의 양을 조절하여(공연비 조절) 출력을 제어한다.

⑤ 디젤엔진은 흡입행정에서 공기만을 흡입하는 반면, 가솔린엔진은 공기와 연료가 혼합된 혼합기를 흡입한다.

27 ② 28 ② 〈 정답

29 다음 안내문의 내용으로 적절하지 않은 것은?

> School Swimming Pool
> · Open to all students.
> · Open hours : 9:00 a.m. to 5:00 p.m.
> · Shower rooms and lockers available.
> · Food and drinks are not allowed.

① 모든 학생이 이용할 수 있다.
② 오전 9시부터 오후 5시까지 개방한다.
③ 샤워룸과 사물함을 사용할 수 있다.
④ 음식과 음료수 반입이 가능하다.
⑤ 수심에 관한 내용은 알 수 없다.

정답 및 해설

29 안내문의 맨 마지막 줄에 음식과 음료수 반입이 허용되지 않는다고(not allowed) 나와 있다.

| 어휘 |
· available : 사용 가능한
· allow : 허용하다

| 해석 |

> **학교 수영장**
> · 모든 학생에게 개방한다.
> · 오전 9시부터 오후 5시까지 개방한다.
> · 샤워룸과 사물함을 사용할 수 있다.
> · 음식과 음료수 반입은 허용하지 않는다.

29 ④ 《정답》

30 다음 두 블록을 합쳤을 때 나올 수 있는 형태는?

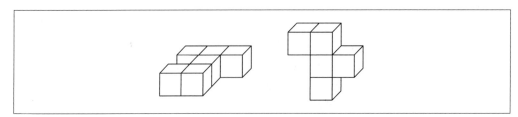

①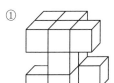

②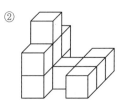

③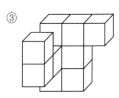

④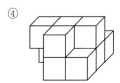

⑤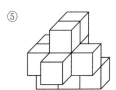

정답 및 해설

30

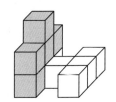

30 ② 《정답》

31 다음과 같이 평기어와 체인 여러 개가 맞물려 회전하고 있다. A기어의 회전 방향이 시계 방향일 때, A기어와 같은 방향으로 회전하는 기어는 모두 몇 개인가?(단, 회전축이 같은 기어는 서로 결합되어 같은 방향으로 회전한다)

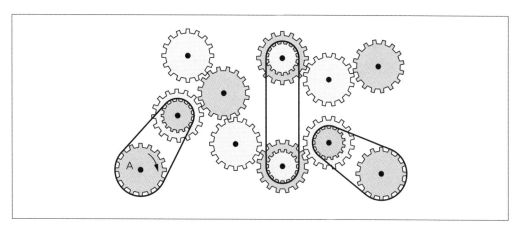

① 5개
② 6개
③ 7개
④ 8개
⑤ 9개

정답 및 해설

31 제시된 상황에서 기어의 회전 방향은 다음과 같다.

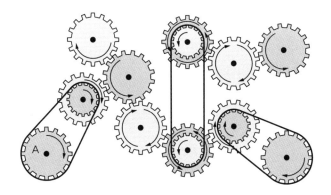

따라서 A와 같은 시계 방향으로 회전하는 기어는 모두 8개이다.

작은 기회로부터 종종 위대한 업적이 시작된다.

– 데모스테네스 –

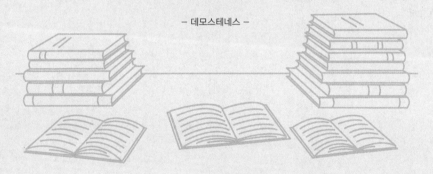

2

자동차구조학 핵심이론

01 | 엔진

1 엔진의 기본구조 및 작동원리

(1) 열기관

열에너지를 기계적 에너지로 변환하는 기관을 말하며 고온과 저온의 열원 사이에서 순환과정을 반복하며 열에너지를 역학적 에너지로 바꾸는 장치이다.

① 외연기관

열기관의 형태 중의 하나로 외부의 보일러 또는 가열기를 통하여 작동유체를 가열시키고 가열된 작동 유체의 열과 압력을 이용하여 동력을 얻는 기관으로 증기기관과 스털링기관 등이 있다.

② 내연기관

공기와 화학적 에너지를 갖는 연료의 혼합물을 기관 내부에서 연소시켜 에너지를 얻는 기관이다. 기관 의 작동부(연소실)에서 혼합물을 직접 연소시켜 압력과 열에너지를 갖는 가스를 이용하여 동력을 얻는 열기관이며 자동차의 내연기관 분류는 다음과 같다.

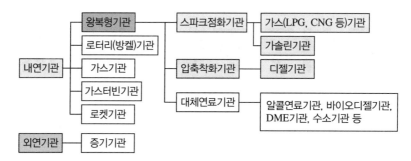

(2) 자동차용 내연기관의 분류

① 작동방식에 의한 분류

  ㉠ 왕복형 엔진(피스톤 엔진) : 피스톤의 왕복 운동을 크랭크축에 의해 회전운동으로 변환하여 동력을 얻는 엔진으로 가솔린 엔진, 디젤 엔진, LPG 엔진, CNG 엔진 등이 속한다.

  ㉡ 회전형 엔진(로터리 엔진) : 엔진 폭발력을 회전형 로터에 의하여 직접 회전력으로 변환시켜 기계 적인 에너지로 변환시킨 후 동력을 얻는 엔진이다.

  ㉢ 분사 추진형 엔진 : 연소 배기가스를 고속으로 분출시킬 때 그 반작용으로 추진력이 발생하여 동력 을 얻는 엔진으로 제트 엔진 등이 해당된다.

② 점화방식에 의한 분류

  ㉠ 전기점화 엔진 : 압축된 혼합기에 점화 플러그로 고압의 전기불꽃을 발생시켜서 점화 연소시키는 엔진으로 가솔린 엔진, LPG, CNG 엔진 등이 있다.

  ㉡ 압축착화 엔진(자기착화 엔진) : 공기만을 흡입하여 고온($500 \sim 600℃$), 고압($30 \sim 35\text{kg/cm}^2$)으로 압 축한 후 고압의 연료를 미세한 안개 모양으로 분사하여 자기착화시키는 엔진으로 디젤 엔진이 있다.

③ 엔진의 분류

    ㉠ 작동 사이클에 의한 분류

        • 4행정 1사이클 엔진 : 흡입-압축-폭발(동력)-배기의 4개의 행정이 1번 완료 시 크랭크축이 2회전(720°)하여 1사이클을 완성하는 엔진이다.

        • 2행정 1사이클 엔진 : (소기 · 압축)-(폭발 · 배기)의 2개의 행정이 1번 완료 시 크랭크축이 1회전(360°)하여 1사이클을 완성하는 엔진이다.

④ **열역학적 사이클에 의한 분류**

    ㉠ 오토 사이클(정적 사이클, Otto Cycle) : 전기 점화 엔진의 기본 사이클이며 급열이 일정한 체적에서 형성되고 2개의 정적변화와 2개의 단열변화로 사이클이 구성된다. 단열압축 → 정적가열 → 단열팽창 → 정적방열의 과정으로 구성되며 대표적으로 가솔린 엔진이 속한다.

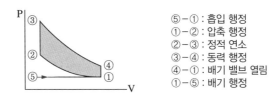

[오토 사이클 P-V 선도]

    ㉡ 디젤 사이클(정압 사이클, Diesel Cycle) : 급열이 일정한 압력하에서 이루어지며 중 · 저속 디젤 엔진에 적용된다. 단열압축 → 정압가열 → 단열팽창 → 정적방열의 과정으로 구성된다(1사이클).

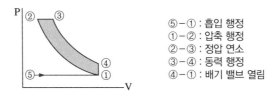

[디젤 사이클 P-V 선도]

    ㉢ 사바테 사이클(복합 사이클, Sabathe Cycle) : 급열은 정적과 정압하에서 이루어지며 고속 디젤 엔진이 여기에 속한다. 단열압축 → 정적가열 → 정압가열 → 단열팽창 → 정적방열의 과정으로 구성된다(1사이클).

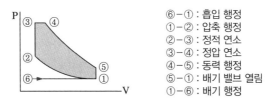

[사바테 사이클 P-V 선도]

⑤ 사용 연료에 따른 분류
  ㉠ 가솔린 엔진 : 엔진 동작유체로 가솔린을 사용하는 엔진을 말하며 가솔린과 공기의 혼합물을 전기
    적인 불꽃으로 연소시키는 엔진이다.
  ㉡ 디젤 엔진 : 엔진의 동작유체로 경유를 사용하는 엔진을 말하며 공기를 흡입한 후 압축하여 발생한
    압축열에 의해 연료를 자기 착화하는 엔진이다.
  ㉢ LPG 엔진 : 엔진 동작유체로 액화석유가스(LPG)를 사용하는 엔진을 말하며 공기를 흡입한 후 액
    화석유가스와 혼합하여 전기적인 불꽃으로 연소시키는 엔진이다.
  ㉣ CNG 엔진 : 엔진 동작유체로 천연가스를 사용하는 엔진을 말하며 공기를 흡입한 후 CNG와 혼합
    하여 전기적인 불꽃으로 연소시키는 엔진이다.
  ㉤ 소구(열구) 엔진 : 연소실에 열원인 소구(열구) 등을 장착하고 연소하여 동력을 얻는 형식의 엔진을
    말하며 세미 디젤 엔진(Semi Diesel Engine) 또는 표면 점화 엔진이라 한다.
⑥ 엔진의 구비 조건
  ㉠ 공기와 화학적 에너지를 갖는 연료를 연소시켜 열에너지를 발생시킬 것
  ㉡ 연소 가스의 폭발동력이 직접 피스톤에 작용하여 열에너지를 기계적 에너지로 변환시킬 것
  ㉢ 연료소비율이 우수하고 엔진의 소음 및 진동이 적을 것
  ㉣ 단위 중량당 출력이 크고 출력변화에 대한 엔진성능이 양호할 것
  ㉤ 경량, 소형이며 내구성이 좋을 것
  ㉥ 사용연료의 공급 및 가격이 저렴하며 정비성이 용이할 것
  ㉦ 배출가스에 인체 또는 환경에 유해한 성분이 적을 것
⑦ 4행정 사이클 엔진의 작동
  ㉠ 흡입 행정 : 배기 밸브는 닫고 흡기 밸브는 열어 피스톤이 상사점에서 하사점으로 이동할 때 발생
    하는 부압을 이용하여 공기 또는 혼합기를 실린더로 흡입하는 행정이다.
  ㉡ 압축 행정 : 흡기와 배기 밸브를 모두 닫고 피스톤이 하사점에서 상사점으로 이동하며 혼합기 또는
    공기를 압축시키는 행정이다. 압축작용으로 인하여 혼합가스의 체적은 작아지고 압력과 온도는 높
    아진다.

구분	가솔린 엔진	디젤 엔진
압축비	7~12 : 1	15~22 : 1
압축압력	7~13kgf/cm^2	30~55kgf/cm^2
압축온도	120~140℃	500~550℃

  ㉢ 폭발 행정(동력 행정) : 흡기와 배기 밸브가 모두 닫힌 상태에서 혼합기를 점화하여 고온 고압의 연
    소가스가 발생하고 이 작용으로 피스톤은 상사점에서 하사점으로 이동하는 행정이다. 실제 기관의
    동력이 발생하기 때문에 동력 행정이라고도 한다.

구분	가솔린 엔진	디젤 엔진
폭발압력	35~45kgf/cm^2	55~65kgf/cm^2

ⓔ 배기 행정 : 흡기 밸브는 닫고 배기 밸브는 열린 상태에서 피스톤이 하사점에서 상사점으로 이동하며 연소된 가스를 배기라인으로 밀어내는 행정이며 배기 행정 말단에서 흡기 밸브를 동시에 열어 배기가스의 잔류압력으로 배기가스를 배출시켜 충진 효율을 증가시키는 블로우 다운 현상을 이용하여 효율을 높인다.

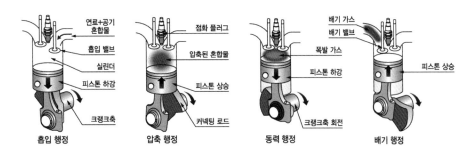

[4행정 엔진의 작동]

⑧ 2행정 사이클 엔진의 작동

  ㉠ 소기, 압축 행정(피스톤 상승) : 소기, 압축 행정은 피스톤이 하사점에 있을 때 기화기에서 형성된 혼합기를 소기펌프(Scavenging Pump)로 압축하여 실린더 내로 보내면서 피스톤이 상사점으로 이동하는 행정이다.

  ㉡ 폭발, 배기 행정(피스톤 하강) : 피스톤이 팽창압력으로 인하여 상사점에서 하사점으로 이동하는 행정으로 연소가스는 체적이 증가하고 압력이 떨어진다.

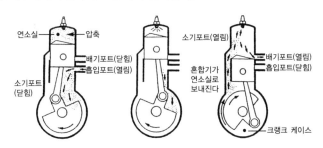

[2행정 엔진이 작동]

또한 혼합기의 강한 와류형성 및 압축비를 증대시키기 위해 피스톤 헤드부를 돌출시킨 디플렉터를 두어 제작하는 경우도 있다.

⑨ 4행정 사이클 엔진과 2행정 사이클 엔진

구분	4행정 사이클 엔진	2행정 사이클 엔진
행정 및 폭발	크랭크축 2회전(720°)에 1회 폭발 행정	크랭크축 1회전(360°)에 1회 폭발 행정
기관효율	4개의 행정의 구분이 명확하고 작용이 확실하며 효율 우수	행정의 구분이 명확하지 않고 흡기와 배기 시간이 짧아 효율이 낮음
밸브기구	밸브기구가 필요하고 구조가 복잡	밸브기구가 없어 구조는 간단하나 실린더 벽에 흡기구가 있어 피스톤 및 피스톤 링의 마멸이 큼
연료소비량	연료소비율 비교적 좋음 (크랭크축 2회전에 1번 폭발)	연료소비율 나쁨 (크랭크축 1회전에 1번 폭발)
동력	단위 중량당 출력이 2행정 기관에 비해 낮음	단위 중량당 출력이 4행정 사이클에 비해 높음
엔진중량	무거움(동일한 배기량 조건)	가벼움(동일한 배기량 조건)

㉠ 4행정 사이클 엔진의 장점
  • 각 행정이 명확히 구분되어 있다.
  • 흡입 행정 시 공기(공기＋연료)의 냉각효과로 각 부분의 열적 부하가 적다.
  • 저속에서 고속까지 엔진회전속도의 범위가 넓다.
  • 흡입 행정의 구간이 비교적 길고 블로우 다운 현상으로 체적효율이 높다.
  • 블로우 바이 현상이 적어 연료 소비율 및 미연소가스의 생성이 적다.
  • 불완전 연소에 의한 실화가 발생되지 않는다.
㉡ 4행정 사이클 엔진의 단점
  • 밸브기구가 복잡하고 부품 수가 많아 충격이나 기계적 소음이 크다.
  • 가격이 고가이고 마력당 중량이 무겁다(단위중량당 마력이 적다).
  • 2행정에 비해 폭발횟수가 적어 엔진 회전력의 변동이 크다.
  • 탄화수소(HC)의 배출량은 적으나 질소산화물(NOx)의 배출량이 많다.
㉢ 2행정 사이클 엔진의 장점
  • 4사이클 엔진에 비하여 이론상 약 2배의 출력이 발생된다.
  • 크랭크 1회전당 1번의 폭발이 발생되기 때문에 엔진 회전력의 변동이 적다.
  • 실린더 수가 적어도 엔진 구동이 원활하다.
  • 마력당 중량이 적고 값이 싸며, 취급이 쉽다(단위중량당 마력이 크다).
㉣ 2행정 사이클 엔진의 단점
  • 각 행정의 구분이 명확하지 않고, 유해배기가스의 배출이 많다.
  • 흡입 시 유효 행정이 짧아 흡입 효율이 저하된다.
  • 소기 및 배기 포트의 개방시간이 길어 평균 유효 압력 및 효율이 저하된다.
  • 피스톤 및 피스톤 링이 손상되기 쉽다.
  • 저속 운전이 어려우며, 역화가 발생된다.
  • 흡·배기가 불완전하여 열 손실이 크며, 미연소가스(HC)의 배출량이 많다.
  • 연료 및 윤활유의 소모율이 많다.

2 실린더 헤드(Cylinder Head)

실린더 헤드는 헤드 개스킷을 사이에 두고 실린더 블록의 상부에 결합되며 밸브기구가 장착되고 실린더 및 피스톤과 더불어 연소실을 형성하는 구조를 가진다. 실린더 헤드의 하부에는 연소실이 형성되어 연소 시 발생하는 높은 열부하와 충격에 견딜 수 있도록 내열성, 고강성, 냉각효율 등이 요구되며 재질은 보통주철과 알루미늄합금이 많이 사용된다. 또한 실린더 블록과 실린더 헤드 사이에 실린더 헤드 개스킷을 조립하여 실린더 헤드와 실린더 블록 사이의 연소가스 누설 및 오일, 냉각수 누출을 방지하고 있다.

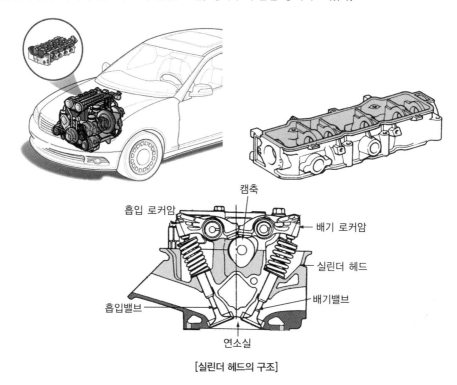

[실린더 헤드의 구조]

(1) 연소실의 구비 조건

① 화염전파에 소요되는 시간을 짧게 하는 구조일 것
② 이상연소 또는 노킹을 일으키지 않는 형상일 것
③ 열효율이 높고 배기가스에 유해한 성분이 적도록 완전 연소하는 구조일 것
④ 가열되기 쉬운 돌출부(조기점화원인)를 두지 말 것
⑤ 밸브 통로면적을 크게 하여 흡기 및 배기 작용을 원활히 되도록 할 것
⑥ 연소실 내의 표면적은 최소가 되도록 할 것
⑦ 압축 행정 말에서 강력한 와류를 형성하는 구조일 것

(2) 실린더 헤드 개스킷(Cylinder Head Gasket)

실린더 헤드 개스킷은 연소가스 및 엔진오일, 냉각수 등의 누설을 방지하는 기밀 작용을 해야 하며 고온과 폭발압력에 견딜 수 있는 내열성, 내압성, 내마멸성을 가져야 한다. 이에 따른 실린더 헤드 개스킷의 종류는 다음과 같다.

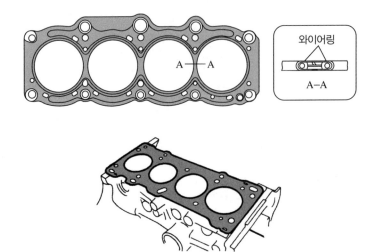

[개스킷의 구조 및 조립]

① 보통 개스킷(Common Gasket)

석면을 중심으로 강판 또는 동판으로 석면을 싸서 만든 것으로 고압축비, 고출력용 엔진에 적합하지 못하여 현재 개스킷으로 사용되지 않고 있다.

② 스틸 베스토 개스킷(Steel Besto Gasket)

강판을 중심으로 흑연을 혼합한 석면을 강판의 양쪽면에 압착한 다음 표면에 흑연을 발라 만든 것으로 고열, 고부하, 고압축, 고출력 엔진에 많이 사용된다.

③ 스틸 개스킷(Steel Gasket)

금속의 탄성을 이용하여 강판만으로 만든 것으로 복원성이 우수하고 내열성, 내압성, 고출력엔진에 적합하여 현재 많이 사용되고 있다.

③ 실린더 블록(Cylinder Block)

실린더 블록은 피스톤이 왕복운동을 하는 실린더와 각종 부속장치가 설치될 수 있도록 만들어진 기관 본체를 말한다. 실린더 블록은 냉각수가 흐르는 통로(Water Jacket)와 엔진오일이 순환하는 윤활통로로 구성되며 실린더 블록의 상부에는 실린더 헤드가 조립되고 하부에는 크랭크축과 윤활유실(Lubrication Chamber)이 조립된다. 실린더 블록의 실린더는 압축가스가 누설되지 않도록 기밀성을 유지해야 한다. 따라서 실린더 블록을 만드는 재료는 내열성과 내마모성이 커야 하고, 고온강도가 있어야 하며 열팽창계수가 작아야 한다.

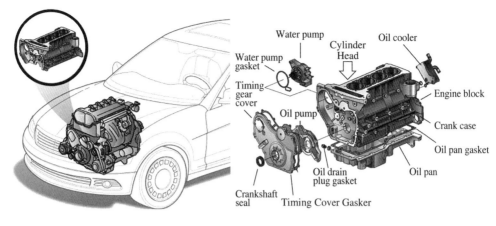

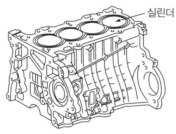

[실린더 블록]

이러한 실린더 블록의 재질은 내마멸성, 내식성이 우수하고 주조와 기계가공이 쉬운 주철을 사용하나 Si, Mn, Ni, Cr 등을 포함하는 특수주철 또는 알루미늄합금으로 된 것도 있다.

(1) 실린더 블록의 구비 조건

① 엔진 부품 중에서 가장 큰 부분이므로 가능한 한 소형, 경량일 것
② 엔진의 기초 구조물이므로 충분한 강도와 강성을 지닐 것
③ 구조가 복잡하므로 주조성 및 절삭성 등이 우수할 것
④ 실린더(또는 라이너) 안쪽 벽면의 내마멸성이 우수할 것
⑤ 실린더(또는 라이너)가 마멸된 경우 분해 정비가 용이한 것

(2) 실린더의 기능

① 피스톤의 상하 왕복운동의 통로역할과 피스톤과의 기밀유지를 하면서 열에너지를 기계적 에너지로 바꾸어 동력을 발생시키는 것
② 실린더와 피스톤 사이에 블로우 바이 현상이 발생되지 않도록 할 것
③ 물재킷에 의한 수랭식과 냉각 핀에 의한 공랭식이 있음
④ 마찰 및 마멸을 적게 하기 위해서 실린더 벽에 크롬 도금한 것도 사용

(3) 행정과 내경의 비(Stroke-Bore Ratio)

① 장 행정 엔진(Under Square Engine)

행정이 실린더 내경보다 긴 실린더(행정>내경) 형태를 말하며 특징은 다음과 같다.

ㄱ 피스톤 평균 속도(엔진 회전속도)가 느리다.

ㄴ 엔진회전력(토크)이 크고 측압이 작아진다.

ㄷ 내구성 및 유연성이 양호하나 엔진의 높이가 높아진다.

ㄹ 탄화수소(HC)의 배출량이 적어 유해배기가스 배출이 적다.

② 단 행정 엔진(Over Square Engine)

행정이 실린더 내경보다 짧은 실린더 형태(행정<내경)를 말하며 특징은 다음과 같다.

ㄱ 피스톤 평균 속도(엔진 회전속도)가 빠르다.

ㄴ 엔진회전력(토크)이 작고 측압이 커진다.

ㄷ 행정구간이 짧아 엔진의 높이는 낮아지나 길이가 길어진다.

ㄹ 연소실의 면적이 넓어 탄화수소(HC) 등의 유해 배기가스 배출이 비교적 많다.

ㅁ 폭발압력을 받는 부분이 커 베어링 등의 하중부담이 커진다.

ㅂ 피스톤이 과열하기 쉽다.

③ 정방형 엔진(Square Engine)

행정과 실린더 내경이 같은 형태(행정=내경)를 말하며 장 행정 엔진과 단 행정 엔진의 중간의 특성을 가지고 있다.

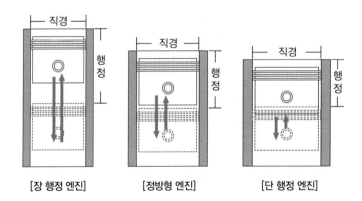

[장 행정 엔진]   [정방형 엔진]   [단 행정 엔진]

4 크랭크 케이스(Crank Case)

크랭크 케이스는 실린더 블록 하단에 설치된 것으로 윤활유실(Lubrication Chamber) 또는 오일 팬(Oil Pan)이라고 말하며 기관에 필요한 윤활유를 저장하는 공간이다. 엔진오일 팬은 내부에 오일의 유동을 막아주는 배플(격벽)과 오일의 쏠림현상으로 발생할 수 있는 윤활유의 급유 문제점을 방지하는 섬프 기능이 적용되어 있다.

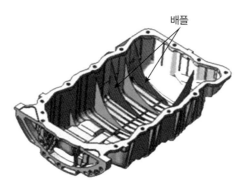

[오일 팬]

5 피스톤(Piston)

피스톤은 실린더 내를 왕복운동하며 연소가스의 압력과 열을 일로 바꾸는 역할을 한다. 실린더 내에서 고온, 고압의 연소가스와 접촉하므로 열전달이 우수하며 가볍고 견고해야 하기 때문에 알루미늄 합금인 Y합금이나 저 팽창률을 가진 로엑스(Lo-Ex)합금을 사용한다. 이 합금의 특성은 비중량이 작고 내마모성이 크며 열팽창계수가 작은 특징이 있다.

피스톤에서는 상부를 피스톤 헤드(Piston Head)라 하고 하부를 스커트(Skirt)부라 한다. 열팽창률을 고려하여 피스톤 헤드의 지름을 스커트부보다 작게 설계한다. 피스톤 상부에는 피스톤 링(Piston Ring)이 조립되는 홈이 있는데 이 홈을 링 그루브(Ring Groove) 또는 링 홈이라 하며 상단에 압축 링이 조립되고 하단에는 오일 링이 조립되어 오일제어 작용을 한다. 또한 링 홈에서 링 홈까지의 부분을 랜드(Land)라 한다. 피스톤의 상단에 크랭크축과 같은 방향으로 피스톤 핀(Piston Pin)을 설치하는 핀 보스(Pin Boss)부가 있고 이 부분에 커넥팅 로드(Connecting Rod)가 조립되며 이를 커넥팅 로드 소단부라 한다.

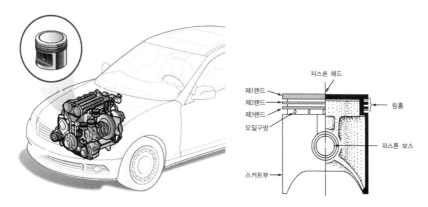

[피스톤의 구조와 명칭]

(1) 피스톤의 구비 조건

① 관성력에 의한 피스톤 운동을 방지하기 위해 무게가 가벼울 것
② 고온·고압가스에 견딜 수 있는 강도가 있을 것
③ 열전도율이 우수하고 열팽창률이 적을 것

④ 블로우 바이 현상이 적을 것

⑤ 각 기통의 피스톤간의 무게 차이가 적을 것

(2) 피스톤 간극(Piston Clearance)

피스톤 간극은 실린더 내경과 피스톤 최대 외경과의 차이를 말하며 피스톤의 재질, 피스톤의 형상, 실린더의 냉각상태 등에 따라 정해진다.

① 피스톤 간극이 클 때의 영향

　　㉠ 압축 행정 시 블로우 바이 현상이 발생하고 압축압력이 떨어진다.

　　㉡ 폭발 행정 시 엔진출력이 떨어지고 블로우 바이 가스가 희석되어 엔진오일을 오염시킨다.

　　㉢ 피스톤 링의 기밀작용 및 오일제어 작용 저하로 엔진오일이 연소실로 유입되어 연소하여 오일 소비량이 증가하고 유해 배출가스가 많이 배출된다.

　　㉣ 피스톤의 슬랩(피스톤과 실린더 간극이 너무 커 피스톤이 상·하사점에서 운동 방향이 바뀔 때 실린더 벽에 충격을 가하는 현상) 현상이 발생하고 피스톤 링과 링 홈의 마멸을 촉진시킨다.

② 피스톤 간극이 작을 때 영향

　　㉠ 실린더 벽에 형성된 오일 유막 파괴로 마찰 증대

　　㉡ 마찰에 의한 고착(소결) 현상 발생

(3) 피스톤 링(Piston Ring)

피스톤 링(Piston Ring)은 고온 고압의 연소가스가 연소실에서 크랭크실로 누설되는 것을 방지하는 기밀작용과 실린더 벽에 윤활유막(Oil Film)을 형성하는 작용, 실린더벽의 윤활유를 긁어내리는 오일제어 작용 및 피스톤의 열을 실린더 벽으로 방출시키는 냉각작용을 한다.

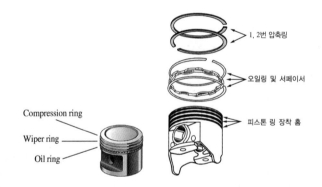

[피스톤 링의 종류와 구조]

(4) 피스톤 링의 구비 조건

① 높은 온도와 폭발압력에 견딜 수 있는 내열성, 내압성, 내마모성이 우수할 것

② 피스톤 링의 제작이 쉬우며 적당한 장력이 있을 것

③ 실린더 면에 가하는 압력이 일정할 것

④ 열전도율이 우수하고 고온에서 장력의 변화가 적을 것

(5) 압축 링의 플러터 현상

① 플러터(Flutter) 현상

기관의 회전속도가 증가함에 따라 피스톤이 상사점에서 하사점으로 또는 하사점에서 상사점으로 방향을 바꿀 때 발생하는 피스톤 링의 떨림 현상으로서 피스톤 링의 관성력과 마찰력의 방향도 변화되면서 링 홈은 누출 가스의 압력에 의하여 면압이 저하된다. 따라서 피스톤 링과 실린더 벽 사이에 간극이 형성되어 피스톤 링의 기능이 상실되므로 블로바이 현상이 발생하여 기관 출력의 저하, 실린더의 마모 촉진, 피스톤의 온도 상승, 오일 소모량의 증가와 같은 영향을 초래한다.

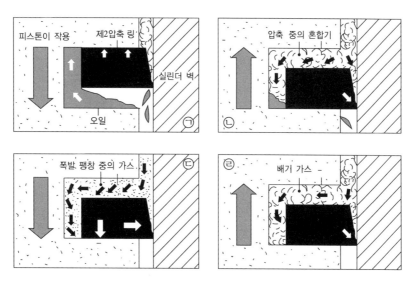

[압축 링의 작용]

ㄱ 흡입 행정 : 피스톤의 홈과 링의 윗면이 접촉하여 홈에 있는 소량의 오일의 침입을 막는다.

ㄴ 압축 행정 : 피스톤이 상승하면 링은 아래로 밀리게 되어 위로부터의 혼합기가 아래로 새지 않도록 한다.

ㄷ 동력 행정 : 가스가 링을 강하게 가압하고, 링의 아래 면으로부터 가스가 새는 것을 방지한다.

ㄹ 배기 행정 : 압축 행정과 비슷한 움직임 이상에서 피스톤의 움직임에 영향을 받지 않는 것은 동력 행정뿐이다.

② 플러터 현상에 따른 장애

ㄱ 엔진의 출력 저하

ㄴ 링, 실린더 마모 촉진

ㄷ 열전도가 적어져 피스톤의 온도 상승

ㄹ 슬러지(Sludge) 발생으로 윤활부분에 퇴적물이 침전

ㅁ 오일 소모량 증가

ㅂ 블로바이 가스 증가

③ 플러터 현상의 방지법

피스톤 링의 장력을 증가시켜 면압을 높게 하거나, 링의 중량을 가볍게 하여 관성력을 감소시키며, 엔드 갭 부근에 면압의 분포를 높게 한다.

(6) 피스톤 핀(Piston Pin)

피스톤 핀(Piston Pin)은 커넥팅 로드 소단부와 피스톤을 연결하는 부품으로 피스톤에 작용하는 폭발 압력을 커넥팅 로드에 전달하는 역할을 하고 압축과 팽창행정에 충분한 강도를 가져야 하며 피스톤 핀의 고정방식에 따라 고정식(Stationary Type), 반부동식(Semi-Floating Type), 전부동식(Full-Floating Type)으로 구분한다.

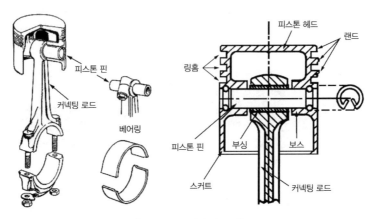

[피스톤 핀의 설치 및 구성]

① 피스톤 핀의 구비 조건
  ㉠ 피스톤이 고속 운동을 하기 때문에 관성력 증가억제를 위하여 경량화 설계
  ㉡ 강한 폭발압력과 피스톤 운동에 따라 압축력과 인장력을 받기 때문에 충분한 강성이 요구
  ㉢ 피스톤핀과 커넥팅 로드의 소단부의 미끄럼 마찰운동에 대한 내마모성이 우수해야 함

② 피스톤 핀 재질
  ㉠ 니켈-크롬강 : 내식성 및 경도가 크고 내마멸성이 우수한 특성이 있다.
  ㉡ 니켈-몰리브덴 강 : 내식성 및 내마멸성, 내열성이 우수한 특성이 있다.

③ 피스톤 핀의 설치 방법
  ㉠ 고정식(Stationary Type) : 피스톤 핀이 피스톤 보스부에 볼트로 고정되고 커넥팅 로드는 자유롭게 작동하는 방식이다.
  ㉡ 반부동식(Semi-Floating Type) : 피스톤 핀을 커넥팅 로드 소단부에 클램프 볼트로 고정 또는 압입하여 조립한 방식이다. 피스톤 보스부에 고정 부분이 없기 때문에 자유롭게 움직일 수 있다.
  ㉢ 전부동식(Full-Floating Type) : 피스톤 핀이 피스톤 보스부 또는 커넥팅 로드 소단부에 고정되지 않는 방식이다.

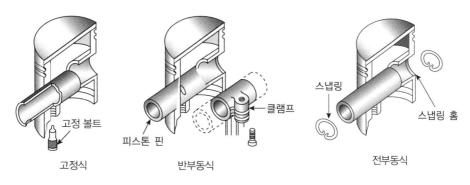

[피스톤 핀의 고정형식]

6 커넥팅 로드(Connecting Rod)

커넥팅 로드는 팽창 행정에서 피스톤이 받은 동력을 크랭크축으로 전달하고 다른 행정 때는 역으로 크랭크축의 운동을 피스톤에 전달하는 역할을 한다. 커넥팅 로드의 운동은 요동운동이므로 무게가 가볍고 기계적 강도가 커야한다. 재료로는 니켈-몰리브덴강이나 크롬-몰리브덴강을 주로 사용하고 단조가공으로 만든다. 커넥팅 로드는 콘 로드(Con Rod)라고도 하며 일반적으로 행정의 1.5~2.5배로 제작하여 조립한다.

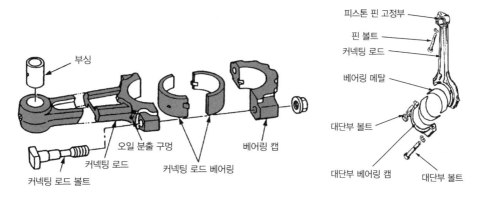

[커넥팅 로드의 구조]

(1) 커넥팅 로드의 길이

① 커넥팅 로드의 길이가 길면 측압이 감소되어 실린더의 마멸을 감소시키고, 정숙한 구동을 구현할 수 있으나 커넥팅 로드의 길이 증가로 엔진의 높이가 높아질 수 있고, 무게가 무거워지며, 커넥팅 로드의 강도가 저하될 수 있다.

② 커넥팅 로드의 길이가 짧을 경우 엔진의 높이가 낮아지고, 커넥팅 로드의 강성이 확보되며 가볍게 제작할 수 있어 고속회전 엔진에 적합하나 측압이 증가하여 실린더의 마멸을 촉진할 수 있다.

7 크랭크축(Crank Shaft)

크랭크축(Crank Shaft)은 피스톤의 직선 왕복운동을 회전운동으로 변화시키는 장치이며 회전동력이 발생하는 부품이다. 또한 크랭크축에는 평형추(Balance Weight)가 장착되어 크랭크축 회전 시 발생하는 회전 진동 발생을 억제하고 원활한 회전을 가능하게 한다. 최근에는 크랭크축의 진동방지용 사일런트축을 설치하는 경우도 있다.

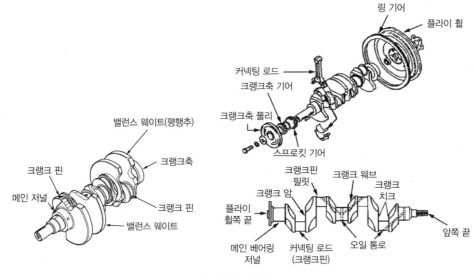

[크랭크축의 구조]

(1) 크랭크축의 구비 조건

① 고하중을 받으면서 고속회전운동을 함으로 동적평형성 및 정적평형성을 가질 것
② 강성 및 강도가 크며 내마멸성이 커야 함
③ 크랭크 저널 중심과 핀 저널 중심간의 거리를 짧게 하여 피스톤의 행정을 짧게 해 엔진 고속운동에 따른 크랭크축의 강성을 증가시키는 구조여야 함

(2) 크랭크축의 재질

① 단조용 재료 : 고탄소강(S45C~S55C), 크롬－몰리브덴강, 니켈－크롬강 등
② 주조용 재료 : 미하나이트 주철, 펄라이트 가단주철, 구상 흑연 주철 등
③ 핀 저널 및 크랭크 저널은 강성, 강도 및 내마멸성 증대

(3) 크랭크축의 점화 순서

4행정 사이클 4실린더 엔진의 경우 흡입, 압축, 동력(폭발), 배기의 4행정이 각 실린더에서 각각 이루어지기 때문에 크랭크축이 180° 회전할 때마다 1개의 실린더가 폭발 연소한다. 크랭크축이 2회전 즉, 720° 회전하면 4개의 실린더가 1회의 폭발 연소를 완료하고 점화 순서는 크랭크 핀(핀 저널)의 위치, 엔진의 내구성, 혼합가스의 분배에 따라 엔진의 회전을 원활하게 이루어지도록 1번 실린더를 첫 번째로 하여 점화순서를 정하며 점화시기 결정 시 고려해야 할 사항은 다음과 같다.

① 각 실린더별 동력 발생 시 동력의 변동이 적도록 동일한 연소간격을 유지할 것

② 크랭크축의 비틀림 진동을 방지하는 점화시기일 것

③ 연료와 공기의 혼합가스를 각 연소실에 균일하게 분배하도록 흡기다기관에서 혼합기의 원활한 유동성을 확보할 것

④ 하나의 메인 베어링에 연속해서 하중이 집중되지 않도록 하고, 인접한 실린더에 연이어 폭발되지 않도록 할 것(1-3-4-2)

(4) 토셔널 댐퍼(Torsional Damper; 비틀림 진동 흡수)

크랭크축 풀리와 일체로 제작되어 크랭크축 앞부분에 설치되며 크랭크축의 비틀림 진동을 흡수하는 장치로 마찰판과 댐퍼 고무로 되어 있다. 엔진 작동 중 크랭크축에 비틀림 진동이 발생하면 댐퍼 플라이 휠이나 댐퍼 매스는 일정 속도로 회전하려 하기 때문에 마찰 판에서 미끄러짐이 발생하고 댐퍼 고무가 변형되어 진동이 감쇠되면서 비틀림 진동을 감소시킨다.

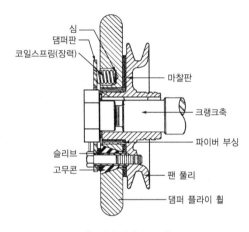

[토셔널 댐퍼의 구조]

8 플라이 휠(Fly Wheel)

플라이 휠(Fly Wheel)은 크랭크축 끝단에 설치되어 글러치로 엔진의 동력을 전달하는 부품이며 초기 시동 시 기동전동기의 피니언 기어와 맞물리기 위한 링 기어가 열 박음으로 조립되어 있다. 플라이 휠은 기관의 기통 수가 많을수록 질량이 작아지며 간헐적인 폭발력에 대해 회전관성을 이용하여 기관 회전의 균일성을 이루도록 설계되어 있다.

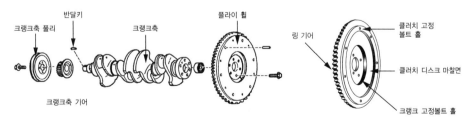

[플라이 휠의 구조 및 조립]

9 베어링(Bearing)

엔진의 회전운동부에 적용된 베어링은 회전축을 지지하고 운동부품의 마찰 및 마멸을 방지하여 출력의 손실을 적게 하는 역할을 한다. 크랭크축과 커넥팅 로드의 회전부에 적용되는 베어링은 평면 베어링으로서 크랭크축의 하중을 지지하는 메인 저널(크랭크 저널)과 커넥팅 로드와 연결되어 동력 행정에서 가해지는 하중을 받는 크랭크 핀 저널 베어링이 있으며 마찰 및 마멸을 감소시켜 엔진 출력에 대한 손실을 감소시킨다.

(1) 엔진 베어링의 종류
① 축의 직각 방향에 가해지는 하중을 지지하는 레이디얼 베어링
② 축 방향의 하중을 지지하는 스러스트 베어링

분할형   스러스트형   부시형(부싱)

[크랭크축 베어링]

(2) 베어링의 윤활
베어링의 윤활 방식은 베어링의 홈을 통하여 저널과 베어링 면 사이를 윤활하는 것으로 오일은 유막을 형성하여 금속과 금속의 직접적인 접촉을 방지하고 윤활 부분에서 발생한 열을 흡수하는 냉각 작용도 한다.
① 베어링과 저널부의 오일 간극이 클 경우
    ㉠ 엔진오일누출량 증가
    ㉡ 윤활회로의 유압이 떨어짐
    ㉢ 소음 및 진동이 발생하고 엔진오일이 연소실로 유입되어 연소됨

오일 구멍

[베어링의 구조]

② 베어링과 저널부의 오일 간극이 적을 경우
    ㉠ 저널과 베어링 사이에 유막형성이 어렵고 금속간 접촉으로 인한 소결 또는 및 고착현상 발생
    ㉡ 엔진 실린더 윤활이 원활하지 못하고 마찰 및 마멸 증가

(3) 베어링 크러시(Bearing Crush)

베어링 크러시는 베어링의 바깥둘레와 하우징 둘레와의 차이를 말한다.

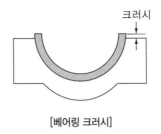

[베어링 크러시]

(4) 베어링 스프레드(Bearing Spread)

베어링 스프레드는 베어링 하우징의 안지름과 베어링을 하우징에 끼우지 않았을 때의 베어링 바깥지름과의 차이를 말한다. 베어링 스프레드는 베어링과 저널의 밀착성이 향상되고 안쪽으로 찌그러지는 현상을 방지할 수 있다.

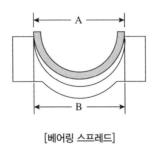

[베어링 스프레드]

(5) 베어링의 구비 조건

① 고온 하중부담 능력이 있을 것
② 지속적인 반복하중에 견딜 수 있는 내피로성이 클 것
③ 금속이물질 및 오염물질을 흡수하는 매입성이 좋을 것
④ 축의 회전운동에 대응할 수 있는 추종 유동성이 있을 것
⑤ 산화 및 부식에 대해 저항할 수 있는 내식성이 우수할 것
⑥ 열견도싱이 우수하고 밀착성이 좋을 것
⑦ 고온에서 내마멸성이 우수할 것

🔟 밸브기구(Valve Train)

밸브기구는 엔진의 4행정에 따른 흡기계와 배기계의 가스(혼합기) 흐름 통로를 각 행정에 알맞게 열고 닫는 제어역할을 수행하는 일련의 장치를 말하며 밸브 작동 기구인 캠축의 장착 위치에 따라 다음과 같이 구분한다.

(1) 오버헤드 밸브(OHV; Over Head Valve)

캠축이 실린더 블록에 설치되고 흡·배기 밸브는 실린더 헤드에 설치되는 형식으로 캠축의 회전운동을 밸브 리프터, 푸시로드 및 로커암을 통하여 밸브를 개폐시키는 방식의 밸브기구이다.

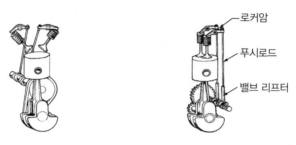

[OHV의 구조]

(2) 오버헤드 캠축(OHC; Over Head Cam Shaft)

캠축과 밸브기구가 실린더 헤드에 설치되는 형식으로 밸브 개폐 기구의 운동 부분의 관성력이 작아 밸브의 가속도를 크게 할 수 있고 고속에서도 밸브 개폐가 안정되어 엔진성능을 향상시킬 수 있다. 또한 푸시로드가 없기 때문에 밸브의 설치나 흡·배기 효율 향상을 위한 흡·배기 포트 형상의 설계가 가능하나 실린더 헤드의 구조와 캠축의 구동방식이 복잡해지는 단점이 있다.

[OHC의 구조]

① SOHC(Single Over Head Cam Shaft) : SOHC 형식은 하나의 캠축으로 흡기와 배기 밸브를 작동시키는 구조로 로커암축을 설치하여 구조가 복잡해진다.

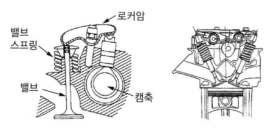

[SOHC의 로커암형]

② DOHC(Double Over Head Cam Shaft) : DOHC 형식은 흡기와 배기 밸브의 캠축이 각각 설치되어 밸브의 경사각도, 흡배기 포트형상, 점화 플러그 설치 등이 양호하기 때문에 엔진의 출력 및 흡입효율이 향상되는 장점이 있다.

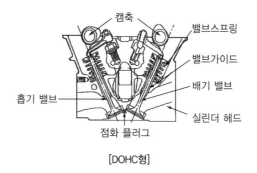

[DOHC형]

(3) 밸브 오버랩(Valve Over Lap)

일반적으로 상사점에서 엔진의 밸브 개폐 시기는 흡입 밸브는 상사점 전 10~30°에서 열리고 배기 밸브는 상사점 후 10~30°에 닫히기 때문에 흡입 밸브와 배기 밸브가 동시에 열려 있는 구간이 형성된다. 이 구간을 밸브 오버랩이라 하며 밸브 오버랩은 배기가스 흐름의 관성을 이용하여 흡입 및 배기 효율을 향상시키기 위하여 형성되어 있다.

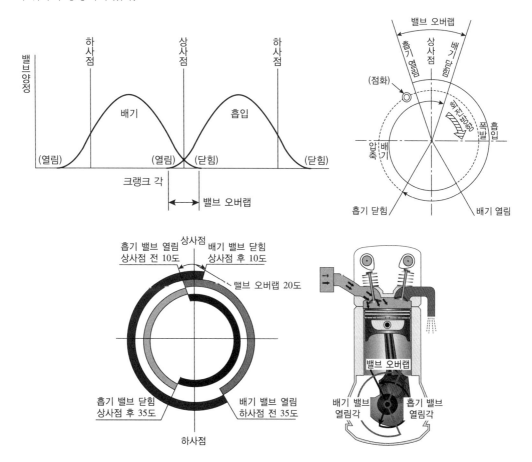

[밸브 개폐 선도와 오버랩]

11 밸브(Valve)

엔진의 밸브는 공기 또는 혼합가스를 실린더에 유입하고 연소 후 배기가스를 대기 중에 배출하는 역할을 수행하며 압축 및 동력 행정에서는 밸브 시트에 밀착되어 가스누출을 방지하는 기능을 가지고 있다. 또한 밸브의 작동은 캠축 등의 기구에 의해 열리고 밸브 스프링 장력에 의해 닫히는 구조로 되어 있다. 밸브의 구비 조건은 다음과 같다.

(1) 밸브의 구비 조건

① 고온, 고압에 충분히 견딜 수 있는 고강도일 것
② 혼합가스에 이상연소가 발생되지 않도록 열전도가 양호할 것
③ 혼합가스나 연소가스에 접촉되어도 부식되지 않을 것
④ 관성력 증대를 방지하기 위하여 가능한 가벼울 것
⑤ 충격과 항장력에 잘 견디고 내구력이 있을 것

(2) 밸브의 주요부

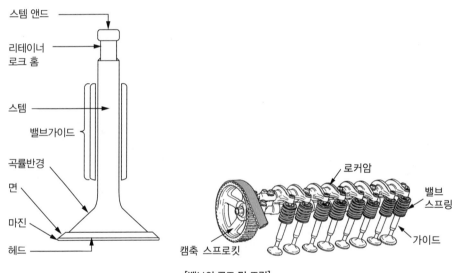

[밸브의 구조 및 조립]

① 밸브 헤드(Valve Head)

밸브 헤드는 고온 고압가스의 환경에서 작동하기 때문에 흡기 밸브는 400~500℃, 배기 밸브는 600~800℃의 온도를 유지하고 있어 반복하중과 고온에 견디고 변형을 일으키지 않아야 하며, 흡입 또는 배기가스의 통과에 대해서 유동 저항이 적은 통로를 형성하여야 한다. 또한 내구성이 크고 열전도가 잘되며, 경량이어야 하고 엔진의 출력을 높이기 위해 밸브 헤드의 지름을 크게 하여야 하기 때문에 흡입 밸브 헤드의 지름은 흡입 효율(체적 효율)을 증대시키기 위해 배기 밸브 헤드의 지름보다 크게 설계한다. 또한 밸브 설치각도를 크게 하면 밸브 헤드 지름을 크게 할 수 있어 흡입 효율이 향상되나 연소실 체적이 증가하여 압축비를 높이기 힘든 문제가 있다.

② 밸브 마진(Valve Margin)

밸브 마진은 밸브 헤드와 페이스 사이에 형성된 부분으로 기밀 유지를 위하여 고온과 충격에 대한 지지력을 가져야 하므로 두께가 보통 1.2mm 정도로 설계되어진다.

③ 밸브 페이스(Valve Face)

밸브 페이스는 밸브 시트에 밀착되어 혼합가스 누출을 방지하는 기밀 작용과 밸브 헤드의 열을 시트에 전달하는 냉각작용을 한다. 밸브 페이스의 접촉 면적이 넓으면 열의 전달 면적이 크기 때문에 냉각은 양호하나 접촉압력이 분산되어 기밀 유지가 어려우며 반대로 접촉 면적이 작으면 접촉압력이 집중되어 기밀 유지는 양호하나 열전달 면적이 작아지기 때문에 냉각성능은 떨어지게 된다. 따라서 밸브 페이스의 각도가 중요하며 일반적으로 45°의 밸브 페이스 각도를 적용한다.

④ 밸브 스템(Valve Stem)

밸브 스템은 밸브 가이드에 장착되고 밸브의 상하 운동을 유지하고 냉각기능을 갖는다. 흡입 밸브 스템의 지름은 혼합가스의 압력도 낮고 흐름에 대한 유동 저항을 감소시키며 혼합가스에 의해서 냉각되므로 배기 밸브 스템의 지름보다 약간 작게 설계한다.

배기 밸브 스템의 지름은 배기가스의 압력 및 온도가 높기 때문에 열전달 면적을 증가시키기 위하여 흡입 밸브 스템의 지름보다 크게 설계하여야 한다. 밸브 스템의 열방출 능력을 향상시키기 위해 스템부에 나트륨을 봉입한 구조도 적용되고 있다. 이러한 밸브 스템은 다음과 같은 구비 조건이 요구된다.

㉠ 왕복운동에 대한 관성력이 발생하지 않도록 가벼울 것

㉡ 냉각효과 향상을 위해 스템의 지름을 크게 할 것

㉢ 밸브 스템부의 운동에 대한 마멸을 고려하여 표면경도가 클 것

㉣ 스템과 헤드의 연결부분은 가스흐름에 대한 저항이 적고 응력집중이 발생하지 않도록 곡률반경을 크게 할 것

⑤ 밸브 시트(Valve Seat)

밸브 시트는 밸브 페이스와 접촉하여 연소실의 기밀작용과 밸브 헤드의 열을 실린더 헤드에 전달하는 작용을 한다. 밸브 시트는 연소가스에 노출되고 밸브 페이스와의 접촉 시 충격이 발생하기 때문에 충분한 경도 및 강도가 필요하다.

밸브 시트의 각은 30°, 45°의 것이 있으며, 작동 중에 열팽창을 고려하여 밸브 페이스와 밸브 시트 사이에 1/4~1° 정도의 간섭각을 두고 있다.

⑥ 밸브 가이드(Valve Guide)

밸브 가이드는 밸브 스템의 운동에 대한 안내 역할을 수행하며 실린더 헤드부의 윤활을 위한 윤활유의 연소실 침입을 방지한다. 밸브 가이드와 스템부의 간극이 크면 엔진오일이 연소실로 유입되고, 밸브 페이스와 시트면의 접촉이 불량하여 압축압력이 저하되며 블로우 백 현상이 발생할 수 있다.

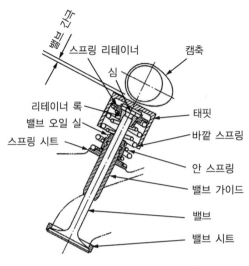

[밸브 가이드 및 유압식 밸브 리프터]

⑦ 밸브 스프링(Valve Spring)

밸브 스프링은 엔진 작동 중에 밸브의 닫힘과 밸브가 닫혀 있는 동안 밸브 시트와 밸브 페이스를 밀착시켜 기밀을 유지하는 역할을 수행한다. 이러한 밸브 스프링은 캠축의 운동에 따라 작동되는데 밸브 스프링이 가지고 있는 고유진동수와 캠의 작동에 의한 진동수가 일치할 경우 캠의 운동과 관계없이 스프링의 진동이 발생하는 서징현상이 발생된다. 이러한 서징현상의 방지책은 다음과 같다.

㉠ 원추형 스프링의 사용

㉡ 2중 스프링의 적용

㉢ 부등피치 스프링 사용

[밸브 스프링의 종류(서징 방지)]

⑧ 유압식 밸브 리프터(Hydraulic Valve Lifter)

유압식 밸브 리프터는 밸브개폐시기가 정확하게 작동하도록 엔진의 윤활장치에서 공급되는 엔진오일의 유압을 이용하여 작동되는 시스템이다. 유압식 밸브 리프터는 밸브 간극을 조정할 필요가 없고 밸브의 온도 변화에 따른 팽창과 관계없이 항상 밸브 간극을 0mm로 유지시키는 역할을 하며 엔진의 성능 향상과 작동소음의 감소, 엔진오일의 충격흡수 기능 등으로 내구성이 증가되나 구조가 복잡하고 윤활회로의 고장 시 작동이 불량한 단점이 있다.

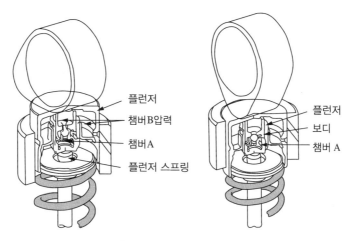

플런저
챔버B압력
챔버A
플런저 스프링

플런저
보디
챔버 A

[유압식 밸브 리프터의 작동]

⑨ 밸브 간극(Valve Clearance)

밸브 간극은 기계적인 밸브 구동 장치에서 밸브가 연소실의 고온에 의하여 열팽창 되는 양만큼 냉간시에 밸브 스템과 로커암 사이의 간극을 주는 것을 말한다.

밸브 간극이 크면 밸브의 개도가 확보되지 않아 흡·배기 효율이 저하되고 로커암과 밸브 스템부의 충격이 발생되어 소음 및 마멸이 발생된다. 반대로 밸브 간극이 너무 작으면 밸브의 열팽창으로 인하여 밸브 페이스와 시트의 접촉 불량으로 압축압력의 저하 및 블로우 백(Blow Back) 현상이 발생하고 엔진출력이 저하되는 문제가 발생한다.

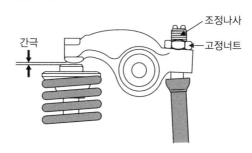

조정나사
고정너트
간극

[밸브 간극]

12 캠축(Cam Shaft)

캠축은 크랭크축 풀리에서 전달되는 동력을 타이밍 벨트 또는 타이밍 체인을 이용하여 밸브의 개폐 및 고압 연료 펌프 등을 작동시키는 역할을 한다.

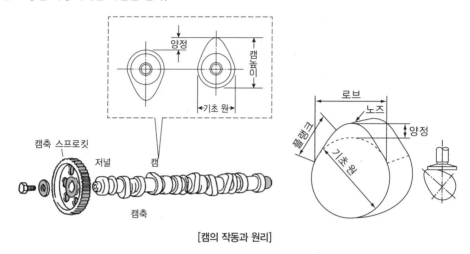

[캠의 작동과 원리]

(1) 캠축의 재질 및 구성

캠축의 캠은 캠축과 일체형으로 제작되며 캠의 표면곡선에 따라 밸브 개폐시기 및 밸브 양정이 변화되어 엔진의 성능을 크게 좌우함으로 엔진 성능에 따른 양정의 설계와 내구성이 중요한 요소로 작용된다. 캠축은 일반적으로 내마멸성이 큰 특수주철, 저탄소강, 크롬강을 사용하고 표면 경화를 통하여 경도를 향상시키며 캠은 기초 원, 노즈부, 플랭크, 로브, 양정 등으로 구성되어 있다.

(2) 캠축의 구동 방식

① 기어 구동식(Gear Drive Type)

크랭크축에서 캠축까지의 구동력을 기어를 통하여 전달하는 방식으로 기어비를 이용하기 때문에 회전비가 정확하여 밸브개폐 시기가 정확하고, 동력전달 효율이 높으나 기어의 무게가 무겁고 설치가 복잡해지는 단점이 있다.

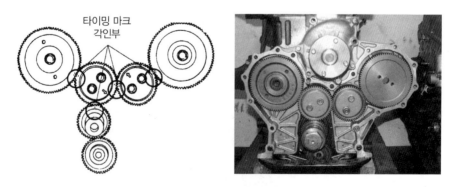

[캠축 기어 구동 방식]

② 체인 구동식(Chain Drive Type)

크랭크축에서 캠축까지의 구동력을 체인을 통하여 전달하는 방식으로 설치가 자유로우며 미끄럼이 없어 동력전달 효율이 우수하다. 또한 내구성이 뛰어나고 내열성, 내유성, 내습성이 크며, 유지 및 수리가 용이한 특징이 있으나 진동 및 소음을 저감하는 구조를 적용해야 한다.

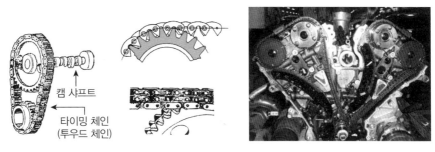

[캠축 체인 구동식]

③ 벨트 구동식(Belt Drive Type)

크랭크축에서 캠축까지의 구동력을 고무 밸트(타이밍 벨트)를 통하여 전달하는 방식으로 설치가 자유롭고 무게가 가벼우며 소음과 진동이 매우 적은 장점이 있으나 내열성, 내유성이 떨어지고 내구성이 짧으며 주행거리에 따라 정기적으로 교체해야 하는 유지보수가 필요하다.

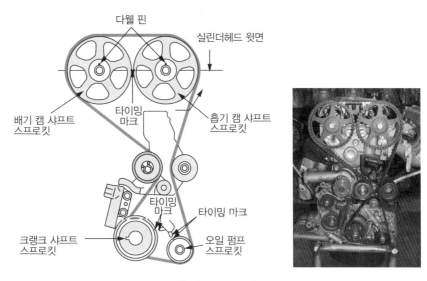

[캠축 벨트 구동식]

🔟 냉각장치

연소를 통하여 동력을 얻게 되는 내연기관의 특성상 엔진에서 매우 높은 열(약 2,000~2,200℃)이 발생하게 되며 발생한 열은 지속적으로 축적되고 엔진의 각 부분에 전달되어 금속부품의 재질변형 및 열변형을 초래하게 된다. 또한 반대로 너무 냉각되어 엔진이 차가운 경우(과냉)에는 열효율이 저하되고, 연료소비량이 증가하여 엔진의 기계적 효율 및 연료소비율이 나빠지는 문제가 발생한다. 냉각장치는 이러한 문제에 대하여 엔진의 전 속도 범위에 걸쳐 엔진의 온도를 정상 작동온도(80~95℃)를 유지시키는 역할을 하여 엔진의 효율 향상과

열에 의한 손상을 방지한다. 냉각방식은 크게 공랭식(Air Cooling Type)과 수랭식(Water Cooling Type)으로 분류하며 현재 자동차에는 일반적으로 수랭식 냉각 시스템을 적용하고 있다. 냉각 장치는 방열기(라디에이터), 냉각 팬, 수온조절기, 물재킷, 물펌프 등으로 구성된다. 다음은 엔진 온도에 따른 영향을 나타낸다.

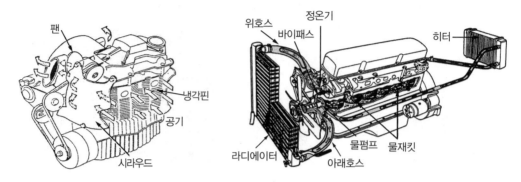

[공랭식과 수랭식 냉각 시스템의 구조]

엔진 과열 시	엔진 과랭 시
• 냉각수 순환이 불량해지고, 금속의 부식이 촉진된다. • 작동 부분의 고착 및 변형이 발생하며 내구성이 저하된다. • 윤활이 불량하여 각 부품이 손상된다. • 조기점화 또는 노크가 발생한다.	• 연료의 응결로 연소가 불량해진다. • 연료가 쉽게 기화하지 못하고 연비가 나빠진다. • 엔진오일의 점도가 높아져 시동할 때 회전 저항이 커진다.

(1) 공랭식 엔진(Air Cooling Type)

엔진의 열을 공기를 이용하여 냉각하는 방식으로 구조가 간단하고 냉각수가 없기 때문에 냉각수의 누출 또는 동결이 발생하지 않는다. 그러나 가혹한 운전조건 및 외부 공기의 높은 온도 등에 따라 냉각 효율이 떨어질 수 있고 엔진 각부의 냉각이 불균일하여 내구성이 저하될 수 있다. 공랭식 냉각 시스템은 용량이 적은 엔진에 적용된다.

① 자연 통풍식

실린더 헤드와 블록과 같은 부분에 냉각 핀(Cooling Fin)을 설치하여 주행에 따른 공기의 유동에 의하여 냉각하는 방식이다.

② 강제 통풍식

자연 통풍식에 냉각 팬(Cooling Fan)을 추가로 사용하여 냉각 팬의 구동을 통하여 강제로 많은 양의 공기를 엔진으로 보내어 냉각하는 방식이다. 이때 냉각 팬의 효율 및 엔진의 균일한 냉각을 위한 시라우드가 장착되어 있다.

(2) 수랭식 엔진(Water Cooling Type)

별도의 냉각 시스템을 장착하고 엔진 및 관련 부품의 내부에 냉각수를 흘려보내 엔진의 냉각을 구현하는 방식으로 냉각수의 냉각 성능 향상을 위한 라디에이터와 물펌프, 물재킷(물통로), 수온조절기(서모스탯) 등이 설치된다.

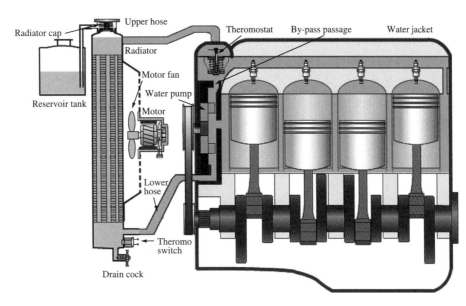

[수랭식 엔진의 구조]

① 자연 순환식

　냉각수의 온도 차이를 이용하여 자연 대류에 의해 순환시켜 냉각하는 방식으로 고부하, 고출력 엔진에는 적합하지 못한 방식이다.

② 강제 순환식

　냉각계통에 물펌프를 설치하여 엔진 또는 관련 부품의 물재킷 내에 냉각수를 순환시켜 냉각시키는 방식으로 고부하, 고출력 엔진에 적합한 방식이다.

③ 압력 순환식

　냉각계통을 밀폐시키고 냉각수가 가열되어 팽창할 때의 압력으로 냉각수를 가압하여 냉각수의 비등점을 높여 비등에 의한 냉각손실을 줄일 수 있는 형식으로 냉각회로의 압력은 라디에이터 캡의 압력밸브로 자동 조절되며 기관의 효율이 향상되고 라디에이터를 소형으로 제작할 수 있는 장점이 있다.

④ 밀봉 압력식

　이 방식은 압력순환식과 같이 냉각수를 가압하여 비등온도를 상승시키는 방식이며 압력순환식에서는 냉각회로 내의 압력은 라디에이터 캡의 압력밸브로 조절을 하지만 팽창된 냉각수가 오버플로 파이프를 통하여 외부로 유출된다.

　이러한 결점을 보완하기 위하여 라디에이터 캡을 밀봉하고 냉각수의 팽창에 대하여 보조 탱크를 오버플로 파이프와 연결하여 냉각수가 팽창할 경우 외부로 냉각수가 유출되지 않도록 하는 형식이다. 이와 같은 형식은 냉각수 유출손실이 적어 장시간 냉각수의 보충을 하지 않아도 되며 최근의 자동차용 냉각장치는 대부분 이 방식을 채택하고 있다.

(3) 수랭식 냉각장치의 구조 및 기능

① 물 재킷(Water Jacket)

물 재킷은 실린더 블록과 실린더 헤드에 설치된 냉각수 순환 통로이며, 실린더 벽, 밸브 시트, 연소실, 밸브 가이드 등의 열을 흡수한다.

② 물 펌프(Water Pump)

엔진의 크랭크축을 통하여 구동되며 실린더 헤드 및 블록의 물 재킷 내로 냉각수를 순환시키는 펌프이다.

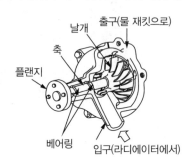

[물 펌프의 구조]

③ 냉각 팬(Cooling Fan)

라디에이터의 뒷면에 장착되는 팬으로서 팬의 회전으로 라디에이터의 냉각수를 강제 통풍, 냉각시키는 장치이다. 이때 공기의 흐름을 효율적으로 이용하기 위하여 시라우드가 장착되며 일반적으로 팬 클러치 타입과 전동기 방식이 있고 현재 승용자동차의 경우 전동기 방식이 많이 적용되고 있다.

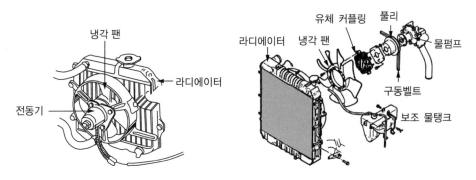

[전동식과 유체 클러치식의 냉각 팬]

④ 라디에이터(Radiator)

라디에이터는 엔진으로부터 발생한 열을 흡수한 냉각수를 냉각시키는 방열기이다. 라디에이터는 열전도성이 우수해야 하고 가벼워야 하며 내식성이 우수해야 한다. 이러한 라디에이터의 구비 조건은 다음과 같다.

㉠ 단위 면적당 방열량이 클 것
㉡ 경량 및 고강도를 가질 것
㉢ 냉각수 및 공기의 유동저항이 적을 것

라디에이터의 재질은 가벼우며 강도가 우수한 알루미늄을 적용하여 제작한다.

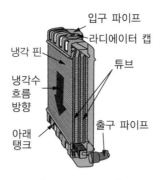

[라디에이터의 구조]

⑤ 냉각 핀의 종류

라디에이터의 냉각 핀은 냉각 효율을 증대시키는 역할을 하며 단위 면적당 방열량을 크게 하는 기능을 갖는다. 핀의 종류로는 플레이트 핀(Plate Fin), 코루게이트 핀(Corrugate Fin), 리본 셀룰러 핀(Ribbon Cellular Fin) 등이 있으며 현재 코루게이트 핀 형식을 많이 적용하고 있다.

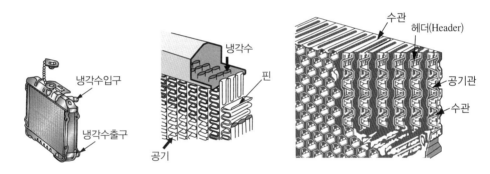

[방열 핀의 구조와 형식]

⑥ 라디에이터 캡(Radiator Cap)

라디에이터 캡은 냉각장치 내의 냉각수의 비등점(비점)을 높이고 냉각 범위를 넓히기 위해 압력식 캡을 사용한다. 압력식 캡은 냉각회로의 냉각수 압력을 약 $1.0 \sim 1.2 \text{kgf/cm}^2$을 증가하여 냉각수의 비능점을 약 112℃까지 상승시키는 역할을 한다. 또한 냉각회로 내의 압력이 규정 이상일 경우 압력캡의 오버 플로 파이프(Over Flow Pipe)로 냉각수가 배출되고 반대로 냉각회로 내의 압력이 낮을 경우 보조 물탱크 내의 냉각수가 유입되어 냉각 회로를 보호한다.

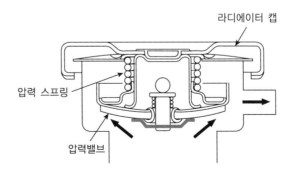

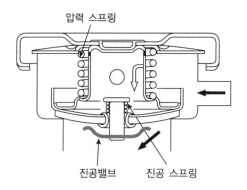

압력 스프링

진공밸브   진공 스프링

[라디에이터 캡의 구조 및 작동]

⑦ 수온조절기(Thermostat)

수온조절기는 라디에이터와 엔진 사이에 장착되며 엔진의 냉각수 온도에 따라 개폐되고 엔진의 냉각수 출구에 설치된다. 수온조절기는 엔진의 과냉 시 닫힘 작용으로 엔진의 워밍업 시간을 단축시키고, 냉각수 온도가 85℃ 정도에 이르면 완전 개방되어 냉각수를 라디에이터로 보낸다. 결국 전 속도 영역에서 엔진을 정상 작동온도로 유지할 수 있도록 하는 장치이다. 수온조절기 고장 시 발생하는 현상은 다음과 같다.

수온조절기가 열린 채로 고장 시	수온조절기가 닫힌 채로 고장 시
• 엔진의 워밍업 시간이 길어지고 정상 작동온도에 도달하는 시간이 길어진다. • 연료소비량이 증가한다. • 엔진 각 부품의 마멸 및 손상을 촉진시킨다. • 냉각수온 게이지가 정상범위보다 낮게 표시된다.	• 엔진이 과열되고 각 부품의 손상이 발생한다. • 냉각수온 게이지가 정상범위보다 높게 출력된다. • 엔진의 성능이 저하되고 냉각 회로가 파손된다. • 엔진의 과열로 조기점화 또는 노킹이 발생한다.

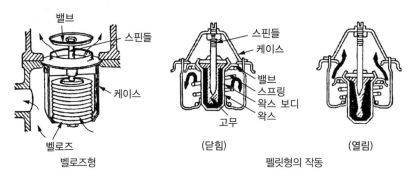

[수온조절기의 종류 및 구조]

㉠ 펠릿형 : 수온조절기 내에 왁스를 넣어 냉각수 온도에 따른 왁스의 팽창 및 수축에 의해 통로를 개폐하는 작용을 하며 내구성이 우수하여 현재 많이 적용되고 있다.

㉡ 벨로즈형 : 수온조절기 내에 에테르, 알코올(고휘발성) 등의 비등점이 낮은 물질을 넣어 냉각수 온도에 따라 팽창 및 수축을 통하여 냉각수 통로를 개폐한다.

㉢ 바이메탈형 : 열팽창률이 다른 두 금속을 접합하여 냉각수 온도에 따른 통로의 개폐역할을 한다.

⑧ 냉각수와 부동액

ⓐ 냉각수 : 자동차 냉각 시스템의 냉각수는 연수(수돗물)를 사용하며 지하수나 빗물 등은 사용하지 않는다.

ⓑ 부동액 : 냉각수는 0℃에서 얼고 100℃에서 끓는 일반적인 물이다. 이러한 냉각수는 겨울철에 동결의 위험성이 있으므로 부동액을 첨가하여 냉각수의 빙점(어는점)을 낮추어야 한다. 부동액의 종류에는 에틸렌글리콜, 메탄올, 글리세린 등이 있으며 각각의 특징은 다음과 같다.

에틸렌글리콜	메탄올	글리세린
• 향이 없고 비휘발성, 불연성 • 비등점이 197℃, 빙점은 −50℃ • 엔진 내부에서 누설 시 침전물 생성 • 금속을 부식하며 팽창계수가 큼	• 알코올이 주성분으로 비등점이 80℃ 빙점이 −30℃ • 가연성이며 도장막 부식	• 비중이 커 냉각수와 혼합이 잘 안됨 • 금속 부식성이 있음

또한 부동액의 요구 조건은 비등점이 물보다 높아야 하고 빙점(어는점)은 물보다 낮아야 하며 물과 잘 혼합되어야 하며, 휘발성이 없고 내부식성이 크고, 팽창계수가 작으며 침전물이 생성되지 않아야 하는 특징이 있다.

14 윤활장치

자동차 엔진은 크랭크축, 캠축, 밸브 개폐기구, 베어링 등의 각종 기계장치가 각각의 운동 상태를 가지고 작동하게 된다. 이러한 기계장치들의 작동 시 기계적인 마찰이 발생하며 그 마찰 현상들 또한 매우 다양한 형태로 나타난다. 기계적인 마찰이 발생하면 마찰에 의한 열이 발생하게 되고 이 열이 과도하게 축적되면 각각의 기계 부품의 열팽창 또는 손상으로 인하여 엔진의 작동에 큰 영향을 미치게 된다. 윤활장치는 이러한 각 마찰요소에 윤활유를 공급하여 마찰로 발생할 수 있는 문제점을 방지하는 장치로서 엔진의 작동을 원활하게 하고 엔진의 내구수명을 길게 할 수 있다. 이러한 윤활장치는 오일 펌프(Oil Pump), 오일 여과기(Oil Filter), 오일 팬(Oil Pan), 오일 냉각기(Oil Cooler) 등으로 구성되며 엔진오일의 6대 작용으로는 감마작용, 밀봉작용, 냉각작용, 응력 분산작용, 방청작용, 청정작용 등의 역할이 있다.

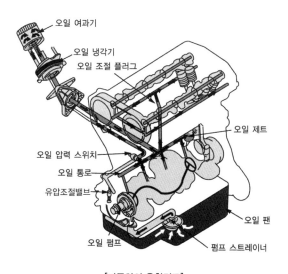

[자동차의 윤활경로]

(1) 엔진오일의 작용

① 감마작용(마멸감소)
엔진의 운동부에 유막을 형성하여 마찰부분의 마멸 및 베어링의 마모 등을 방지하는 작용

② 밀봉작용
실린더와 피스톤 사이에 유막을 형성하여 압축, 폭발 시에 연소실의 기밀을 유지하는 작용(블로우바이 가스 발생 억제)

③ 냉각작용
엔진의 각 부에서 발생한 열을 흡수하여 냉각하는 작용

④ 청정 및 세척작용
엔진에서 발생하는 이물질, 카본 및 금속 분말 등의 불순물을 흡수하여 오일 팬 및 필터에서 여과하는 작용

⑤ 응력분산 및 완충작용
엔진의 각 운동부분과 동력행정 또는 노크 등에 의해 발생하는 큰 충격압력을 분산시키고 엔진오일이 갖는 유체의 특성으로 인한 충격 완화 작용

⑥ 방청 및 부식방지작용
엔진의 각부에 유막을 형성하여 공기와의 접촉을 억제하고 수분 침투를 막아 금속의 산화 방지 및 부식방지에 작용

(2) 엔진오일의 구비 조건

① 점도지수가 커 엔진온도에 따른 점성의 변화가 적을 것
② 인화점 및 자연 발화점이 높을 것
③ 강인한 유막을 형성할 것(유성이 좋을 것)
④ 응고점이 낮을 것
⑤ 비중과 점도가 적당할 것
⑥ 기포 발생 및 카본 생성에 대한 저항력이 클 것

(3) 엔진오일의 윤활 방식

① 비산식
비산식은 비산 주유식이라고도 하며 윤활유실에 일정량의 윤활유를 넣고 크랭크축의 회전운동에 따라 오일디퍼의 회전운동에 의하여 윤활유실의 윤활유를 비산시켜 기관의 하부를 윤활시키는 방식을 말한다. 구조는 간단하나 오일의 공급이 일정하지 못하여 다기통 엔진에 적합하지 못하다.

② 압송식
압송식은 강제주유식이라고도 하며 윤활유 펌프를 설치하여 펌프의 압송에 따라 윤활유를 강제 급유 및 윤활하는 방식을 말한다. 이 방식은 펌프의 압력을 이용하여 일정한 유압을 유지시키며 기관 내부를 순환시켜 윤활하는 방식으로 오일압력을 제어하는 장치들과 유량계 등이 적용되어 있다. 또한 베어링 접촉면의 공급유압이 높아 완전한 급유가 가능하고 오일 팬 내의 오일량이 적어도 윤활이 가능하다는 장점이 있으나 오일필터나 급유관이 막히면 윤활이 불가능한 단점이 있다.

③ 비산 압송식

비산 압송식은 비산식과 압송식을 동시에 적용하는 윤활 방식을 말하며 자동차 기관의 윤활 방식은 대부분 여기에 속한다. 크랭크축의 회전운동으로 오일 디퍼를 사용하여 기관의 하부에 해당하는 크랭크 저널 및 커넥팅 로드 등의 부위에 윤활유를 비산하여 윤활시키고 별도의 오일 펌프를 장착하여 윤활유를 압송시켜 기관의 실린더 헤드에 있는 캠축이나 밸브계통 등에 윤활작용을 한다.

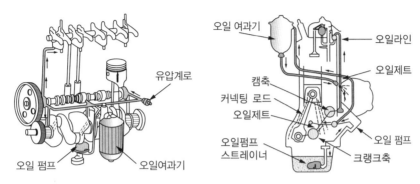

[비산 압송식의 구조]

④ 혼기식

혼기식은 혼기 주유식이라고도 하며 연료에 윤활유를 15~20:1의 비율로 혼합하여 연료와 함께 연소실로 보내는 방법이다. 주로 소형 2사이클 가솔린 기관에 적용하며 기관의 중량을 줄이고 소형으로 제작할 경우 채택하는 윤활 방식이다. 연료와 윤활유가 혼합되어 연소실로 보내질 때 연료와 윤활유의 비중차이에 의해 윤활유는 기관의 각 윤활부로 흡착하여 윤활하고 연료는 연소실로 들어가 연소하는 방식으로 일부 윤활유는 연소에 의해 소비가 이루어진다. 따라서 혼기식은 윤활유를 지속적으로 점검, 보충하여 사용해야 하는 단점이 있다.

(4) 윤활회로의 구조와 기능

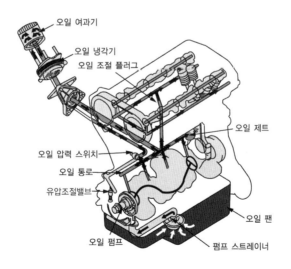

[자동차의 윤활회로]

① 오일 팬(Oil Pan)

오일 팬의 구조는 급제동 및 급출발 또는 경사로 운행시 등에서 발생할 수 있는 오일의 쏠림현상을 방지하는 배플과 섬프를 적용한 구조로 만들어지며 자석형 드레인 플러그를 적용하여 엔진오일 내의 금속분말 등을 흡착하는 기능을 한다.

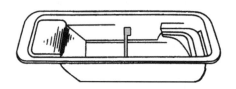

[오일 팬의 배플과 섬프]

② 펌프 스트레이너(Pump Strainer)

오일 팬 내부에는 오일 스트레이너가 있어 엔진오일 내의 비교적 큰 불순물을 여과하여 펌프로 보낸다.

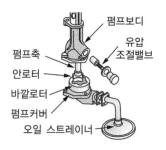

[오일 스트레이너]

③ 오일 펌프(Oil Pump)

오일 펌프는 엔진 크랭크축의 회전동력을 이용하여 윤활회로의 오일을 압송하는 역할을 한다. 오일 펌프의 종류에는 기어 펌프, 로터리 펌프, 플런저 펌프, 베인 펌프 등의 종류가 있으며 현재 내접형 기어 펌프를 많이 사용하고 있다.

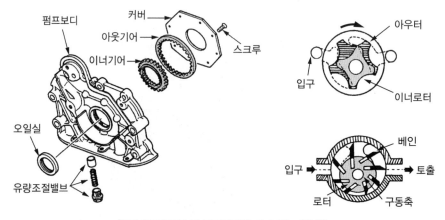

[오일 펌프의 종류 및 구조(내접식, 로터리식, 베인식)]

④ 오일 여과기(Oil Filter)

오일 필터는 엔진오일 내의 수분, 카본, 금속 분말 등의 이물질을 걸러 주는 역할을 하며, 여과 방식에 따라 다음과 같이 분류한다.

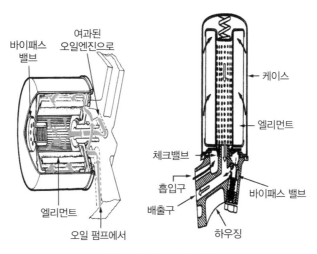

[오일 여과기의 구조 및 작용]

㉠ 전류식(Full-Flow Filter) : 오일 펌프에서 나온 오일이 모두 여과기를 거쳐서 여과된 후 엔진의 윤활부로 보내는 방식이다.

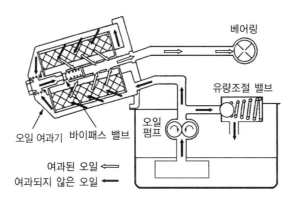

[전류식 윤활회로]

ⓛ 분류식(By-Pass Filter) : 오일 펌프에서 나온 오일의 일부만 여과하여 오일 팬으로 보내고, 나머지는 그대로 엔진 윤활부로 보내는 방식이다.

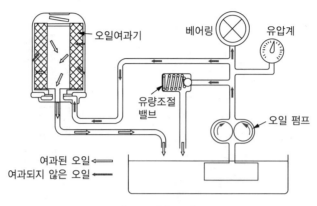

[분류식 윤활회로]

ⓒ 션트식(Shunt Flow Filter) : 오일 펌프에서 나온 오일의 일부만 여과하는 방식으로 여과된 오일이 오일 팬으로 되돌아오지 않고, 나머지 여과되지 않은 오일과 함께 엔진 윤활부에 공급되는 방식이다.

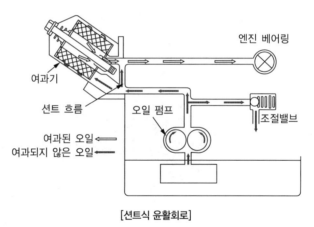

[션트식 윤활회로]

(5) 유압 조절 밸브(Oil Pressure Relief Valve)

엔진 윤활회로 내의 유압을 일정하게 유지시켜주는 역할을 하며 릴리프 밸브라 한다. 릴리프 밸브 내의 스프링 장력에 의해 윤활회로의 유압이 결정되며 스프링 장력이 너무 강할 경우 유압이 강해져 윤활회로 누설 등의 문제가 발생할 수 있고 스프링 장력이 너무 약해지면 엔진의 각부에 윤활유의 공급이 원활하지 못하여 각 부의 마멸 및 손상을 촉진시킨다.

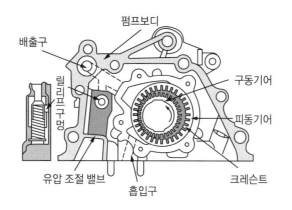

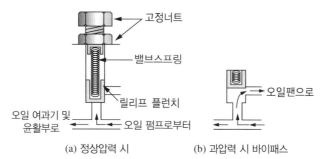

(a) 정상압력 시   (b) 과압력 시 바이패스

[유압 조절 밸브의 장착 및 오일제어 작용]

유압이 상승하는 원인	유압이 낮아지는 원인
• 엔진의 온도가 낮아 오일의 점도가 높다. • 윤활회로의 일부가 막혔다(오일 여과기). • 유압 조절 밸브 스프링의 장력이 크다.	• 크랭크축 베어링의 과다 마멸로 오일 간극이 크다. • 오일 펌프의 마멸 또는 윤활회로에서 오일이 누출된다. • 오일 팬의 오일량이 부족하다. • 유압 조절 밸브 스프링 장력이 약하거나 파손되었다. • 오일이 연료 등으로 현저하게 희석되었다. • 오일의 점도가 낮다.

(6) 오일의 색깔에 따른 현상

① 검은색 : 심한 오염

② 붉은색 : 오일에 가솔린이 유입된 상태

③ 회색 : 연소가스의 생성물 혼입(가솔린 내의 4에틸납)

④ 우유색 : 오일에 냉각수 혼입

엔진오일의 과다소모 원인	엔진오일의 조기오염 원인
• 질이 낮은 오일 사용 • 오일실 및 개스킷의 파손 • 피스톤 링 및 링홈의 마모 • 피스톤 링의 고착 • 밸브 스템의 마모	• 오일 여과기 결함 • 연소가스의 누출 • 질이 낮은 오일 사용

(1) 공기 청정기(에어 크리너)

엔진은 연료와 공기를 적절히 혼합하여 연소시켜 동력을 얻는다. 이때 엔진으로 유입되는 대기 중의 공기에는 이물질이나 먼지 등을 포함하고 있으며 이러한 먼지 등은 실린더 벽, 피스톤 링, 피스톤 및 흡·배기밸브 등에 마멸을 촉진시키며, 엔진오일에 유입되어 각 윤활부의 손상을 촉진시킨다. 공기 청정기는 흡입 공기의 먼지 등을 여과하는 작용을 하며 이외에도 공기 유입속도 등을 저하시켜 흡기 소음을 감소시키는 기능도 함께 하고 있다. 이러한 공기 청정기의 종류에는 엔진으로 흡입되는 공기중의 이물질을 천 등의 물질로 만들어진 엘리먼트를 통하여 여과하는 건식과 오일이 묻어 있는 엘리먼트를 통과시켜 여과하는 습식이 있으며 일반적으로 건식 공기 청정기가 많이 사용되고 있다.

[에어 크리너]

(2) 흡기다기관

엔진의 각 실린더로 유입되는 혼합기 또는 공기의 통로이며 스로틀 보디로부터 균일한 혼합기가 유입될 수 있도록 설계하여 적용하고 있고 연소가 촉진되도록 혼합기에 와류를 일으키도록 해야 한다. 또한 일반적으로 알루미늄 경합금 재질로 제작하며 최근에 들어서는 강화 플라스틱을 적용하여 무게를 감소시키는 추세이다. 또한 공기 유동 저항을 감소시키기 위해 내부의 표면을 매끄럽게 가공하여 적용하고 있다.

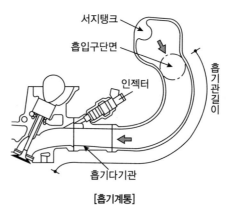

[흡기계통]

(3) 가변 흡기 시스템

엔진은 가변적인 회전수를 구현하며 동력을 발생시킨다. 이러한 엔진에서 흡입효율은 고속 시와 저속 시에 각기 다른 특성을 나타내며 각각의 조건에 맞는 최적의 흡입효율을 적용하도록 개발된 시스템이 가변흡기 시스템이다.

① 일반적으로 엔진은 고속 시에는 짧고 굵은 형상의 흡기관이 더욱 효율적이고 저속 시에는 가늘고 긴 흡기관이 효율적이다. 따라서 가변 흡기 시스템은 엔진 회전속도에 맞추어 저속과 고속 시 최적의 흡기 효율을 발휘할 수 있도록 흡기 라인에 액츄에이터를 설치하고 엔진의 회전속도에 대응하여 흡기 다기관의 통로를 가변하는 장치이다.

② 일반적인 작동원리는 엔진 저속 시에는 제어 밸브를 닫아 흡기다기관의 길이를 길게 적용함으로써 흡입 관성의 효과를 이용하여 흡입 효율을 향상시켜 저속에서 회전력을 증가시키고 고속 회전에서 제어밸브를 열면 흡기다기관의 길이가 짧아지며, 이때 흡입 공기의 흐름 속도가 빨라져 흡입 관성이 강한 압축 행정에 도달하도록 흡입 밸브가 닫힐 때까지 충분한 공기를 유입시켜 효율을 증가시킨다.

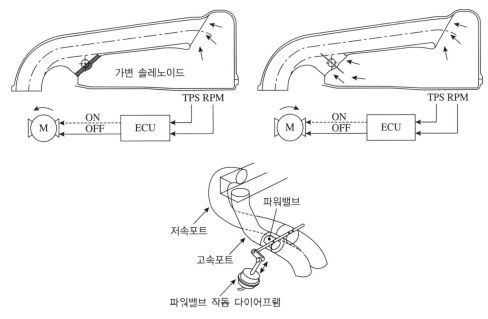

[가변 흡기 시스템의 구조 및 작동]

(4) 배기다기관

배기다기관은 연소된 고온 고압의 가스가 배출되는 통로로 내열성과 강도가 큰 재질로 제조한다.

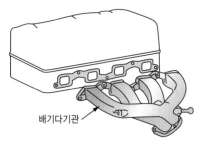

[배기계통]

(5) 소음기

엔진에서 연소된 후 배출되는 배기가스는 고온(약 600~900℃)이고 가스의 속도가 거의 음속에 가깝게 배기된다. 이때 발생하는 소음을 감소시켜 주는 장치가 소음기이며 공명식, 격벽식 등의 종류가 있고 배기소음과 배기압력과의 관계를 고려하여 설계한다.

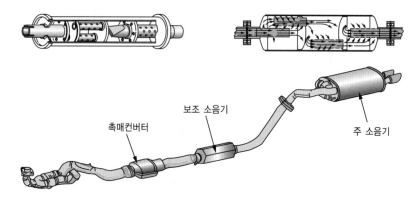

[소음기 및 배기라인의 구성]

🔟 엔진 전자제어 개요

자동차의 전자제어는 자동차의 엔진상태 및 주행상태, 운전자의 의도 등 여러 부분을 측정하고 있는 센서들과 이러한 센서들의 출력신호를 받아 현재의 차량상태를 파악하고 최적의 제어를 위한 값을 계산하는 컴퓨터 유닛, 컴퓨터 유닛으로부터 명령을 받아 실제 차량의 기계적 또는 전기적인 장치들을 구동시키는 액츄에이터로 구성되어 있다.

(1) 전자제어 시스템의 특징

① 공기흐름에 따른 관성질량이 작아 응답성 향상
② 엔진출력 증대, 연료 소비율 감소
③ 배출가스 감소로 유해물질 감소
④ 각 실린더에 동일한 양의 연료공급 가능
⑤ 구조가 복잡하고 가격이 비쌈
⑥ 흡입계통의 공기누설이 엔진에 큰 영향을 줌

(2) 전자제어 시스템의 분류

① K-제트로닉

K-제트로닉은 기계식으로 엔진 내 흡입되는 공기량을 감지한 후 흡입 공기량에 따른 연료 분사량을 연료분배기에 의해 인젝터를 통하여 연료를 연속적으로 분사하는 장치이다.

② D-제트로닉

D-제트로닉 차량은 엔진 내 흡입되는 공기량을 흡기다기관의 압력을 측정할 수 있는 MAP 센서를 통하여 진공도를 전기적 신호로 변환하여 ECU로 입력함으로써 그 신호를 근거로 ECU는 엔진 내 흡입되는 공기량을 계측하여 엔진에서 분사할 연료량을 결정한다.

③ L-제트로닉

L-제트로닉은 D-제트로닉과 같이 흡기다기관의 진공도로 흡입되는 공기량을 간접적으로 측정하는 것이 아니라 흡입 공기 통로상에 특정의 장치를 설치하여 엔진 내 흡입되는 모든 공기가 이 장치를 통과하도록 하고 이때 통과한 공기량을 검출하여 전기적 신호로 변환한 후 ECU로 입력하여 이 신호를 근거로 엔진 내 분사할 연료 분사량을 결정하는 방식이다.

(3) 전자제어기관 시스템의 구성

전자제어 시스템은 흡기계, 배기계, ECU(Electronic Control Unit) 내의 마이크로컴퓨터를 내장하여 직접적으로 엔진을 제어하는 부분이다.

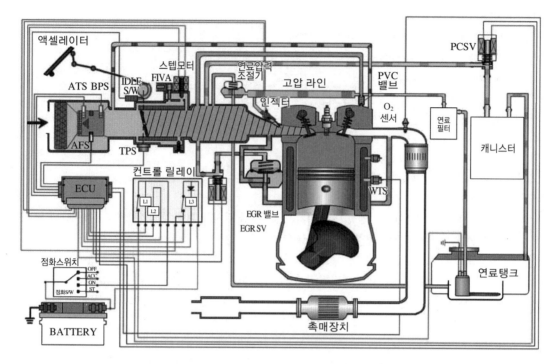

[엔진 전자제어 시스템 구성도]

전자제어 시스템의 구성은 마이크로 컴퓨터, 전원부, 입력 처리 회로, 출력 처리 회로 등으로 구성된다.

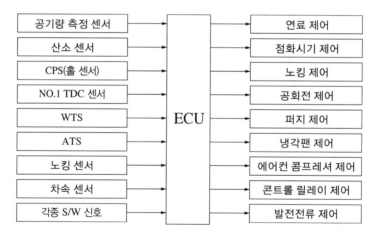

[전자제어회로의 구성]

17 센서

센서는 압력, 온도, 변위 등 측정된 물리량을 마이크로컴퓨터나 전기 · 전자 회로에서 다루기 쉬운 형태의 전기신호로 변환시키는 역할을 한다.

(1) 스로틀 밸브 개도 센서(TPS; Throttle Position Sensor)

TPS는 스로틀 밸브 개도, 물리량으로는 각도의 변위를 전기 저항의 변화로 바꾸어 주는 센서이다. 즉 운전자가 악셀레이터 페달을 밟았는지 또는 밟지 않았는지와 밟았다면 얼만큼 밟았는지를 감지하는 센서이다.

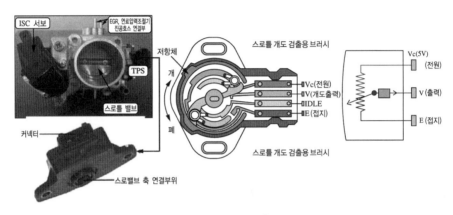

[TPS 구조 및 파형]

(2) 맵 센서(MAP Sensor; Manifold Absolute Pressure Sensor)

흡입 공기량을 측정하는 센서로 보통 MAP 센서라고 부르며 흡기매니폴드 서지탱크 내에 장착되어 흡입 공기 진공압을 전압의 형태로 측정한다. 그러나 실제 측정하려고 하는 물리량은 흡입 공기량인데 비해 공기 진공압을 측정하여 사용하므로 간접 측정 방식이 된다.

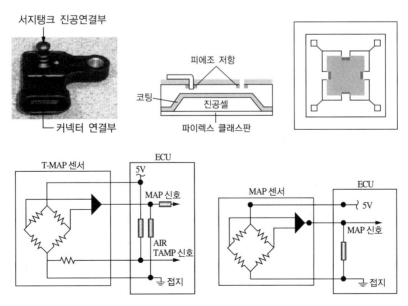

(3) 열선식(Hot Wire Type) 또는 열막식(Hot Film Type)

열선식 또는 열막식은 그림과 같이 공기 중에 발열체를 놓으면 공기에 의해 열을 빼앗기므로 발열체의 온도가 변화하며, 이 온도의 변화는 공기의 흐름 속도에 비례한다. 이러한 발열체와 공기와의 열전달 현상을 이용한 것이 열선식 또는 열막식이다. 이러한 열선식 또는 열막식의 장점은 다음과 같다.

① 공기 질량을 정확하게 계측할 수 있다.
② 공기 질량 감지 부분의 응답성이 빠르다.
③ 대기 압력 변화에 따른 오차가 없다.
④ 맥동 오차가 없다.
⑤ 흡입 공기의 온도가 변화하여도 측정 상의 오차가 없다.

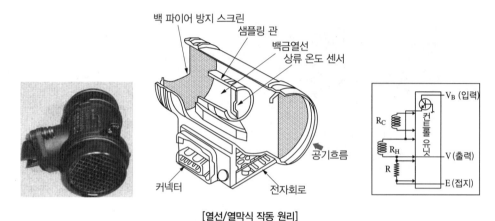

[열선/열막식 작동 원리]

(4) 냉각수 온도 센서(WTS; Water Temperature Sensor)

냉각수 온도 센서(WTS)는 온도를 전압으로 변환시키는 센서로서 냉각수가 흐르는 실린더 블록의 냉각수 통로에 부특성 서미스터(NTC) 부분이 냉각수와 접촉할 수 있도록 장착되어 있으며 기관의 냉각수 온도를 측정한다.

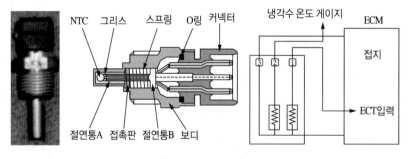

[WTS 구조 및 원리]

(5) 흡기 온도 센서(ATS; Air Temperature Sensor)

흡기 온도 센서(ATS)는 냉각수 온도 센서(WTS)처럼 실린더에 흡입되는 공기의 온도를 전압으로 변환시키는 센서로서 MAP 센서와 동일한 위치인 Surge Tank에 ATS의 부특성 서미스터(NTC) 부분이 흡입 공기와 접촉할 수 있도록 장착되어 있다.

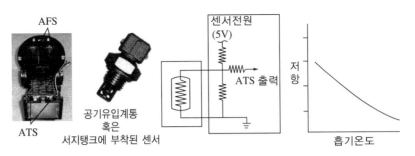

[ATS 구조 및 원리]

(6) 산소 센서(O₂ Sensor)

O_2 센서는 배기가스 중의 산소의 농도를 측정하여 전압값으로 변환시키는 센서로 흔히 λ 센서라고도 하며 공연비 보정량을 위한 신호로 사용되며 피드백 제어의 대표적인 센서이다.

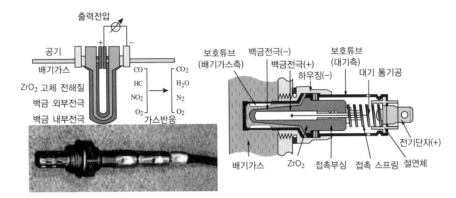

[O₂ Sensor 구조 및 원리]

(7) 크랭크 각 센서(Crank Angle Sensor)

크랭크 각 센서는 엔진 회전수와 현재 크랭크축의 위치를 감지하는 센서로 기본 분사량을 결정하는 센서이다. 이러한 크랭크 각 센서의 형식으로는 광전식(옵티컬) 크랭크 센서, 홀 타입 크랭크 센서, 마그네틱 인덕티브 방식의 크랭크 각 센서가 있다.

① 홀 센서

홀 센서는 Hall Effect IC가 내장되어 있으며 이 IC에 전류가 흐르는 상태에서 자계를 인가하면 전압이 변하는 원리로 작동된다.

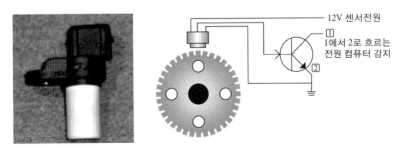

[홀 센서 방식 구조 및 원리]

② 마그네틱 인덕티브

마그네틱 픽업(Magnetic Pickup) 방식으로 엔진 회전 시 크랭크축의 기어와 센서 사이에 발생하는 Magnetic Flux Field에 의해 AC 전압을 발생시켜 크랭크축의 위치를 판별한다.

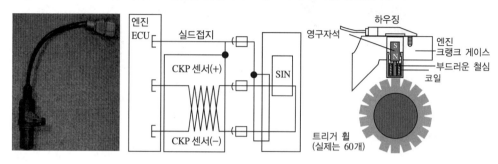

[마그네틱 픽업 방식 구조 및 원리]

③ 광전식 센서

광전식 센서는 배전기 안에 수광(포토)다이오드와 발광다이오드를 이용하여 크랭크축의 위치를 판별한다.

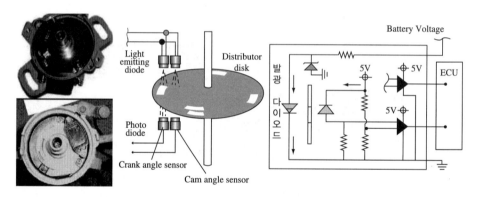

[광전식(옵티컬) 센서 방식 파형]

(8) 차속 센서(Vehicle Speed Sensor)

차속 센서는 말 그대로 차량의 속도(차속)를 측정하는 센서로 클러스터 패널에 장착된 리드 스위치로부터 신호를 측정한다.

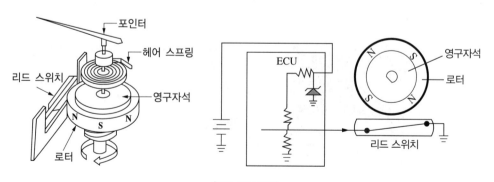

[차속 센서 파형]

(9) 노크 센서(Knock Sensor)

노크 센서는 엔진노킹이 발생하였는지의 유무를 판단하는 센서로 내부에 장착된 압전 소자와 진동판을 이용하여 압력의 변화를 기전력으로 변화시킨다.

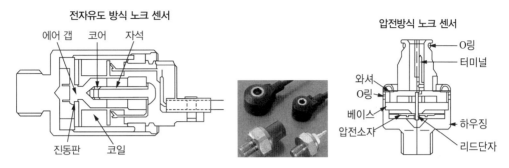

[Knock Sensor 구조 및 원리]

18 컴퓨터(ECU; Electronic Control Unit)

EMS(Engine Management System)는 ECU와 센서 및 액츄에이터들로 구성된다. 이중 센서는 입력, 액츄에이터는 출력장치이며 이것을 통합하는 것이 ECU이다.

(1) 컴퓨터의 기능

컴퓨터는 각종 센서 신호를 기초로 하여 엔진 가동 상태에 따른 연료 분사량을 결정하고, 이 분사량에 따라 인젝터 분사시간(분사량)을 조절한다. 먼저 엔진의 흡입 공기량과 회전속도로부터 기본 분사시간을 계측하고, 이것을 각 센서로부터의 신호에 의한 보정을 하여 총 분사시간(분사량)을 결정 한다. 컴퓨터의 구체적인 역할은 다음과 같다.

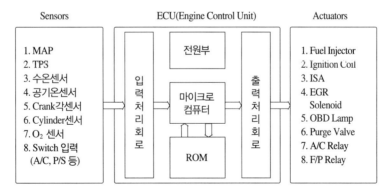

[ECU 제어시스템]

① 이론 혼합비를 14.7 : 1로 정확히 유지시킨다.
② 유해 배출가스의 배출을 제어한다.
③ 주행 성능을 신속히 해 준다.
④ 연료 소비율 감소 및 엔진의 출력을 향상시킨다.

(2) 컴퓨터의 구조

컴퓨터는 디지털 제어(Digital Control)와 아날로그 제어(Analog Control)가 있으며, 중앙처리장치(CPU), 기억장치(Memory), 입·출력 장치(I/O) 등으로 구성되어 있다. 아날로그 제어에는 A/D 컨버터(아날로그를 디지털로 변환함)가 한 개 더 포함되어 있다.

① RAM(일시 기억장치, Random Access Memory)

RAM은 임의의 기억 저장 장치에 기억되어 있는 데이터를 읽고 기억시킬 수 있다. 그러나 RAM은 전원이 차단되면 기억된 데이터가 소멸되므로 처리 도중에 나타나는 일시적인 데이터의 기억 저장에 사용된다.

② ROM(영구 기억장치, Read Only Memory)

ROM은 읽어내기 전문의 메모리이며, 한번 기억시키면 내용을 변경시킬 수 없다. 또 전원이 차단되어도 기억이 소멸되지 않으므로 프로그램 또는 고정 데이터의 저장에 사용된다.

③ I/O(입·출력 장치, In Put/Out Put)

I/O는 입력과 출력을 조절하는 장치이며, 입·출력포트라고도 한다. 입·출력포트는 외부 센서들의 신호를 입력하고 중앙처리장치(CPU)의 명령으로 액추에이터로 출력시킨다.

④ CPU(중앙처리장치, Central Processing Unit)

CPU는 데이터의 산술 연산이나 논리 연산을 처리하는 연산부, 기억을 일시 저장해 놓는 장소인 일시 기억부, 프로그램 명령, 해독 등을 하는 제어부로 구성되어 있다.

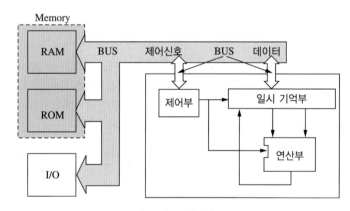

[ECU 전체 작동도]

(3) 컴퓨터에 의한 제어

컴퓨터에 의한 제어는 분사시기 제어와 분사량 제어로 나누어진다. 분사시기 제어는 점화 코일의 점화 신호와 흡입 공기량 신호를 자료로 기본 분사시간을 만들고 동시에 각 센서로부터의 신호를 자료로 분사시간을 보정하여 인젝터를 작동시키는 최종적인 분사시간을 결정한다.

① 연료 분사시기 제어

㉠ 동기분사(독립분사 또는 순차분사) : 1사이클에 1실린더만 1회 점화시기에 동기하여 배기 행정 끝 무렵에 분사한다.

㉡ 그룹(Group)분사 : 각 실린더에 그룹(제1번과 제3번 실린더, 제2번과 제4번 실린더)을 지어 1회 분사할 때 2실린더씩 짝을 지어 분사한다.

㉢ 동시분사(또는 비동기 분사) : 1회에 모든 실린더에 분사한다.

② 연료 분사량 제어
  ㉠ 기본 분사량 제어 : 크랭크 각 센서의 출력 신호와 공기 유량 센서의 출력 등을 계측한 컴퓨터의 신호에 의해 인젝터가 구동된다.
  ㉡ 엔진을 크랭킹할 때 분사량 제어 : 엔진을 크랭킹할 때는 시동 성능을 향상시키기 위해 크랭킹 신호(점화 스위치 St, 크랭크 각 센서, 점화 코일 1차 전류)와 수온 센서의 신호에 의해 연료 분사량을 증량시킨다.
  ㉢ 엔진 시동 후 분사량 제어 : 엔진을 시동한 직후에는 공전속도를 안정시키기 위해 시동 후에도 일정한 시간 동안 연료를 증량시킨다.
  ㉣ 냉각수 온도에 따른 제어 : 냉각수 온도 80℃를 기준(증량비 1)으로 하여 그 이하의 온도에서는 분사량을 증량시키고, 그 이상에서는 기본 분사량으로 분사한다.
  ㉤ 흡기 온도에 따른 제어 : 흡기 온도 20℃(증량비 1)를 기준으로 그 이하의 온도에서는 분사량을 증량시키고, 그 이상의 온도에서는 분사량을 감소시킨다.
  ㉥ 축전지 전압에 따른 제어 : 축전지 전압이 낮아질 경우에는 컴퓨터는 분사신호의 시간을 연장하여 실제 분사량이 변화하지 않도록 한다.
  ㉦ 가속할 때 분사량 제어 : 엔진이 냉각된 상태에서 가속시키면 일시적으로 공연비가 희박해지는 현상을 방지하기 위해 냉각수 온도에 따라서 분사량을 증가시킨다.
  ㉧ 엔진의 출력이 증가할 때 분사량 제어 : 엔진의 고부하 영역에서 운전 성능을 향상시키기 위하여 스로틀 밸브가 규정값 이상 열렸을 때 분사량을 증량시킨다.
  ㉨ 감속할 때 연료분사차단(대시포트 제어) : 스로틀 밸브가 닫혀 공전 스위치가 ON으로 되었을 때 엔진 회전속도가 규정값일 경우에는 연료 분사를 일시 차단한다.
③ 피드백 제어(Feedback Control)
  배기다기관에 설치한 산소 센서로 배기가스 중의 산소 농도를 검출하고 이것을 컴퓨터로 피드백시켜 연료 분사량을 증감하여 항상 이론 혼합비가 되도록 분사량을 제어한다.
  피드백 보정은 운전성, 안전성을 확보하기 위해 다음과 같은 경우에는 제어를 정지한다.
  ㉠ 냉각수 온도가 낮을 때
  ㉡ 엔진을 시동할 때
  ㉢ 엔진 시동 후 분사량을 증가시킬 때
  ㉣ 엔진의 출력을 증대시킬 때
  ㉤ 연료 공급을 차단할 때(희박 또는 농후 신호가 길게 지속될 때)
④ 점화시기 제어
  점화시기 제어는 파워 트랜지스터로 컴퓨터에서 공급되는 신호에 의해 점화 코일 1차 전류를 ON, OFF시켜 점화시기를 제어한다.
⑤ 연료 펌프 제어
  점화 스위치가 ST위치에 놓이면 축전지 전류는 컨트롤 릴레이를 통하여 연료 펌프로 흐르게 된다. 엔진 작동 중에는 컴퓨터가 연료 펌프 구동 트랜지스터 베이스를 ON으로 유지하여 컨트롤 릴레이 코일을 여자시켜 축전지 전원이 연료 펌프로 공급된다.

⑥ 공전속도 제어

자동차의 전기장치, 에어컨, 유압식 파워스티어링 등의 엔진부하를 발생시키는 장치의 작동과 엔진의 워밍업 시 공전속도 조절장치를 통하여 엔진회전수를 상승시켜 출력 보완 및 워밍업시간의 단축에 대한 역할을 수행한다.

(4) 자기 진단 기능

컴퓨터는 엔진의 여러 부분에 입·출력 신호를 보내게 되는데 비정상적인 신호가 처음 보내질 때부터 특정 시간 이상이 지나면 컴퓨터는 비정상이 발생한 것으로 판단하고 고장 코드를 기억한 후 신호를 자기진단 출력 단자와 계기판의 엔진 점검 램프로 보낸다.

(5) 컴퓨터로 입력되는 신호(각종 센서와 신호 장치)

① 공기 유량 센서(AFS)

이 센서가 흡입 공기량을 검출하여 컴퓨터로 흡입 공기량 신호를 보내면 컴퓨터는 이 신호를 기초로 하여 기본 연료 분사량을 결정한다.

② 흡기 온도 센서(ATS)

이 센서가 흡입되는 공기 온도를 컴퓨터로 입력시키면 컴퓨터는 흡기 온도에 따라 필요한 연료 분사량을 조절한다.

③ 수온 센서(WTS, CTS)

이 센서가 엔진의 냉각수 온도 변화에 따라 저항값이 변화하는 부 특성(NTC) 서미스터이다. 냉각수 온도가 상승하면 저항값이 낮아지고, 냉각수 온도가 낮아지면 저항값이 높아진다.

④ 스로틀 위치 센서(TPS)

이 센서가 스로틀 밸브축이 회전하며 출력 전압이 변화한 것을 컴퓨터로 입력시키면 컴퓨터는 이 전압 변화를 기초로 하여 엔진 회전 상태를 판정하고 감속 및 가속 상태에 따른 연료 분사량을 결정한다.

⑤ 공전 스위치

이 스위치는 엔진의 공전 상태를 검출하여 컴퓨터로 입력시킨다.

⑥ 1번 실린더 TDC 센서

이 센서가 제1번 실린더의 압축 상사점을 검출하여 이를 펄스 신호로 변환하여 컴퓨터로 입력시키면 컴퓨터는 이 신호를 기초로 하여 연료 분사순서를 결정한다.

⑦ 크랭크 각 센서(CAS)

이 센서가 각 실린더의 크랭크 각(피스톤 위치)의 위치를 검출하여 이를 펄스 신호로 변환하여 컴퓨터로 보내면 컴퓨터는 이 신호를 기초로 하여 엔진 회전속도를 계측하고 연료 분사시기와 점화시기를 결정한다.

⑧ 산소 센서(O_2 센서)

이 센서가 배기가스 내의 산소 농도를 검출하여 이를 전압으로 변환하여 컴퓨터로 입력시키면 컴퓨터는 이 신호를 기초로 하여 연료 분사량을 조절하여 이론 공연비로 유지하고 EGR밸브를 작동시켜 피드백시킨다.

⑨ 차속 센서(VSS)

이 센서가 리드 스위치를 이용하여 트랜스 액슬 기어의 회전을 펄스 신호로 변환하여 컴퓨터로 보내면 컴퓨터는 이 신호를 기초로 하여 공전속도 등을 조절한다.

⑩ 모터 포지션 센서(MPS)

이 센서가 ISC−서보의 위치를 검출하여 컴퓨터로 보내면 컴퓨터는 이 신호를 기초로 하여 엔진의 공전속도를 조절한다.

⑪ 동력 조향장치 오일 압력 스위치

이 스위치가 동력 조향장치의 부하 여부를 전압의 고저로 바꾸어 컴퓨터로 보내면 컴퓨터는 이 신호를 이용하여 ISC−서보를 작동시켜 엔진의 공전속도를 조절한다.

⑫ 점화장치 ST와 인히비터 스위치

점화 스위치 ST는 엔진이 크랭킹되고 있는 동안 높은 신호를 컴퓨터로 입력하며, 컴퓨터는 이 신호에 의하여 엔진을 시동할 때의 연료 분사량을 조절한다. 즉, 점화 스위치가 ST 위에 놓이면 크랭킹할 때 축전지 전압이 점화 스위치와 인히비터 스위치를 통하여 컴퓨터로 입력되며, 컴퓨터는 엔진이 크랭킹 중인 것을 검출한다. 또 자동변속기의 변속 레버가 P 또는 N 레인지 이외에 있는 경우 축전지 전압은 컴퓨터로 입력되지 않는다. 인히비터 스위치는 변속 레버의 위치를 전압의 고저로 변환하여 컴퓨터로 입력시키면 컴퓨터는 이 신호를 이용해 ISC−서보를 작동시켜 엔진의 공전속도를 조절한다.

⑬ 에어컨 스위치와 릴레이

점화 스위치가 ON이 되면 에어컨 스위치는 컴퓨터에 축전지 전압이 가해지도록 하며 컴퓨터는 ISC−서보를 구동시키며, 동시에 에어컨 릴레이를 작동시켜 에어컨 압축기 클러치로 전원을 공급한다.

⑭ 컨트롤 릴레이와 점화 스위치 IG

점화 스위치가 ON이 되면 축전지 전압은 점화 스위치에서 컴퓨터로 흐르게 되며, 또 컨트롤 릴레이 코일에도 공급되어 컨트롤 릴레이 스위치가 ON으로 되어 컴퓨터에 전원이 공급된다.

⑲ 액츄에이터(Actuator)

액츄에이터는 센서와 반대로 유량, 구동 전류, 전기 에너지 등 물리량을 마이크로컴퓨터의 출력인 전기 신호를 이용하여 작동하는 것이다.

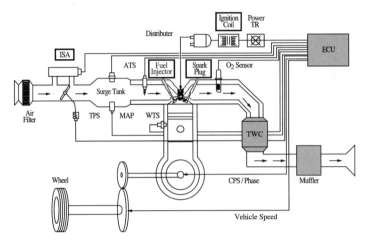

[기본 액츄에이터 장착 위치]

(1) 연료 인젝터(Fuel Injector)

연료 인젝터는 전기적 신호(Injection Pulse Width) 만큼의 연료량을 공급하는 역할을 하며 엔진전자제어장치(ECU)의 명령에 따라 작동된다.

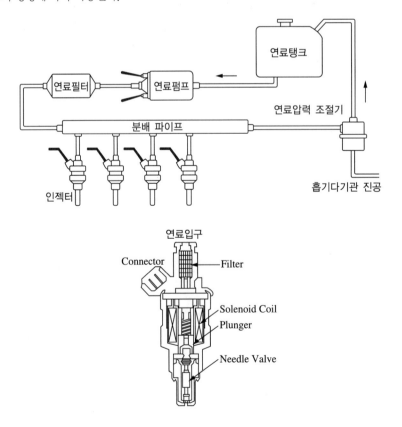

(2) 점화장치(Ignition System)

점화계의 역할은 두 가지로 분류되는데 첫째는 엔진 상태에 따른 최적의 점화 시기에 혼합기의 연소가 이루어지도록 하여 최고의 출력을 얻는 것(점화시기 제어)이고, 둘째는 정상적인 연소가 가능한 전기 에너지를 확보하는 것이다(드웰시간 제어). 점화계통은 배터리, 파워트랜지스터(ECU로부터 점화 시기 및 Dwell 제어 신호를 받는 부분), 점화코일, 배전기, 점화 플러그 등으로 구성된다. 수년전까지 배전기 없이 각각의 실린더를 직접 제어하는 DLI(Distributer Less Ignition) System이 적용되었으며 현재는 독립식 점화장치가 보편화되고 있다.

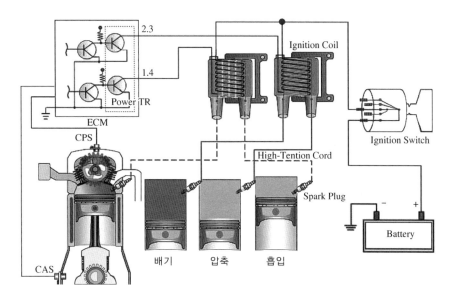

[점화계통도 DLI]

(3) 공전속도 조절기(Idle Speed Controller)

공전속도 조절기는 엔진이 공전 상태일 때 부하에 따라 안정된 공전속도를 유지하게 하는 장치이며, 그 종류에는 ISC-서보 방식, 스텝 모터 방식, 에어 밸브 방식 등이 있다.

① ISC-SERVO

공전속도 조절 모터, 웜 기어(Worm Gear), 웜 휠(Worm Wheel) 모터 포지션 센서(MPS), 공전 스위치 등으로 구성되어 있다. 공전속도조절시 스로틀 밸브의 열림량을 모터로 제어한다.

② 스텝 모터 방식

스텝 모터 방식은 스로틀 밸브를 바이 패스 하는 통로에 설치되어 흡입 공기량을 제어하여 공전속도를 조절하도록 되어 있다.

③ 아이들 스피드 액츄에이터

아이들 스피드 액츄에이터의 솔레노이드 코일에 흐르는 전류를 듀티 제어하여 밸브 내의 솔레노이드 밸브에 발생하는 전자력과 스프링 장력이 서로 평형을 이루는 위치까지 밸브를 이동시켜 공기 통로의 단면적을 제어하는 전자 밸브이다.

⑳ 디젤 엔진 일반

디젤 엔진은 공기만을 실린더 내에 흡입하여 압축하면 500~550℃의 압축열이 발생된다. 이때 분사노즐을 통하여 압축공기에 연료를 분사시키면 압축열에 의하여 연료가 자기착화(자연점화) 연소되어 발생된 열에너지가 기계적 에너지로 변환되는 엔진으로 4행정 디젤 엔진과 2행정 디젤 엔진으로 분류된다.

(1) 디젤 엔진의 장단점
① 장점
  ⊙ 가솔린 엔진보다 열효율이 높다(가솔린 엔진 : 25~32%, 디젤 엔진 : 32~38%).
  ⓛ 가솔린 엔진보다 연료소비량이 적다.
  ⓒ 넓은 회전속도 범위에서 회전력이 크다(회전력의 변동이 적다).
  ⓔ 대출력 엔진이 가능하다.
  ⓜ 공기 과잉 상태에서 연소가 진행되어 CO, HC의 유해 성분이 적다.
  ⓗ 연료의 인화점이 높아 화재의 위험이 적다.
  ⓢ 전기 점화장치와 같은 고장 빈도가 높은 장치가 없어 수명이 길다.
② 단점
  ⊙ 실린더 최대 압력이 높아 튼튼하게 제작해야 하므로 중량이 무겁다.
  ⓛ 압축 및 폭발 압력이 높아 작동이 거칠고 진동과 소음이 크다.
  ⓒ 가솔린 엔진보다 제작비가 비싸다.
  ⓔ 공기와 연료를 균일한 혼합기로 만들 수 없어 리터당 출력이 낮다.
  ⓜ 시동에 소요되는 동력이 크다. 즉, 기동 전동기의 출력이 커야 한다.
  ⓗ 가솔린 엔진보다 회전속도의 범위가 좁다.

(2) 디젤 엔진의 연소특성
디젤 엔진은 압축 행정의 종료부분에서 연소실 내에 분사된 연료는 착화 지연 기간 → 화염 전파 기간 → 직접 연소 기간 → 후기 연소 기간의 순서로 연소된다.

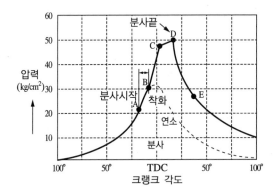

① 착화 지연 기간(연소 준비 기간 – A~B 기간)
② 화염 전파 기간(정적 연소 기간, 폭발 연소 기간 – B~C 기간)
③ 직접 연소 기간(정압 연소 기간, 제어 연소 기간 – C~D 기간)
④ 후기 연소 기간(후 연소 기간 – D~E 기간)

(3) 디젤 엔진의 연소

① 디젤 노크

디젤 엔진의 노크는 착화 지연 기간이 길 때 착화 지연 기간 중에 분사된 많은 양의 연료가 화염 전파 기간 중에 동시에 폭발적으로 연소되기 때문에 실린더 내의 압력이 급격하게 상승되므로 피스톤이 실린더 벽을 타격하여 소음을 발생하는 현상이다.

② 디젤 엔진의 노크 방지

㉠ 세탄가가 높은 연료를 사용한다.

㉡ 압축비를 높게 한다.

㉢ 실린더 벽의 온도를 높게 유지한다.

㉣ 흡입 공기의 온도를 높게 유지한다.

㉤ 연료의 분사 시기를 알맞게 조정한다.

㉥ 착화 지연 기간 중에 연료의 분사량을 적게 한다.

㉦ 엔진의 회전속도를 빠르게 한다.

③ 디젤 연료(경유)의 구비 조건

㉠ 착화성이 좋을 것

㉡ 세탄가가 높을 것

㉢ 점도가 적당할 것

㉣ 불순물 함유가 없을 것

(4) 착화성

착화 늦음의 크기를 표시하는 방법으로 착화성이란 말을 사용하며, 착화성의 양·부를 결정하는 척도로서 세탄가, 어닐린 점 및 디젤지수 등이 있다.

$$세탄가(CN) = \frac{세탄}{세탄 + \alpha - 메틸나프탈렌} \times 100$$

디젤연료의 발화(착화)촉진제로는 초산에틸($C_2H_5NO_3$), 초산아밀($C_5H_{11}NO_3$), 아초산에틸($C_2H_5NO_2$), 아초산아밀($C_5H_{11}NO_2$), 질산에틸, 아질산아밀 등이 있다.

(5) 디젤 엔진의 연소실

① 직접 분사실식

직접 분사실식은 연소실이 실린더 헤드와 피스톤 헤드에 형성되고, 여기에 연료를 직접 분사시키는 방식이다. 분사 압력은 200~300kgf/cm^{2}이고 분사 노즐은 다공형을 사용한다.

㉠ 직접 분사실식의 장점

• 실린더 헤드의 구조가 간단하기 때문에 열효율이 높고, 연료 소비율이 작다.

• 연소실 체적에 대한 표면적의 비율이 작아 냉각 손실이 작다.

• 엔진 시동이 쉽다.

• 실린더 헤드의 구조가 간단하기 때문에 열변형이 적다.

㉡ 직접 분사실식의 단점

• 연료와 공기의 혼합을 위하여 분사 압력이 가장 높아 분사 펌프와 노즐의 수명이 짧다.

• 사용 연료 변화에 매우 민감하다.

• 노크의 발생이 쉽다.

- 엔진의 회전속도 및 부하의 변화에 대하여 민감하다.
- 다공형 노즐을 사용하므로 값이 비싸다.
- 분사 상태가 조금만 달라져도 엔진의 성능이 크게 변화한다.

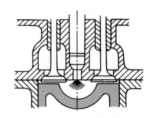

[직접분사실식]

② 예연소실식

예연소실식은 실린더 헤드와 피스톤 사이에 형성되는 주 연소실 위쪽에 예연소실을 둔 것으로 분사 압력은 $100 \sim 120 kgf/cm^2$이며 분사 노즐은 스로틀형을 주로 사용한다.

㉠ 예연소실식의 장점
- 분사 압력이 낮아 연료 장치의 고장이 적고, 수명이 길다.
- 사용 연료 변화에 둔감하므로 연료의 선택 범위가 넓다.
- 운전 상태가 조용하고, 노크 발생이 적다.
- 제작하기가 쉽다.
- 다른 형식의 엔진에 비해 유연성이 있다.

㉡ 예연소실식의 단점
- 연소실 표면적에 대한 체적 비율이 크므로 냉각 손실이 크다.
- 실린더 헤드의 구조가 복잡하다.
- 시동 보조 장치인 예열 플러그가 필요하다.
- 압축비가 높아 큰 출력의 기동 전동기가 필요하다.
- 연료 소비율이 직접 분사실식보다 크다.

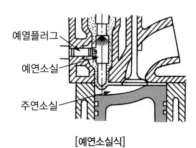

[예연소실식]

③ 와류실식

와류실식은 실린더나 실린더 헤드에 와류실을 두고 압축 행정중에 와류실에서 강한 와류가 발생하도록 한 형식으로 분사 압력은 $100 \sim 140 kgf/cm^2$이다.

㉠ 와류실식의 장점
- 압축 행정에서 발생하는 강한 와류를 이용하므로 회전속도 및 평균 유효 압력이 높다.
- 분사 압력이 낮아도 된다.

- 엔진의 사용 회전속도 범위가 넓고, 운전이 원활하다.
- 연료 소비율이 예연소실보다 적다.
  ○ 와류실식의 단점
  - 실린더 헤드의 구조가 복잡하다.
  - 분출 구멍의 교축 작용, 연소실 표면적에 대한 체적 비율이 커 열효율이 낮다.
  - 저속에서 디젤 엔진의 노크가 발생되기 쉽다.
  - 엔진을 시동할 때 예열 플러그가 필요하며 기동성이 약간 좋지 않다.
④ 공기실식
  공기실식은 주연소실과 연결된 공기실을 실린더 헤드와 피스톤 헤드 사이에 두고 연료를 주연소실에 직접 분사하는 형식으로 분사 압력은 $100 \sim 140 kgf/cm^2$이다.
  ○ 공기실식의 장점
  - 연소의 진행이 완만하여 압력 상승이 낮고, 작동이 조용하다.
  - 연료가 주연소실로 분사되므로 기동이 쉽다.
  - 폭발 압력이 가장 낮다.
  - 시동 보조 장치인 예열 플러그가 필요 없다.
  ○ 공기실식의 단점
  - 분사 시기가 엔진 작동에 영향을 준다.
  - 후적 연소의 발생이 쉬워 배기가스 온도가 높다.
  - 연료 소비율이 비교적 크다.
  - 엔진의 회전속도 및 부하 변화에 대한 적응성이 낮다.

(6) 디젤 시동 보조 장치
① 감압 장치
  디젤 엔진이 크랭킹할 때 흡입 밸브나 배기 밸브를 캠축의 운동과는 관계없이 강제로 열어 실린더 내의 압축 압력을 낮춤으로써 엔진의 시동을 원활하게 도와주며, 또한 디젤 엔진의 가동을 정지시킬 수도 있는 장치이다.
② 예열 장치
  디젤 엔진은 압축 착화 방식으로 외부공기가 차가운 경우에는 압축열이 착화온도까지 상승하지 못하여 경유가 잘 착화하지 못해 시동이 어렵다. 따라서 예열장치는 흡기다기관이나 연소실 내의 공기를 미리 가열하여 기동을 쉽도록 하는 장치이다. 그 종류에는 흡기 가열 방식과 예열 플러그 방식이 있다.
  ○ 흡기 가열 방식 : 실린더 내로 흡입되는 공기를 흡기다기관에서 공기를 가열하는 방식이며, 흡기 히터방식과 히트 레인지방식이 있다.
  ○ 예열 플러그 방식 : 연소실 내의 압축 공기를 직접 예열하는 형식이며 주로 예연소실식과 와류실식에서 사용한다. 이러한 예열 플러그에는 코일형과 실드형이 있다.
  - 코일형(Coil Type)의 특징
    - 히트 코일이 노출되어 있어 적열시간이 짧다.
    - 저항값이 작아 직렬로 결선 되며, 예열 플러그 저항기를 두어야 한다.
    - 히트 코일이 연소 가스에 노출되므로 기계적 강도 및 내부식성이 적다.

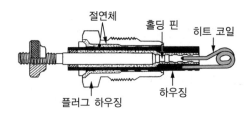

- 실드형(Shield Type)의 특징
  - 히트 코일을 보호 금속 튜브 속에 넣은 형식이다.
  - 병렬로 결선되어 있으며, 전류가 흐르면 금속 보호 튜브 전체가 가열된다.
  - 가열까지의 시간이 코일형에 비해 조금 길지만 1개의 발열량과 열용량이 크다.
  - 히트 코일이 연소열의 영향을 적게 받으며, 병렬 결선이므로 어느 1개가 단선되어도 다른 것들은 계속 작동한다.

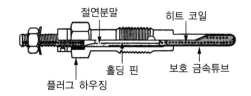

(7) 디젤 엔진의 연료장치

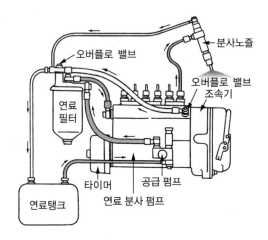

① 공급 펌프

　공급 펌프는 연료 탱크 내의 연료를 일정한 압력(2~3kgf/cm²으로 분사 펌프에 공급하는 장치이며, 분사 펌프 측면에 설치되어 분사 펌프 캠축에 의하여 구동된다.

② 연료 여과기

　연료 여과기는 연료 속에 포함되어 있는 먼지와 수분을 제거 분리한다.

③ 분사 펌프

　분사 펌프는 공급 펌프에서 보내 준 연료를 분사 펌프 내의 플런저의 왕복운동을 통하여 분사 순서에 맞추어 고압으로 펌핑하여 노즐로 압송시켜 주는 장치이다. 이러한 분사 펌프는 독립형, 분배형, 공동형 등이 있다.

㉠ 독립형 분사 펌프 : 엔진의 각 실린더가 분사 펌프(플런저)를 한 개씩 갖는 방식이며, 구조가 복잡하고 조정이 어렵다.
　　㉡ 분배형 분사 펌프 : 실린더 수에 관계없이 한 개의 분사 펌프를 사용하여 각 실린더에 연료를 공급하는 것이며, 구조가 간단하고 조정이 쉬우나 다기통의 경우에는 적용이 어렵다.
　　㉢ 공동형 분사 펌프 : 이 방식은 분사 펌프는 한 개이고 축압기(Accumulator)에 고압의 연료를 저장하였다가 분배기로 각 실린더에 공급하는 형식이다.
④ 조속기(Governor)
　　엔진 부하 및 회전속도 등의 변화에 대하여 연료 분사량을 조절하는 장치이다.
⑤ 타이머(Timer)
　　엔진 회전속도 및 부하에 따라 분사시기를 변화시키는 장치이다.
⑥ 앵글라이히 장치
　　엔진의 모든 회전속도 범위에서 공기와 연료의 비율(공연비)이 알맞게 유지되도록 하는 기구이다.
⑦ 분사노즐
　　분사 펌프에서 고압의 연료가 노즐의 압력실에 공급되면 니들 밸브가 연료의 압력에 의해서 분사 구멍이 열려 고압의 연료를 미세한 안개 모양으로 연소실에 분사시키는 역할을 한다. 구비 조건은 다음과 같다.
　　㉠ 연료를 미세한 안개 모양으로 하여 쉽게 착화하게 할 것(무화)
　　㉡ 분무를 연소실 구석구석까지 뿌려지게 할 것(분포도)
　　㉢ 연료의 분사 끝에서 완전히 차단하여 후적이 일어나지 않을 것
　　㉣ 고온·고압의 가혹한 조건에서 장시간 사용할 수 있을 것
　　㉤ 관통력이 클 것(관통도)

21 전자제어 디젤 엔진(CRDI)

(1) 의의

CRDI는 초고압 직접 분사 방식의 디젤 엔진으로 기계식 연료 분사 펌프 방식이 아닌 연료를 연소실에 초고압으로 직접 분사하는 방식이며 엔진의 ECU가 각종 차량의 입력 센서의 신호를 바탕으로 연료 분사량을 결정하여 인젝터를 통하여 연소실에 분사하는 방식이다. 현재 대부분의 디젤자동차에 적용된다.

(2) 특징

① 초고압에 의한 연소 효율의 증대
② 연료 분사량의 정밀제어로 디젤 엔진의 출력 향상
③ 유해 배기가스의 현저한 감소
④ 엔진의 고속 회전 및 소음과 진동이 감소

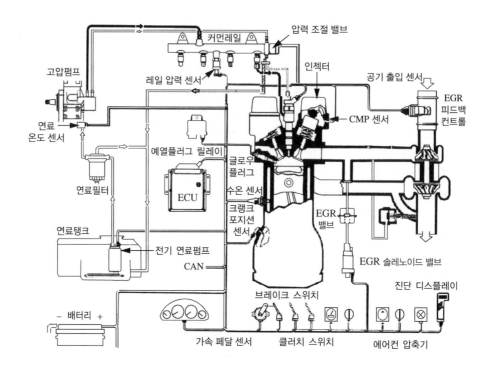

☷ CRDI 연료 장치

(1) 저압 연료 계통

커먼 레일 연료 분사 장치의 저압 연료 계통은 연료 탱크, 1차 연료 펌프(기어 펌프), 공급과 리턴을 위한 저압 연료 라인, 연료 필터 등으로 구성되어 있다.

① 연료 탱크

스트레이너, 연료 센더 그리고 연료 저장실로 사용되는 스월 포트로 구성된다.

② 저압 연료 펌프(1차 연료 공급 펌프)

기어 펌프 형식으로 연료 탱크로부터 연속적으로 요구되는 연료량을 고압 연료 펌프 쪽으로 전달한다.

③ 연료 필터

연료에 이물질을 걸러주며 고압 연료 펌프의 마모 및 손상을 방지한다.

(2) 고압 연료 계통

고압의 연료 계통은 고압 연료 펌프, 연료 압력 조절 밸브, 고압 연료 라인, 커먼 레일(압력 제한 밸브, 레일 압력 센서), 연료 리턴 라인, 인젝터로 구성되어 있다.

① 고압 연료 펌프

고압 연료 펌프는 연료를 높은 압력으로 가압시키며, 가압된 연료는 고압 라인을 통하여 고압 연료 커먼 레일(어큐뮬레이터)로 이송한다.

② 커먼 레일(Common Rail)

커먼 레일은 고압펌프로부터 공급된 연료를 저장하는 부분이며, 고압의 연료 압력을 지닌 부분이다. 또한 레일의 연료 압력은 레일 압력 센서에 의해 측정되며, 고압 연료 펌프에 내장되어 있는 압력 제어 밸브에 의해 원하는 값으로 유지된다.

③ 인젝터(Injector)

인젝터는 연료 분사 장치로서 솔레노이드 밸브와 니들 밸브 및 노즐로 구성되어 있으며, 엔진 ECU에 의해 제어된다. 인젝터의 노즐은 엔진 ECU의 신호에 의해 솔레노이드 밸브가 작동되어 열리면 연료가 엔진의 연소실에 직접 분사된다.

④ 고압 파이프

연료 라인은 고압의 연료를 이송하므로 계통 내의 최대 압력과 분사를 정지할 때 간헐적으로 일어나는 높은 압력 변화에 견딜 수 있어야 하므로 연료 라인의 파이프는 강철(Steel)을 사용한다.

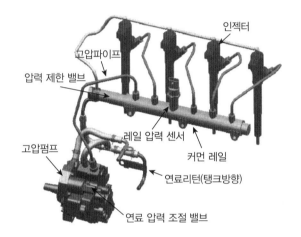

(3) 연료 압력 조절 밸브

연료 압력 조절 밸브는 저압 연료 펌프와 고압 연료 펌프의 연료 통로 사이에 설치되어 있으며, 연료 압력 조절 밸브는 PWM 방식으로 전류를 제어하여 고압 펌프에 송출되는 연료를 조절한다.

(4) 압력 제한 밸브(연료 압력 레귤레이터)

압력 제한 밸브는 커먼 레일에 설치되어 과도한 압력이 발생될 경우 연료의 리턴 통로를 열어 커먼 레일의 압력을 제한하는 안전 밸브의 역할을 한다.

🔃 CRDI 전자제어장치

CRDI 엔진의 전자제어 시스템은 센서 및 스위치 등의 입력신호를 기반으로 ECU가 최적의 엔진 구동을 위한 연산을 통하여 각종 액츄에이터를 제어하는 방식이다.

(1) CRDI 전자제어 입력신호

① 공기 유량 센서

공기 유량 센서는 열막 방식(Hot Film Type)으로 공기의 질량을 직접 감지한다. 열막 방식의 센서는 특정 순간 및 가·감속할 때 엔진에 의해 실제로 유입되는 공기 질량을 정교하게 측정하며, 엔진의 부하를 판정하고 흡입 공기의 맥동, 역방향 유동 및 EGR 제어용 신호로 사용된다.

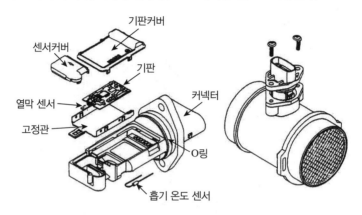

② 흡기 온도 센서

흡기 온도 센서는 부특성 서미스터로서 공기 유량 센서에 내장되어 흡입 공기 온도를 감지하고 공기의 밀도에 따라서 연료량, 분사시기를 보정 신호로 사용한다.

③ 냉각 수온 센서

수온 센서는 실린더 헤드의 물 재킷에 설치되어 엔진의 온도를 검출하여 냉각수 온도의 변화를 전압으로 변화시켜 ECU로 입력시킨다.

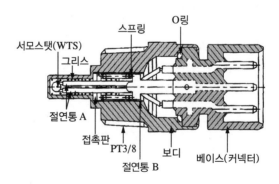

④ 가속 페달 위치 센서

가속 페달 위치 센서는 운전자의 발에 의해 가해지는 페달의 힘과 움직임을 감지하는 센서로 가속 페달과 일체로 설치되어 있으며, 운전자가 요구하는 가속의 입력은 가속 페달 위치 센서에 의해 기록되어 ECU에 입력된다.

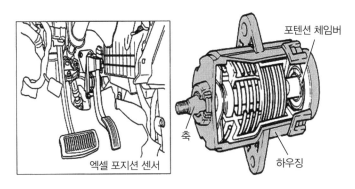

포텐션 체임버
축
엑셀 포지션 센서
하우징

⑤ 크랭크축 위치 센서

크랭크축 위치 센서는 마그네틱 인덕티브 방식으로 플라이 휠에 설치된 센서 휠의 돌기를 감지하는 형태이며, 크랭크축의 각도 및 피스톤의 위치, 엔진의 회전속도 등을 감지 연산한다.

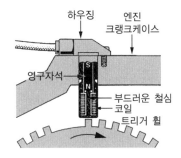

하우징
엔진 크랭크케이스
영구자석
부드러운 철심
코일
트리거 휠

⑥ 캠축 위치 센서

캠축 위치 센서는 홀 센서 방식(Hall Sensor Type)으로 캠축에 설치되어 캠축 1회전(크랭크축 2회전)당 1개의 펄스 신호를 발생시켜 ECU로 입력시킨다.

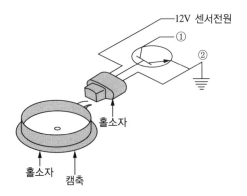

12V 센서전원
①
②
홀소자
홀소자
캠축

⑦ 레일 압력 센서

레일 압력 센서는 커먼 레일의 중앙부에 설치되어 있으며, 연료 압력을 측정하여 ECU로 입력시키고, ECU는 이 신호를 받아 연료의 분사량, 분사시기를 조정하는 신호로 사용한다.

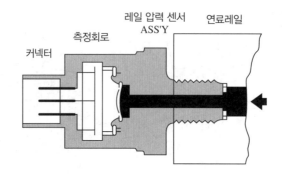

⑧ 차속 센서

차량 속도 센서(차속 센서)는 변속기 하우징에 설치되어 센서 1회전당 4개의 펄스 신호를 출력하여 ECU에 입력한다. 엔진의 ECU는 차량 속도 센서의 신호를 이용하여 연료 분사량 및 분사시기를 보정한다.

⑨ 대기압 센서

대기압 센서는 ECU에 내장되어 있으며, 대기 압력에 따라서 연료의 분사시기의 설정 및 연료 분사량을 보정한다.

⑩ 브레이크 스위치

브레이크 스위치는 브레이크 페달의 작동 여부를 감지하여 엔진 ECU로 입력되며, 엔진 ECU는 이 2개의 신호가 입력되어야 정상적인 브레이크 신호로 인식하여 제동 시 연료량의 제어에 이용한다.

(2) CRDI 전자제어 출력신호

① 인젝터

인젝터의 제어는 ECU 내부에서 전류 제어에 의해 결정된다. 흡입 공기량과 엔진회전수 등을 기반으로 연료 분사량을 결정하며 다른 센서 및 스위치신호 등을 통하여 분사 보정량을 적용한다.

② 예열 장치

예열 장치는 실린더 헤드에 예열 플러그가 설치되는 형식으로 냉간 시동성 향상 및 냉간 시 발생되는 유해 배기가스를 감소시키는 역할을 한다.

③ EGR 제어

EGR 솔레노이드 밸브는 ECU에서 계산된 값을 PWM 방식으로 제어하며, 제어값에 따라 EGR 밸브의 작동량이 결정된다. EGR 밸브는 엔진에서 배출되는 가스 중 질소산화물의 배출을 억제하기 위한 것이다.

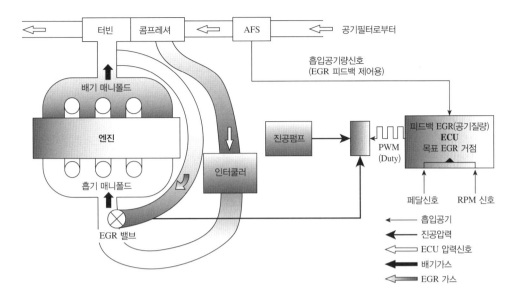

배기 매니폴드

엔진

흡기 매니폴드

EGR 밸브

인터쿨러

터빈　콤프레셔　AFS　공기필터로부터

흡입공기량신호
(EGR 피드백 제어용)

진공펌프

PWM
(Duty)

피드백 EGR(공기질량)
ECU
목표 EGR 거점

페달신호　RPM 신호

← 흡입공기
← 진공압력
⇐ ECU 입력신호
◀ 배기가스
⇐ EGR 가스

④ 프리 히터

프리 히터는 냉각수 라인 내에 설치되어 있으며, 외기 온도가 낮을 경우 일정한 시간 동안 작동시켜 엔진에서 히터로 유입되는 냉각수 온도를 높여 히터의 난방 성능을 향상시키는 장치로 운전자에게 신속한 난방 환경을 제공하는 장치이다.

24 연료

엔진의 동작유체는 연료와 공기를 혼합하여 연소시킨 고온 고압의 연소가스이다. 공기를 압축시키고 여기에 연료를 분사하여 연소시키거나, 공기와 연료를 혼합시킨 후 압축하여 연소시키므로 단시간 내에 연료가 연소된다. 이와 같이 짧은 시간에 연소하는 것을 폭발이라 하며 이 폭발동력을 이용하여 자동차를 구동시키고 동력을 얻는다.

(1) 연료의 종류와 구비 조건

일반적인 연료는 액체 연료, 기체 연료를 사용하며, 이 연료의 성분은 대부분 석유계 연료이고 일부는 알코올계 연료를 사용한다. 기체 연료 중에는 LPG, LNG, 석탄가스 및 수소 등이 사용된다. 또한 연료의 일반적인 구비 조건은 다음과 같다.

① 기화성이 좋을 것
② 적당한 점도를 가질 것
③ 인화점이 낮을 것
④ 착화점이 낮고 연소성이 좋을 것
⑤ 내폭성이 클 것
⑥ 부식성이 없을 것
⑦ 발열량이 크고 연소퇴적물이 없을 것
⑧ 부유물이나 고형물질이 없을 것
⑨ 저장에 위험이 없고 경제적일 것

(2) 고체 연료

고체 연료는 석탄이나 나무에서 제조한 숯 등을 말하며, 이 고체 연료를 직접 내연기관에 사용할 수는 없다. 그러나 기관 밖에 연소실을 설치하고 연소실에서 고체 연료를 연소시켜 불완전 연소 시 발생하는 일산화탄소를 내연기관의 연료로 이용할 수 있다.

(3) 기체 연료

기체 연료는 상온, 즉 35℃ 이하에서 기체로 존재하는 연료이며 상온에서는 기체로 존재하므로 체적을 작게 하기 위하여 고압의 저온으로 액화시킨 후 고압용기에 넣어 사용한다.

① 기체 연료의 종류
  ㉠ 액화석유가스(LPG; Liquefied Petroleum Gas)
  ㉡ 액화천연가스(LNG; Liquefied Natural Gas)
  ㉢ 압축천연가스(CNG; Compressed Natural Gas)
  ㉣ 수소가스(Hydrogen Gas, H_2)
  ㉤ 석탄가스 및 용광로가스

② LPG의 장점
  ㉠ 옥탄가가 높고 앤티 노크성이 크다.
  ㉡ 연료의 발열량이 약 12,000kcal/kg으로 높다.
  ㉢ 4에틸납이 없어 유해물질에 대하여 비교적 유리하다.
  ㉣ 황 성분이 없어 부식이 적다.
  ㉤ 기체 연료이므로 윤활유의 오염이 적다.
  ㉥ 경제적이다.

③ LPG의 단점
  ㉠ 고압가스이므로 위험성이 있다.
  ㉡ 고압용기의 무게가 무겁다.
  ㉢ 충전소가 한정되어 충전에 불편하다.

(4) 액체 연료

내연기관에서 사용하는 연료의 대부분은 액체 연료로서 이 액체 연료를 구분하면 다음과 같다.

① 석탄계
  석탄계 연료는 석탄을 가열할 때 나오는 타르(Tar)나 석탄가스로 제조하는 것으로 액화가솔린과 액화 등유 등이 있다.

② 석유계
  석유계 연료는 원유를 증류기에 넣고 비등점의 차이로 분류한 것이다. 원유를 비등점의 차이로 분류하면 가솔린(Gasoline), 등유(Kerosene), 제트 연료, 경유(Light Oil 혹은 Diesel Oil), 중유(Heavy Oil 혹은 Bunker-C Oil) 등이 석출된다.

③ 식물계
  식물계 연료는 나무 같은 식물에서 제조한 메탄올(Methanol)과 곡물을 발효시켜 제조한 에탄올(Ethanol) 및 식물성 기름 등이다.

④ 혈암계

혈암계 연료는 원유 성분이 함유된 다공성 혈암에서 채취한 연료이다. 이 연료를 세일유(Shale Oil)라고 한다.

(5) 연료의 특성

① 가솔린

가솔린은 무색의 특유한 냄새가 나는 액체로서 기화성이 크다. 가솔린의 중요한 성능으로는 엔진의 노킹(Knocking)을 억제할 수 있어야 하는 성질이 요구되며 엔진의 노킹 발생에 대한 저항을 나타내는 수치로 옥탄가(Octane Number)를 사용하고 있다. 가솔린은 옥탄가를 향상시켜 노킹을 억제하기 위하여 첨가제를 넣었는데 초기의 가솔린에는 테트라에틸납($Pb(C_2H_5)_4$)을 첨가하여 옥탄가를 높인 유연휘발유를 사용하였다. 그러나 유연휘발유는 납 성분의 배출로 인하여 자동차 배기계통에 장착되어 있는 촉매장치의 손상을 초래하고 중금속을 배출하여 기존 옥탄가 향상제인 테트라에틸납 대신 MTBE(Methyl Tertiary Butyl Ether)를 대체 물질로 첨가하며 무연휘발유라 부르게 되었다. 현재는 MTBE의 환경문제가 제기되면서 에탄올을 첨가하여 옥탄가를 높이기도 한다.

② 등유

등유는 무색이며 특유의 냄새가 나는 액체로서 기화가 어렵고 연소속도가 느리며 완전연소가 불가능하다. 상온에서 위험성이 적기 때문에 난방용 연료와 등유기관 및 디젤 기관의 연료로도 사용 된다.

③ 제트 연료

제트 연료의 특성은 등유와 비슷하나 대기온도가 낮은 고공에서 연료를 분사시켜 연소시키므로 응고점이 −60℃로 낮고 비중도 낮으며 발열량이 큰 특징이 있다. 램제트(Ramjet) 기관과 펄스제트(Pulse Jet) 기관에 사용 된다.

④ 경유

경유는 거의 무색 또는 엷은 청색을 띠며 특유의 냄새가 나는 연료이다. 착화온도가 낮아 고속디젤 기관인 디젤 자동차의 연료로 사용되고 있으며 순수 경유는 황 성분의 함량이 높아 현재 저유황 경유나 바이오 디젤과 같은 황 함량이 적거나 없는 경유로 대체하여 디젤 자동차에 사용하고 있다. 자동차용 경유의 품질은 우수한 착화성, 적당한 점도와 휘발성, 저온유동성 및 윤활성 등이 우수해야 하는 성질이 요구되며 특히 세탄가의 특성이 중요시된다.

세탄가(Cetane Number)는 연료의 압축착화의 판단기준으로 사용되며 냉시동성, 배출가스 및 연소소음 등 자동차의 성능이나 대기환경에 영향을 미치는 중요한 수치이다. 따라서 경유의 중요한 특성은 연료가 얼마나 쉽게 자발점화 하는가를 나타내주는 세탄가이다. 디젤 엔진에 너무 낮은 세탄가의 연료를 사용하여 운전할 경우 디젤 노크(Knock)가 발생하는데 이는 너무 빠른 연소시기 때문에 일어난다. 세탄가가 클수록 연료 분사 후 착화지연이 짧아지고 소음저감과 연비를 향상시킨다. 이러한 세탄가를 증가시키기 위해 경유에 첨가하는 물질을 착화 촉진제라 한다.

⑤ 중유

중유는 검정색을 띠고 특유의 냄새가 나며 점성이 크고 유동성이 나쁘다. 회분 성분과 황 함량이 많고 저급 중유는 벙커 C유라 하여 보일러용 연료로 사용되고 있다.

⑥ 메틸 알코올(Methyl Alcohol)

메틸 알코올은 메탄올(Methanol)이라고 하며 목재의 타르(Tar)를 분류하면 생성되어 목정이라고도 한다. 현재는 원유에서 정제하여 제조하고 있으며 알루미늄(Aluminum) 금속을 부식시키는 성질이 있다.

⑦ 에틸 알코올(Ethyl Alcohol)

에틸 알코올은 곡물류를 발효시켜 정제한 것으로 주정이라고도 한다. 또한 원유에서 정제하여 얻은 공업용 알코올을 에탄올(Ethanol)이라 하며 메탄올과 마찬가지로 알루미늄 금속을 부식시키는 성질이 있다.

⑧ LPG

액화석유가스(LPG)는 석유나 천연가스의 정제 과정에서 얻어지며 한국, 일본 등에서 수송용 연료로 사용이 점차 확대되고 있다. LPG는 프로판(Propane)과 부탄(Butane)이 주성분으로 이루어져 있고, 프로필렌(Propylene)과 부틸렌(Butylene) 등이 포함된 혼합가스로 상온에서 압력이 증가하면 쉽게 기화되는 특성이 있다. 국내에서 수송용으로 사용되는 LPG는 부탄을 주로 사용하나 겨울철에는 증기압을 높여주기 위해서 프로판 함량을 증가시켜 보급한다. LPG는 다른 연료에 비해 열량이 높음에도 냄새나 색깔이 없기 때문에 누설될 때 쉽게 인지하여 사고를 예방할 수 있도록 불쾌한 냄새가 나는 메르캅탄(Mercaptan)류의 화학 물질을 섞어서 공급한다. 안전성 측면에서 LPG는 CNG보다 낮은 압력으로 보관, 운반할 수 있는 장점이 있으나 공기보다 밀도가 커서 대기 중에 누출될 경우 공중으로의 확산이 어려워 누출된 지역에 화재 및 폭발의 위험성이 있다. 또한 가솔린이나 경유에 비해 에너지 밀도가 70~75% 정도로 낮아 연료의 효율이 낮은 단점이 있다.

구분	비중	착화점	인화점	증류온도	저위발열량
가솔린	0.69~0.77	400~450℃	−50~−43℃	40~200℃	11,000~11,500kcal/kg
경유	0.84~0.89	340℃	45~80℃	250~300℃	10,500~11,000kcal/kg
등유	0.77~0.84	450℃	40~70℃	200~250℃	10,700~11,300kcal/kg
중유	0.84~0.99	400℃	50~90℃	300~350℃	10,000~10,500kcal/kg
LPG	0.5~0.59	470~550℃	−73℃	−	11,850~12,050kcal/kg
에틸 알코올	0.8	423℃	9~13℃	−	6,400kcal/kg
메틸 알코올	0.8	470℃	9~12℃	−	4,700kcal/kg

(6) 불꽃 점화기관의 연료

불꽃 점화기관의 연료는 기화성이 우수해야 하고, 기관에서 요구하는 정확한 혼합비가 구성되어야 하며, 연료 입자가 잘 무화되어야 한다. 실린더 내에 있는 혼합기는 점화 플러그에서 점화하면 순간적인 불꽃에 의하여 정상적으로 연소되어야 한다. 만일 연소 말기에 말단가스가 스스로 착화되면 이상 연소가 일어나 기관이 과열되고 진동과 소음이 발생하는 노킹이 발생하게 된다. 또한 연료가 실린더 내의 고온, 고압 하에서 연소하므로 불완전연소가 되기 쉽고 성능이 저하한다. 그러므로 스파크 점화기관의 연료는 기화성 (휘발성)과 연소성 및 인화성과 착화성이 중요하다. 일반적인 스파크 점화기관인 가솔린기관의 연료 구비 조건은 다음과 같다.

① 기화성이 양호하고 연소성이 좋을 것

② 착화온도가 높고 노크가 일어나지 않을 것

③ 안정성이 좋고 부식성이 없을 것

④ 발열량이 크고 경제적일 것

(7) 기화성

기화성은 액체가 기체가 되는 매우 중요한 성질이며, 기체가 빨리 될수록 기화성이 우수하다. 연료의 기화성 측정방법은 연료에 온도를 가열하여 연료를 증발시키는 ASTM(America Society for Testing Material) 증류법으로 기화성을 측정한다.

(8) 연소성

단시간에 연료가 완전연소하면 연소성이 우수한 연료라 말한다. 연료가 연소한다는 것은 연료 내에 규칙적으로 결합되어 있는 탄소와 수소의 결합이 붕괴되며 산소와 화학적으로 결합하는 것을 의미한다. 낮은 온도에서 이 결합의 붕괴가 일어나면 그만큼 산소와 쉽게 결합할 수 있고 짧은 시간에 연소할 수 있다.

(9) 인화성과 착화성

스파크 점화기관에서는 혼합기를 흡입·압축한 후 스파크 플러그로 점화시키므로 인화점이 낮아야 한다. 인화점이란 연료에 열을 가하면 연료증기가 발생하고 이 연료증기가 불씨에 의해서 불붙는 최저온도를 말한다. 석유계 연료는 $-15{\sim}80℃$ 정도이고, 가솔린은 $-13{\sim}-10℃$ 정도이다.

착화점은 불씨 없이 연료에 열을 가하여 그 열에 의해서 불이 붙는 최저온도를 말하며 자연발화점이라고도 하는데, 디젤 기관에서 매우 중요한 성질이다. 석유계 연료의 착화점은 $250{\sim}500℃$이고, 가솔린은 $400{\sim}500℃$, 경유는 $340℃$ 정도이다. 스파크 점화기관에서는 연료의 착화온도가 높을수록 좋고, 디젤 기관에서는 착화온도가 낮을수록 좋다. 즉, 스파크 점화기관에서 착화온도가 낮으면 연료의 연소 말기에 말단가스가 자발화(Self-Ignition)하여 노킹의 원인이 된다.

25 디젤 엔진의 연료

디젤 엔진은 공기만 실린더 내로 흡입하여 고압축비로 압축하고 이때 상승한 공기의 온도에 연료를 분사하여 자기 착화시키는 엔진이다. 연료는 석유계 연료 중에서 착화온도가 낮은 경유나 중유를 사용하며 연료가 실린더 내에서 연소하는 연소 속도와 피스톤의 속도 때문에 일반적으로 연료는 상사점 전 5°(BTDC 5°)에서 분사하여 상사점 후 30°(ATDC 30°)까지 분사된다.

분사가 시작되는 크랭크 각도를 분사시기(Injection Timing)라고 하며, 분사되는 기간을 연료분사기간이라 한다. 고속 디젤 엔진일수록 분사시기를 빨리 해야 한다. 이것을 분사시기 진각(Advance)이라 하고 고속일수록 진각량이 커진다. 또한 연료를 분사하면 분사 즉시 연료가 착화되어야 한다. 연료가 분사 즉시 착화하려면 착화온도가 낮아야 하며, 분사할 때 연료입자가 미세하게 무화 되어야 한다. 무화가 양호하려면 연료의 점성이 작아야 하나, 너무 작으면 연료입자의 관통력이 약해져 연소실의 압력을 이기고 분사되지 못한다.

한편, 디젤 기관에서 사용하는 연료는 증류 온도가 높은 곳에서 분류되므로 황 성분과 회분(Ash)이 많이 포함되어 있다. 황 성분이 연소하면 아황산가스가 되고, 이 아황산가스는 배기계통을 부식시키고 대기 중에 배출되어 공해문제가 된다. 또한 연료 중의 회분은 실린더와 피스톤 링의 마모를 촉진시킨다.

(1) 디젤 기관용 연료의 구비 조건

① 점도(점성)가 적당하고 착화온도가 낮아야 한다.
② 기화성이 양호하고 발열량이 커야 한다.
③ 부식성이 없고 안정성이 양호해야 한다.
④ 내한성이 양호하고 황 성분과 회분 성분이 적어야 한다.

(2) 디젤 기관 연료의 주요 성질

① 점성

점성(Viscosity)은 디젤 기관의 연료에서 중요한 성질이다. 점성(점도)이란 유동할 때 저항하는 성질로 내부응력의 크기, 즉 응집력의 크기를 수치적으로 나타낸 것으로 연료의 점성이 너무 크면 노즐에서 분사할 때 연료입자의 지름이 커지므로 불완전연소되고, 액체상태의 연료가 실린더 벽을 통하여 윤활유실로 유입되므로 윤활유에 희석되어 윤활유를 오염시킨다.

반대로 점성이 너무 작으면 연료의 무화가 잘되고 연소는 양호하나, 관통력이 부족하여 연료가 실린더의 연소실 내에서 균일하게 분포되지 못하여 불완전연소가 된다. 그러므로 디젤 기관의 연료는 점성이 적당해야 한다. 중유를 사용하는 기관에는 연료탱크에서 연료분사 펌프까지 연료가 흘러가는 유동성이 중요하며 이 유동성도 점성에 관계되므로 점성이 너무 크면 유동성이 나빠진다.

② 착화성

착화성은 연료를 불씨 없이 가열하여 스스로 불이 붙는 최저온도이며 디젤 기관에서는 공기의 단열 압축열로 연료를 착화시키므로 중요한 성질이다. 디젤 기관 연료에서 착화 온도가 너무 높거나 착화 지연기간이 너무 길면 디젤 노크가 발생한다.

③ 황 성분

디젤 연료는 증류 온도가 높은 곳에서 분류되므로 황 성분(Sulfur Content)이 2~4% 정도 함유되어 있다. 황 성분이 있는 연료를 연소시키면 황이 연소하여 SO_3로 되고, SO_2가 팽창 중에 일부는 SO_3로 된다. 이 가스가 연소할 때 생긴 수증기, 특히 수증기가 배기계통에서 응축한 물에 흡수되어 H_2SO_3나 H_2SO_4가 되고, 배기계통에 부착되어 이를 부식시키며 대기 중으로 배출되면 공해 문제가 생긴다. 이러한 공해문제를 줄이기 위해서 세계 각국은 연료 중의 황 성분 함량을 법규로 규제하고 있다.

④ 회분(Ash)

회분은 연료가 연소할 때 타고 남은 재를 말한다. 이 재가 실린더와 피스톤 링 사이의 마모를 촉진시키고, 실린더 내에 쌓여 조기점화 현상을 일으키며 배기 밸브의 가이드에 누적되어 밸브를 마모시킨다. 그러므로 회분이 적은 연료를 사용해야 한다.

26 연소

(1) 가솔린기관의 정상연소와 이상연소

가솔린기관에서는 혼합기를 실린더 내에 흡입·압축한 후 피스톤이 상사점 전(BTDC) 5~30°에 있을 때 스파크 플러그에서 점화 및 화염이 발생하여 화염면을 형성한다. 화염면은 스파크 플러그에서 출발하여 일정한 속도로 말단가스, 즉 플러그에서 가장 멀리 있는 가스 쪽으로 진행되며 이 속도를 화염전파속도라고 한다. 화염전파속도는 정상연소일 때 15~25m/s 정도이고 기관의 회전수, 연료의 종류, 혼합비 등에 따라 다르다. 또한 기관 회전수가 빠르면 실린더 내에 들어오는 혼합기가 빠르고, 혼합기가 실린더 내에서 강한 와류를 일으키므로 화염전파속도가 빠르다. 혼합기가 농후하거나 희박하면 화염전파속도가 느려지고, 혼합비 12.5:1 에서 최대출력이 발생하면서 화염전파속도가 가장 빠르다.

최대출력이 나오면 폭발력이 커지므로 압력이 급격히 상승하여 노크가 발생하는 경우가 있다. 즉, 화염면이 말단가스로 진행되는 기간에 일부 가스가 연소되어 압력이 높아지고 화염면에서 열이 전달되므로, 플러그 쪽에 있는 기연 가스나 말단가스의 미연소가스의 온도가 높아진다. 미연소가스의 온도가 높아져서 연료의 착화점 이상이 되면 미연소가스가 스스로 착화되어 실린더 내의 연료가 순간적으로 연소하고 큰 압력이 발생하여 노크가 발생한다.

연료가 연소할 때 실린더 내의 온도분포는 스파크 플러그 쪽의 온도가 가장 높고, 피스톤이 하사점으로 이동하면 압력이 떨어지므로 온도가 낮아진다. 스파크 점화기관에서는 화염면에 의해서 말단 가스가 점화되면 정상연소(Normal Combustion)라 하고, 그 밖에 말단가스가 스스로 연소되는 것, 즉 말단가스의 자발화(노킹 현상)나 실린더 내의 과열점에 의해서 점화되는 것(조기점화)을 이상연소(Abnormal Combustion)라고 한다.

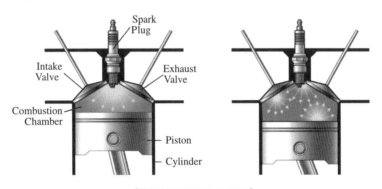

[엔진의 정상연소와 이상연소]

(2) 가솔린 기관의 노킹

가솔린 기관에서 압축비가 높거나 기관이 과열되었을 때, 또는 흡기온도가 높을 때, 정상연소와는 아주 다른 이상연소가 일어나 배기관으로 흑연과 불꽃을 토출하고 연소실 온도가 상승하고 유해배출가스가 배출되며 엔진 출력이 저하되고 진동과 굉음(노킹음)이 발생한다. 이것을 노크(Knock)라고 한다.

하염면이 말단가스로 진행되는 동안에 밀단가스 쪽의 미연소가스가 압축되어 온도가 높아지고 실린더 벽 및 화염면에서 열이 전달되어 말단가스의 온도가 높아져 연료의 착화점 이상이 되어 자발화가 일어나 착화되므로 실린더 내의 연료가 순간적으로 연소된다. 실린더 내의 연료가 순간적으로 연소되므로 커다란 압력과 충격적인 압력파가 발생한다. 이 압력파를 데토네이션 파(Detonation Wave)라고 한다. 이 데토네이션파가 실린더 내를 왕복하면서 진동을 일으키고 실린더 벽을 강타하므로 노킹음, 즉 금속음이 발생한다. 이는 곧 노크의 원인이다.

노킹이 발생하면 급격한 연소가 일어나므로 연료가 불완전연소되고, 이 불완전연소 가스가 압력이 낮은 배기관으로 나올 때 일부는 배기관의 산소와 결합하여 불꽃이 되어 나오고, 일부는 흑연이 되어 나온다. 연료가 불완전연소되므로 기관의 출력이 저하되고, 피스톤이 하사점으로 이동하여 실린더 내의 압력이 낮아질 때 연료의 일부가 연소되므로 기관이 과열된다. 이와 같이 연소가스가 팽창 도중에 연소하는 것을 후기점화(Post Ignition)라 하고, 후기점화가 일어나면 유효일로 열량이 전환되는 것이 아니고 기관을 과열시켜 냉각수의 온도만 증가시키는 원인이 된다.

노크가 발생할 때 화염전파속도는 300~2,000m/s이다. 이러한 상태로 기관을 계속 운전하면 피스톤 헤드와 배기 밸브 등 과열되기 쉬운 곳에서 국부적으로 녹아버린다. 또한 기관이 과열되면 혼합기가 흡입될 때 과열점, 즉 배기 밸브, 탄소퇴적물, 플러그의 돌출부 등에 접촉되어 점화되므로 조기점화가 발생한다.

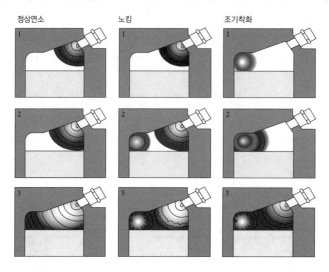

[조기점화와 이상연소에 의한 노킹]

(3) 조기점화

이상연소가 발생하여 기관이 과열되면 실린더 내로 흡입되는 혼합기가 실린더 내의 과열점, 즉 배기 밸브, 플러그의 돌출부, 탄소퇴적물에 의해서 점화된다. 이것은 연료가 스파크 플러그로 점화하기 전에 점화되므로 조기점화(Pre-Ignition) 현상이라고 한다. 조기점화 현상이 일어나면 점화를 빨리시킨 결과가 되므로 노크가 발생하게 되며 점화장치가 아닌 다른 열원에 의해서 연료가 점화되므로 점화장치를 차단해도 기관이 계속 운전된다. 이것을 런온(Run On) 현상이라고 한다. 런온 현상이 일어났을 때 기관을 멈추려면 연료계통을 차단해야 하며 조기점화가 일어나면 기관이 과열되므로 노크가 발생한다.

한편, 노크가 발생하여도 기관이 과열되므로 조기점화가 일어나며 노크와 조기점화는 일어나는 원인은 다르나 결과는 같아진다.

조기점화 현상이 일어나면 기관이 과열되어 노크가 일어난다. 간혹 노크가 일어나지 않고 불규칙적으로 날카로운 핑음, 즉 고주파 음이 발생하는데 이것을 와일드 핑(Wild Ping)이라고 한다. 이것은 탄소퇴적물이 원인이 되는 것이며 와일드 핑은 실린더 내의 탄소퇴적물을 제거하면 없어진다.

또한 압축비가 10 이상인 기관에서 규칙적인 저주파 음을 들을 수 있는데, 이것을 럼블(Rumble) 현상이라고 한다. 이것 역시 실린더 내의 탄소퇴적물을 제거하면 방지되며 가끔 기관을 전개 상태로 운전하여 실린더 내의 탄소퇴적물을 연소시켜 제거해야 한다.

압축비가 12 이상인 경우에도 저주파 음을 들을 수 있는데, 이것을 서드(Thud) 현상이라고 한다. 서드 현상은 탄소퇴적물과는 관계가 없고, 점화지각을 함으로써 제거할 수 있다. 압축비가 높으면 실린더 내의 온도가 높아지는데 이 때문에 일어나는 현상이 서드 현상이다.

(4) 가솔린 노크의 방지법

가솔린기관에서 노크가 일어나면 소음과 진동이 심하고 출력이 저하된다. 이러한 상태로 운전을 계속하면 기관이 과열되어 피스톤헤드와 배기 밸브가 국부적으로 열부하를 받고 커넥팅 로드의 대단부와 크랭크축의 연결 부분에 있는 베어링 등에 손상을 발생시킨다. 또한 기관이 과열되어 윤활유의 점성이 낮아져 유막 형성이 어렵고 마찰열이 증가하여 실린더와 피스톤 링 사이가 고착되는 문제점이 발생한다. 이러한 가솔린 노킹 방지법은 아래와 같다.

① 연료에 의한 방지법

내폭성이 큰 연료 즉, 옥탄가가 높은 연료를 사용한다. 옥탄가가 높은 연료는 착화온도가 높으므로 말단가스의 자발화를 지연시킬 수 있어서 노킹이 방지된다.

② 기관의 운전 조건에 의한 방지법

노크가 일어나는 것은 말단가스의 온도가 높아져서 말단가스가 자발화하여 순간적으로 실린더 내의 연료를 연소시키기 때문에 발생한다. 따라서 말단 가스의 온도를 낮추고 화염전파속도를 빠르게 하여 화염면에 의하여 말단가스를 연소시키면 정상연소가 된다.

㉠ 흡기온도를 낮춘다. 흡기온도가 낮으면 그만큼 말단가스의 온도가 낮으므로 방지된다.

㉡ 실린더 벽의 온도를 낮춘다. 수랭식 기관에서는 워터재킷의 온도 또는 냉각수의 온도를 낮추어 말단가스의 온도를 저하시켜 노크를 방지할 수 있다.

㉢ 회전수를 증가시킨다. 회전수가 증가되면 화염전파속도가 빨라지므로 노크가 방지된다.

㉣ 혼합비를 농후하게 하거나 희박하게 한다. 혼합비 12.8에서 화염전파속도가 가장 빠르고 최대출력이 나오므로 폭발력이 증가하여 노크도 증가한다. 그러므로 혼합비를 농후하게 하거나 희박하게 하여 노크를 방지해야 한다.

㉤ 점화시기를 지각시킨다. 점화시기를 너무 진각시키면 노크가 증가하므로 점화시기를 상사점 가까이로 지각시켜야 한다. 점화시기는 연료의 연소 최고 압력이 상사점 후(ATDC) $10 \sim 13°$ 사이에서 발생하도록 조정되어야 한다.

㉥ 화염전파거리를 단축시킨다. 실린더 지름을 작게 하거나 점화 플러그의 위치를 적정하게 선정하여 화염전파거리를 단축한다. 점화 플러그에서 말단가스까지 거리가 길면 화염전파속도가 말단가스까지 통과되는 시간이 오래 걸리고 말단 가스가 자발화를 일으켜 노킹이 발생한다. 그러므로 가솔린기관에서는 실린더 지름을 작게 해야 하고 점화 플러그를 2개 이상 설치하면 화염전파거리가 단축되므로 노크가 감소된다.

㉦ 흡기압력을 낮게 한다. 흡기압력을 대기압 이상으로 높이면 화염전파 속도가 빨라져서 좋으나, 흡입공기를 압축하면 말단가스의 온도가 더 증가하여 노크가 발생되므로 흡기압력을 낮추어야 한다.

㉧ 스로틀 밸브 개도를 작게 한다. 스로틀 밸브(Throttle Valve)를 전개시키면 기관 출력이 최대가 되어 노크가 크게 되므로 스로틀 밸브 개도를 감소시켜야 한다.

(5) 앤티 노크성

가솔린연료에서 연료가 노크를 일으키지 않는 성질, 즉 착화가 잘 되지 않는 성질이 큰 것을 앤티 노크성(Anti-Knock)이 크다고 한다. 가솔린기관에서 노크가 일어나는 것은 연료의 일부가 자발화되어 일어나므로 자발화를 억제시키면 노크가 감소된다. 이 억제시키는 성질을 수치적으로 나타낸 것을 앤티 노크성 혹은 항 노크성이라고 한다.

① 옥탄가

옥탄가(ON; Octane Number)는 가솔린 연료의 앤티 노크성을 수치적으로 표시한 것으로 옥탄가가 높으면 그만큼 노크를 일으키기 어렵다는 의미이다. 또한 옥탄가를 측정할 때는 압축비를 변화시킬 수 있는 CFR기관으로 먼저 공시연료를 사용하고 압축비를 변화시키면서 운전하여 공시연료의 노크 한계를 찾고, 다음에는 표준연료를 사용하여 운전한다. CFR기관으로 운전할 때는 공시연료에서 찾은 노크의 한계에서 압축비를 고정하고, 표준연료 속에 있는 이소옥탄과 정헵탄의 양을 변화시키면서 운전한다. 옥탄가를 공식으로 표시하면 다음과 같다.

$$옥탄가(ON) = \frac{이소옥탄}{이소옥탄 + 정헵탄} \times 100$$

표준연료 속에 있는 이소옥탄(C_8H_{18})은 노크가 일어나기 어려운 연료이므로 옥탄가를 100으로 하고, 정헵탄(C_7H_{16})은 노크가 잘 일어나므로 옥탄가를 0으로 하여 각각의 체적비로 혼합하면 옥탄가 0부터 100까지의 표준연료를 만들 수 있다.

CFR기관(Cooperative Fuel Research Engine)은 옥탄가나 세탄가를 측정할 수 있는 특수한 기관으로 운전 중에 압축비를 바꿀 수 있는 기관이다. 회전수는 900rpm 정도로 단기통이고, 실린더 헤드를 특수하게 만들어 진동을 감지할 수 있다. 실린더 헤드에는 바운싱 핀(Bouncing Pin)을 두어 진동을 감지하고, 바운싱 핀에 있는 전기 접점에 네온램프를 연결하여 섬광과 노크미터기로 노크의 크기를 알 수 있게 되어 있는 기관이다.

② 퍼포먼스 수

공시연료로 운전하여 노크의 한계에서 나오는 최대 도시마력(IPS)과 이소옥탄으로 운전하여 노크의 한계에서 나오는 최대 도시마력의 비를 백분율로 나타낸 것이 퍼포먼스 수(PN; Performance Number)이다. 이것을 공식으로 나타내면 다음과 같다.

$$퍼포먼스 넘버(PN) = \frac{공시연료의 도시마력}{이소옥탄의 도시마력} \times 100$$

퍼포먼스 수는 0에서부터 무한대까지 측정할 수 있는 앤티 노크성의 표시 방법이다. 옥탄가와 퍼포먼스 수는 모두 연료의 앤티 노크성을 표시하므로 다음과 같은 관계가 있다.

$$퍼포먼스 넘버(PN) = \frac{2,800}{128 - ON}$$

(6) 디젤 기관의 연소

압축 점화기관은 고속 디젤 기관, 저속 디젤 기관 및 소구기관을 뜻하며, 여기서는 디젤 기관이라고 한다. 디젤 기관에서의 연소는 공기만 실린더 내에 흡입하고 고압축비(12~22:1)로 압축하면 공기 온도가 500~600℃로 높아지고, 여기에 연료를 분사하면 연료가 착화된다. 화염이 발생하면 실린더 내의 여러 곳에서 화염이 발생하여 분사되는 연료를 계속 연소시킨다. 고속 디젤 기관에서는 경유를 사용하고, 저속 디젤 기관에서는 중유를 사용한다.

연료분사 시기는 상사점 전에서 분사하기 시작하여 상사점 후, 즉 팽창행정 초기까지 분사되므로 이 기간을 연료분사 기간이라고 한다. 가솔린기관에서 사용되는 혼합비는 의미가 없으며, 극히 소량의 연료가 실린더 내에 분사되어도 연소가 일어나고, 다량의 연료가 분사되어도 연소가 일어난다. 다량의 연료가 분사되면 초기에 분사된 연료는 공기가 충분하여 연소되지만, 뒤에 분사된 연료는 공기가 부족하므로 불완전 연소가 된다. 즉, 매연으로 변화하여 배출된다.

그러므로 디젤 기관에서는 전부하와 과부하에서 매연이 심하다. 디젤 기관의 연료분사 시기는 기관 성능에 커다란 영향을 미치고, 연료를 차단하는 시기 역시 기관 성능에 커다란 영향을 미치게 된다. 그러므로 분사 초기부터 분사 말까지, 즉 분사기간 동안을 몇 구역으로 나누어 해석해야 한다.

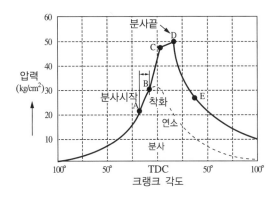

① 착화 지연 구간(A~B 구간)

A점에서 연료를 분사하기 시작하면 연료입자가 증발하고 공기와 혼합하여 착화되기 쉬운 입자가 먼저 착화되어 화염이 형성되는 기간이다. 분사 초기에는 분사량이 적으므로 연료가 연소되어도 온도와 압력 상승은 작고, 피스톤의 관성력으로 상사점으로 압축되어 간다.

② 급격 연소 구간(B~C 구간)

피스톤이 상사점에 있을 때 실린더 내의 압력과 온도가 가장 높고, 분사 초기에 분사된 연료가 연소되어 화염이 형성되어 있으므로 연료가 분사되면 분사 즉시 연소되는 기간으로 연료의 착화 지연기간이 매우 짧아진다. 또한 연료분사 펌프에서도 연료분사 중간이므로 분사량이 가장 많으며 많은 연료가 급격히 연소하므로 압력이 급상승하는 정상연소 구간이다. 이 구간에 너무 많은 연료가 있으면 연료가 상사점에서 동시에 연소되면서 정상연소보다 압력 상승이 더욱 높아지고, 이 압력 때문에 일어나는 현상이 디젤 노크이다.

③ 제어(주) 연소 구간(C~D 구간)

제어 연소 구간은 피스톤이 상사점을 지나서 하사점으로 이동할 때, 즉 연소가스가 팽창하고 있을 때의 기간이다. 연료의 분사 말이므로 연료량은 적으나 연료가 계속 일정한 방향으로 분사되므로 공기가 부족하여 불완전 연소되는 기간이다. 이와 같이 불완전하게 연소된 연료는 피스톤이 더욱 하사점으로 이동할 때 공기와 만나 후기 연소되며 연료는 D점에서 차단된다.

④ 후기 연소 구간(D~E 구간)

제어기간 동안에 공기 부족으로 불완전연소된 연료와 연소하지 못한 연료가 실린더 내에서 와류를 일으키면서 공기와 만나 연소하는 기간이다. 이 기간에 산소와 접촉되지 못한 연료는 매연이 되어 배출된다.

(7) 디젤 기관의 노크

디젤 기관에서 압축비가 낮거나 또는 실린더 내의 온도가 낮고 분사 초기에 연료의 분사량이 많으면 분사 초기에 분사된 연료가 연소되지 않고, 피스톤이 상사점으로 올라가면 연료가 상사점으로 밀려가 상사점 부근에서 정상연소 때보다 많은 연료가 있게 된다. 이 많은 연료가 급격 연소기간에 동시에 연소하므로 연소압력이 급격히 높아져 정상연소 때의 압력보다 더욱 높아진다. 이 높은 압력 때문에 압력파가 발생하고 진동과 소음이 발생하며 이것을 디젤 노크라 한다. 디젤 기관의 노크는 정상연소보다 진동과 소음이 심하므로 방지해야 한다.

(8) 디젤 노크의 방지법

분사 초기에 연료가 착화되지 않아서 일어나는 현상이므로, 분사 초기에 연료가 신속하게 착화하도록 하면 노크가 방지된다. 즉, 실린더 내의 온도를 상승시키고 연료의 착화지연이 짧도록 하며, 분사 초기에 연료량을 감소시키면 디젤 노크를 방지시킬 수 있다. 디젤 기관의 노크 방지법은 다음과 같다.

① 세탄가가 높은 연료를 사용한다.
② 착화 지연기간이 짧은 연료를 사용한다.
③ 압축비를 높인다. 압축비가 높으면 실린더 내의 온도가 증가하여 착화 지연이 짧아진다.
④ 분사 초기에 연료 분사량을 감소시킨다.
⑤ 흡기온도를 높인다. 흡기온도를 증가시키면 실린더 내의 온도가 높아지므로 노크가 경감된다.
⑥ 회전수를 낮춘다. 회전수가 낮으면 피스톤의 속도가 낮으므로 분사 초기에 분사한 연료가 충분히 착화할 수 있는 시간이 있으므로 노크가 방지된다.
⑦ 흡기압력을 높인다. 과급기를 사용하여 흡기를 과급하면 그만큼 압이 증가하므로 실린더 내의 온도가 증가되고 연료의 착화 지연이 짧아져 노크가 방지된다.
⑧ 실린더 벽의 온도를 증가시킨다. 수랭식 기관에서 냉각수의 온도를 증가시키면 그만큼 실린더 내의 온도가 증가되므로 노크가 방지된다.
⑨ 실린더 내에서 와류가 일어나도록 한다. 실린더 내에서 연료의 와류가 일어나면 그만큼 연료입자의 증발이 빨라져서 착화가 잘 되므로 노크가 경감되고 연료도 완전연소된다.

[가솔린 기관과 디젤 기관의 노크 방지 대책]

항목 기관	연료의 착화점	연료 성질	착화 지연	압축비	흡기 온도	실린더 온도	흡기 압력	회전수
가솔린 기관	높게	옥탄가 높인다	길게	낮게	낮게	낮게	낮게	높게
디젤 기관	낮게	세탄가 높인다	짧게	높게	높게	높게	높게	낮게

(9) 디젤 기관 연료의 앤티 노크성

① 세탄가

압축비를 변화시킬 수 있는 CFR기관으로 측정하며 연료 속에 있는 세탄의 양을 백분율로 표시한 것을 세탄가(CN; Cetane Number)라고 한다. 이것을 공식으로 나타내면 다음과 같다.

$$세탄가(CN) = \frac{세탄}{세탄 + \alpha메틸나프탈렌} \times 100$$

표준연료 속에 있는 세탄($C_{16}H_{34}$)은 착화성이 우수하여 노크가 일어나기 어려운 연료이므로, 세탄가를 100으로 하고, α-메틸나프탈렌($C_{13}H_{10}$)은 노크가 잘 일어나므로 세탄가를 0으로 하여 각각의 체적비로 혼합하면 세탄가 0부터 100까지의 표준연료를 만들 수 있다. 이 표준연료와 공시연료를 서로 비교하여 세탄가를 결정한다. 즉, 세탄가가 55인 연료는 세탄 55%와 α-메틸나프탈렌 45%를 체적비로 혼합한 표준연료와 같은 크기의 노크를 일으키는 연료이다.

② 디젤 지수

세탄가를 측정하려면 CFR기관이 있어야 한다. 그러나 이와 같이 세탄가를 측정하지 않고 실험실에서 간단하게 연료의 앤티 노크성을 측정하는 것이 디젤 지수(DI; Diesel Index)인데, 디젤 지수는 거의 세탄가와 일치하기 때문에 활용된다.

27 자동차의 배출가스

가솔린 엔진에서 배출되는 가스는 크게 배기 파이프에서 배출되는 배기가스, 엔진 크랭크 실의 블로우 바이 가스(Blow-By Gas), 연료 탱크와 연료 공급 계통에서 발생하는 증발가스 등의 3가지가 있으며 이외에도 디젤 엔진에서 주로 발생되는 입자상 물질과 황 성분 등이 있다.

(1) 유해 배출가스

가솔린 기관의 경우 연료의 구성 화합물이 대부분 탄소와 수소로 이루어져 있고 이러한 연료가 공기와 함께 연소하여 발생하는 가스로서 인체에 유해한 배기가스가 많이 배출된다. 다음은 유해 배출가스와 그 특징이다.

① 일산화탄소(CO)

일산화탄소(Carbon Monoxide)는 배기가스 중에 포함되어 있는 유해 성분의 일종으로 인체에 치명적인 장애를 일으킨다. 일산화탄소는 석탄과 석유의 주성분인 탄화수소가 산소가 부족한 상태에서 연소할 때 발생하는 가스이다. 주로 밀폐된 장소인 석탄 연소 장치 내연기관의 연소실에서 다량 발생한다. 이 가스가 인체에 흡수되면 혈액 중의 헤모글로빈(Hemoglobin)과 결합하여 헤모글로빈의 산소 운반 기능을 저하시킨다.

② 탄화수소(HC)

탄화수소(Hydro Carbon)는 미연소가스라고도 하며 탄소와 수소가 화학적으로 결합한 것을 총칭한 것이다. 이 가스는 연료 탱크에서 자연 증발하거나 배기가스 중에도 포함되어 나온다. 이 가스는 접촉하면 호흡기와 눈, 점막에 강한 자극을 주고 광학 스모그를 일으킨다.

③ 질소산화물(NOx)

질소산화물(NOx)은 산소와 질소가 화학적으로 결합한 NO, NO_2 NO_3 등을 말하며, 이것을 총칭하여 NOx라고 한다. 이 질소산화물은 내연기관처럼 고온·고압에서 연료를 연소시킬 때 공기 중의 질소와 산소가 화학적으로 결합하여 생긴 것이다. 공기의 성분은 대부분 질소와 산소가 혼합되어 있는데, 이 공기가 고온·고압에서 NO로 되어, 공기 자체를 촉매로 하여 NO_2가 된다. 이 가스는 인체에 매우 큰 장애를 일으키며 HC와 같이 광학 스모그의 원인이 된다.

④ 블로우 바이 가스

블로우 바이 가스란 실린더와 피스톤 간극에서 미연소가스가 크랭크 실(Crank Case)로 빠져 나오는 가스를 말하며, 주로 탄화수소이고 나머지가 연소가스 및 부분 산화된 혼합가스이다. 블로우 바이 가스가 크랭크 실내에 체류하면 엔진의 부식, 오일 슬러지 발생 등을 촉진한다.

⑤ 연료 증발 가스

연료 증발 가스는 연료 탱크나 연료 계통 등에서 가솔린이 증발하여 대기 중으로 방출되는 가스이며, 미연소가스이다. 주성분은 탄화수소(HC)이다.

⑥ 황 산화물(SO_X)

황 산화물은 연료 중의 황이 연소 시에 아황산가스(SO_2)와 황 복합 화합물로 배출하며 주로 석탄이나 오일이 연소하면서 많이 배출된다. 휘발유는 경유에 비하여 황이 적게 함유되어 있기 때문에 휘발유 자동차보다 경유 자동차에서 황산화물이 많이 배출된다.

⑦ 입자상 물질(PM)

입자상 물질(PM; Particulate Matter)은 디젤 엔진에서 배출된다. 성분은 무기탄소, 유기탄소, 황산 입자, 회분(윤활유 연소 시 발생) 등이 포함된다. 입자상 물질은 호흡기에 침투하여 기관지염, 천식, 심장질환, 독감에 걸린 사람들의 질병을 악화시킨다.

⑧ 이산화탄소(CO_2)

이산화탄소는 석유계 연료와 유기화합물질이 연소할 때에 생성되며 탄산가스라고도 부른다. 공기 중에 이산화탄소량이 증가됨에 따라 지구 온난화 현상이 일어나 평균기온이 상승하고 이로 인해 남극과 북극의 빙하가 녹아 해면이 높아지는 등 여러 악영향이 나타나고 있다.

⑨ 납 산화물(Pbx)

납 산화물은 유연가솔린의 옥탄가를 높이기 위해 4-에틸 납($Pb(C_2H_5)_4$)이나 4-메틸 납($Pb(CH)_4$)을 첨가하여 사용하면 연소과정에서 산화납의 형태로 배출된다. 인체에 침입하면 근육신경계의 장해와 소화기 장애를 일으키므로 대부분의 국가에서는 납 성분이 없는 무연가솔린을 사용하고 있다.

(2) 배기가스 생성 과정

가솔린은 탄소와 수소의 화합물인 탄화수소이므로 완전 연소하였을 때 탄소는 무해성 가스인 이산화탄소로, 수소는 수증기로 변화한다.

$$C+O_2=CO_2$$
$$2H_2+O_2=2H_2O$$

그러나 실린더 내에 산소의 공급이 부족한 상태로 연소하면 불완전연소를 일으켜 일산화탄소가 발생한다.

$$2C + O_2 = 2CO$$

$$2CO + O_2 = 2CO_2$$

따라서 배출되는 일산화탄소의 양은 공급되는 공연비의 비율에 좌우하므로 일산화탄소 발생을 감소시키려면 희박한 혼합가스를 공급하여야 한다. 그러나 혼합가스가 희박하면 엔진의 출력 저하 및 실화의 원인이 된다는 단점이 있다.

(3) 탄화수소의 생성 과정

탄화수소가 생성되는 원인은 다음과 같다.

① 연소실 내에서 혼합가스가 연소될 때 연소실 안쪽 벽은 저온이므로 이 부분은 연소 온도에 이르지 못하며, 불꽃이 도달하기 전에 꺼지므로 이 미연소가스가 탄화수소로 배출된다.

② 밸브 오버랩(Valve Over Lap)으로 인하여 혼합가스가 누출된다.

③ 엔진을 감속할 때 스로틀 밸브가 닫히면 흡기다기관의 진공이 갑자기 높아져 그 결과 혼합가스가 농후해져 실린더 내의 잔류 가스가 되어 실화를 일으키기 쉬워지므로 탄화수소 배출량이 증가한다.

④ 혼합가스가 희박하여 실화할 경우 연소되지 못한 탄화수소가 배출된다. 탄화수소의 배출량을 감소시키려면 연소실의 형상, 밸브 개폐시기 등을 적절히 설정하여 엔진을 감속시킬 때 혼합가스가 농후해지는 것을 방지하여야 한다.

(4) 질소산화물 생성 과정

질소는 잘 산화하지 않으나 고온, 고압의 연소조건에서는 산화하여 질소산화물을 발생시키며 연소 온도가 2,000℃ 이상인 고온 연소부터는 급증한다. 또한 질소산화물은 이론 혼합비 부근에서 최대값을 나타내며, 이론 혼합비보다 농후해지거나 희박해지면 발생률이 낮아지고, 배기가스를 적당히 혼합가스에 혼합하여 연소 온도를 낮추는 등의 대책이 필요하다.

(5) 배기가스의 배출 특성

① 혼합비와의 관계

　　㉠ 이론 공연비(14.7 : 1)보다 농후한 혼합비에서는 NOx 발생량은 감소하고, CO와 HC의 발생량은 증가한다.

　　㉡ 이론 공연비보다 약간 희박한 혼합비를 공급하면 NOx 발생량은 증가하고, CO와 HC의 발생량은 감소한다.

　　㉢ 이론 공연비보다 매우 희박한 혼합비를 공급하면 NOx와 CO의 발생량은 감소하고, HC의 발생량은 증가한다.

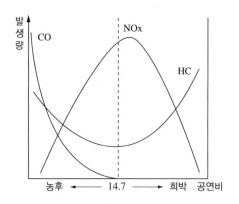

[공연비에 따른 유해 배출가스 발생량]

② 엔진과 온도의 관계

    ㉠ 엔진이 저온일 경우에는 농후한 혼합비를 공급하므로 CO와 HC는 증가하고, 연소 온도가 낮아 NOx의 발생량은 감소한다.

    ㉡ 엔진이 고온일 경우에는 NOx의 발생량이 증가한다.

③ 엔진을 감속 또는 가속하였을 때

    ㉠ 엔진을 감속하였을 때 NOx발생량은 감소하지만, CO와 HC 발생량은 증가한다.

    ㉡ 엔진을 가속할 때는 일산화탄소, 탄화수소, NOx 모두 발생량이 증가한다.

(6) 배출가스 제어장치

① 블로우 바이 가스 제어 장치

    ㉠ 경부하 및 중부하 영역에서 블로우 바이 가스는 PCV(Positive Crank case Ventilation) 밸브의 열림 정도에 따라서 유량이 조절되어 서지 탱크(흡기다기관)로 들어간다.

    ㉡ 급가속을 하거나 엔진의 고부하 영역에서는 흡기다기관 진공이 감소하여 PCV 밸브의 열림 정도가 작아지므로 블로우 바이 가스는 서지 탱크(흡기다기관)로 들어가지 못한다.

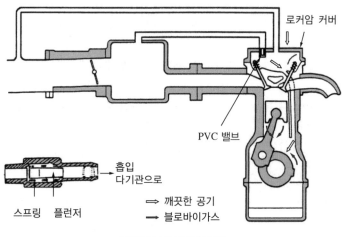

[PCV 밸브의 구조와 작동]

② 연료 증발가스 제어장치

연료 탱크 및 연료계통 등에서 발생한 증발가스(HC)를 캐니스터(활성탄 저장)에 포집한 후 퍼지컨트롤 솔레노이드 밸브(PCSV)의 조절에 의하여 흡기다기관을 통하여 연소실로 보내어 연소시킨다.

㉠ 캐니스터(Canister) : 연료 계통에서 발생한 연료 증발 가스를 캐니스터 내에 흡수 저장(포집)하였다가 엔진이 작동되면 PCSV를 통하여 서지 탱크로 유입한다.

㉡ 퍼지 컨트롤 솔레노이드 밸브(Purge Control Solenoid Valve) : 캐니스터에 포집된 연료 증발 가스를 조절하는 장치이며, ECU에 의해 작동된다. 엔진의 온도가 낮거나 공전할 때에는 퍼지 컨트롤 솔레노이드 밸브가 닫혀 연료 증발 가스가 서지 탱크로 유입되지 않으며 엔진이 정상 온도에 도달하면 퍼지 컨트롤 솔레노이드 밸브가 열려 저장되었던 연료 증발 가스를 서지 탱크로 보내어 연소시킨다.

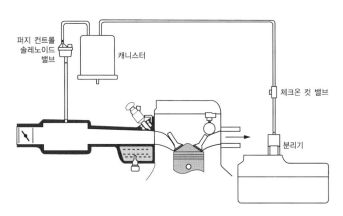

[캐니스터와 PCSV 밸브의 구조 및 작동]

③ 배기가스 재순환장치(EGR; Exhaust Gas Recirculation)

배기가스 재순환장치는 흡기다기관의 진공에 의하여 배기가스 중의 일부를 배기다기관에서 빼내어 흡기다기관으로 순환시켜 연소실로 다시 유입시킨다. 배기가스를 재순환시키면 새로운 혼합가스의 충진율은 낮아지고 흡기에 다시 공급된 배기가스는 더 이상 연소 작용을 할 수 없기 때문에 동력 행정에서 연소 온도가 낮아져 높은 연소온도에서 발생하는 질소산화물의 발생량이 감소한다. 엔진에서 배기가스 재순환장치를 적용하면 질소산화물 발생률은 낮출 수 있으나 착화성 및 엔진의 출력이 감소하며, 일산화탄소 및 탄화수소 발생량은 증가하는 경향이 있다. 이에 따라 배기가스 재순환장치가 작동되는 것은 엔진의 지정된 운전 구간(냉각수 온도가 65℃ 이상이고, 중속 이상)에서 질소산화물이 다량 배출되는 운전 영역에서만 작동하도록 하고 있다. 또한 공전운전을 할 때, 난기운전을 할 때, 전부하 운전 영역, 그리고 농후한 혼합가스로 운전되어 출력을 증대시킬 경우에는 작용하지 않도록 한다.

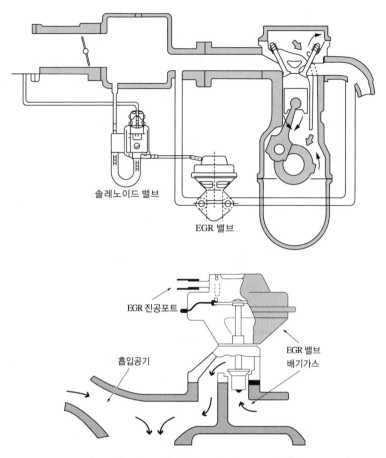

[EGR 밸브와 EGR 솔레노이드 밸브의 구조 및 작동]

- ㉠ EGR 밸브 : 스로틀 밸브의 열림 정도에 따른 흡기다기관의 진공에 의하여 서모 밸브와 진공 조절 밸브에 의해 조절된다.
- ㉡ 서모 밸브(Thermo Valve) : 엔진 냉각수 온도에 따라 작동하며, 일정 온도(65℃ 이하)에서는 EGR 밸브의 작동을 정지시킨다.
- ㉢ 진공 조절 밸브 : 엔진의 작동 상태에 따라 EGR밸브를 조절하여 배기가스의 재순환되는 양을 조절 한다.

④ 산소 센서

촉매 컨버터를 사용할 경우 촉매의 정화율은 이론 공연비(14.7 : 1) 부근일 때가 가장 높다. 공연비를 이론 공연비로 조절하기 위하여 산소 센서를 배기다기관에 설치하여 배기가스 중의 산소 농도를 검출 하고 피드백을 통해 연료 분사 보정량의 신호로 사용한다. 종류에는 크게 지르코니아 형식과 티타니아 형식이 있다.

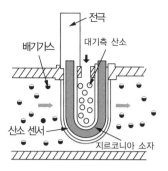

[산소 센서의 원리]

㉠ 지르코니아 형식 : 지르코니아 소자(ZrO_2) 양면에 백금 전극이 있고, 이 전극을 보호하기 위해 전극의 바깥쪽에 세라믹으로 코팅하며, 센서의 안쪽에는 산소 농도가 높은 대기가 바깥쪽에는 산소 농도가 낮은 배기가스가 접촉한다. 지르코니아 소자는 정상작동온도(약 350℃ 이상)에서 양쪽의 산소 농도 차이가 커지면 기전력을 발생하는 성질이 있다. 즉, 대기쪽 산소 농도와 배기가스 쪽의 산소 농도가 큰 차이를 나타내므로 산소 이론은 분압이 높은 대기 쪽에서 분압이 낮은 배기가스 쪽으로 이동하며, 이때 기전력이 발생하고 이 기전력은 산소 분압에 비례한다.

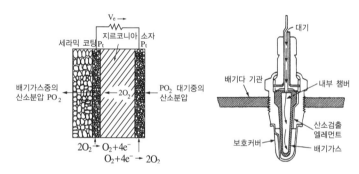

[지르코니아 산소 센서의 구조]

㉡ 티타니아 형식 : 세라믹 절연체의 끝에 티타니아 소자(TiO_2)가 설치되어 있어 전자 전도체인 티타니아가 주위의 산소 분압에 대응하여 산화 또는 환원되어 그 결과 전기저항이 변화하는 성질을 이용한 것이다. 이 형식은 온도에 대한 저항 변화가 거 온도 보상 회로를 추가하거나 가열 장치를 내장시켜야 한다.

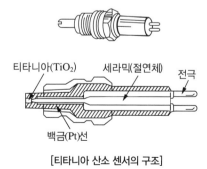

[티타니아 산소 센서의 구조]

⑤ 산소 센서의 작동

산소 센서는 배기가스 중의 산소 농도와 대기 중의 산소 농도 차이에 따라 출력 전압이 급격히 변화하는 성질을 이용하여 피드백 기준 신호를 ECU로 공급해준다. 이때 출력 전압은 혼합비가 희박할 때는 지르코니아의 경우 약 0.1V, 티타니아의 경우 약 4.3~4.7V, 혼합비가 농후하면 지르코니아의 경우 약 0.9V, 티타니아의 경우 약 0.3~0.8V의 전압을 발생시킨다.

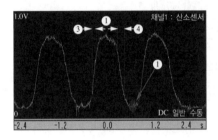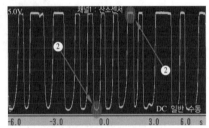

[지르코니아와 티타니아 산소 센서의 출력 파형]

⑥ 산소 센서의 특성

산소 센서의 바깥쪽은 배기가스와 접촉하고, 안쪽은 대기 중의 산소와 접촉하게 되어 있어 이론 혼합비를 중심으로 혼합비가 농후해지거나 희박해짐에 따라 출력 전압이 즉각 변화하는 반응을 이용하여 인젝터 분사시간을 ECU가 조절할 수 있도록 한다.

산소 센서가 정상적으로 작동할 때 센서 부분의 온도는 400~800℃ 정도이며, 엔진이 냉각되었을 때와 공전운전을 할 때는 ECU 자체의 보상 회로에 의해 개방 회로(Open Loop)가 되어 임의 보정된다.

(7) 촉매 컨버터

① 촉매 컨버터의 기능

배기다기관 아래쪽에 설치되어 배기가스가 촉매 컨버터를 통과할 때 산화 환원작용을 통하여 유해 배기가스(CO, HC, NO$_X$)의 성분을 정화시켜 주는 장치이다. 정상작동온도는 약 350℃ 이상이며 촉매예열시간을 단축시키는 구조로 장착되고 있다.

② 촉매 컨버터(가솔린 엔진)

촉매 컨버터의 구조는 벌집 모양의 단면을 가진 원통형 담체(Honeycomb Substrate)의 표면에 백금(Pt), 파라듐(Pd), 로듐(Rh)의 혼합물을 균일한 두께로 바른 것이다. 담체는 세라믹(Al$_2$O$_3$), 산화실리콘(SiO$_2$), 산화마그네슘(MgO)을 주원료로 하여 합성된 코디어라이트(Cordierite)이며, 그 단면은 cm^{2}당 60개 이상의 미세한 구멍으로 되어 있다.

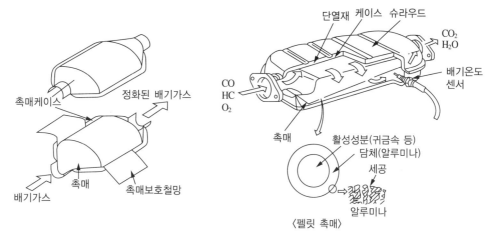

[촉매의 구조]

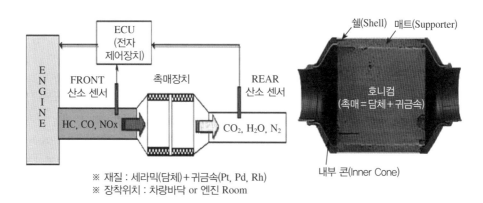

※ 재질 : 세라믹(담체)+귀금속(Pt, Pd, Rh)
※ 장착위치 : 차량바닥 or 엔진 Room

[삼원촉매장치의 배출가스 처리과정]

(8) 디젤 엔진 유해배기가스 저감장치

디젤 엔진은 공기 과잉율이 큰 영역에서 연소가 이루어지기 때문에 CO와 HC의 배출량이 적은 반면 NOx와 PM(Particulate Matter)의 배출량이 많은 특성을 나타낸다. PM은 시계의 악화, 대기오염 및 발암물질로 구분되고 있기 때문에 강력한 배출규제의 실시 및 관련규제가 강화되고 있다. PM의 저감을 위해 세라믹 연소실이나 고압 분사 등의 연소 개선과 연구가 이루어져 상당한 효과를 나타내고 있으나 일반적으로 PM과 NOx의 배출은 상반되는 관계에 있어 양자를 저감하는 것은 곤란한 상황에 있다.

① DOC(Diesel Oxidation Catalyst)

디젤산화촉매(DOC) 기술은 가솔린 엔진에서 삼원촉매가 개발되기 이전에 사용되던 산화촉매(이원촉매) 기술과 기본적으로 동일한 기술이기 때문에 기술효과나 성능은 이미 입증되어 있는 기술이다. 산화촉매는 백금(Pt), 파라듐(Pd) 등의 촉매효과로 배기 중의 산소를 이용하여 탄화수소(HC), 일산화탄소(CO)를 제거하는 기능을 한다.

디젤 엔진에서의 HC, CO의 배출은 가솔린 엔진에 비하여 크게 문제가 되지 않지만 DOC에 의해 입자상물질의 구성성분인 HC를 저감하면 입자상물질을 10~20% 저감할 수 있다. 그러나 경유에 포함된 유황성분에 대해서도 산화작용을 하여 SO_3(Sulfate) 배출을 증가시켜 입자상물질이 증가하므로 DOC의 사용에는 저유황연료의 사용이 필수적이다.

② DPF(Diesel Particulate Filter Trap)

디젤 엔진에서 발생되는 입자상 물질(PM) 등을 정화시키는 필터로서 탄소성분 및 입자상 물질을 정화하여 배출시키는 역할을 하고 일정거리 주행 후 PM의 발화 온도(550℃~650℃) 이상으로 배기가스 온도를 상승시켜 연소시키는 장치이다.

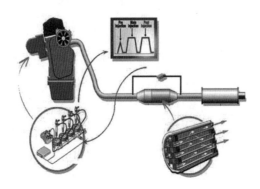

PM(입자상 물질) 제거를 위한 배출가스 후처리장치는 CPF, CDPF, 또는 DPF로 불리는데 디젤 배출가스 후처리 장치라는 같은 의미로 모두 DPF(Diesel Particulate Filter)로 통칭한다. DPF는 디젤 엔진에서 배출되는 PM을 필터로 포집한 후 이것을 태우고(재생) 다시 포집 하기를 반복하는 기술로, PM을 약 70% 이상 저감할 수 있는 장치이다. CPF는 매연 저감 성능면에서는 우수하나 PM이 포집됨에 따라 엔진에 배압이 걸리며 이것에 의하여 출력과 연료소비율이 떨어질 수 있는 단점이 있어 제어기술에 대한 이해가 중요하다. DPF 기술은 크게 PM 포집(Trapping)기술과 재생(Regeneration)기술로 나누어지며, 시스템은 기본적으로 필터, 재생장치, 제어장치의 3부분으로 구성되어 있다. 현재 적용 중인 재생법은 스캐너를 이용한 수동재생 방법과 차량 운행 중 ECU에 의하여 자동 재생되는 방법이 있다.

㉠ DPF(Diesel Particulate Filter) : 디젤 미립자형 필터

㉡ CDPF(Catalyzed Diesel Particulate Filter) : 디젤 미립자형 촉매필터

㉢ CPF(Catalyzed Particulate Filter) : 미립자형 촉매필터

③ SCR(Selective Catalytic Reduction, 선택적 환원 촉매장치)

디젤 자동차의 배기가스에 요소수(UREA) 등을 분사하여 선택적 환원 촉매장치에서 유해 배출가스 중 NOx를 정화하는 시스템을 말한다. 배기가스 온도가 낮은 영역에서도 정화효율이 우수하고 질소산화물 정화능력이 60~80%에 이른다.

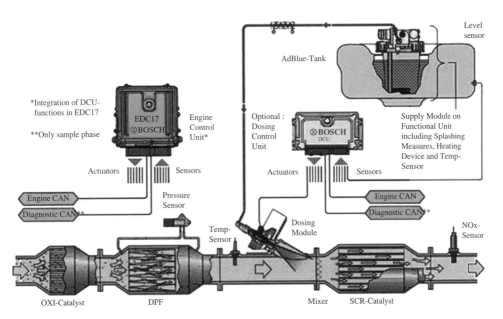

Urea Tank에서 펌프를 통해 일정한 압력으로 공급된 Urea는 배기관에 부착되어있는 Urea Injector에 의해 분사되어 관내의 배기가스와 혼합되고 분사된 Urea 액적은 Mixer표면에서 미립화 및 열분해가 가속되므로 배기가스 내에 균일하게 분포하게 되어 SCR 촉매로 유입된다. 유입된 Urea는 SCR 전단에서 가수분해 되어 암모니아(NH_3)로 최종 변환된다. 촉매전단에서 형성된 암모니아는 질소산화물(NOx)과 선택반응할 수 있는 상태로 촉매표면에 피적되어 유입되는 배기가스를 정화시킨다. 이 과정에 필요한 정보의 입수 및 판단 그리고 Pump와 Injector 등의 제어는 DCU(Dosing Control Unit)가 담당한다.

④ LNT(Lean NOx Trap, 희박 질소 촉매)

LNT는 디젤 엔진의 DOC와 유사하게, 백금 촉매를 쓰고 유해 배기가스인 CO(일산화탄소), HC(탄화수소) 등을 환원제로 이용하는 NOx 정화시스템이다. NOx(질소산화물) 물질을 질소(N_2), 물(H_2O)과 같은 무해한 상태로 환원시켜 NOx(질소산화물)를 정화한다. LNT의 특징은 유독물질을 바로 반응시키는 DOC와는 다르게 NOx(질소산화물)를 잠시 잡아누었다가 반응시키는 깃이디. NOx(질소산화물)를 포집 후 반응시키는 이유는, NOx(질소산화물)를 N_2(질소)로 반응시키기 위해서는 '연료 이론 공연비'와 같거나 Rich상태일 때 배출되는 CO(일산화탄소)와 HC(탄화수소)가 필요하기 때문이다. 이러한 과정을 De-NOx라고 부르며, 적정한 온도는 300~450℃, 20~30초에 걸쳐 이루어진다. 이 과정이 끝나면, 다시 NOx(질소산화물)를 필터에 포집하게 된다.

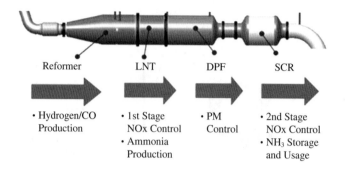

Reformer	LNT	DPF	SCR
• Hydrogen/CO Production	• 1st Stage NOx Control • Ammonia Production	• PM Control	• 2nd Stage NOx Control • NH_3 Storage and Usage

㉠ 공기와 연료의 비율 중 공기가 많은 희박연소 상태(Lean Condition)에서는 위와 같이 NOx(질소산화물)를 내보내지 않고 필터에 포집한다.

㉡ 이후 공기와 연료의 비율 중 연료가 많은 상태에서는 필터에 쌓인 NOx(질소산화물)를 촉매반응을 통해 N_2(질소), CO_2(이산화탄소) 등으로 변화시켜 배출한다.

28 과급장치

과급기는 엔진의 출력을 향상시키고 회전력을 증대시키며 연료 소비율을 향상시키기 위하여 흡기다기관에 설치한 공기 펌프이다. 과급기가 설치되지 않은 엔진은 피스톤의 하강 행정에서 발생되는 진공으로 공기를 흡입하기 때문에 출력의 향상을 얻을 수 없다. 따라서 흡기다기관에 공기 펌프를 설치하여 강제적으로 많은 공기량을 실린더에 공급시켜 체적 효율을 증대시킴으로써 엔진의 출력이 향상되고, 엔진의 출력이 향상되므로 회전력이 증대되어 연료의 소비율이 향상된다.

과급기는 배기가스의 압력을 이용하여 작동되는 터보차저(배기 터빈식)와 엔진의 동력을 이용하여 작동되는 슈퍼차저(루트식)가 있다. 과급기를 설치하면 엔진의 중량이 10~15% 증가되며, 엔진의 출력은 35~45% 증가된다.

(1) 터보차저(Turbo Charger)

터보차저는 1개의 축 양끝에 각도가 서로 다른 터빈을 설치하여 하우징의 한쪽은 흡기다기관에 연결하고 다른 한쪽은 배기다기관에 연결하여 배기가스의 압력으로 배기 쪽의 터빈을 회전시키면 흡입 쪽의 펌프도 회전되기 때문에 펌프 중심 부근의 공기는 원심력을 받아 외주로 가속되어 디퓨저에 들어간다.

디퓨저에 공급된 공기는 통로의 면적이 크므로 공기의 속도 에너지가 압력 에너지로 변환되어 실린더에 공급되기 때문에 체적 효율이 향상된다. 또한 배기 터빈이 회전하므로 배기 효율이 향상되며, 터보차저를 배기 터빈 과급기라고도 한다.

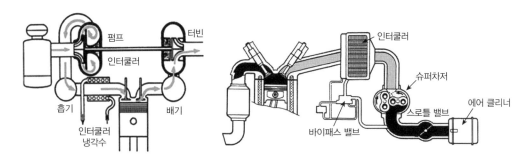

[터보차저와 슈퍼차저의 원리]

① 터보차저의 구조

터보차저는 원심식을 사용하며, 고속으로 회전하여 공기를 가압하는 펌프, 배기가스의 열에너지를 회전력으로 변환시키는 터빈, 터빈 축을 지지하는 플로팅 베어링, 과급 압력이 규정 이상으로 상승되는 것을 방지하는 과급 압력 조절기, 과급된 공기를 냉각시키는 인터쿨러, 분사 시기를 조절하여 노크가 발생되지 않도록 하는 노크 방지 장치 등으로 구성되어 있다.

㉠ 펌프 임펠러(Pump Impeller) : 펌프는 흡입 쪽에 설치된 날개로 공기를 실린더에 가압시키는 역할을 한다. 디젤 엔진에 사용되는 터보차저의 펌프는 직선으로 배열된 레이디얼형이 사용되고 가솔린 엔진의 경우 펌프는 나선형으로 배열된 백워드형이 사용된다. 펌프는 디퓨저가 설치되어 있는 하우징 안에서 회전하면 공기는 원심력을 받아 하우징 바깥 둘레 방향으로 가속되어 디퓨저에 유입된다. 디퓨저에 유입된 공기는 통로의 면적이 커지기 때문에 속도 에너지가 압력 에너지로 변환하여 흡기다기관에 유입되므로 각 실린더의 밸브가 열릴 때마다 가압된 공기가 실린더에 공급된다. 따라서 과급기의 효율은 펌프와 디퓨저에 의해서 결정된다.

㉡ 터빈(Turbine) : 터빈은 배기 쪽에 설치된 날개로 배기가스의 압력에 의하여 펌프를 회전시키는 역할을 하며, 터빈의 날개는 레이디얼형이 사용된다. 배기가스의 열에너지를 회전력으로 변환시키는 역할을 한다. 따라서 터빈은 엔진의 작동 중에는 배기가스의 온도를 받으며, 고속으로 회전하기 때문에 원심력에 대한 충분한 강성과 내열성이 있어야 한다. 엔진이 작동될 때 각 실린더의 배기 밸브를 통하여 배출되는 배기가스는 터빈의 하우징 안에서 바깥 둘레로부터 터빈의 날개와 접촉되어 터빈을 회전시키고 배기관을 통하여 배출된다. 이때 흡입 쪽에 설치된 펌프가 동일 축에 설치되어 있기 때문에 회전하게 된다.

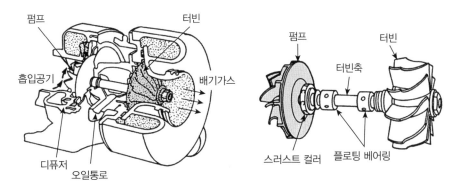

[펌프와 터빈]

ⓒ 플로팅 베어링(Floating Bearing) : 플로팅 베어링은 10,000~15,000rpm 정도로 회전하는 터빈 축을 지지하는 베어링으로 엔진으로부터 공급되는 오일로 충분히 윤활되므로 하우징과 축 사이에서 자유롭게 회전할 수 있다. 주의할 점은 고속 주행 직후 엔진을 정지시키면 플로팅 베어링에 오일이 공급되지 않기 때문에 고착이 되는 경우가 있으므로 충분히 공전하여 터보 장치를 냉각시킨 후 엔진을 정지시켜야 한다.

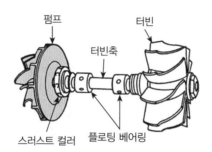

ⓓ 과급 압력 조절기(Super Pressure Relief) : 과급 압력 조절기는 과급 압력이 규정값 이상으로 상승되는 것을 방지하는 역할을 한다. 과급 압력을 조절하지 않게 되면 허용 압력 이상으로 상승되어 엔진이 파손되므로 과급 압력을 조절하여야 한다. 압력을 조절하는 방법으로는 배기가스를 바이패스시키는 방법과 흡입되는 공기를 조절하는 방식이 있다.

• 배기가스 바이패스 방식(Exhaust Gas By-Pass Type) : 터빈에 유입되는 배기가스의 일부를 바이패스시켜 과급 압력이 규정값 이상으로 상승되지 않도록 하는 방식으로 터보차저에서 떨어진 별도의 장소에 배기가스 바이패스 밸브를 설치하여 과급 압력을 조절하는 원격 바이패스 밸브식과 터보차저에 일체로 스윙 밸브를 설치하여 과급 압력 조절 액추에이터에 의해서 배기가스를 바이 패스시키는 스윙 밸브식이 있다. 국내에서 사용하는 터보장치는 스윙 밸브식을 사용하고 있다.

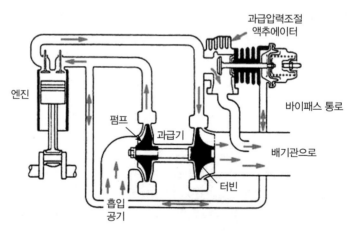

[배기가스 바이패스 방식]

• 흡입 조절 방식(Intake Relief Type) : 흡기 쪽에 릴리프 밸브 설치하여 펌프에 의해서 과급된 흡입 공기가 규정값 이상으로 상승하면 릴리프 밸브가 열려 과급 공기를 대기 중으로 배출시켜 과급 압력 자체를 조절하여 실린더에 공급하는 방식이다.

(2) 터보차저의 작동

터보차저는 흡기 계통에 설치되어 공기를 과급시키는 임펠러, 배기 계통에 설치되어 배기가스의 압력으로 회전하는 터빈, 고속으로 회전하는 터빈 축을 지지함과 동시에 축의 언밸런스를 흡수하여 펌프의 회전을 유지시키고 엔진에서 공급되는 오일에 의해서 윤활 작용과 냉각 작용을 하는 플로팅 베어링, 과급 공기의 압력이 규정 이상으로 상승하는 것을 방지하여 엔진을 보호하는 바이패스 밸브로 구성되어 있으며, 터빈이 배기가스의 압력을 받아 회전할 때 펌프도 회전되어 에어 클리너를 통과한 공기가 압축되어 흡기 밸브가 열려 있는 실린더에 공급된다.

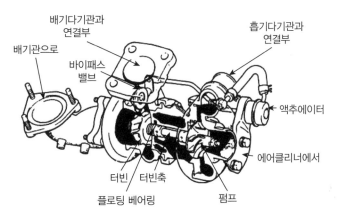

엔진의 회전수가 증가하면 배기가스의 압력도 증가되어 터빈 및 펌프의 회전수가 증가된다. 따라서 실린더에 공급되는 공기량이 많아지기 때문에 충전 효율이 향상되어 엔진의 출력이 증가된다. 이때 과급의 압력이 규정 이상으로 상승되면 강력한 폭발 압력에 의해서 엔진의 각부에 부하가 증가되어 파손되므로 배기가스의 일부를 바이패스 밸브를 통하여 바이패스시키면 터빈의 회전이 저하되므로 임펠러의 회전도 저하된다. 따라서 압력이 과도하게 상승되는 것을 방지한다. 과급 압력이 규정값 이상으로 상승되면 흡기 계통에 연결되어 있는 액추에이터가 흡기다기관에 공급되는 공기의 압력에 의하여 바이패스 밸브가 열리기 때문에 터빈에 공급되는 배기가스의 일부가 바이패스 통로를 통하여 배출되기 때문에 터빈의 회전수가 감소된다. 따라서 임펠러의 회전수도 감소되므로 과급 압력을 일정하게 유지시켜 엔진이 보호된다.

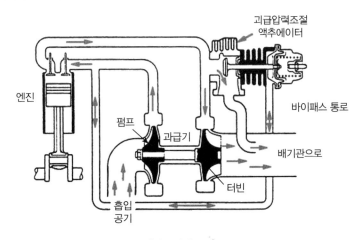

[과급 압력 조절]

(3) 인터쿨러(Inter Cooler)

인터쿨러는 임펠러와 흡기다기관 사이에 설치되어 과급된 공기를 냉각시키는 역할을 한다. 펌프에 의해서 과급된 공기는 온도가 상승함과 동시에 공기 밀도의 증대 비율이 감소하여 노크가 발생되거나 충전 효율이 저하된다. 따라서 이러한 현상을 방지하기 위하여 라디에이터와 비슷한 구조로 설계하여 주행 중 받는 공기로 냉각시키는 공랭식과 냉각수를 이용하여 냉각시키는 수랭식이 있다.

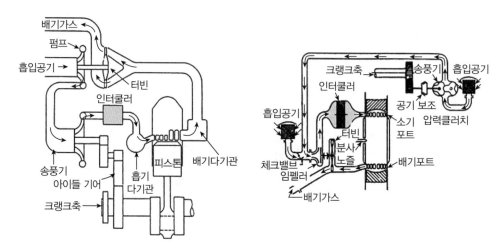

[인터쿨러 설치 위치]

① 공랭식 인터쿨러(Air Cooled Type Inter Cooler)

공랭식 인터쿨러는 주행 중에 받는 공기로 과급 공기를 냉각시키는 방식으로 수랭식에 비해서 구조는 간단하지만 냉각 효율이 떨어진다. 따라서 주행 속도가 빠를수록 냉각 효율이 높기 때문에 터보차저 엔진을 사용한 레이싱 카에서 사용된다.

② 수랭식 인터쿨러(Water Cooled Type Inter Cooler)

수랭식 인터쿨러는 엔진의 냉각용 라디에이터 또는 전용의 라디에이터에 냉각수를 순환시켜 과급 공기를 냉각시키는 방식이다. 흡입 공기의 온도가 200℃ 이상인 경우에는 80~90℃의 냉각수로 냉각시킴과 동시에 주행 중 받는 공기를 이용하여 공랭을 겸하고 있다. 공랭식에 비교하여 구조는 복잡하지만 저속에서도 냉각 효과가 좋은 특징이 있다.

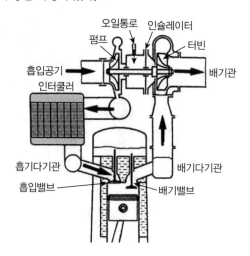

(4) 슈퍼차저(Super Charger)

① 슈퍼차저의 구조

슈퍼차저는 컴퓨터의 제어 신호에 의해서 기관의 동력을 전달 또는 차단하는 전자클러치, 기관의 동력에 의해서 회전하여 공기를 압축하는 누에고치 모양의 루트, 크랭크축 풀리와 벨트로 연결되어 엔진의 동력을 받는 풀리, 전자클러치가 OFF 되었을 때 공기를 공급하는 공기 바이패스 밸브로 구성되어 있다. 엔진의 동력을 이용하여 누에고치 모양의 루트 2개를 회전시켜 공기를 과급하는 방식으로 전자클러치에 의해서 엔진의 부하가 적을 때는 클러치를 OFF시켜 연비를 향상시키고 부하가 커지면 클러치를 ON시켜 엔진의 출력을 향상시킨다. 이때 클러치의 제어는 컴퓨터에 의해서 이루어지며, 터보 차저에 비해서 저속 회전에서도 큰 출력을 얻을 수 있는 특징이 있다.

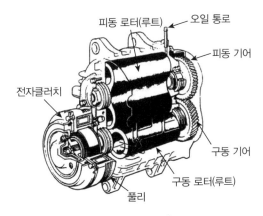

[슈퍼차저의 구조]

② 슈퍼차저의 작동

엔진에 부하가 적을 때는 전자클러치가 작동되지 않기 때문에 흡기다기관의 진공이 공기 바이패스 밸브의 진공 체임버에 작용하여 공기 바이패스 밸브가 열리므로 흡입 공기는 공기 바이패스 통로를 통하여 실린더에 공급된다. 엔진에 부하가 클 때는 컴퓨터의 제어 신호에 의해서 전자클러치와 진공 솔레노이드 밸브가 작동한다. 이때 진공 솔레노이드 밸브가 열려 공기 바이패스 밸브의 진공 체임버에 대기압을 유입시켜 바이패스 밸브를 닫는다. 전자클러치가 작동되어 엔진의 동력이 벨트를 통하여 전달되면 누에고치 모양의 루트가 회전되어 공기를 압축한 후 흡기다기관을 통하여 흡기 밸브가 열린 실린더에 공급된다. 슈퍼차저가 작동하여 과급 압력이 규정값 이상으로 상승하면 과급 압력에 의해서 공기 바이패스 밸브가 열려 과급된 공기의 일부가 흡기 덕트로 바이패스되므로 압력은 일정하게 유지된다.

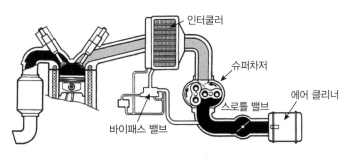

[슈퍼차저의 계통도]

02 | 전기

1 기초전기

전기는 전하가 물질 속에 정지하고 있는 정전기와 전하가 물질 속을 이동하는 동전기로 분류가 된다. 동전기는 시간에 경과에 대해서 전압 및 전류가 일정값을 유지하고 흐름 방향도 일정한 직류전기(DC)와 시간의 경과에 대해서 전압 및 전류가 시시각각으로 변화하고 흐름의 방향도 정방향과 역방향으로 차례로 반복되어 흐르는 교류전기(AC)가 있다.

(1) 전류 – 전자의 이동

전자는 (−)쪽에서 (+)쪽으로 이동하지만 전류의 흐름은 (+)에서 (−)쪽으로 흐른다고 정하고 있기 때문에 전자의 이동방향과 전류의 이동방향은 서로 반대가 된다.

① 전류의 단위[암페어(Ampere), 기호는 I]

전류의 크기는 도체의 단면에서 임의의 한 점을 전하가 1초 동안 이동할 때의 양으로 나타낸다.

② 전류의 3대 작용

㉠ 발열작용 : 도체의 저항에 전류가 흐르면 열이 발생한다. 발열량은 도체에 전류가 많이 흐를수록 또는 도체의 저항이 클수록 많아진다.

㉡ 화학작용 : 전해액에 전류가 흐르면 화학작용이 발생된다.

㉢ 자기작용 : 전선이나 코일에 전류가 흐르면 그 주위에 자기 현상이 일어난다.

(2) 전압

① 전압[볼트(Volt), 기호는 V] : 전위의 차이 또는 도체에 전류를 흐르게 하는 전기적인 압력

② 기전력[볼트(Volt), 기호는 E] : 전하를 이동시켜 끊임없이 발생되는 전기적인 압력이라 하며, 기전력을 발생시켜 전류원이 되는 것을 전원이라 한다.

(3) 저항

전류의 흐름을 방해하는 성질을 저항이라 한다.

① 저항의 단위 : 옴(Ohm), 기호는 Ω

② 저항의 종류

㉠ 절연저항 : 절연체의 저항

㉡ 접촉저항 : 접촉면에서 발생하는 저항

$$R = \rho \times \frac{l}{S}$$

- R : 저항
- ρ : 고유저항($\mu\Omega$cm)
- l : 도체의 길이(cm)
- S : 도체의 단면적

ⓒ 위의 식에서 도체의 저항은 길이에 비례하고 단면적에 반비례한다.

도체의 종류	고유저항($\mu\Omega$cm)	도체의 종류	고유저항($\mu\Omega$cm)
은	1.62	니켈	6.90
구리	1.69	철	10.00
금	2.40	강	20.60
알루미늄	2.62	주철	57~114
황동	5.70	니켈-크롬	100~110

③ 온도와 저항과의 관계

　ⓐ 정특성(PTC) : 일반적인 도체의 특성으로 온도와 저항과의 관계는 비례특성을 가진다.

　ⓑ 부특성(NTC) : 전해액, 탄소, 절연체, 반도체의 특성으로 온도와 저항과의 관계는 반비례특성을 가진다.

(4) 옴의 법칙

$$E = I \times R, \ I = \frac{E}{R}, \ R = \frac{E}{I}$$

- 전압(E) : 전위차, 전자가 이동하는 압력(V)
- 저항(R) : 전류의 흐름을 방해하는 성질(Ω)
- 전류(I) : 전자의 이동(A)

(5) 저항의 접속

① 직렬접속 : 각 저항에 흐르는 전류는 일정하고 전압은 축전지 개수의 배가된다.

$$R_T = R_1 + R_2 + \cdots + R_n \qquad \text{I=일정}$$

[저항의 직렬연결]

② 병렬접속 : 각 저항에 흐르는 전압은 일정하고 용량은 축전지 개수의 배가된다.

$$R_T = \frac{1}{\dfrac{1}{R_1} + \dfrac{1}{R_2} + \cdots + \dfrac{1}{R_n}} \qquad \text{V=일정}$$

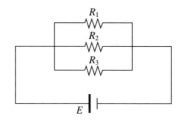

[저항의 병렬연결]

③ 직·병렬 접속

$$R_T = R_1 + R_2 + \cdots + R_n + \cfrac{1}{\cfrac{1}{R_1} + \cfrac{1}{R_2} + \cdots + \cfrac{1}{R_n}}$$

(6) 전력

전기가 단위 시간 1초 동안에 하는 일의 양으로 어떤 부하에 전압을 가하여 전류를 흐르게 하면 기계적 에너지를 발생시켜 여러 가지 일을 하는데 이것을 전력이라 한다.

① 전력 : 단위 시간동안 전기가 한 일의 크기를 전력이라 한다.

$$P = E \cdot I(W)$$
$$= I \cdot R \times I = I^2 \cdot R$$
$$= E \times \frac{E}{R} = \frac{E^2}{R}$$

② 전력량 : 전력이 어떤 시간 동안 한 일의 총량을 말하며, 전기가 하는 일의 크기에 시간을 곱한 것이다.

$$W = P \cdot t(W \cdot S = Joule) = I^2 Rt$$
$$= E \cdot I \cdot t \qquad\qquad t : 시간(초)$$

(7) 줄의 법칙

1840년 영국의 물리학자 줄(James Prescott Joule)에 의해서 전류가 도체에 흐를 때 발생되는 열량에 관한 법칙을 밝힌 것으로 도체 내에 흐르는 정상전류에 의하여 일정한 시간 내에 발생하는 열량은 전류의 2승과 저항의 곱에 비례한다는 법칙이다.

$$H = 0.24Pt[cal]$$

(8) 키르히호프의 법칙

키르히호프 법칙은 옴의 법칙을 발전시켜 복잡한 회로에서 전류의 분포, 합성전력, 저항 등을 다룰 때 사용한다.

① 제1법칙 – 전하의 보존 법칙

임의의 한 점에서 유입되는 전류의 총합과 유출되는 전류의 총합은 같다.

$$\Sigma I in = \Sigma I out$$
$$I_1 + I_3 = I_2 + I_4$$

② 제2법칙 – 에너지 보존의 법칙

　　임의의 폐회로에서 기전력의 합과 각 저항에 의한 전압 강하량의 합은 같다.

$$\Sigma E = \Sigma(E_1 + E_2 + E_3)$$
$$\Sigma E = \Sigma(I_1 R_1 + I_2 R_2 + I_3 R_3)$$

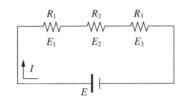

2 자기이론

① 자기

　　자기는 자석과 자석 공간 또는 자석과 전류 사이에서 작용하는 힘의 근원이 되는 것으로 철편을 잡아당기는 작용을 자기라고 한다. 또한 자철광이 철편 등을 잡아당기는 성질을 자성이라 한다.

② 쿨롱의 법칙

　　1785년 프랑스의 쿨롱(Charies Augustine Coulomb)에 의해서 발견된 전기력 및 자기력에 관한 법칙으로 2개의 대전체 또는 2개의 자극사이에 작용하는 힘은 거리의 2승에 반비례하고 두 자극의 곱에는 비례한다는 법칙이다. 즉, 두 자극의 거리가 가까울수록 자극의 세기는 강해지고 거리가 멀수록 자극의 세기는 약해진다.

(1) 전류가 만드는 자계

① 앙페르의 오른 나사의 법칙

　　도선에서 전류가 흐르면 언제나 오른 나사가 회전하는 방향으로 자력선이 형성된다.

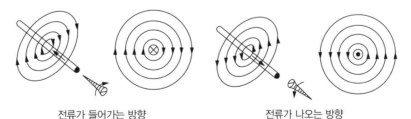

전류가 들어가는 방향　　　　　　전류가 나오는 방향

[앙페르의 오른 나사의 법칙]

② 오른손 엄지손가락의 법칙

[오른손 엄지손가락의 법칙]

(2) 전자력

전자력은 자계와 전류 사이에서 작용하는 힘이다.

① 플레밍의 왼손 법칙(직류전동기의 원리)

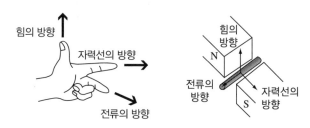

[플레밍의 왼손 법칙]

(3) 전자 유도 작용

① 플레밍의 오른손 법칙(교류발전기)

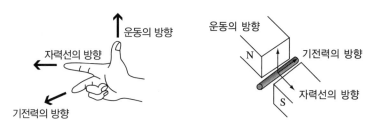

[플레밍의 오른손 법칙]

② 렌츠의 법칙

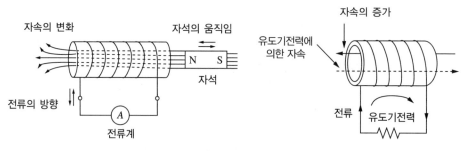

[렌츠의 법칙]

코일 내에 영구 자석을 넣으면 코일에 발생되는 기전력에 의해서 영구 자석을 밀어내는 반작용이 일어난다. 코일에 영구 자석의 N극을 넣으면 코일에 N극이 형성되도록 기전력이 발생하고, 코일에 영구 자석의 S극을 넣으면 코일에 S극이 형성되도록 기전력이 발생되어 영구 자석의 운동을 방해한다. 또한 코일에 영구 자석의 N극을 빼낼 때에는 코일은 S극이 형성되도록 기전력이 발생되고 코일에 영구 자석의 S극을 빼낼 때에는 코일은 N극이 형성되도록 기전력이 발생되기 때문에 코일에는 영구 자석의 운동을 방해하는 기전력으로 변화된다.

(4) 유도 작용

① 자기 유도 작용

자기 유도 작용은 하나의 코일에 흐르는 전류를 변화시키면 코일과 교차하는 자력선도 변화되기 때문에 코일에는 그 변화를 방해하는 방향으로 기전력이 발생되는 작용을 말한다.

② 상호 유도 작용

상호 유도 작용은 2개의 코일이 서로 접근되어 있을 때 임의의 한쪽 코일에 흐르는 전류를 변화시키면 코일에 형성되는 자력선도 변화되어 다른 코일에 전압이 발생된다.

③ 전압비와 권선비

$$\frac{E_2}{E_1} = \frac{N_2}{N_1} = \frac{I_2}{I_1}$$

(5) 축전기(Condenser)

정전유도 작용을 통하여 전하를 저장하는 역할을 한다.

① 정전용량

2장의 금속판에 단위 전압을 가하였을 때 저장되는 전하의 크기를 말한다.

㉠ 금속판 사이의 절연도에 비례한다.

㉡ 작용하는 전압에 비례한다.

㉢ 금속판의 면적에 비례한다.

㉣ 금속판의 거리에는 반비례한다.

$$Q = CE, \ C = \frac{Q}{E}$$

Q : 전하량(단위 C, 쿨롬), C : 정전용량(단위 F, 페럿), E : 전압(단위 V, 볼트)

② 축전기의 직렬접속

$$C_T = \frac{1}{\frac{1}{C_1} + \frac{1}{C_2} + \cdots + \frac{1}{C_n}}$$

③ 축전기의 병렬접속

$$C_T = C_1 + C_2 + \cdots + C_n$$

3 반도체 이론

(1) 반도체의 종류

① 진성 반도체

진성 반도체는 게르마늄(Ge)와 실리콘(Si) 등 결정이 같은 수의 정공(Hole)과 전자가 있는 반도체를 말한다.

② 불순물 반도체

㉠ N형 반도체 : N형 반도체는 실리콘의 결정(4가)에 5가의 원소[비소(As), 안티몬(Sb), 인(P)]를 혼합한 것으로 전자과잉 상태인 반도체를 말한다.

㉡ P형 반도체 : P형 반도체는 실리콘의 결정(4가)에 3가의 원소[알루미늄(Al), 인듐(In)]를 혼합한 것으로 정공(홀)과잉 상태인 반도체를 말한다.

(2) 반도체의 특징

① 극히 소형이고 가볍다.
② 내부의 전력 손실이 적다.
③ 예열시간이 필요없다.
④ 기계적으로 강하고 수명이 길다.
⑤ 열에 약하다.
⑥ 역내압이 낮다.
⑦ 정격값이 넘으면 파괴되기 쉽다.

(3) 반도체 접합의 종류

접합의 종류	접합도(P · N)	적용 반도체
무 접합	P 또는 N	서미스터, 광전도, 셀
단 접합	P N	다이오드, 제너 다이오드
이중 접합	P N P N P N	트랜지스터, 가변 용량 다이오드 발광 다이오드, 전계효과 트랜지스터
다중 접합	P N P N	사이리스터, 포토 트랜지스터

① 다이오드

P형 반도체와 N형 반도체를 결합하여 양끝에 단자를 부착한 것이다.

㉠ 다이오드의 종류

- 실리콘 다이오드 : 교류 전기를 직류 전기로 변환시키는 정류작용과 전기를 한 방향으로만 흐르게 하는 특성을 가짐
- 제너 다이오드 : 제너 다이오드는 어떤 전압(브레이크다운 전압, 제너 전압)에 이르면 역 방향으로 전류를 흐르게 하는 것으로 주로 발전기 전압조정기에 많이 사용된다.
- 포토 다이오드 : 다이오드에 역방향 전압을 가하여도 전류는 흐르지 않으나 PN 접합면에 빛을 대면 에너지에 의해 전류가 흐른다. 포토 다이오드는 이 현상을 이용한 것으로 주로 점화장치, 그랭크 각 센서에 많이 사용된다.

• 발광 다이오드 : PN 접합면에 정방향으로 전류를 흐르게 하였을 캐리어가 가지고 있는 에너지의 일부가 빛으로 외부에 방사한다. 발광다이오드의 이점은 수명이 백열전구의 10배 이상이고 발열이 거의 없으며 소비 전력이 적다는 것이다.

② 다이오드 정류 회로

　㉠ 단상 반파정류 : 전류 이용률이 1/2 밖에 사용되지 못하므로 전류의 흐름이 단속되는 맥류가 되어 자동차에 사용하는 직류로는 알맞지 않다.

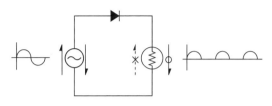

[단상 반파정류]

　㉡ 단상 전파정류 : 4개의 실리콘 다이오드를 브리지 접속하여 사용

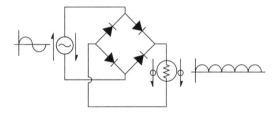

[단상 전파정류]

　㉢ 삼상 전파정류 : 6개의 실리콘 다이오드를 브리지 접속하여 사용

③ 서미스터

서미스터는 다른 금속과 다르게 온도 변화에 대하여 저항값이 크게 변화하는 반도체의 성질을 이용하는 소자이다. 자동차에서 온도측정용 센서는 주로 부특성 서미스터를 사용한다.

　㉠ 온도가 상승하면 저항값이 감소되는 부특성(NTC) 서미스터

　㉡ 온도기 상승하면 저항값이 증가하는 정특성(PTC) 서미스터

④ 트랜지스터

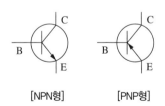

[NPN형]　　　[PNP형]

트랜지스터는 다이오드의 PN 접합을 변형시킨 것으로 다이오드의 N형 반도체 쪽에 P형 반도체를 접합시킨 구조의 PNP형 트랜지스터와 다이오드의 P형 반도체 쪽에 N형 반도체를 접합시킨 구조의 NPN형 트랜지스터가 있다. 트랜지스터는 각각 3개의 단자가 있는데 한쪽을 이미터(E), 중앙을 베이스(B), 다른 한쪽을 컬렉터(C)라 부른다.

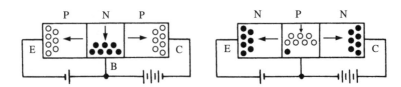

ⓒ 트랜지스터의 작용
- 스위칭 작용 : PNP형 트랜지스터나 NPN형 트랜지스터 모두 베이스의 전류를 단속하여 이미터와 컬렉터 사이에 흐르는 전류를 단속하기 때문에 스위칭 작용이라 한다.
- 증폭 작용 : 이미터에서 흐르는 전류를 100%라고 할 때 이미터에서 베이스로 흐르는 전류는 중화되어 2% 정도가 흐르고, 이미터에서 컬렉터로 흐르는 전류는 98%이다. 이와 같이 적은 베이스 전류에 의해서 큰 컬렉터 전류를 제어하는 작용을 증폭 작용이라 하며, 그 비율을 증폭률이라 한다.

⑤ 사이리스터(SCR; Silicon Controlled Rectifier)

사이리스터는 PNPN 또는 NPNP 접합으로, 스위치 작용을 한다. 일반적으로 단방향 3단자를 사용하는데 (+)쪽을 애노드, (−)쪽을 캐소드, 제어단자를 게이트라 부른다. 작용은 다음과 같다.

ⓒ A(애노드)에서 K(캐소드)로 흐르는 전류가 순방향이다.

ⓒ 순방향 특성은 전기가 흐르지 못하는 상태이다.

ⓒ G(게이트)에 (+)전류를, K(캐소드)에 (−)전류를 공급하면 A(애노드)와 K(캐소드) 사이가 순간적으로 도통(통전)된다.

ⓒ A(애노드)와 K(캐소드) 사이가 도통된 것은 G(게이트)전류를 제거해도 계속 도통이 유지되며, A(애노드)전위를 0으로 만들어야 해제된다.

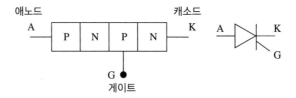

⑥ 다링톤 트랜지스터(Darlington Transistor)

다링톤 트랜지스터는 2개의 트랜지스터를 하나로 결합하여 전류 증폭도가 높다.

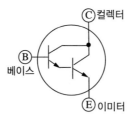

⑦ 포토 트랜지스터(Photo Transistor)
ⓒ 외부로부터 빛을 받으면 전류를 흐를 수 있도록 하는 감광소자이다.
ⓒ 빛에 의해 컬렉터 전류가 제어되며, 광량(光量) 측정, 광스위치 소자로 사용된다.

⑧ 컴퓨터의 논리 회로
  ㉠ 기본회로 및 복합회로

입력 신호		출력 신호(Q)				
		OR 게이트	AND 게이트	NOT 게이트	NOR 게이트	NAND 게이트
A	B	$\dfrac{A}{B}$⟩─Q	$\dfrac{A}{B}$⟩─Q	A ▷○─Q	$\dfrac{A}{B}$⟩○─Q	$\dfrac{A}{B}$⟩○─Q
0	0	0	0	1	1	1
0	1	1	0	1	0	1
1	0	1	0	0	0	1
1	1	1	1	0	0	0

  ㉡ 각종 전기기구 기호

기호	명칭	의미
─┤│├─	배터리 Battery	전원 혹은 축전지를 의미하며 긴 쪽이 (+), 짧은 쪽이 (−)
─┤├─	축전기 Condenser	전기를 일시적으로 저장하였다가 방출함
─／\/\／─	저항 Resistor	고유저항, 니크롬선 등
─／\/\／─	가변 저항 Variable Resistor	인위적 혹은 여건에 따라 저항값이 변하는 저항
─⊸WW⊸─ ⊗	전구 Bulb	램프, 전구
⊗	더블 전구 Double Bulb	이중 필라멘트를 가진 전구
─◯◯◯◯◯─	코일 Coil	진류를 통하면 자장이 발생
─▷─	전자석 스위치 Double Bulb	두 개의 코일이 감긴 전자석, 솔레노이드 스위치 기동모터의 마크네틱 스위치
▭ ⊙⊙⊙	변압기 Transformer	변압기로서 점화코일 같은 경우(자기유도 및 상호유도 작용에 의하여 고압을 만들어 줌)
─●╱●─	스위치 Switch	일반적인 스위치
L1 S1　S2 L2	릴레이 Relay	S1, S2에 전류를 흘리면 전자석이 되어 스위치를 붙여 L1, L2 에 전기를 통하게 함
─○╱○─	이중 스위치 Double Switch	2단계 스위치로, 평상시 접점이 붙어있는 접점은 흑색으로 표시

PART 2

기호	명칭	의미
	지연 릴레이 Delay Relay	지연 릴레이로서 일종의 타이머 역할을 의미하며 그림은 OFF 지연 릴레이
	NO 스위치 Normal Open S/W	누를 때 접촉되는 스위치
	ON 스위치 Normal Close S/W	누르면 접촉이 안 되는 스위치
Ⓜ	전동기 Motor	모터
	비접속 Disconnection	배선이 접속되지 않은 상태
	접속 Connection	배선이 서로 접속되어 있는 상태
	어스(접지) Earth	어스 (−)쪽에 접지 시킨 것
	소켓(컨넥터) Socket	소켓, 컨넥터 등(암컷)

ⓒ 각종 반도체 및 논리 기호

기호	명칭	의미
	서미스터 Thermister	외부온도에 따라 저항값 변함 정서미스터 및 부서미스터 주로 온도계에 사용
	다이오드 Diode	PN 접촉으로 한쪽 방향으로 전류 흐르게 함
	제너 다이오드 Zener Diode	어떤 전압(브레이크다운 전압, 제너 전압)에 이르면 역 방향으로 전류를 흐르게 하는 것
	포토 다이오드 Photo Diode	빛을 받으면 전기를 흐르게 할 수 있게 함
	발광 다이오드 LED	전류가 흐르면 빛을 발생시킴
	포토 트랜지스터 Photo Transistor	외부로부터 빛을 받으면 전류를 흐르게 할 수 있는 감광 소자

기호	명칭	의미
	트랜지스터 Transistor	PNP, NPN 접합이며 스위칭, 증폭, 발진 작용하며 B에 전압을 가하면 C에서 E로 전기 흐름
	사이리스터(SCR) Silicon Controlled Rectifier	PNPN의 4층 구조로 된 제어 정류기로서 게이트에 전압을 가하였다가 가해준 전압을 없애도 에노드에서 케소드로 계속 전류 흐름
	압전소자 Piezo Electric Element	힘을 받으면 전기 발생하며 응력게이지, 전자 라이터 등에 주로 사용
	논리 합 Logic OR	논리회로로서 입력 A, B 어느 하나라도 1이면 출력 C도 1이 되는 회로
	논리 적 Logic AND	입력 A, B 동시에 1이 되어야 출력 C도 1이 되며 하나라도 0이면 출력 C도 0이 되는 회로
	논리 부정 Logic NOT	A가 1이면 출력 C는 0이고 A가 0이면 출력 C는 1이 됨
	논리 비교기 Logic Comparator	B에 기준 전압 1을 가해주고 입력단자 A로부터 B보다 큰 1을 주면 동력입력 D에서 C로 1 신호가 나감(비교)
	논리합 부정 Logic NOR	OR회로의 반대 출력이며 A, B 둘 중 하나라도 1이면 출력 C는 0이며 둘다 0이면 출력 C는 1이 됨
	논리적 부정 Logic NAND	AND회로의 반대 출력이며 A, B 모두 1이면 출력 C는 0이며 모두 0이거나 하나만 0이라도 출력 C는 1이 됨
	직접회로(IC) Integrated Circuit	직접회로를 의미하며 A, B는 입력, C, D는 출력을 의미

(4) 반도체의 효과

① **홀효과** : 자기를 받으면 통전성능이 변화하는 효과

② **지백효과** : 열을 받으면 전기 저항값이 변화하는 효과

③ **피에조 효과** : 힘을 받으면 기전력이 발생하는 효과

④ **펠티어 효과** : 직류전원 공급 시 한쪽 면은 고온이 되고 반대쪽 면은 저온이 되어 양쪽 끝에 온도 차가 발생하는 효과

4 자동차 전자제어 및 통신

자동차의 전자제어 시스템은 센서(스위치), ECU, 액츄에이터로 구성되며 센서(스위치)의 신호를 기반으로 ECU가 연산하여 최적의 액츄에이터 제어를 통하여 연료소비율 및 배출가스제어 등의 엔진관련 제어 시스템을 말한다. 전자제어 시스템의 센서 입력값은 아날로그 신호와 디지털 신호가 있으며 아날로그 신호의 경우 A/D 컨버터에서 디지털 신호로 변환하여 입력시킨다.

(1) 자동차 제어장치의 기능

① RAM(Random Access Memory) : RAM은 임의의 기억 저장 장치에 기억되어 있는 데이터를 읽거나 기억시킬 수 있는 일시기억 장치이다. 따라서 전원이 차단되면 기억된 데이터가 소멸된다.

② ROM(Read Only Memory) : ROM은 읽어내기 전문의 기억장치이며, 한번 기억시키면 내용을 변경시킬 수 없는 영구기억 장치이다. 따라서 전원이 차단되어도 기억이 소멸되지 않으므로 프로그램 또는 고정 데이터의 저장에 사용된다.

③ 입·출력(I/O; In Put/Out Put) 장치 : 입·출력 장치는 입력과 출력을 조절하는 장치이며, 외부 센서들의 신호를 입력하고 중앙처리장치(CPU)의 신호를 받아 액츄에이터로 출력시킨다.

④ 중앙처리장치(CPU; Central Processing Unit) : 중앙처리장치는 데이터의 산술연산이나 논리연산을 처리하는 연산부분, 기억을 일시 저장해두는 장소인 일시기억 부분, 프로그램 명령, 해독 등을 하는 제어 부분으로 구성되어 있다.

(2) 통신 장치

① LAN 통신장치 : LAN 통신장치는 중앙처리 방식에서 분산처리 방식으로 바뀐 데이터 통신장치로 가까운 거리 내에서 단말기(Terminal), 마이크로컴퓨터, 오디오 등 다양한 장치를 상호 연결해 주는 범용 네트워크이다. 특징은 다음과 같다.

　㉠ 분산되어 있는 컴퓨터가 서로 동일한 입장에서 각각의 정보처리를 하고 필요한 데이터를 On-Line 으로 처리하는 방식이다.

　㉡ 다양한 통신장치와의 연결이 가능하고 확장 및 재배치가 용이하다.

　㉢ 각 컴퓨터 사이에 LAN 통신선 사용을 하므로 배선의 경량화가 가능하다.

　㉣ 가까운 컴퓨터에서 입력 및 출력을 제어할 수 있어 전장부품 설치장소 확보가 용이하다.

　㉤ 사용 커넥터 및 접속점을 감소시킬 수 있어 통신장치 신뢰성을 확보한다.

　㉥ 기능 업그레이드를 소프트웨어로 처리하므로 설계변경의 대응이 쉽다.

　㉦ 진단 장비를 이용하여 자기진단, 센서 출력값 분석, 액츄에이터 구동 및 테스트가 가능하므로 정비 성능이 향상된다.

② CAN(Controller Area Network) 통신장치 : CAN 통신장치는 컴퓨터들 사이에 신속한 정보교환 및 전달을 목적으로 한다. 즉, ECU(기관제어용 컴퓨터), TCU(자동변속기 제어용 컴퓨터) 및 구동력 제어장치 사이에서 CAN 버스라인(CAN High와 CAN Low)을 통하여 데이터를 다중통신한다. 각 제어기구 (Controller)는 상호 필요한 모든 정보를 주고받을 수 있으며, 어떤 제어기구가 추가정보를 요구할 때 하드웨어의 변경 없이 소프트웨어만 변경하여 대응이 가능하다.

5 축전지(Battery)

전지(Battery)는 내부에 들어있는 화학물질의 화학에너지를 전기화학적 산화−환원반응에 의해 전기 에너지로 변환하는 장치이다.

(1) 전지의 분류

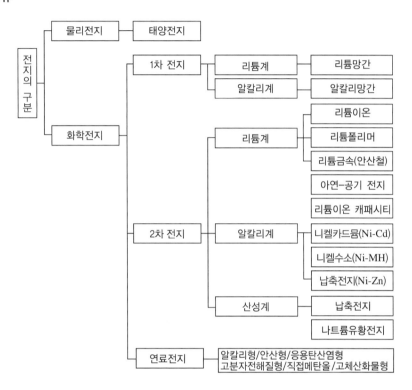

(2) 2차 전지 구성

전지에는 산화제인 양극 활물질과 환원제인 음극 활물질과 이온 전도에 의해 산화반응과 환원반응을 발생시키는 전해액, 양극과 음극이 직접 접촉하는 것을 방지하는 격리판이 필요하다. 또한 이것들을 넣는 용기, 전지를 안전하게 작동시키기 위한 안전밸브나 안전장치 등이 필요하다. 이러한 2차 전지는 다음과 같은 조건을 갖추어야 한다.

① 고전압, 고출력, 대용량일 것
② 긴 사이클 수명과 적은 자기 방전율을 가질 것
③ 넓은 사용온도와 안전 및 신뢰성이 높을 것
④ 사용이 쉽고 가격이 저가일 것

(3) 납산 축전지

현재 내연기관 자동차에 사용되고 있는 전지에는 납산 축전지와 알칼리 축전지의 두 종류가 있으나, 대부분 납산 축전지를 사용하고 있다. 납산 축전지는 양극판으로 과산화납을 사용하고 음극판은 해면상납을 사용하며, 전해액은 묽은 황산을 사용한다. 기전력은 완전 충전시 셀당 약 2.1V이고 일반 자동차용 배터리로는 이 셀을 직렬로 6개 합친 12.6V로 만든 것을 사용한다. 또한 승용 자동차의 납산 축전지 중에는 안티몬(Sb)의 함유량이 낮은 납 합금의 양극판을 사용하므로 충전 중의 가스 발생이나 수분 감소를 억제하는 메인터넌스 프리 배터리(MF; Maintenance Free Battery)가 현재 많이 적용되고 있다. 납산 축전지의 특징 및 기능은 다음과 같다.

① 자동차용 배터리로 가장 많이 사용되는 방식(MF 배터리)

② (+)극에는 과산화납, (−)극에는 해면상납, 전해액은 묽은 황산을 적용

③ 셀당 기전력은 완전 충전 시 약 2.1V(완전 방전 시 1.75V)

④ 가격이 저렴하고 유지보수가 쉬우나 에너지밀도가 낮고 용량과 중량이 크다.

⑤ 초기 시동 시 기동전동기에 전력공급

⑥ 발전장치 고장 시 전원 부하 부담

⑦ 발전기 출력과 전장 부하 등의 평형조정

(4) 납산 축전지의 구조 및 작용

축전지는 6개의 셀(Cell)로 구성되어 있다. 그리고 각 셀은 묽은 황산의 전해액과 과산화납의 양극판, 해면상납의 음극판 그리고 양극판과 음극판의 단락을 방지하는 격리판으로 구성되어 있으며, 6개의 셀은 직렬로 연결되어 있다.

(5) 극판(Plate)

양극판은 과산화납(PbO_2), 음극판은 해면상납(Pb)이며, 극판 수는 화학적 평형을 고려하여 음극판을 양극판보다 1장 더 두고 있다.

(6) 격리판(Separator)

양극판과 음극판의 단락을 방지하기 위해 두며, 구비 조건은 다음과 같다.

① 비전도성일 것

② 다공성이어서 전해액의 확산이 잘될 것

③ 기계적 강도가 있고, 전해액에 산화 부식되지 않을 것

④ 극판에 좋지 못한 물질을 내뿜지 않을 것

(7) 극판군(Plate Group)

① 극판군은 1셀(Cell)이며, 1셀당 기전력은 2.1V이므로 12V 축전지의 경우 6개의 셀이 직렬로 연결되어 있다.

② 극판 수를 늘리면 축전지 용량이 증대되어 이용전류가 많아진다.

(8) 단자(Terminal Post)

① 케이블과 접속하기 위한 단자이며, 잘못 접속되는 것을 방지하기 위해 문자(POS, NEG), 색깔(적색, 흑색), 크기[(+)단자가 굵고, (−)단자가 가늘다], 부호(+, −) 등으로 표시한다.

② 단자에서 케이블을 분리할 때에는 접지(−) 쪽을 먼저 분리하고 설치할 때에는 나중에 설치하여야 한다.

③ 단자가 부식되었으면 깨끗이 청소를 한 다음 그리스를 얇게 바른다.

(9) 전해액(Electrolyte)

① 묽은 황산을 사용하며, 20℃에서의 표준비중은 1.280이다.

② 전해액을 만들 때에는 반드시 물(증류수)에 황산을 부어야 한다.

③ 전해액 온도가 상승하면 비중이 낮아지고, 온도가 낮아지면 비중은 커지는데, 온도 1℃ 변화에 비중은 0.0007이 변화한다.

$$S_{20} = S_t + 0.0007 \times (t - 20)$$

> - S_{20}: 표준 온도 20℃에서의 비중
> - S_t : t℃에서 실제 측정한 비중
> - t : 전해액 온도

전해액의 구비 조건은 다음과 같다.

㉠ 전해액은 이온 전도성이 높을 것

㉡ 충전 시에 양극이나 음극과 반응하지 않을 것

㉢ 전지 작동범위에서 산화환원을 받지 않을 것

㉣ 열적으로 안정될 것

㉤ 독성이 낮으며 환경 친화적일 것

㉥ 염가일 것

(10) 전해액 비중측정

① 비중계로 측정하며, 축전지의 충전 여부를 알 수 있다.

② 축전지를 방전 상태로 오랫동안 방치해 두면 극판이 영구황산납이 된다.

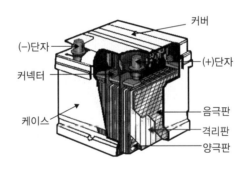

[축전지의 구조]

(11) 납산 축전지의 충·방전 작용

$$PbO_2 + 2H_2SO_4 + Pb \Leftrightarrow PbSO_4 + 2H_2O + PbSO_4$$

① 방전될 때의 화학작용

㉠ 양극판 : 과산화납(PbO_2) → 황산납($PbSO_4$)

㉡ 음극판 : 해면상납(Pb) → 황산납($PbSO_4$)

㉢ 전해액 : 묽은 황산(H_2SO_4) → 물(H_2O)

② 충전될 때의 화학작용

㉠ 양극판 : 황산납($PbSO_4$) → 과산화납(PbO_2)

ⓛ 음극판 : 황산납($PbSO_4$) → 해면상납(Pb)

ⓒ 전해액 : 물(H_2O) → 묽은 황산(H_2SO_4)

(12) 납산 축전지의 특징

① 방전종지 전압

방전종지 전압은 1셀당 1.75V이며, 어떤 전압 이하로 방전해서는 안 되는 것을 말한다.

② 축전지 용량

축전지 용량이란 완전 충전된 축전지를 일정한 전류로 연속 방전하여 단자 전압이 규정의 방전종지 전압이 될 때까지 사용할 수 있는 전기적 용량을 말한다.

AH(암페어시 용량)＝A(일정 방전전류)×H(방전종지 전압까지의 연속 방전시간)

또한 축전지 용량의 크기를 결정하는 요소는 다음과 같다.

㉠ 극판의 크기(면적)

ⓛ 극판의 수

ⓒ 전해액의 양

③ 축전지 용량 표시방법

㉠ 25암페어율 : 26.6℃(80℉)에서 일정한 방전전류로 방전하여 1셀당 전압이 1.75V에 도달할 때까지 방전하는 것을 측정하는 것이다.

ⓛ 20시간율 : 일정한 방전전류를 연속 방전하여 1셀당 전압이 방전종지 전압(1.75V)이 될 때까지 20시간 방전시킬 수 있는 전류의 총량을 말한다.

ⓒ 냉간율 : 0℉(−17.7℃)에서 300A의 전류로 방전하여 셀당 기전력이 1V 전압 강하하는 데 소요되는 시간으로 표시하는 것이다.

④ 축전지 연결에 따른 전압과 용량의 변화

㉠ 직렬연결 : 같은 용량, 같은 전압의 축전지 2개를 직렬로 접속[(＋)단자와 (−)단자의 연결]하면 전압은 2배가 되고, 용량은 한 개일 때와 같다.

ⓛ 병렬연결 : 같은 용량, 같은 전압의 축전지 2개를 병렬로 연결[(＋)단자는 (＋)단자에, (−)단자는 (−)단자에 연결]하면 용량은 2배이고 전압은 한 개일 때와 같다.

(13) 축전지 자기방전

① 자기방전의 원인

㉠ 음극판의 작용물질이 황산과의 화학작용으로 황산납이 되기 때문이다.

ⓛ 전해액에 포함된 불순물이 국부전지를 구성하기 때문이다.

ⓒ 탈락한 극판 작용물질(양극판 작용물질)이 축전지 내부에 퇴적되기 때문이다.

② 자기방전량

㉠ 24시간 동안 실제용량의 0.3~1.5%정도이다.

ⓛ 자기 방전량은 전해액의 온도가 높을수록, 비중이 클수록 크다.

(14) 축전지 충전

① 정전류 충전 : 정전류 충전은 충전 시작에서 끝까지 일정한 전류로 충전하는 방법이다.

② 정전압 충전 : 정전압 충전은 충전 시작에서 끝까지 일정한 전압으로 충전하는 방법이다.

③ 단별전류 충전 : 단별전류 충전은 충전 중 전류를 단계적으로 감소시키는 방법이다.

④ 급속충전 : 급속충전은 축전지 용량의 50% 전류로 충전하는 것이며, 자동차에 축전지가 설치된 상태로 급속충전을 할 경우에는 발전기 다이오드를 보호하기 위하여 축전지 (+)와 (−)단자의 양쪽 케이블을 분리하여야 한다. 또 충전시간은 가능한 짧게 하여야 한다.

(15) 충전할 때 주의사항

① 충전하는 장소는 반드시 환기장치를 한다.

② 각 셀의 전해액 주입구(벤트플러그)를 연다.

③ 충전 중 전해액의 온도가 40℃ 이상 되지 않게 한다.

④ 과충전을 하지 않아야 한다(양극판 격자의 산화촉진 요인).

⑤ 2개 이상의 축전지를 동시에 충전할 경우에는 반드시 직렬접속을 한다.

⑥ 암모니아수나 탄산소다(탄산나트륨) 등을 준비해 둔다.

(16) MF 축전지(무정비 축전지)

격자를 저 안티몬 합금이나 납–칼슘 합금을 사용하여 전해액의 감소나 자기 방전량을 줄일 수 있는 축전지이다. 특징은 다음과 같다.

① 증류수를 점검하거나 보충하지 않아도 된다.

② 자기방전 비율이 매우 낮다.

③ 장기간 보관이 가능하다.

④ 전해액의 증류수를 보충하지 않아도 되는 방법으로는 전기 분해할 때 발생하는 산소와 수소가스를 다시 증류수로 환원시키는 촉매 마개를 사용하고 있다.

6 기동전동기

기동모터는 엔진의 크기와 기동모터의 위치 등의 이유로 엔진과 기동모터의 기어비가 어느 일정 범위로 제한되며 가솔린 엔진에는 기어비가 10:1 정도이고 디젤 엔진에는 12~15:1 정도이며 회전원리는 플레밍의 왼손법칙에 기인한다.

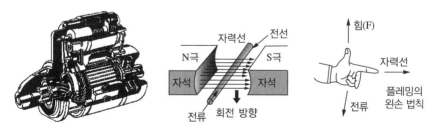

(1) 기동모터의 구비 조건

기동모터는 시동 토크가 큰 직류직권모터를 사용하며 기동모터에 요구되는 조건을 요약하면 다음과 같다.

① 소형 경량이며 출력이 커야 한다.

② 기동 토크가 커야 한다.

③ 가능한 소요되는 전원용량이 작아야 한다.

④ 먼지나 물이 들어가지 않는 구조여야 한다.

⑤ 기계적인 충격에 잘 견디어야 한다.

(2) 기동모터의 분류

① 직권전동기

직권전동기는 전기자 코일과 계자코일이 직렬로 접속된 것이며, 회전력이 크고 회전속도 변화가 커 차량용 기동전동기에 사용된다.

② 분권전동기

분권전동기는 전기자와 계자코일이 병렬로 접속된 것이다. 회전속도가 일정하고 회전력이 비교적 작으며 파워윈도우 모터 등에 사용된다.

③ 복권전동기

복권전동기는 전기자 코일과 계자코일이 직·병렬로 접속된 것이다. 초기에는 회전력이 크고 후기에는 회전속도가 일정하여 와이퍼 모터 등에 사용된다.

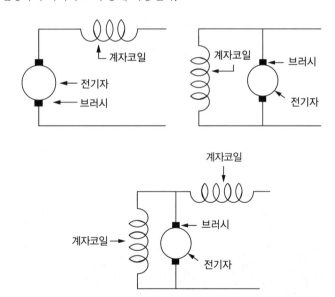

(3) 기동모터의 구조

일반적으로 자동차에서 사용하고 있는 기동모터는 전자 피니언 섭동식이며 그 구조는 다음과 같다.

① 회전운동을 하는 부분

㉠ 전기자(Armature) : 전기자는 축, 철심, 전기자 코일 등으로 구성되어 있다. 전기자 코일의 전기적 점검은 그로울러 테스터로 하며, 전기자 코일의 단선, 단락 및 접지 등에 대하여 시험한다.

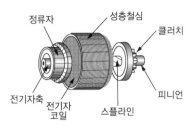

ⓛ 정류자(Commutator) : 정류자는 기동전동기의 전기자 코일에 항상 일정한 방향으로 전류가 흐르도록 하기 위해 설치한 것이다.

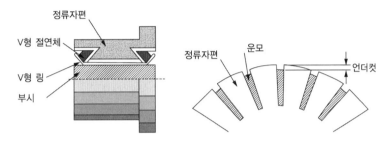

② 고정된 부분

   ㉠ 계철과 계자철심(Yoke & Pole Core) : 계철은 자력선의 통로와 기동전동기의 틀이 되는 부분이다. 계자철심은 계자코일에 전기가 흐르면 전자석이 되며, 자속을 잘 통하게 하고, 계자코일을 유지한다.

   ⓛ 계자코일(Field Coil) : 계자코일은 계자철심에 감겨져 자력(磁力)을 발생시키는 것이며, 계자코일에 흐르는 전류와 정류자 코일에 흐르는 전류의 크기는 같다.

   ⓒ 브러시와 브러시 홀더(Brush & Brush Holder) : 브러시는 정류자를 통하여 전기자 코일에 전류를 출입시키는 일을 하며, 4개가 설치된다. 스프링 장력은 스프링 저울로 측정하며, $0.5 \sim 1.0 \mathrm{kg/cm}^2$, 브러시는 본래 길이에서 1/3 이상 마모되면 교환하여야 한다.

   ⓔ 마그네틱 스위치 : 마그네틱 스위치는 솔레노이드 스위치라고도 하며 축전지에서 기동모터까지 흐르는 대 전류를 단속하는 스위치 작용과 피니언을 링 기어에 물려주는 일을 한다. 마그네틱 스위치는 시동스위치를 넣으면 내부의 코일에 의해 자력이 발생하여 플런저를 끌어당긴다.

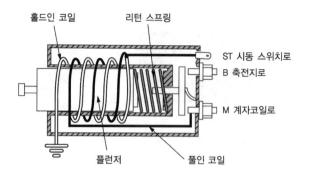

홀드인 코일　　리턴 스프링

ST 시동 스위치로

B 축전지로

M 계자코일로

플런저　　풀인 코일

(4) 기동모터 주요장치의 역할

① 기동 모터

엔진을 시동하기 위해 최초로 흡입과 압축 행정에 필요한 에너지를 외부로부터 공급받아 엔진을 회전 시키는 장치로 일반적으로 축전지 전원을 이용하는 직류직권모터를 이용한다.

② 솔레노이드 스위치

전자석스위치라는 뜻으로 풀인 코일과 홀드인 코일에 전류가 흘러 플런저를 잡아당기고 플런저는 시 프트레버를 잡아당겨 피니언 기어를 링 기어에 물린다.

③ 풀인 코일(Pull-In Coil)

플런저와 접촉판을 닫힘 위치로 당기는 전자력을 형성 기동모터 솔레노이드 B단자와 M단자에 접촉이 이루어진다.

④ 홀드인 코일(Hold-In Coil)

솔레노이드 ST단자를 통하여 에너지를 받아 기동모터로 흐르고 시스템 전압이 떨어질 때 접촉판을 맞 물린 채로 있도록 추가 전자력을 공급한다.

⑤ 계자 코일(Field Coil)

계자철심에 감겨져 전류가 흐르면 자력을 일으켜 철심을 자화한다. 계자 코일과 전기자 코일은 직류직 권식이기 때문에 전기자 전류와 같은 크기의 큰 전류가 계자 코일에도 흐른다.

⑥ 전기자 코일(Armature Coil)

전기자 코일은 큰 전류가 흐를 수 있도록 평각동선을 운모, 종이, 파이버, 합성수지 등으로 절연하여 코일의 한쪽은 자극 쪽에 다른 한 쪽 끝은 S극이 되도록 철심의 홈에 끼워져 있다. 코일의 양끝은 정류 자편에 납땜되어 모든 코일에 동시에 전류가 흘러 각각에 생기는 전자력이 합해져서 전기자를 회전시 킨다. 전기자 코일은 하나의 홈에 2개씩 설치되어 있다.

⑦ 정류자

정류자는 브러시에서의 전류를 일정한 방향으로만 흐르게 하는 것으로 경동판을 절연체로 싸서 원형 으로 한 것이다. 정류자편 사이는 1mm 정도 두께의 운모로 절연되어 있고 운모의 언더컷은 0.5~ 0.8mm(한계치 0.2mm)이다.

⑧ 브러시

브러시는 정류자에 미끄럼 접촉을 하면서 전기자 코일에 흐르는 전류의 방향을 바꾸어 준다. 브러시는 브러시 홀더에 조립되어 끼워진다.

⑨ 오버 러닝 클러치

오버 러닝 클러치는 피니언 기어가 링 기어에 의해 회전하면 전기자를 보호하는 역할을 한다.

7 충전장치

(1) 충전장치의 개요

① 전자 유도 작용

엔진의 크랭크축 풀리와 발전기의 풀리가 벨트로 연결되어 엔진의 구동력에 의해 발전기가 회전하게
되면 발전기에서 전기가 발생되는데, 이는 전자 유도 작용에 기인한다. 전자 유도 작용은 아래 그림처
럼 자력선이 작용하고 있는 두 자석 사이에 있는 전선이 회전력에 의해 움직이게 되어 자석 사이에 작
용하고 있는 자력선을 자르면 전선에 전류가 발생하게 되는 현상을 말한다. 그리고 전기가 발생하는
방향은 플레밍의 오른손 법칙에 따른다.

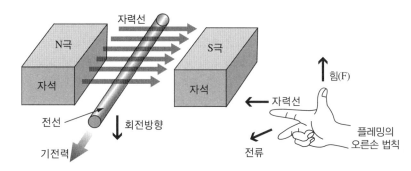

[전자 유도 작용]

② 교류발전기의 특징

ㄱ 소형·경량이고, 저속에서도 충전이 가능하다.

ㄴ 출력이 크고, 고속회전에 잘 견딘다.

ㄷ 속도변화에 따른 적용 범위가 넓고 소형·경량이다.

ㄹ 다이오드를 사용하기 때문에 정류 특성이 좋다.

ㅁ 컷 아웃 릴레이 및 전류제한기를 필요로 하지 않는다. 즉 전압 조정기만 사용한다.

(2) 단상 교류

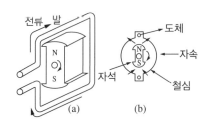

[단상 교류 발생 원리]

고정된 코일 가운데에서 자석을 회전시키면 코일에는 플레밍의 오른손 법칙에 따른 방향으로 기전력이
발생한다. 자석이 1회전 하는 사이에 코일에는 단상교류파형과 같은 1사이클의 정현파 교류 전압이 발생
하고, 이와 같은 교류를 단상 교류라 한다. 회전하는 자석이 N, S 2극의 경우에는 1회전에 1사이클의 정
현파 교류 전압이 발생하지만, 자극의 수를 4극으로 하면 1회전에 2사이클의 교류가 된다. 1초 간 반복되
는 사이클 수를 교류의 주파수라 하고 Hz의 단위를 쓴다.

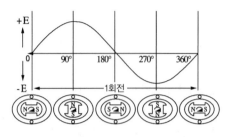

[단상 교류 파형]

(3) 3상 교류

아래 그림과 같이 원통형 철심의 내면에 A-A', B-B', C-C' 3조의 코일을 120° 간격으로 배치하고 그 안에서 자석을 회전시키면 코일에는 각각 같은 모양의 단상 교류 전압이 발생된다. 그러나 B 코일에는 A 코일보다 120° 늦은 전압 변화가 생긴다. 이와 같이 A, B, C 3조의 코일에 생기는 교류 파형을 3상 교류라 한다.

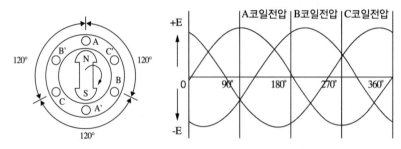

[3상 코일의 배치 형태 및 교류 파형]

(4) 전자석 로터의 원리

실용되는 발전기는 소형인 특수한 발전기 이외에는 로터를 영구 자석으로 사용하지 않고 철심에 코일을 감아서 자속의 크기를 제어하는 전자석이 쓰인다. 즉, 회전하는 전자석에 전류를 흘려주기 위해서는 그림과 같이 회전축에 조립된 2개의 슬립 링에 코일의 단자를 접속시키고, 슬립 링에 접촉된 브러시를 통하여 코일에 전류를 흘려준다. 그림과 같은 회전체를 로터라 한다.

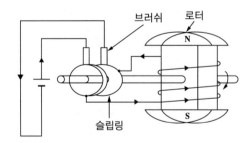

[전자석 로터의 구조]

(5) 정류작용

교류를 직류로 변환시키는 것을 정류라 하며, 정류 방법에는 여러 가지 방식이 있으나, 자동차용 교류발전기에서는 실리콘 다이오드를 이용하여 정류를 한다.

① 단상 교류의 정류

단상 교류 정류작용은 그림 (a)와 같이 단상 교류발전기와 부하 사이에 다이오드를 직렬로 접속하면 다이오드에 정방향 전압이 가해질 때만 전류가 흐르고, 역방향의 경우에는 전류가 흐르지 않는다. 이와 같이 정방향의 반파만을 이용하는 방식을 단상 반파 정류라 한다. 그림 (b)는 다이오드 4개를 브리지 모양으로 접속한 회로인데, 이 경우에는 정방향, 역방향의 교류 전압을 모두 정류하기 때문에 효율이 높은 정류를 할 수 있다. 축전지용 충전기 등은 기본적으로 이 방식의 정류기를 사용하고 있으며, 이것을 단상 전파 정류라 한다.

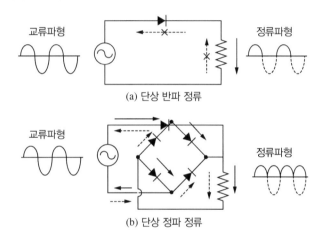

(a) 단상 반파 정류

(b) 단상 정파 정류

② 3상 교류의 정류

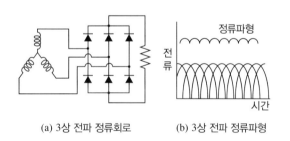

(a) 3상 전파 정류회로   (b) 3상 전파 정류파형

[3상 교류 정류작용]

3상 교류 정류작용은 6개의 다이오드를 브리지 모양으로 연결하여 3상 교류발전기의 출력 단자에 접속한 것인데, 교류발전기는 이 방식으로 3상 교류를 정류하고 있으며, 이것을 3상 전파 정류 회로라 한다. 이와 같은 원리에 의해 3상 교류 전기를 직류 전기로 전환시킬 수 있다.

(6) 발전기의 구성과 작용

① 교류발전기의 구성

교류발전기는 로터(회전자), 스테이터(고정자), 정류기(다이오드), IC전압조정기(브러시부착), 벨트풀리 등으로 구성되어 있다.

[발전기]

② 교류발전기의 작용

교류발전기에 부착된 벨트풀리를 통해서 엔진의 회전동력을 얻게 되면 회전하는 로터 코일과 스테이터 코일 사이에 전자 유도 현상이 발생하고, 3상 교류전기가 발생하게 된다. 이렇게 발생된 3상 교류전기는 정류기(6-다이오드)와 전압조정기를 통과하면서 정전압 직류 전기로 변환되고 B단자, L단자, R단자를 통해서 출력된다.

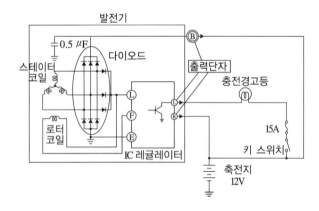

③ 발전기 주요 구성 부품과 역할

㉠ 로터(회전자) : 브러시와 슬립링을 통해 전기가 공급되면 전자석이 되어 스테이터 내부에서 N-S극이 교차되며 회전한다.

㉡ 스테이터(고정자) : 스테이터 코일은 Y-결선으로 구성되어 있고, 전자석이 된 로터가 N-S극을 교차하며 회전하면 전자 유도 작용에 의해 스테이터에서 3상 교류가 발생한다.

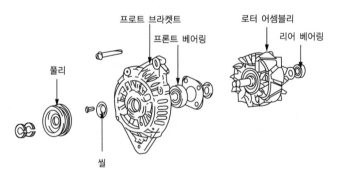

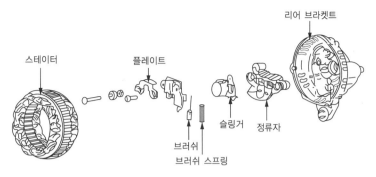

스테이터   플레이트   리어 브라켓

브러쉬
브러쉬 스프링
슬링거
정류자

[발전기 분해도 및 구성부품도]

   ⓒ 브러쉬 : 전압조정기를 통해 나온 전기를 로터에 공급한다.

   ⓔ 정류기(6-다이오드) : 스테이터에서 발생한 3상 교류 전기를 3상 전파정류 시켜서 직류 전기로 변환시켜주며, 발전기 발생 전압이 축전지 전압보다 낮을 때는 역전류를 차단한다.

   ⓜ 전압조정기(IC Regulator) : 회전하는 로터와 스테이터의 전자 유도 작용에 의해서 발생하는 전기는, 로터의 회전속도(차속)에 따라 발생하는 전기의 크기와 달라진다. 그래서 전압조정기에서 로터에 공급하는 전기의 양을 조절함으로써 항상 일정한 전압을 발생시킬 수 있도록 한다.

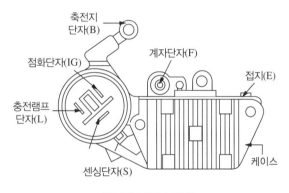

축전지
단자(B)

점화단자(IG)   계자단자(F)   접지(E)

충전램프
단자(L)

센싱단자(S)   케이스

[발전기의 전압 조정기]

(7) 교류(AC) 충전장치를 다룰 때 일반적인 주의사항

   ① 교류발전기의 B(출력)단자에는 항상 축전지의 (+)단자와 연결되어 있고, 또 점화 스위치를 ON으로 하였을 경우에는 F(계자)단자에도 축전지 전압이 가해져 있으므로 주의하여야 한다.

   ② 축전지 극성에 특히 주의하여야 하며 절대로 역접속 하여서는 안 된다. 역접속을 하면 축전지에서 발전기로 대전류가 흘러 실리콘 다이오드가 파손된다.

   ③ 급속 충전방법으로 축전지를 충전할 때에는 반드시 축전지의 (+)단자의 케이블(축전지와 기동전동기를 접속하는 케이블)을 분리한다. 발전기와 축전지가 접속된 상태에서 급속 충전을 하면 실리콘 다이오드가 손상된다.

   ④ 발전기 B단자에서의 전선을 떼어내고 기관을 가동시켜서는 안 된다. N(중성점)단자의 전압이 이상 상승되어 발전기 조정기의 전압 릴레이 코일이 소손되는 경우가 있다. 만약 B단자를 풀어야 할 경우에는 F단자의 결선도 풀도록 한다.

⑤ 발전기 조정기를 조정할 경우에는 반드시 소켓의 결합을 풀어야 한다. 만일 접속한 상태로 조정하면 접점이 단락되어 융착되는 일이 있다.

⑥ F단자에 축전기(Condenser)를 접속하여서는 안된다. 발전기 조정기의 접점에 돌기가 생기기 쉽다.

8 점화장치

(1) 점화장치 개요

점화장치는 가솔린 기관의 연소실 내에 압축된 혼합가스에 고압의 전기적 불꽃으로 스파크를 발생하여 연소를 일으키는 일련의 장치들을 말한다. 자동차에는 주로 축전지 점화 방식을 사용하며 최근에는 반도체의 발달로 전 트랜지스터 점화 방식, 고 강력 점화 방식(HEI; High Energy Ignition), 전자 배전 점화 방식(DLI; Distributor Less Ignition)등이 사용 되고 있다. 트랜지스터 점화 방식은 점화코일의 1차 코일에 흐르는 전류를 트랜지스터의 스위칭 작용으로 차단하여 2차 코일에 고전압을 유도시키는 방식이다. 트랜지스터 방식 점화장치의 특징을 들면 다음과 같다.

① 저속 성능이 안정되고 고속 성능이 향상된다.

② 불꽃 에너지를 증가시켜 점화 성능 및 장치의 신뢰성이 향상된다.

③ 엔진 성능 향상을 위한 각종 전자 제어 장치의 부착이 가능해진다.

④ 점화코일의 권수비를 적게 할 수 있어 소형 경량화가 가능하다.

(2) 컴퓨터 제어방식 점화장치

이 방식은 엔진의 작동 상태(회전속도·부하 및 온도 등)를 각종 센서로 검출하여 컴퓨터(ECU)에 입력시키면 컴퓨터는 점화시기를 연산하며 1차 전류의 차단 신호를 파워 트랜지스터로 보내어 점화 2차 코일에서 고전압을 유기하는 방식이다. 여기에는 고 강력 점화 방식(HEI)과 전자 배전 점화 방식(DLI, DIS)이 있으며 다음과 같은 장점이 있다.

① 저속, 고속에서 매우 안정된 점화 불꽃을 얻을 수 있다.

② 노크가 발생할 때 점화시기를 자동으로 늦추어 노크 발생을 억제한다.

③ 엔진의 작동 상태를 각종 센서로 감지하여 최적의 점화시기로 제어한다.

④ 고출력의 점화코일을 사용하므로 완벽한 연소가 가능하다.

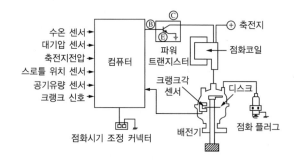

[HEI의 구성도]

(3) 점화장치의 구성

① 점화코일

점화코일의 원리는 자기 유도 작용과 상호 유도 작용을 이용한 것이다. 철심에 감겨져 있는 2개의 코일에서 입력 쪽을 1차 코일, 출력 쪽을 2차 코일이라 부른다. 파워 트랜지스터로 저압 전류를 차단하면 자기 유도 작용으로 1차 코일에 축전지 전압보다 높은 전압이 순간전압(300~400V)으로 발생된다. 1차 쪽에 발생한 전압은 1차 코일의 권수, 전류의 크기, 전류의 변화 속도 및 철심의 재질에 따라 달라진다. 또한 2차 코일에는 상호 유도 작용으로 거의 권수비에 비례하는 전압(약 20,000~25,000V)이 발생 한다.

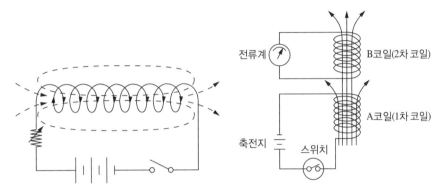

② 점화코일의 구조

점화코일은 몰드형을 철심을 이용하여 자기 유도 작용에 의하여 생성되는 자속이 외부로 방출되는 것을 방지하기 위해 철심을 통하며 자속이 흐르도록 하였으며, 1차 코일의 지름을 굵게 하여 저항을 감소시켜 큰 자속이 형성될 수 있도록 하여 고전압을 발생시킬 수 있다. 몰드형은 구조가 간단하고 내열성이 우수하므로 성능 저하가 없다.

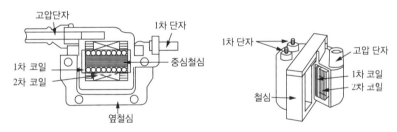

③ 파워 트랜지스터(Power TR)

파워 트랜지스터는 ECU로부터 제어 신호를 받아 점화코일에 흐르는 1차 전류를 단속하는 역할을 하며 구조는 컴퓨터에 의해 제어되는 베이스, 점화코일 1차 코일의 (−)단자와 연결되는 컬렉터, 그리고 접지되는 이미터로 구성된 NPN형이다.

④ 점화 플러그(Spark Plug)

점화 플러그는 실린더 헤드의 연소실에 설치되어 점화코일의 2차 코일에서 발생한 고전압에 의해 중심 전극과 접지 전극 사이에서 전기 불꽃을 발생시켜 실린더 내의 혼합가스를 점화하는 역할을 한다. 점화 플러그는 그림에 나타낸 것과 같이 전극부분(Electrode), 절연체(Insulator) 및 셀(Shell)의 3주요부로 구성되어 있다.

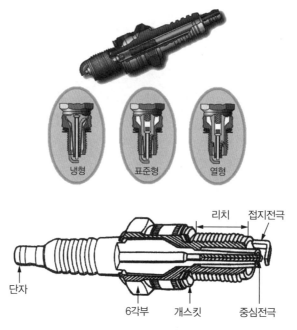

⑤ 점화 플러그의 구비 조건

점화 플러그는 점화 회로에서는 방전을 위한 전극을 마주보게 한 것뿐이나 사용되는 주위의 조건이 매우 가혹하여 다음과 같은 조건을 만족시키는 성능이 필요하다.

㉠ 내열성이 크고 기계적 강도가 클 것

㉡ 내부식 성능이 크고 기밀 유지 성능이 양호할 것

㉢ 자기 청정 온도를 유지하고 전기적 절연 성능이 양호할 것

㉣ 강력한 불꽃이 발생하고 점화 성능이 좋을 것

⑥ 점화 플러그의 자기 청정 온도와 열값

엔진작동 중 점화 플러그는 혼합가스의 연소에 의해 고온에 노출되므로 전극부분은 항상 적정온도를 유지하는 것이 필요하다. 점화 플러그 전극 부분의 작동 온도가 400℃ 이하로 되면 연소에서 생성되는 카본이 부착되어 절연 성능을 저하시켜 불꽃 방전이 약해져 실화를 일으키게 되며, 전극 부분의 온도가 800∼950℃ 이상이 되면 조기 점화를 일으켜 노킹이 발생하고 엔진의 출력이 저하된다. 이에 따라 엔진이 작동되는 동안 전극 부분의 온도는 400∼600℃를 유지하여야 한다. 이 온도를 점화 플러그의 자기 청정 온도(Self Cleaning Temperature)라고 한다.

또한 점화 플러그는 사용 엔진에 따라 열방산 성능이 다르므로 엔진에 적합한 것을 선택하여야 한다. 점화 플러그의 열방산 정도를 수치로 나타낸 것을 열값(Heat Value)이라 하고 일반적으로 절연체 아랫부분의 끝에서부터 아래 실(Lower Seal)까지의 길이에 따라 정해진다. 따라서 저속, 저부하 엔진은 열형 점화 플러그를 장착하고 고속, 고부하 엔진으로 갈수록 냉형 점화 플러그를 장착하여 자기청정온도 및 엔진의 작동성능을 최적으로 유지할 수 있다.

(4) DLI 점화장치의 종류 및 특징

DLI를 전자 제어 방법에 따라 분류하면 점화코일 분배 방식과 다이오드 분배 방식이 있다. 점화코일 분배 방식은 고전압을 점화코일에서 점화 플러그로 직접 배전하는 방식이며, 그 종류에는 동시 점화 방식과 독립 점화 방식이 있다. DLI는 다음과 같은 장점을 지니고 있다.

① 배전기의 누전이 없다.
② 배전기의 로터와 캡 사이의 고전압 에너지 손실이 없다.
③ 배전기 캡에서 발생하는 전파 잡음이 없다.
④ 점화 진각 폭에 제한이 없다.
⑤ 고전압의 출력이 감소되어도 방전 유효에너지 감소가 없다.
⑥ 내구성이 크다.
⑦ 전파 방해가 없어 다른 전자 제어장치에도 유리하다.

(5) 동시 점화 방식

DLI 동시 점화 방식은 2개의 실린더에 1개의 점화코일을 이용하여 압축 상사점과 배기 상사점에서 동시에 점화시키는 장치이다. DLI의 동시 점화 방식은 다음과 같은 특징이 있다.

① 배전기에 의한 배전 누전이 없다.
② 배전기가 없기 때문에 로터와 접지전극 사이의 고전압 에너지 손실이 없다.
③ 배전기 캡에서 발생하는 전파잡음이 없다.
④ 배전기식은 로터와 접지전극 사이로부터 진각 폭의 제한을 받지만 DLI는 진각 폭에 따른 제한이 없다.

(6) 독립 점화 방식

이 방식은 각 실린더가 하나의 코일과 하나의 스파크 플러그 방식에 의해 직접 점화하는 장치이며, 이 점화 방식도 동시 점화의 특징과 같고, 다음 사항의 특징이 추가된다.

① 중심고압 케이블과 플러그 고압 케이블이 없기 때문에 점화 에너지의 손실이 거의 없다.
② 실린더별로 점화시기의 제어가 가능하기 때문에 연소 조절이 아주 쉽다.
③ 탑재성 자유도 향상된다.
④ 점화 진각 범위에 제한이 없다.
⑤ 보수유지가 용이하고 신뢰성 높다.
⑥ 전파 및 소음이 저감된다.

다음은 점화장치의 형식별 특징이다.

접점식	무 접점식	전자제어식
• 고속에서 채터링 현상으로 인한 부조 현상 • 스파크 발생으로 인한 포인트 훼손으로 잦은 간극 조정 • 원심 진각장치의 비정상적인 동작으로 인한 기관성능의 부조화 • 엔진상태에 따른 적절한 점화시기 부여 불가능	• 고속, 저속에서 안정 • 간극조정 불가능(단, 초기 조정은 필요) • 원심 진각장치의 비정상적인 동작으로 인한 기관성능의 부조화 • 엔진상태에 따른 적절한 점화시기 부여 불가능	• 고속, 저속 성능의 탁월한 안정성 • 조정이 불필요 • 각종 진각 장치가 컴퓨터에 의하여 자동으로 진각됨 • 엔진의 상태를 항상 감지하여 최적의 점화시기를 자동적으로 조정

9 등화장치

등화장치에는 야간에 전방을 확인하는 전조등과 보안등으로서의 안개등, 방향지시등, 제동등, 미등, 번호판등 등이 있고, 경고용으로는 유압등, 충전등, 연료등 등이 있다.

(1) 배선 색 표시방법

R : 빨간, L : 청색, O : 오렌지, G : 녹색, Lg : 연두색, Y : 노란색, W : 흰색, Br : 갈색, P : 보라, B : 검정, Gr : 회색 등 이러한 색들은 도면상에 또는 회로상에 표시된다.

(2) 회로 구성방식

배선 방식에는 단선식과, 복선식이 있으며, 단선식은 부하의 한끝을 자동차 차체에 접지하는 방식이며, 접지 쪽에서 접촉 불량이 생기거나 큰 전류가 흐르면 전압 강하가 발생하므로 작은 전류가 흐르는 부분에 사용한다. 복선식은 접지 쪽에서도 전선을 사용하는 방식으로 주로 전조등과 같이 큰 전류가 흐르는 회로에서 사용된다.

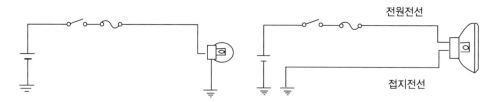

(3) 조명 관련 용어

① 광도

광도는 빛의 강도를 나타내는 정도로 어떤 방향 빛의 세기를 말하며 단위는 칸델라(cd)이다. 1cd는 광원에서 1m 떨어진 $1m^2$ 면에 1lm의 광속이 통과하였을 때 빛의 세기이다.

② 조도

조도는 어떤 면의 단위 면적당에 들어오는 광속 밀도이다. 즉, 피조면의 밝기를 표시하며 단위는 룩스(lux)를 사용한다.

$$E = \frac{I}{r^2}(\text{lux})$$

- E : 광원으로부터 r(m) 떨어진 빛의 방향과 수직인 피조면의 조도
- I : 그 방향의 광원의 광도(cd)
- r : 광원으로부터 거리(m)

따라서 피조면의 조도는 광원의 광도에 비례하고 광원으로부터 거리의 2승에 반비례한다.

(4) 전조등(Head Light)

전조등은 야간 운행에 안전하게 주행하기 위해 전방을 조명하는 램프로 램프 안에는 두 개의 필라멘트가 있다. 먼 곳을 조명하는 것은 하이 빔이며, 광도를 약하게 하고 빔을 낮추는 것은 로우 빔이다. 하이 빔과 로우 빔은 병렬로 연결되어 접속한다.

① 전조등의 3요소

　　렌즈, 반사경, 필라멘트

② 전조등의 종류

　　㉠ 실드 빔형(Sealed Beam Type)

　　　　렌즈, 반사경, 전구가 일체로 된 형식으로 대기조건에 따라 반사경이 흐려지지 않고, 광도 변화가 적은 장점이 있으나 필라멘트가 끊어지면 전조등 전체를 교환해야 한다.

　　㉡ 세미 실드 빔형(Semi Sealed Beam Type)

　　　　렌즈와 반사경은 일체로 하고, 전구만 분리 가능하도록 한 형식이다. 그러나 전구 설치 부분은 공기의 유통이 있어 반사경이 흐려지기 쉽다.

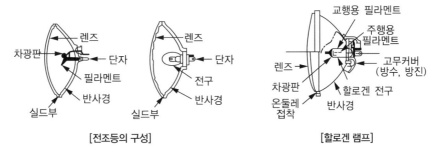

[전조등의 구성]　　　　　　　　　**[할로겐 램프]**

③ 할로겐 램프의 특징

　　㉠ 할로겐 사이클로 인하여 흑화현상(필라멘트로 사용되는 텅스텐이 증발하여 전구 내부에 부착되는 것)이 없어 수명을 다할 때까지 밝기의 변화가 없다.

　　㉡ 색의 온도가 높아 밝은 배광색을 얻을 수 있다.

　　㉢ 교행용 필라멘트 아래에 차광판이 있어 자동차 쪽 방향으로 반사하는 빛을 없애는 구조로 되어 있어 눈부심이 적다.

　　㉣ 전구의 효율이 높아 밝기가 크다.

🔟 계기장치

자동차를 쾌적하게 운전할 수 있고, 또 교통의 안전을 도모하기 위해 운전 중인 자동차의 상황을 쉽게 알 수 있도록 각종의 계기류를 그림에 나타낸 것과 같이 운전석의 계기판에 부착하고 있다. 그 주된 것은 속도계, 전류계(충전 경고등), 유압계(유압 경고등), 연료계, 수온계 등이며 또 이밖에 차종에 따라서는 엔진 회전속도계, 운행 기록계 등이 있다.

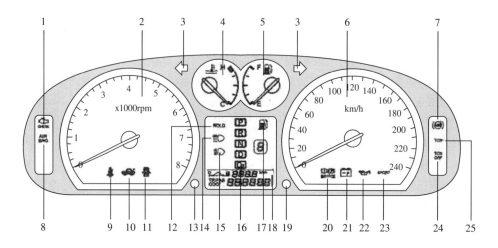

1. 자기 진단 경고등
2. 타코미터(회전계)
3. 방향전환 표시등
4. 냉각수 온도계
5. 연료계
6. 속도계
7. ABS 경고등
8. 에어백 경고등
9. 안전띠 경고등
10. 트렁크 열림 경고등
11. 도어 열림 경고등
12. 홀드 표시등
13. 구간거리계/선택레버위치 표시등
14. 원등 표시등
15. 안개등 표시등
16. 자동변속기 선택레버위치 표시등
17. 연료잔량 경고등
18. 구간거리계/적산거리계/트립컴퓨터
19. 구간거리계/트립컴퓨터
20. 브레이크 경고등
21. 충전 경고등
22. 오일압력 경고등
23. 스포츠 모드 경고등
24. TCS OFF 경고등
25. TCS 작동 표시등

[계기의 외관도]

(1) 유압계 및 유압 경고등

유압계는 엔진의 윤활회로 내의 유압을 측정하기 위한 계기이다. 전기식 유압계에는 바이메탈식, 밸런싱 코일식, 현재 밸런싱 코일식이 많이 사용되고 있으며, 또 승용차에 사용되고 있는 경고등을 점등 또는 소등시켜 나타내는 유압 경고등식이 있다.

① 밸런싱 코일식

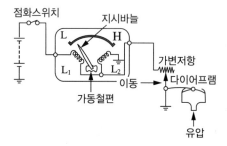

[밸런싱 코일식]

유압이 낮을 때에는 유닛부의 다이어프램의 변형이 적기 때문에 저항 유닛의 이동 암이 오른쪽에 있어 저항이 크므로 코일 L_2에 적은 전류가 흐른다. 이에 따라 가동 철편에는 거의 코일 L_1 만의 흡입력이 작동하여 바늘을 L쪽에 머물도록 한다. 반대로 유압이 높을 때에는 다이어프램의 변형이 크게 되며, 이에 따라 이동 암이 왼쪽으로 움직여 저항이 작아진다. 따라서 코일 L_2의 흡입력이 커져 바늘을 H쪽으로 머물게 한다.

② 유압 경고등식

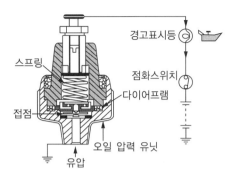

[유압 경고등식]

유압 경고등은 엔진이 작동되는 도중 유압이 규정값 이하로 떨어지면 경고등이 점등되는 방식이다. 작동은 유압이 규정값에 도달하였을 때에는 유압이 다이어프램을 밀어 올려 접점을 열어서 소등되고, 유압이 규정값 이하가 되면 스프링의 장력으로 접점이 닫혀 경고등이 점등된다.

(2) 연료계

연료계는 연료 탱크 내의 연료 보유량을 표시하는 계기이며 밸런싱 코일식, 서모스탯 바이메탈식, 연료면 표시기식 등이 있다.

① 서모스탯 바이메탈식(Bimetal Thermostat Type)

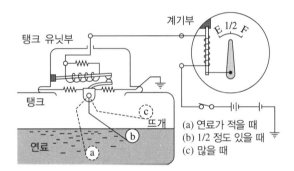

[서모스탯 바이메탈식]

연료보유량이 적을 때는 뜨개가 그림의 a 위치까지 내려간다. 이에 따라 접점이 가볍게 접촉되어 매우 짧은 시간의 전류로 바이메탈이 구부려져 접점이 열린다. 따라서 계기부의 바이메탈은 거의 구부러지지 않아 바늘은 E를 지시한다. 또 뜨개가 맨 밑바닥까지 내려간 상태에서는 접점이 조금 열린다. 연료보유량이 많을 때는 뜨개가 그림의 b, c 위치까지 연료가 들어 있으면 접점이 강력하게 밀어 올려진다. 따라서 바이메탈이 구부려져 접점이 열릴 때까지 오랫동안 전류가 흘러 바이메탈도 유닛부에 비례하여 구부려져 바늘을 F쪽으로 이동시킨다.

② 연료면 표시기식(표시등식)

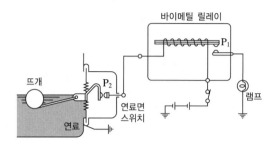

[연료면 표시기식]

연료면 표시기식은 연료 탱크 내의 연료 보유량이 일정 이하가 되면 램프를 점등하여 운전자에게 경고하는 경보기 형식이다. 작동은 연료가 조금 남아 접점 P_2가 닫히면 바이메탈 릴레이의 열선에 전류가 흐르며, 발열로 바이메탈이 구부러져 10~30초 사이에 접점 P_1을 닫아 램프를 점등시킨다. 또 바이메탈 열선에 10~30초간 전류가 흐르지 않으면 접점 P_1이 닫히지 않기 때문에 자동차의 진동으로 순간적으로 접점이 닫혀도 램프가 점등되지 않는다.

(3) 속도계

속도계는 자동차의 속도를 1시간당의 주행거리(km/h)로 나타내는 속도 지시계와 전 주행 거리를 표시하는 적산계, 구간거리계로 표시한다. 맴돌이 전류와 영구 자석의 자속과 상호작용으로 속도계를 표시한다 (속도계 오차 : 정 25%, 부 10% 이하여야 한다).

🔟🔟 공조시스템

자동차용 공기조화(Car Air Conditioning)란 운전자가 쾌적한 환경에서 운전하고 승차원도 보다 안락한 상태에서 여행할 수 있도록 차실 내 환경을 만드는 것이다. 이러한 공기조화는 온도, 습도, 풍속, 청정도의 4요소를 제어하여 쾌적한 실내 공조시스템을 실현한다.

(1) 열 부하

① 인적 부하(승차원의 발열)

인체의 피부 표면에서 발생되는 열로서 실내에 수분을 공급하기도 한다.

② 복사 부하(직사광선)

태양으로부터 복사되는 열 부하로서 자동차의 외부 표면에 직접 받게 된다.

③ 관류 부하(차실 벽, 바닥 또는 창면으로부터의 열 이동)

자동차의 패널(Panel)과 트림(Trim)부, 엔진룸 등에서 대류에 의해 발생하는 열 부하이다.

④ 환기 부하(자연 또는 강제의 환기)

주행 중 도어(Door)나 유리의 틈새로 외기가 들어오거나 실내의 공기가 빠져나가는 자연 환기가 이루어진다. 이러한 환기 시 발생하는 열 부하로서 최근 대부분의 자동차에는 강제 환기장치가 부착되어 있다.

태양으로부터의 열
자연환기에 의한 열
탑승객의 열
대류에 의한 열
엔진 열
지열에 의한 열

(2) 냉매

냉매는 냉동효과를 얻기 위해 사용되는 물질이며 저온부의 열을 고온부로 옮기는 역할을 하는 매체이다. 저온부에서는 액체상태로부터 기체상태로, 고온부에서는 기체상태에서부터 액체상태로 상변화를 하며 냉방효과를 얻는다.

① 냉매의 구비 조건

- ㉠ 무색, 무취 및 무미일 것
- ㉡ 가연성, 폭발성 및 사람이나 동물에 유해성이 없을 것
- ㉢ 저온과 대기 압력 이상에서 증발하고, 여름철 뜨거운 외부 온도에서도 저압에서 액화가 쉬울 것
- ㉣ 증발 잠열이 크고, 비체적이 적을 것
- ㉤ 임계 온도가 높고, 응고점이 낮을 것
- ㉥ 화학적으로 안정되고, 금속에 대하여 부식성이 없을 것
- ㉦ 사용 온도 범위가 넓을 것
- ㉧ 냉매 가스의 누출을 쉽게 발견할 수 있을 것

② R-134a의 장점

- ㉠ 오존을 파괴하는 염소(Cl)가 없다.
- ㉡ 다른 물질과 쉽게 반응하지 않는 안정된 분자 구조로 되어 있다.
- ㉢ R-12와 비슷한 열역학적 성질을 지니고 있다.
- ㉣ 불연성이고 독성이 없으며, 오존을 파괴하지 않는 물질이다.

(3) 냉방장치의 구성

자동차용 냉방장치는 일반적으로 압축기(Compressor), 응축기(Condenser), 팽창밸브(Expansion Valve), 증발기(Evaporator), 리시버 드라이어(Receiver Drier) 등으로 구성되어 있다.

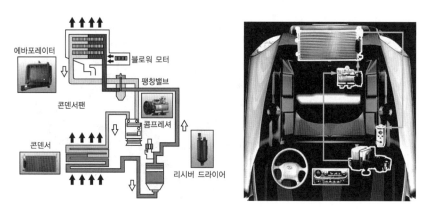

[냉방 사이클의 구성]

① 압축기(Compressor)

증발기 출구의 냉매는 거의 증발이 완료된 저압의 기체 상태이므로 이를 상온에서도 쉽게 액화시킬 수 있도록 냉매를 압축기로 고온, 고압(약 70℃, 15MPa)의 기체 상태로 만들어 응축기로 보낸다.

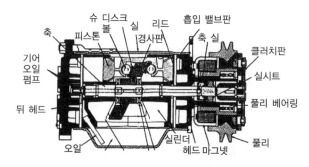

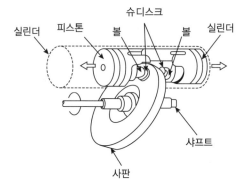

② 응축기(Condenser)

응축기는 라디에이터 앞쪽에 설치되며, 압축기로부터 공급된 고온, 고압의 기체 상태인 냉매의 열을 대기 중으로 방출시켜 액체 상태의 냉매로 변화시킨다.

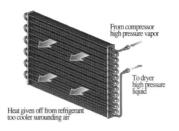

③ 건조기(리시버 드라이어, Receiver Drier)

건조기는 용기, 여과기, 튜브, 건조제, 사이드 글라스 등으로 구성되어 있다. 건조제는 용기 내부에 내장되어 있고, 이물질이 냉매회로에 유입되는 것을 방지하기 위해 여과기가 설치되어 있다. 건조기의 기능은 다음과 같다.

㉠ 저장 기능

㉡ 수분 제거 기능

㉢ 압력 조정 기능

㉣ 냉매량 점검 기능

㉤ 기포 분리 기능

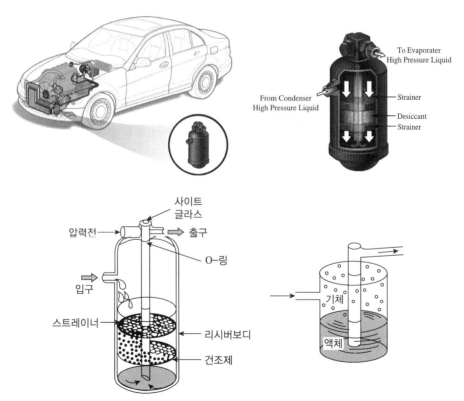

④ 팽창 밸브(Expansion Valve)

팽창 밸브는 증발기 입구에 설치되며, 냉방장치가 정상적으로 작동하는 동안 냉매는 중간 정도의 온도와 고압의 액체 상태에서 팽창 밸브로 유입되어 오리피스 밸브를 통과함으로써 저온, 저압의 냉매가 된다.

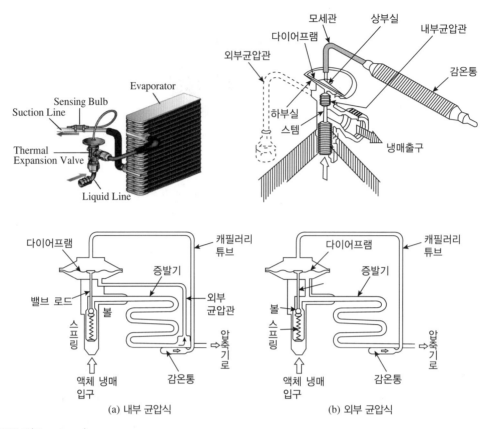

(a) 내부 균압식   (b) 외부 균압식

⑤ 증발기(Evaporator)

증발기는 팽창 밸브를 통과한 냉매가 증발하기 쉬운 저압으로 되어 안개 상태의 냉매가 증발기 튜브를 통과할 때 송풍기에 의해서 부는 공기에 의해 증발하여 기체상태의 냉매가 된다.

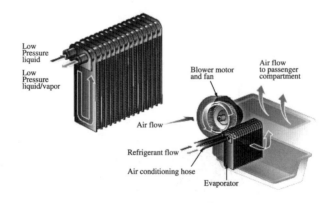

⑥ 냉매 압력스위치

압력스위치는 리시버 드라이어에 설치되어 에어컨 라인 압력을 측정하며 에어컨 시스템의 냉매 압력을 검출하여 시스템의 작동 및 비작동의 신호로서 사용된다.

㉠ 듀얼 압력스위치 : 일반적으로 고압측의 리시버 드라이어에 설치되며 두 개의 압력 설정치(저압 및 고압)를 가지고 한 개의 스위치로 두 가시 기능을 수행한다.

ⓛ 트리플 스위치 : 세 개의 압력 설정치를 갖고 있으며, 듀얼 스위치 기능에 팬 스피드 스위치를 고압
스위치 기능에 접목시킨 것이다.

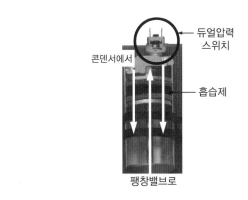

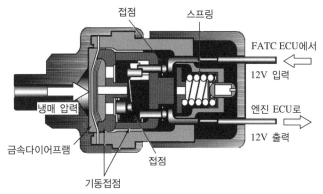

⑦ 핀 서모 센서(Fin Thermo Sensor)

핀 서모 센서는 증발기의 빙결로 인한 냉방능력의 저하를 막기 위해 증발기 표면의 평균 온도를 측정
하여 압축기의 작동을 제어하는 신호로 사용된다.

[핀 서모 센서의 위치]

⑧ 블로워 유닛(Blower Unit)

블로워 유닛은 공기를 증발기의 핀 사이로 통과시켜 차 실내로 공기를 불어 넣는 기능을 수행하며 난
방장치 회로에서도 동일한 송풍역할을 수행한다.

HEATER   EVAP & BLWR

㉠ 레지스터(Resister) : 자동차용 히터 또는 블로워 유닛에 장착되어, 블로워 모터의 회전수를 조절하는 데 사용한다.

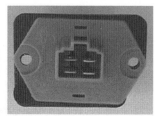

[레지스터]

⑨ 파워 트랜지스터(Power Transistor)

파워 트랜지스터는 N형 반도체와 P형 반도체를 접합시켜서 이루어진 능동소자이다. 정해진 저항값에 따라 전류를 변화시켜 블로워 모터를 회전시키는 레지스터와 달리 FATC(Full Auto Temperature Control)의 출력에 따라 입력되는 베이스 전류로 블로워 모터에 흐르는 대전류를 제어함으로써 모터의 스피드를 조절할 수 있는 소자이다.

[파워 트랜지스터]

(4) 전자동 에어컨(Full Auto Temperature Control)

전자동 에어컨은 FATC(Full Automatic Temperature Control) 탑승객이 희망하는 설정 온도 및 각종 센서(내기 온도 센서, 외기 온도 센서, 일사 센서, 수온 센서, 덕트 센서, 차속 센서 등)의 상태가 컴퓨터로 입력되면 컴퓨터(ACU)에서 필요한 토출량과 온도를 산출하여 이를 각 액추에이터에 신호를 보내어 제어하는 방식이다.

① 토출 온도 제어

② 센서 보정

③ 온도 도어(Door)의 제어

④ 송풍기용 전동기(Blower Motor) 속도 제어

⑤ 기동 풍량 제어

⑥ 일사 보상

⑦ 모드 도어 보상

⑧ 최대 냉 · 난방 기능

⑨ 난방 기동 제어

⑩ 냉방 기동 제어

⑪ 자동차 실내의 습도 제어

(5) 전자동 에어컨 부품의 구조와 작동

① 컴퓨터(ACU)

컴퓨터는 각종 센서들로부터 신호를 받아 연산 · 비교하여 액추에이터 팬 변속 및 압축기 ON, OFF를 종합적으로 제어한다.

② 외기 온도 센서

외기 센서는 외부의 온도를 검출하는 작용을 한다.

③ 일사 센서

일사 센서는 일사에 의한 실온 변화에 대하여 보정값 적용을 위한 신호를 컴퓨터로 입력시킨다.

④ 파워 트랜지스터

파워 트랜지스터는 컴퓨터로부터 베이스 전류를 받아서 팬 전동기를 무단 변속시킨다.

⑤ 실내온도 센서

실내온도 센서는 자동차 실내의 온도를 검출하여 컴퓨터로 입력시킨다.

⑥ 핀 서모 센서

핀 서모 센서는 압축기의 ON, OFF 및 흡기 도어(Intake Door)의 내 · 외기 변환에 의해 발생하는 증발기 출구 쪽의 온도 변화를 검출하는 작용을 한다.

⑦ 냉각 수온 센서

냉각 수온 센서는 히터 코어의 수온을 검출하며, 수온에 따라 ON, OFF되는 바이메탈 형식의 스위치이다.

입력부	제어부	출력부
• 실내온도 센서 • 외기 온도 센서 • 일사 센서 • 핀 서모 센서 • 냉각 수온 센서 • 온도조절 액추에이터 위치 센서 • AQS 센서 • 스위치입력 • 전원공급	FATC 컴퓨터	• 온도조절 액추에이터 • 풍향조절 액추에이터 • 내외기조절 액추에이터 • 파워 T/R • HI 블로워 릴레이 • 에어컨 출력 • 콘트롤판넬 화면 DISPLAY • 센서전원 • 자기진단 출력

🄬 편의 시스템

에탁스는 과거 각종 타이머 기능과 알람 기능을 집중 제어하는 시스템을 말하였다. 그러나 현재는 운전편의상 관계된 모든 영역의 제어를 하고 있으며 계속적으로 발전되고 있다. 일반 차량의 경우 간헐 와이퍼의 타이머, 비상 경보등, 룸램프 및 도어스위치등의 제어를 하고 있으나 고급형의 차량으로 갈수록 차량의 정속주행 및 Auto Light Control System, Advanced Memory System 등의 더욱 발전된 운전 편의 제어를 하고 있다.

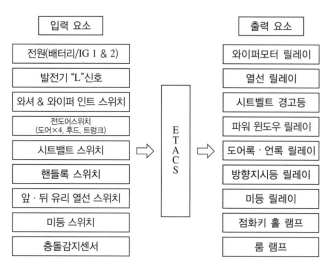

[ETACS의 주요기능]

(1) 키(Key) 뽑기 잊음 경고
키 스위치가 로크위치(ACC → LOCK)또는 ACC에서 운전석 도어를 열면 경고음이 울린다.

(2) 라이트 미소등 경고
이 경고는 운전자가 라이트를 끄지 않은 상태에서 주차 시 배터리 방전을 막기 위한 기능으로 라이트 스위치 ON 상태에서 운전석 도어를 열었을 때 부저를 울려 운전자에게 라이트 끄는 것을 잊었다고 경고하는 시스템이다.

(3) 시트벨트 미착용 경고
키 스위치가 ON 상태에서 운전석 시트벨트를 착용하지 않으면 6초 동안 경고음이 울린다. 이때 미터세트 내의 경고등도 점등되며 경고음이 울리는 도중에 시트벨트를 착용하면 경고음은 중지되나 경고등은 6초 동안 계속 점등된다.

(4) 와이퍼 컨트롤
키 스위치가 ON일 때 와이퍼 노브를 Ⅰ, Ⅱ단으로 하면 와이퍼가 LO, HI 스피드로 작동되고, 와이퍼 노브를 INT로 하면 와이퍼가 간헐 작동된다. 또한 와셔 연동 기능으로 와이퍼 노브를 위로 당기면 2회 이상 작동된다.

① 간헐 와이퍼&워셔 연동

이 기능은 일반 시스템으로서 동작 과정을 보면 휴지시간은 5±1초의 간헐 작동과 워셔 스위치, OFF 후 2.6±1초 동안 와이퍼가 2회 정도를 작동한다.

② 차속 감응 간헐 와이퍼

이 시스템은 차속에 따라 와이퍼의 간헐 시간이 자동적으로 변화하는 기능으로 간헐 시간 설정용 볼륨을 조작함에 따라 1초 단위로 간헐 시간의 변경이 가능하다.

(5) 도어 로크 컨트롤

운전석 도어의 키로 외부 및 암레스트 파워스위치에서 로크/언로크할 때 모든 도어가 로크/언로크 되며 차속이 20km/h 이상일때도 하나의 도어라도 언로크되어 있으면 로크시키며 모든 도어가 로크되어 있으면 로크 신호를 출력하지 않는다.

(6) 원터치&타임래그 파워 윈도우

키 스위치를 ON한 후에 다시 키를 OFF 하여도 30초 동안 파워 윈도우를 작동시킬 수 있다.

(7) 뒷 유리 열선 타이머

뒷 유리 열선 타이머는 에탁스 내에 약 20분의 타이머를 내장하여 리어 디포그 스위치를 자동적으로 OFF 시키는 것으로 스위치의 OFF를 잊는 것을 방지하는 시스템이다.

(8) 키 홀 조명

키가 꽂혀 있지 않은 상태에서 운전석 도어의 바깥쪽 손잡이를 당기거나 운전석 도어를 열면 도어 및 IG 키의 홀 조명이 30초 동안 점등된다.

(9) 룸 램프 컨트롤

이 기능은 도어를 닫은 후에 룸 램프 및 커티시 램프가 시간이 흐름에 따라 서서히 감광되면서 소등하는 룸 램프 컨트롤 시스템이다.

03 | 섀시

1 차체와 기본구조

(1) 차체(Body)

차체는 섀시의 프레임 위에 설치되거나 현가장치에 직접 연결되어 사람이나 화물을 실을 수 있는 부분이며 일반승용차의 경우 엔진룸, 승객실, 트렁크로 구성되고 프레임과 별도로 차체를 구성한 프레임 형식과 프레임과 차체를 일체화시킨 프레임 리스 형식이 있다.

[프레임 형식과 프레임 리스 형식]

(2) 섀시의 기본구조

섀시는 차체를 제외한 나머지 부분을 말하며 자동차의 핵심장치인 동력발생장치(엔진), 동력전달장치, 조향장치, 제동장치, 현가장치, 프레임, 타이어 및 휠 등이 여기에 속한다. 자동차의 골력에 해당하는 보디에 기관, 주행 장치 동력전달 장치를 장착한 섀시만으로도 자동차는 주행이 가능하다.

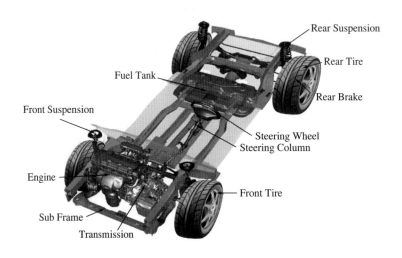

[섀시의 구조]

① 동력발생장치(Power Generation)

자동차에서 동력발생장치는 엔진을 말하며 자동차의 주행에 필요한 동력을 발생시키는 장치로서 엔진 본체와 부속장치로 구성되어 있다. 자동차의 사용연료별 동력 발생장치로는 가솔린 엔진(Gasoline Engine), 디젤 엔진(Diesel Engine), 가스 엔진(LPG, LNG, CNG 등), 로터리 엔진(Rotary Engine) 등이 있으며 일반적인 승용차에는 가솔린 및 LPG 엔진을 사용하고 트럭이나 버스와 같은 대형차에는 디젤 엔진을 주로 사용하고 있다. 또한 엔진에 관련된 부속장치로는 연료장치, 냉각장치, 윤활장치, 흡·배기장치, 시동 및 점화장치, 배기가스 정화장치 등이 있다.

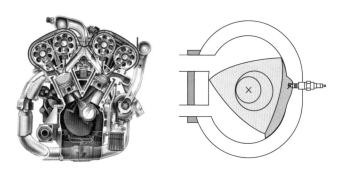

[왕복형 엔진과 로터리 엔진]

② 동력전달장치(Power Train)

동력전달장치는 엔진에서 발생된 구동력을 자동차의 주행, 부하조건에 따라 구동 바퀴까지 전달하는 계통의 장치를 말하며 클러치(Clutch), 변속기(Transmission), 종 감속 및 차동기어(Final Reduction & Differential Gear), 추진축(Drive Shaft), 차축(Axle), 휠(Wheel) 등으로 구성되어 있다.

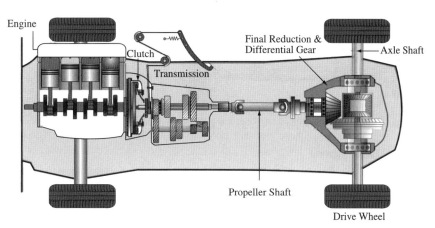

[동력 전달 계통]

③ 조향장치(Steering System)

조향장치는 자동차의 운전자의 의도에 따라 진행방향을 바꾸어 주는 장치로 조향 핸들(Steering Wheel), 조향축(Steering Shaft), 조향 기어(Steering Gear), 조향 링크(Steering Linkage)의 계통을 거쳐 조타력이 전달되며 운전자의 힘을 보조하기 위한 동력 조향장치 등이 있다.

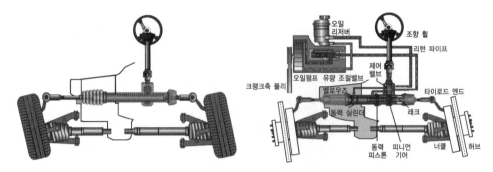

[조향장치의 구조]

④ 현가장치(Suspension System)

현가장치는 자동차가 주행 중 노면으로부터의 전달되는 진동이나 충격을 흡수하기 위하여 차체 (또는 프레임)와 차축사이에 설치한 장치로, 쇽 업쇼버(Shock Absorber), 코일 스프링(Coil Spring), 판 스프링(Leaf Spring) 등으로 구성되어 있다. 자동차의 승차감은 현가장치의 성능에 따라 크게 좌우되며 충격에 의한 자동차 각 부분의 변형이나 손상을 방지시킬 수 있다.

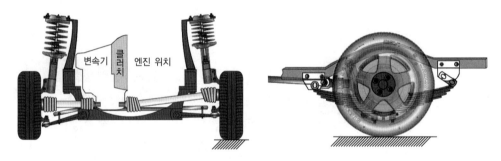

[현가장치의 종류]

⑤ 제동장치(Brake System)

제동장치는 주행 중인 자동차를 감속 또는 정지시키거나 정지된 상태를 계속 유지하기 위한 장치로 자동차의 운동에너지를 마찰력을 이용하여 열에너지로 변환시킨 후 공기 중으로 발산시켜 제동 작용을 하는 마찰방식의 브레이크가 대부분이다.

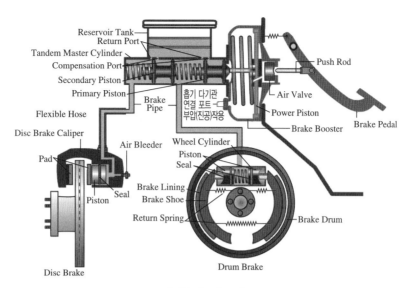

[제동 계통의 구조]

⑥ 휠 및 타이어(Wheel and Tire)

휠과 타이어는 자동차가 진행하기 위한 구름운동을 유지하고, 구동력과 제동력을 전달하며, 노면으로부터 발생되는 1차 충격을 흡수하는 역할을 한다. 또한 자동차의 하중을 부담하며, 양호한 조향성과 안정성을 유지하도록 한다.

[휠과 타이어]

⑦ 기타장치

기타장치는 조명이나 신호를 위한 등화장치(Lamp), 엔진의 운전 상태나 차량의 주행속도를 운전자에게 알려주는 인스트루먼트 패널(계기류, Instrument Panel), 윈드 실드 와이퍼(Wind Shield Wiper) 등이 있다.

2 프레임과 프레임 리스 보디

프레임은 자동차의 뼈대가 되는 부분으로 엔진을 비롯한 동력 전달장치 등의 섀시 장치들이 조립된다. 프레임은 비틀림 및 굽힘 등에 대한 뛰어난 강성과 충격 흡수 구조를 가져야 하며 가벼워야 한다.

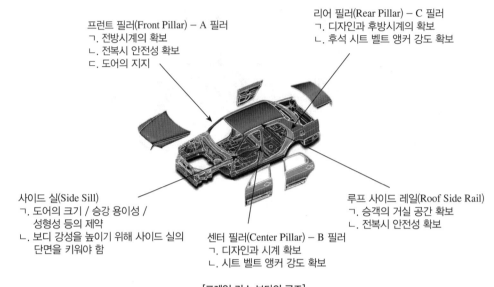

프런트 필러(Front Pillar) – A 필러
ㄱ. 전방시계의 확보
ㄴ. 전복시 안전성 확보
ㄷ. 도어의 지지

리어 필러(Rear Pillar) – C 필러
ㄱ. 디자인과 후방시계의 확보
ㄴ. 후석 시트 벨트 앵커 강도 확보

사이드 실(Side Sill)
ㄱ. 도어의 크기 / 승강 용이성 /
성형성 등의 제약
ㄴ. 보디 강성을 높이기 위해 사이드 실의
단면을 키워야 함

루프 사이드 레일(Roof Side Rail)
ㄱ. 승객의 거실 공간 확보
ㄴ. 전복시 안전성 확보

센터 필러(Center Pillar) – B 필러
ㄱ. 디자인과 시계 확보
ㄴ. 시트 벨트 앵커 강도 확보

[프레임 리스 보디의 구조]

(1) 보통 프레임

보통 프레임은 2개의 사이드 멤버(Side Member)와 사이드 멤버를 연결하는 몇 개의 크로스 멤버(Cross Member)를 조합한 것으로 사이드 멤버와 크로스 멤버를 수직으로 결합한 것을 H형 프레임이라 하고, 크로스 멤버를 X형으로 배열한 것을 X형 프레임이라 한다.

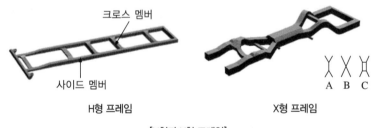

크로스 멤버

사이드 멤버

A B C

H형 프레임   X형 프레임

[H형과 X형 프레임]

① H형 프레임

H형 프레임은 제작이 용이하고 굽힘에 대한 강도가 크기 때문에 많이 사용되고 있으나 비틀림에 대한 강도가 X형 프레임에 비해 약한 결점이 있어 크로스 멤버의 설치 방법이나 단면형상 등에 대한 보강 및 설계가 고려되어야 한다.

② X형 프레임

X형 프레임은 비틀림을 받았을 때 X멤버가 굽힘 응력을 받도록 하여 프레임 전체의 강성을 높이도록 한 것이며 X형 프레임은 구조가 복잡하고 섀시 각 부품과 보디 설치가 어려운 공간상의 단점이 있다.

(2) 특수형 프레임

보통 프레임은 굽힘에 대해서는 알맞은 구조로 되어 있으나 비틀림 등에 대해서는 비교적 약하며 경량화하기 어렵다. 따라서 무게를 가볍게 하고 자동차의 중심을 낮게 할 목적으로 만들어진 것이 특수형 프레임이며 종류는 다음과 같다.

백본형 프레임   플랫폼형 프레임   트러스형 프레임

[특수형 프레임의 종류]

① 백본형(Back Bone Type)

백본형 프레임은 1개의 두꺼운 강철 파이프를 뼈대로 하고 여기에 엔진이나 보디를 설치하기 위한 크로스 멤버나 브라켓(Bracket)을 고정한 것이며 뼈대를 이루는 사이드 멤버의 단면은 일반적으로 원형으로 되어 있다. 이 프레임을 사용하면 바닥 중앙 부분에 터널(Tunnel)이 생기는 단점이 있으나 사이드 멤버가 없기 때문에 바닥을 낮게 할 수 있어 자동차의 전고 및 무게 중심이 낮아진다.

② 플랫폼형(Platform Type)

플랫폼형 프레임은 프레임과 차체의 바닥을 일체로 만든 것으로 외관상으로는 H형 프레임과 비슷하나 차체와 조합되면 상자 모양의 단면이 형성되어 차체와 함께 비틀림이나 굽힘에 대해 큰 강성을 보인다.

③ 트러스형(Truss Type)

트러스형 프레임은 스페이스 프레임(Space Frame)이라고도 부르며 강철 파이프를 용접한 트러스 구조로 되어 있다. 트러스형은 무게가 가볍고 강성도 크나 대량생산에는 부적합하여 스포츠카, 경주용 자동차와 같이 소량생산에 대해 적용하고 있고 고성능이 요구되는 자동차에 사용된다.

(3) 프레임 리스 보디

프레임 리스 보디는 모노코크 보디(Monocoque Body)라고도 부르며 이것은 프레임과 차체를 일체로 제작한 것으로 프레임의 멤버를 두지 않고 차체 전체가 하중을 분담하여 프레임 역할을 동시에 수행하도록 한 구조이다. 모노코크 방식은 차체의 경량화 및 강도를 증가시키며 차체 바닥높이를 낮출 수 있어 현재 대부분의 승용자동차에서 사용하고 있다. 프레임 리스 보디에서는 차체 단면이 상자형으로 제작되며 곡면을 이용하여 강도가 증가되도록 조립되어 있다. 또한 현가장치나 엔진 설치부분과 같이 하중이 집중되는 부분은 작은 프레임을 두어 이것을 통하여 차체 전체로 분산이 되도록 하는 단체 구조로 되어있다. 모노코크 보디의 특징은 다음과 같다.

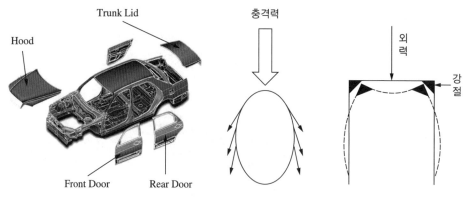

[모노코크 보디와 단체 구조의 특징]

① 일체구조로 구성되어 있기 때문에 경량이다.

② 별도의 프레임이 없기 때문에 차고를 낮게 하고, 차량의 무게중심을 낮출 수 있어 주행안전성이 우수하다.

③ 프레임과 같은 후판의 프레스나 용접가공이 필요 없고, 작업성이 우수한 박판 가공과 열 변형이 거의 없는 스포트 용접으로 가공이 가능하여 정밀도가 높고 생산성이 좋다.

④ 충돌 시 충격에너지 흡수율이 좋고 안전성이 높다.

⑤ 엔진이나 서스펜션 등이 직접적으로 차체에 부착되어 소음이나 진동의 영향을 받기 쉽다.

⑥ 일체구조이기 때문에 충돌에 의한 손상의 영향이 복잡하여, 복원수리가 비교적 어렵다.

⑦ 박판강판을 사용하고 있기 때문에 부식으로 인한 강도의 저하 등에 대한 대책이 필요하다.

(4) 프런트 보디의 요구 성능

① 프런트 엔드(Front End)

　　㉠ 외관성, 공력 및 냉각특성과 각 취부의 서비스성과 강도/강성

　　㉡ 손상부위의 복구성이 우수해야 함

② 사이드 멤버(Side Member)

　　㉠ 충돌에너지 흡수성 – 엔진/파워트레인을 지지하는 강도/강성

　　㉡ 엔진 점검을 위한 공간부여 및 취부강도

　　㉢ 체인 장착 타이어와의 간섭

　　㉣ 현가장치를 지지하는 어퍼 사이드 멤버구조

③ 데크(Deck)

　　㉠ 프런트 필러(Front Pillar)부를 연결하는 부재의 강도/강성

　　㉡ 조향컬럼을 지지하는 강도/강성

　　㉢ 엔진의 소음을 차단

　　㉣ 공조성능에 우수한 덕트기능

(5) 언더 보디

언더 보디는 서스펜션, 구동계, 제동계, 배기계, 연료계, 시트 어셈블리 등 차량을 구성하는 부품을 지지한다.

(6) 프런트 사이드 멤버(Front Side Member)

프런트 보디를 구성하는 가장 중요한 골격부재로 대쉬패널 아랫부분에서부터 프런트 플로어 아랫면과 결합하여 강도/강성을 확보한다. 저속 충돌 시에는 변형이 없어야 하며 고속 충돌 시에는 좌굴변형을 통하여 에너지를 흡수하는 구조를 가져야 한다.

(7) 휠 에이프런(Wheel Apron)

프런트 사이드 멤버와 같이 서스펜션의 입력을 지탱한다. 또한 노면으로부터의 먼지, 물 등이 엔진 룸에 침입하는 것을 방지한다.

(8) 에어박스 패널

좌우 프런트 필러(Front Pillar)를 연결하는 부재이며 전체 차체 강성에서 큰 비중을 차지하며 에어박스 패널로 구성된 부위를 프런트 데크(Deck)라 한다.

(9) 대시 패널(Dash Panel)

엔진룸과 차실을 분리하는 격벽으로 엔진 소음이 실내로 유입되는 것을 막고 공조장치의 관류부하를 차단한다.

(10) 후드 패널(Hood Panel)의 요구성능

① 장강성(張剛性)
② 내덴트성(耐dent性)
③ 후드 전체의 굽힘, 비틀림 강성, 충돌 시의 적절한 소성변형

(11) 프런트 펜더 패널(Front Fender Panel)의 요구성능

① 장강성(張剛性)
② 내덴트성(耐dent性)

(12) 사이드 보디(Side Body)

① 사이드 보디는 차체 전체의 굽힘 강성을 지배하므로 사이드 보디를 구성하는 개개의 부재는 부재 단독의 설계요건과 전체 강성의 균형을 고려하여 설계할 필요가 있다.
② 일체형 사이드 보디 : 외판을 프론트 필러, 센터 필러, 리어 필러, 루프 사이드 레일 및 실을 포함한 대형 일체 프레스 제품으로 만드는 형식이다.

(13) 루프(Roof)

루프 레일(Roof Rail)과 루프보강용 패널(Roof Reinforcement Panel)등으로 이루어져 있으며 필러류(Pillar)는 시계의 확보와 전복 시 안정성 확보를 위해 매우 중요한 역할을 한다.

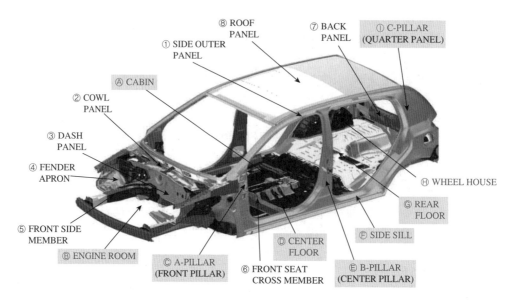

① SIDE OUTER PANEL
⑧ ROOF PANEL
⑦ BACK PANEL
ⓘ C-PILLAR (QUARTER PANEL)
Ⓐ CABIN
② COWL PANEL
③ DASH PANEL
④ FENDER APRON
ⓗ WHEEL HOUSE
ⓖ REAR FLOOR
⑤ FRONT SIDE MEMBER
Ⓑ ENGINE ROOM
ⓒ A-PILLAR (FRONT PILLAR)
Ⓓ CENTER FLOOR
⑥ FRONT SEAT CROSS MEMBER
ⓕ SIDE SILL
ⓔ B-PILLAR (CENTER PILLAR)

[프레임 리스 보디의 명칭]

3 클러치

클러치는 엔진과 변속기 사이에 장착되며 변속기에 전달되는 엔진의 동력을 연결 또는 차단하는 장치이다. 이러한 클러치는 다음과 같은 기능을 갖는다.

(1) 클러치의 기능

① 엔진 운전 시 동력을 차단하여 엔진의 무부하 운전 가능
② 변속기의 기어를 변속할 때 엔진의 동력 차단
③ 자동차의 관성 운전 가능

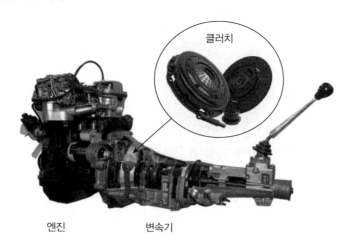

클러치

엔진   변속기

(2) 클러치의 종류

① 마찰클러치 : 건식클러치, 습식클러치, 원추클러치, 단판클러치, 다판클러치

② 자동클러치

    ㉠ 유체클러치 : 힘의 전달매체로 오일을 사용하여 엔진으로 펌프를 회전시키면 그 속에 들어 있는 오일의 흐름에 의하여 기계적 연결 없이 터빈이 회전하여 동력을 전달

        • 구성 : 펌프, 터빈, 가이드링

        • 장점 : 조작이 쉽고 클러치 조작기구가 필요 없으며 과부하를 방지하고 충격을 흡수

        • 유체클러치 오일의 구비조건

            – 점도가 낮을 것   – 비중이 클 것

            – 착화점이 높을 것   – 내산성이 클 것

            – 비등점이 높을 것   – 응고점이 낮을 것

            – 윤활성이 좋을 것   – 유성이 좋을 것

    ㉡ 토크컨버터(Torque Converter) : 기본구성은 유체클러치와 동일하나 스테이터가 추가되어 유체클러치 토크변환율이 1 : 1인데 비해 토크컨버터는 2~3 : 1까지 전달토크를 증가시킬 수 있다.

③ **전자식 클러치** : 자성을 띠기 쉬운 자성입자를 구동축과 피동축 사이에 넣고 자화시켰을 때 결합력을 이용한 클러치이다.

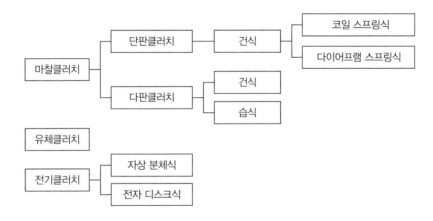

(3) 클러치의 구비 조건

① 동력차단 시 신속하고 확실할 것

② 동력전달 시 미끄러지면서 서서히 전달될 것

③ 일단 접속되면 미끄럼 없이 동력을 확실히 전달할 것

④ 회전부분의 동적, 정적 밸런스가 좋고 회전관성이 좋을 것

⑤ 방열성능이 좋고 내구성이 좋을 것

⑥ 구조가 간단하고 취급이 용이하며 고장이 적을 것

(4) 마찰클러치

클러치 본체는 직접 동력을 단속하는 부분으로, 그 구조는 그림과 같이 클러치 디스크, 압력판, 클러치 스프링, 릴리스 커버 등이 있으며, 이러한 부품은 플라이휠과 클러치 하우징에 부착되어 있다. 압력판은 클러치 스프링에 의해 플라이휠 쪽으로 밀려 클러치 디스크를 플라이휠에 압착시키고 있다. 마찰 클러치는 일반적으로 다이어프램식 클러치시스템이 적용되고 있다.

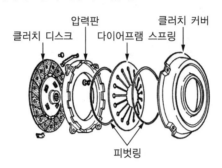

[다이어프램식 클러치 구조]

① 클러치판

  ㉠ 라이닝 마찰계수 : 0.3~0.5μ

  ㉡ 비틀림 코일 스프링(토션 스프링) : 회전방향 충격 흡수

  ㉢ 쿠션 스프링 : 파도 모양의 스프링으로 클러치를 급격히 접속하여도 스프링이 변형되어 동력의 전달을 원활히 하며, 편마멸 파손을 방지한다.

② 클러치축(변속기 입력축) : 스플라인은 가공되어 클러치판 보스부에 연결

③ 압력판 : 스프링의 힘으로 클러치 판을 플라의 휠에 밀착시키는 역할(변형 : 0.5mm이내)

④ 릴리스레버 : 압력판을 디스크로부터 들어올림

⑤ 클러치 스프링 코일 스프링

  ㉠ 자유고 : 3% 이내

  ㉡ 직각도 : 100mm당 3mm 이내(3% 이내)

  ㉢ 장력 : 15% 이내

⑥ 다이어프램 스프링의 장점

  ㉠ 부품이 원형판이기 때문에 압력판에 작용하는 압력이 균일하다.

  ㉡ 스프링이 원판이기 때문에 평형을 잘 이룬다.

  ㉢ 클러치 페달을 밟는 힘이 적게 들며 구조가 간단하다.

  ㉣ 클러치 디스크가 어느 정도 마멸되어도 압력판에 가해지는 압력의 변화가 작다.

  ㉤ 원심력에 의한 스프링의 장력변화가 없다.

⑦ 릴리스 베어링

  ㉠ 릴리스 레버를 누름

  ㉡ 영구 주유식으로 제작되었기 때문에 솔벤트 세척 금지

  ㉢ 앵귤러접촉형, 볼베어링형, 카본형

⑧ 동력전달경로

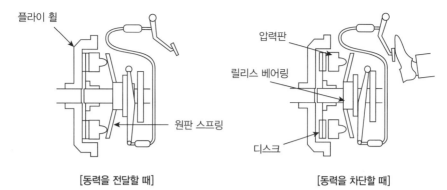

[동력을 전달할 때]　　　　　　　[동력을 차단할 때]

　㉠ 동력전달 시 : 다이어프램 스프링의 장력에 의해 압력판을 디스크에 압착시켜 플라이 휠의 동력을
　　변속기로 전달

　㉡ 동력차단 시 : 페달력이 작용하여 릴리스레버를 누르고 릴리스 베어링이 전진하여 압력판을 디스
　　크에서 분리시키며 디스크와 플라이 휠의 접촉을 해제하여 동력을 차단시킴

⑨ 클러치 스프링의 영향

　㉠ 장력이 크다 : 용량 증대, 수직충격 증대, 조작력 증대

　㉡ 장력이 작다 : 용량 저하, 라이닝 마모, 미끄럼 발생

⑩ 자유 유격(자유간극)

　㉠ 릴리스 베어링이 릴리스 레버에 닿을 때까지 움직인 거리

　㉡ 규정값 : 0.3 ~ 0.5mm

　㉢ 조정 : 푸시로드의 길이, 링케이지의 조정나사

　㉣ 유격이 클 때 : 동력전달은 되나 클러치의 차단이 불량

　㉤ 유격이 작을 때 : 동력차단은 되나 동력전달 시 클러치의 미끄러짐, 마멸증대 → 클러치 라이닝이
　　마모되면 유격은 작아진다.

⑪ 클러치의 성능

　㉠ 클러치의 조건

$$T \times f \times r \geq C$$

• T=스프링의 장력	• f=클러치판의 마찰계수
• r=클러치판의 유효반경	• C=엔진의 회전력

　㉡ 클러치 용량 : 기관 회전력의 1.5~2.3배

⑫ 클러치 미끄러짐의 원인

　㉠ 페이싱의 심한 마모

　㉡ 이물질 및 오일 부착

　㉢ 압력 스프링의 약화

　㉣ 클러치 유격이 작을 경우

　㉤ 플라이 휠 및 압력판의 손상

(5) 유체클러치

아래 그림에서와 같이 두 대의 선풍기를 마주 놓고 한쪽을 전원에 연결하여 회전시키면 다른 한 쪽도 회전하는 것을 알 수 있다. 이것은 공기가 에너지를 전달하는 매개가 되기 때문이다. 이러한 원리를 이용하여 밀폐된 공간에 오일을 채우고 회전시키면 반대쪽도 유체가 가지고 있는 유체 운동 에너지에 의해 회전하게 되는데 이를 유체클러치의 원리라고 한다. 자동변속기의 동력전달 방식은 이러한 유체클러치를 이용한 방식이 채택된다.

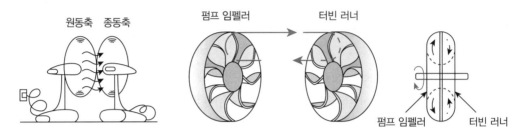

[토크컨버터의 원리]

① 유체클러치와 토크컨버터의 비교

구분	유체클러치	토크컨버터
구성 부품	펌프임펠러, 터빈러너, 가이드링	펌프임펠러, 터빈러너, 스테이터
작용	와류감소	유체의 흐름 방향을 전환
날개	방사선형	곡선으로 설치
토크변환율	1 : 1	2 ~ 3 : 1
전달 효율	97 ~ 98 %	92 ~ 93 %

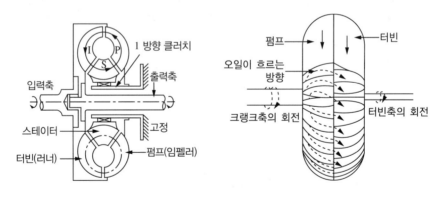

[토크컨버터의 구성 및 작동]

② **작동** : 엔진에 의해 펌프가 회전을 시작하면 펌프 속에 가득 찬 오일은 원심력에 의해 밖으로 튀어 나간다. 그런데 펌프와 터빈은 서로 마주보고 있으므로 펌프에서 나온 오일은 그 운동 에너지를 터빈의 날개 차에 주고 다시 펌프 쪽으로 되돌아오며, 이에 따라서 터빈도 회전하게 된다.

　ⓐ 클러치 포인트 : 펌프와 터빈의 속도가 같아지는 지점

　ⓑ 스톨 포인트 : 펌프와 터빈의 속도비가 최대인 지점으로 자동차가 정지되어 있는 상태

(6) 토크컨버터

① **토크컨버터의 특징** : 토크컨버터는 그 내부에 오일을 가득 채우고 자동차의 주행 저항에 따라 자동적이고 연속적으로 구동력을 변환시킬 수 있으며, 다음과 같은 특징을 가진다.

    ㉠ 토크를 변환, 증대 시키는 기능을 한다(2~3 : 1).

    ㉡ 엔진의 토크를 변속기에 원활하게 전달하는 기능을 한다.

    ㉢ 토크의 전달 때 충격 및 크랭크축의 비틀림을 완화하는 기능을 한다. 자동차에서 사용되는 토크컨버터는 대부분 3요소 1단 2상형을 사용한다. 여기서 3요소란 펌프, 터빈 및 스테이터이며, 2상이란 토크 증대 기능과 유체 커플링 기능을, 그리고 1단이란 터빈 수를 말한다.

② **토크컨버터의 구조** : 토크컨버터는 펌프 임펠러(Pump Impeller), 스테이터(Stator), 터빈러너(Turbine Runner)로 구성되어 있으며 내부에는 오일이 가득 차 있는 비분해 방식이다.

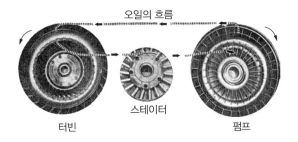

[토크컨버터의 구조]

③ **토크컨버터의 작동**

    ㉠ 엔진의 동력을 오일을 통해 변속기로 원활하게 전달하는 유체 커플링의 기능(클러치포인트 이후, 즉 고속회전 시 스테이터가 프리 휠링하면서 유체커플링으로 전환)

    ㉡ 엔진으로부터 출력된 토크를 증가시켜 주는 기능(클러치 포인트 이전, 즉 저·중속영역에서 스테이터가 일방향 클러치에 의해 멈춰 오일의 흐름방향을 전환)

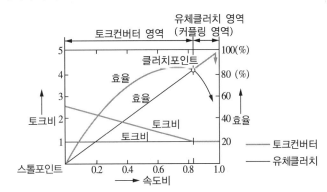

[토크컨버터와 유체클러치의 속도비와 토크비]

④ 토크컨버터의 장단점

　　㉠ 장점

　　　　• 자동차가 정지하였을 때 오일의 미끄러움에 의해 엔진이 정지되지 않는다. 따라서 수동 변속기
　　　　　와 같이 클러치와 같은 별도의 동력 차단 장치가 필요 없다.

　　　　• 엔진의 동력을 차단하지 않고도 변속이 가능하므로 변속 중에 발생하는 급격한 토크의 변동과
　　　　　구동축에서의 급격한 하중 변화도 부드럽게 흡수할 수 있다.

　　　　• 토크컨버터의 고유 기능인 토크 증대 작용에 있어 저속에서의 출발 성능을 향상시켜 언덕 출발
　　　　　에서와 같은 경우 운전을 매우 용이하게 해준다.

　　　　• 펌프로 입력되는 엔진의 동력이 오일을 매개로 변속기에 전달되므로 엔진으로부터 비틀림 진동
　　　　　을 흡수하기 때문에 비틀림 댐퍼(Torsional Damper)를 설치하지 않아도 된다.

　　㉡ 단점

　　　　• 펌프와 터빈 사이에 항상 오일의 미끄러움이 발생하므로 효율이 매우 저하된다.

　　　　• 비틀림 댐퍼를 설치하는 대신 댐퍼클러치를 이용하여 진동을 흡수하게 되면 댐퍼클러치가 작동
　　　　　하고 있는 상태에서는 토크증대 작용이 없어진다.

　　　　• 구조가 복잡하고 무게와 가격이 상승한다.

(7) 댐퍼클러치

댐퍼클러치는 자동차의 주행속도가 일정 값에 도달하면 토크컨버터의 펌프와 터빈을 기계적으로 직결시켜 미끄러짐에 의한 손실을 최소화하여 정숙성을 도모하는 장치이다.

① 댐퍼클러치의 특징

　　㉠ 엔진의 동력을 기계적으로 직결시켜 변속기 입력축에 전달한다.

　　㉡ 펌프 임펠러와 터빈러너를 기계적으로 직결시켜 미끄럼이 방지되어 연비가 향상된다.

② 댐퍼클러치의 비작동 범위

　　㉠ 1속 및 후진 시 비작동

　　㉡ 엔진브레이크 작동 시 비작동

　　㉢ 유온이 60℃ 이하 시 비작동

　　㉣ 엔진냉각수 온도가 50℃ 이하 시 비작동

　　㉤ 3속에서 2속으로 다운시프트 시 비작동

　　㉥ 엔진 회전수가 800rpm 이하 시 비작동

　　㉦ 급가속 및 급감속 시 비작동

(8) 전자클러치

입력축, 출력축, 여자 코일로 구성되어 있으며 출력축은 입력축에 베어링으로 지지되어 있다. 입력축과 출력축 사이에는 철, 알루미늄, 크롬합금의 구상분말 파우더가 들어있어 내열성, 내산화성, 내식성, 내마모성이 우수하다. 작동원리는 여자전류를 무 여자로 입력축 드럼이 회전하고 있으면, 파우더는 원심력에 의해 입력측 드럼 작동면에 달라붙어 입력드럼과 출력드럼은 떨어져서 연결되지 않는다. 이때 코일에 전류를 가하면 발생된 자속에 의해 파우다의 결속 및 파우다와 동작면과의 마찰력에 의해 토크가 전달되게 된다.

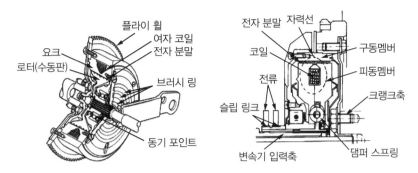

[전자클러치의 구조]

4 수동변속기

기관과 추진축 사이에 위치하며 기관의 회전력을 자동차 주행상태에 알맞도록 회전력과 속도를 바꾸어 구동 바퀴에 전달하는 장치이다.

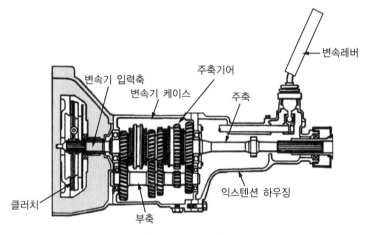

[수동변속기 구조]

(1) 변속기의 필요성

    ① 회전력을 증대시키기 위해

    ② 기관의 시동 시 무부하 상태로 두기 위해

    ③ 후진하기 위해

(2) 구비 조건

    ① 연속적 또는 단계적으로 변속될 것

    ② 조작이 용이하고 작동이 신속, 확실, 정확, 정숙하게 행해질 것

    ③ 소형, 경량이고 고장이 없으며 정비가 용이할 것

    ④ 전달효율이 좋을 것

(3) 수동변속기의 종류

① 점진 기어식 변속기 : 이 변속기는 운전 중 제1속에서 직접 톱 기어(Top Gear)로 또는 톱 기어에서 제1속으로 변속이 불가능한 형식으로 주로 바이크에서 채택한다.

② 선택 기어식

ㄱ 섭동기어식 : 주축상의 스플라인에 슬라이딩 기어가 설치되어 있으므로 변속레버로 부축위의 기어에 자유로이 물리게 되어 있다. 구조가 간단하고 다루기 쉽다. 변속 시 소음이 발생한다.

ㄴ 상시물림식(상시치합식) : 출력축 기어는 축 위에서 자유롭게 회전하게 되어 있다. 따로 고출력축에 스플라인이 결합된 도그 클러치가 결합하여 동력을 전달한다.

ㄷ 동기물림식 : 상시물림식과 비슷한데 출력축과 도그클러치 사이에 일종의 클러치(싱크로메시 기구)를 사용하여 더 부드러운 변속을 할 수 있게 만든 것이다. 기어가 물리기 전에 먼저 동기 기구(싱크로메시 기구)를 접촉시켜 출력기어의 속도를 동기화한 후 접속한다(현재 대부분의 수동변속기에 적용).

(4) 동기물림식 변속기의 구조

① 변속기 입력축 : 트랜스 액슬의 경우 엔진의 동력이 입력축의 스플라인에 설치된 클러치 판에 의해서 전달되어 회전하며, 출력축에 동력을 전달하는 역할을 한다.

② 변속기 출력축 : 변속기 출력축은 변속기 입력축에서 동력을 받아 회전하며(고속 기어의 변속에 의한 동력 포함), 입력축 및 출력축에서 변속이 이루어진 회전력을 종감속기어장치에 전달하는 역할을 한다.

③ 싱크로메시 기구 : 싱크로메시 기구는 주행 중 기어 변속 시 주축의 회전수와 변속기어의 회전수 차이를 싱크로나이저 링을 변속기어의 콘(Cone)에 압착시킬 때 발생되는 마찰력을 이용하여 동기시킴으로써 변속이 원활하게 이루어지도록 하는 장치이다.

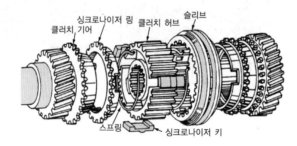

[싱크로메시 기구]

(5) 변속기 조작기구

① 직접조작식 : 직접 시프트 포크를 움직여 변속을 행하는 방식

② 간접조작식 : 셀렉터 케이블과 변속 케이블을 통해 원격으로 조작하는 방식

③ 고정장치(록킹 볼) : 접속된 기어의 이탈방지, 기어의 자리잡음을 위해 설치된다.

④ 2중 물림 방지장치(인터록 기구) : 하나의 기어가 접속될 때 다른 기어는 중립의 위치에서 움직이지 못하도록 하는 장치이다.

(6) 수동변속기의 점검

① 기어가 잘 물리지 않고 빠지는 원인

ㄱ 각 기어가 지나치게 마멸되었다.

ㄴ 각 축의 베어링 또는 부시가 마모되었다.

ㄷ 기어 시프트 포크가 마멸되었다.

ㄹ 싱크로나이저 허브가 마모되었다.

ㅁ 싱크로나이저 슬리브 스플라인이 마모되었다.

ㅂ 록킹볼의 스프링 장력이 약하다.

② 변속이 잘되지 않는 원인

ㄱ 클러치 차단이 불량하다.

ㄴ 각 기어가 마모되었다.

ㄷ 싱크로메시 기구가 불량하다.

ㄹ 싱크로나이저 링이 마모되었다.

ㅁ 기어오일이 응고되었다.

ㅂ 컨트롤 케이블 조정이 불량하다.

③ 변속기에서 소음이 발생 되는 원인

ㄱ 기어오일이 부족하거나 질이 나쁘다.

ㄴ 기어 또는 주축의 베어링이 마모되었다.

ㄷ 주축의 스플라인 또는 부싱이 마모되었다.

5 자동변속기

자동변속기는 클러치와 변속기의 작동이 자동차의 주행속도나 부하에 따라 자동적으로 이루어지는 장치이다. 자동변속기에는 변속 조작 방법에 따라 여러 가지 형식이 있으나 주로 토크컨버터와 유성 기어 변속기에 유압 조절 장치를 두며, 최근에는 컴퓨터로 조절하는 전자 제어 자동변속기가 사용되고 있다.

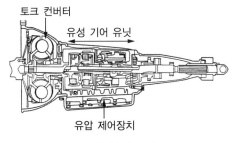

[자동변속기 구조]

(1) 자동변속기의 특징

① 기어 변속 중 엔진 스톨(Engine Stall)이 줄어들어 안전 운전이 가능하다.

② 저속 쪽의 구동력이 크기 때문에 등판 발진(登板發進)이 쉽고 최대 등판 능력도 크다.

③ 오일이 댐퍼(Damper)로 작동하므로 충격이 적고, 엔진 보호에 의한 수명이 길어진다.

④ 클러치 조작이 필요 없이 자동 출발이 된다.

⑤ 조작 미숙으로 인한 엔진 가동 정지가 없다.

⑥ 엔진의 토크(Torque)를 오일을 통하여 전달하므로 연료 소비율이 증대하므로 비경제적이다.

(2) 자동변속기의 개요

① 토크컨버터, 유성기어, 유압제어 장치 등으로 구성되어 있다.

② 각 요소의 제어에 의해 변속시기 및 조작이 자동으로 이루어진다.

③ 토크컨버터 내에 댐퍼클러치가 설치되고 유체클러치와 토크컨버터의 2개의 영역에 모두 적용한다.

(3) 자동변속기의 장단점

① 장점

 ㉠ 운전조작이 간단하고 피로가 경감된다.

 ㉡ 엔진과 변속장치 사이에 기계적인 연결이 없어 출발, 감속, 가속이 원활하여 승차감이 향상되고 안전운전에 도움이 된다.

 ㉢ 엔진과 변속장치의 진동이나 충격을 유체가 흡수하여 엔진보호 및 각부의 수명을 연장할 수 있다.

② 단점

 ㉠ 구조가 복잡하고 고가이다.

 ㉡ 자동차를 밀거나 끌어서 시동할 수 없다.

 ㉢ 10% 가량 연료소비가 증가한다.

(4) 자동변속기의 구조

① **오일 펌프** : 자동변속기 오일을 흡입하여 변속기 내의 각 요소에서 필요한 유량과 유압을 생성하여 공급하는 역할을 한다.

② **밸브 보디** : 밸브 보디에는 솔레노이드 밸브가 조립되어 유압 계통에 오일 흐름의 정지, 유량의 조정, 압력 조정, 방향 변환 등의 기능을 하는 밸브를 보호함과 동시에 유로가 설치되어 있다. 밸브의 기능에 따라 방향제어 밸브, 유량제어 밸브, 압력제어 밸브로 분류된다.

 ㉠ 방향제어 밸브 : 일반적으로 오일 흐름의 방향을 제어하는 밸브로 유압의 평형 또는 수동 왕복 이동을 통해 유로를 변경시키는 역할을 한다.

 ㉡ 압력제어 밸브 : 유압 회로 압력의 제한, 감압과 부하 방지, 무부하 작동, 조작의 순서 작동, 외부 부하와의 평형 작동을 하는 밸브로 일의 크기를 제어하는 역할을 한다.

 ㉢ 유량제어 밸브 : 유량제어 밸브는 유압계통의 유량을 조절하는 밸브로 유압 모터나 유압 실린더의 속도를 제어하는 역할을 한다.

 ㉣ 매뉴얼 밸브 : 매뉴얼 밸브는 운전석에 있는 선택레버의 위치(P, R, N, D, 2, L)에 따라 연동되어 작동하여 유로를 변환시키며, 각 밸브에 라인 압력을 보내거나 배출시키는 기능을 한다.

 ㉤ 감압 밸브 : 감압 밸브는 로워 밸브 보디에 조립되어 있으며, 이 밸브는 라인 압력을 근원으로 하여 항상 라인 압력보다 낮은 일정 압력을 만들기 위한 밸브이다.

 ㉥ 어큐뮬레이터 : 브레이크나 클러치가 작동할 때 변속 충격을 흡수하는 역할을 한다.

③ 유성기어 : 자동변속기는 토크컨버터를 통하여 엔진에서 출력되는 동력을 변속하여 구동축에 전달하는 과정에서 유성기어는 가장 중요한 역할을 하며, 단순 유성기어식과 복합 유성기어식(심프슨형, 라비뇨형)으로 분류된다.

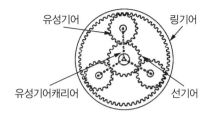

[유성기어 구성]

ⓐ 라비뇨식 유성기어 장치 : 2세트의 유성기어 장치를 연이어 접속시킨 방식에서 링 기어와 유성기어 캐리어를 각각 1개씩만 사용한 형식으로 1차 선 기어는 쇼트 피니언 기어와 결합되어 있고 2차 선 기어는 롱 피니언 기어와 결합되어 있다.

ⓑ 심프슨식 유성기어 장치 : 2세트의 유성기어 장치를 연이어 접속시킨 형식으로 선 기어는 1개를 공통으로 사용한다. 전·후 유성기어장치의 선 기어는 일체식이며, 각각 직경과 이수가 동일한 2개의 링 기어, 동일한 6개의 유성기어 및 2개의 유성기어 캐리어로 구성된다.

ⓒ 오버드라이브 장치 : 오버드라이브 장치는 엔진의 회전수를 변속기 내부에서 더욱 증가시켜 토크는 감소하나 회전속도가 빠르게 전달되는 기어 단수를 말한다. 즉 변속비가 1보다 작은 경우의 변속단수를 오버드라이브라 말하며 특징은 다음과 같다.
  • 엔진의 회전속도를 30% 정도 낮추어도 자동차의 주행 속도는 증가한다.
  • 엔진의 회전속도가 동일할 경우 자동차의 속도가 약 30% 정도 더 빠르다.
  • 평탄로 주행 시 연비가 약 20% 정도 좋아진다.
  • 엔진의 운전이 정숙하고 수명이 연장된다.

(5) 전자제어 자동변속기

자동변속기에 전자제어 시스템을 적용하여 운전자의 습성과 운전 조건에 따른 최적의 변속단 제어를 실현한다. 또한 변속 느낌 및 내구성이 향상되고 연료 소비율 감소와 정숙성을 향상시켜 운전성 및 안전성 등을 추구하는 자동변속기 시스템이다.

① 전자제어 장치 구성부품의 기능 및 특징
  ⓐ 입력축 속도 센서(펄스제네레이터-A) : 변속할 때 유압 제어를 위해 입력축 회전수(터빈 회전수)를 킥다운 드럼부 쪽에서 검출한다.
  ⓑ 출력축 속도 센서(펄스제네레이터-B) : 출력축 회전수(트랜스 액슬 구동 기어 회전수)를 트랜스 드리븐 기어 쪽에서 검출한다.
  ⓒ 인히비터 스위치 : 변속 레버의 위치를 접점 스위치로 검출하여 P와 N 레인지에서만 엔진 시동이 가능하도록 한다.
  ⓓ 오일 온도 센서 : 오일 온도 센서는 자동변속기 오일(ATF)의 온도를 부특성 서미스터로 검출하여 댐퍼클러치 작동 및 비작용 영역 및 오일 온도의 가변 제어, 변속할 때 유압 제어 정보 등으로 사용한다.

ⓜ 모드선택 스위치 : 운전자 요구에 알맞은 변속 패턴을 설정하기 위하여 변속시점 및 차량속도에 대한 변속단 등을 결정한다.

ⓗ 스로틀 포지션 센서 : 운전자의 가속 페달의 밟은 양을 검출하여 차속 센서와 연동되어 변속시점을 결정한다.

ⓢ 점화코일 신호(이그니션 펄스) : 엔진의 회전수를 검출하여 스로틀 밸브의 개도량을 보정한다.

ⓞ 차속 센서 : 차량의 속도를 검출하여 변속시점을 결정한다.

ⓩ 수온센서 : 엔진의 냉각수 온도를 측정하여 변속시기를 보정한다.

ⓩ 킥다운 서보 스위치 : 킥다운 브레이크의 작동 여부를 TCU에 전달한다.

ⓚ 오버드라이브 OFF 스위치 : 오버드라이브 기능을 OFF하여 구동력을 증대시킨다.

ⓣ 가속 스위치 : 가속페달의 작동 상태를 파악하기 위하여 장착되어 스로틀 밸브가 닫히고 차량의 주행속도가 7km/h 이하에서 크리프량이 적은 2단으로 이어주기 위한 신호이다.

ⓟ 에어컨 릴레이 : 에어컨 작동신호를 감지하여 엔진 회전수 보상에 따른 변속시기를 보정한다.

(6) 자동변속기의 변속 특성

① **시프트업** : 저속기어에서 고속기어로 변속되는 것

② **시프트 다운** : 고속기어에서 저속기어로 변속되는 것

③ **킥 다운** : 급가속이 필요한 경우 가속페달을 밟으면 다운 시프트되어 요구하는 구동력을 확보하는 것

④ **히스테리시스** : 업시프트와 다운시프트의 변속점에 대하여 7~15km/h 정도의 차이를 두는 것

(7) 자동변속기 오일의 구비 조건

① 점도가 낮을 것

② 비중이 클 것

③ 착화점이 높을 것

④ 내산성이 클 것

⑤ 유성이 좋을 것

⑥ 비점이 높을 것

⑦ 기포가 생기지 않을 것

⑧ 저온 유동성이 우수할 것

⑨ 점도지수 변화가 적을 것

⑩ 방청성이 있을 것

⑪ 마찰계수가 클 것

(8) 자동변속기 스톨 테스트

스톨 테스트란 시프트 레버 D와 R 레인지에서 엔진의 최대 회전속도를 측정하여 자동변속기와 엔진의 종합적인 성능을 점검하는 시험이며 시험 시간은 5초 이내여야 한다. 또한 시험 시 정상적인 엔진회전수는 대략 2,200~2,500rpm이다.

① 엔진의 회전속도가 규정값보다 낮을 경우 다음과 같은 요소의 작동이 불량해진다.
  ㉠ 엔진 출력이 부족하다.
  ㉡ 토크컨버터의 일방향 클러치(프리 휠) 작동이 불량하다.
  ㉢ 규정값보다 600rpm 이상 낮으면 토크컨버터의 결함일 수도 있다.
② D 레인지에서 스톨 속도가 규정값보다 높으면 D 레인지 제1속에서 작동되는 요소의 결함이며, 다음과 같은 요소의 작동이 불량해진다.
  ㉠ 오버 드라이브 클러치 또는 전진 클러치가 미끄러진다.
  ㉡ 일방향 클러치(프리휠) 작동이 불량해진다.
  ㉢ 라인압력이 낮아진다.
③ R 레인지에서 스톨 속도가 규정값보다 높으면 R 레인지에서 작동되는 요소의 결함이며 다음과 같은 요소의 작동이 불량해진다.
  ㉠ 오버 드라이브 클러치 또는 후진 클러치가 미끄러진다.
  ㉡ 라인 압력이 낮아진다.
  ㉢ 브레이크가 미끄러진다.

(9) 자동변속기의 오일량 점검 방법

① 자동차를 평탄한 지면에 주차시킨다.
② 오일 레벨 게이지를 빼내기 전에 게이지 주위를 깨끗이 청소한다.
③ 시프트 레버를 P 레인지로 선택한 후 주차 브레이크를 걸고 엔진을 기동시킨다.
④ 변속기 내의 유온이 70~80℃에 이를 때까지 엔진을 공전 상태로 한다.
⑤ 시프트 레버를 차례로 각 레인지로 이동시켜 토크컨버터와 유압 회로에 오일을 채운 후 시프트 레버를 N 레인지로 선택한다. 이 작업은 오일량을 정확히 판단하기 위해 필히 하여야 한다.
⑥ 게이지를 빼내어 오일량이 "MAX" 범위에 있는가를 확인하고, 오일이 부족하면 "MAX" 범위까지 채운다. 자동변속기용 오일을 ATF라고 부르기도 한다.

(10) 자동변속기의 오일 색깔 상태

① **정상** : 정상 상태의 오일은 투명도가 높은 붉은 색이다.
② **갈색을 띨 때** : 자동변속기가 가혹한 상태에서 사용되었음을 의미한다.
③ **투명도가 없어지고 검은 색을 띨 때** : 자동변속기 내부의 클러치 디스크의 마멸 분말에 의한 오손, 부싱 및 기어의 마멸을 생각할 수 있다.
④ **니스 모양으로 된 경우** : 오일이 매우 고온에 노출되어 바니시화 된 상태이다.
⑤ **백색을 띨 때** : 오일에 수분이 많이 유입된 경우이다.

6 무단변속기(CVT)

연료 소비율 및 가속 성능 향상을 위해서는 변속이 연속적으로 이루어져야 하며 이를 위해 최대 · 최소 변속비의 사이를 무한대로 변속시킬 수 있는 것이 무단변속기(Continuously Variable Transmission)이다.

(1) 무단변속기의 특징

① 엔진의 출력 활용도가 높다.

② 유단 변속기에 비하여 연료 소비율 및 가속 성능을 향상시킬 수 있다.

③ 기존의 자동변속기에 비해 구조가 간단하며, 무게가 가볍다.

④ 변속할 때 충격(Shock)이 없다.

⑤ 장치의 특성상 높은 출력의 차량, 즉 배기량이 큰 차량에는 적용이 어렵다.

(2) 무단변속기의 종류 및 특성

① 트랙션 구동 방식

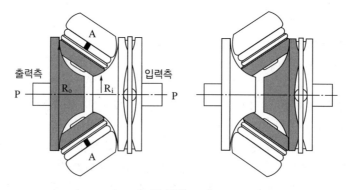

[트로이덜형 CVT]

㉠ 변속 범위가 넓고, 높은 효율을 낼 수 있으며, 작동 상태가 정숙하다.

㉡ 큰 추력 및 회전면의 높은 정밀도와 강성이 필요하다.

㉢ 무게가 무겁고, 전용 오일을 사용하여야 한다.

㉣ 마멸에 따른 출력 부족(Power Failure) 가능성이 크다.

② 벨트 구동 방식(Belt Drive Type)

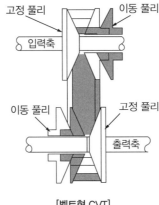

[벨트형 CVT]

이 방식은 축에 고정된 풀리(Pulley)와 축을 따라 이동할 수 있는 이동 풀리가 입력축과 출력축에 조합되어 풀리의 유효 피치를 변화시켜 동력 전달 매체(체인 또는 벨트)가 풀리 면을 따라 이동하여 변속하는 것이다.

7 드라이브 라인

드라이브 라인은 변속기의 출력을 종감속기어로 전달하는 부분이며, 슬립 이음, 자재 이음, 추진축 등으로 구성되어 있다.

(1) 슬립 이음

슬립 이음은 변속기 주축 뒤끝에 스플라인을 통하여 설치되며, 뒷차축의 상하 운동에 따라 변속기와 종감속기어 사이에서 길이 변화를 수반하게 되는데 이때 추진축의 길이 변화를 가능하도록 하기 위해 설치되어 있다.

(2) 자재 이음

자재 이음은 변속기와 종감속기어 사이의 구동각 변화를 주는 장치이며, 종류에는 십자형 자재 이음, 플렉시블 이음, 볼 엔드 트러니언 자재 이음, 등속도(CV) 자재 이음 등이 있다.

① 십자형 자재 이음(훅 조인트)

이 형식은 중심부의 십자축과 2개의 요크(Yoke)로 구성되어 있으며, 십자축과 요크는 니들 롤러 베어링을 사이에 두고 연결되어 있다. 그리고 십자형 자재이음은 변속기 주축이 1회전하면 추진축도 1회전하지만 그 요크의 각속도는 변속기 주축이 등속도 회전하여도 추진축은 90°마다 변동하여 진동을 일으킨다. 이 진동을 감소시키려면 각도를 12~18° 이하로 하여야 하며 추진축의 앞·뒤에 자재 이음을 두어 회전속도 변화를 상쇄시켜야 한다.

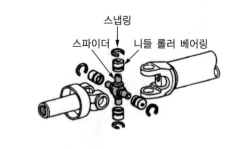

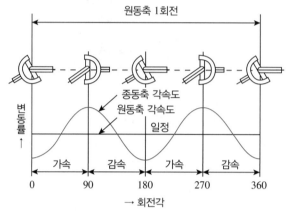

[십자축 자재이음 및 속도 변화]

② 등속도(CV) 자재 이음

일반적인 자재 이음에서는 동력 전달 각도 때문에 추진축 회전의 각 속도가 일정하지 않아 진동을 수반하는 데 이 진동을 방지하기 위해 개발된 것이 등속도 자재 이음이다. 드라이브 라인의 각도 변화가 큰 경우에는 동력 전달 효율이 높으나 구조가 복잡하다. 이 형식은 주로 앞바퀴 구동 방식(FF) 차량의 차축에서 이용된다. 종류에는 트랙터형, 벤딕스 와이스형, 제파형, 파르빌레형, 이중 십자 이음이 있다.

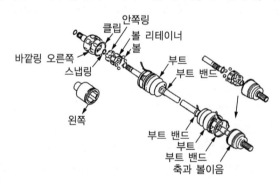

[더블 옵셋 조인트]

(3) 추진축

추진축은 강한 비틀림을 받으면서 고속 회전하므로 이에 견딜 수 있도록 속이 빈 강관을 사용한다. 회전 평형을 유지하기 위해 평형추가 부착되어 있으며, 또 그 양쪽에는 자재 이음의 요크가 있다. 축간 거리가 긴 차량에서는 추진축을 2~3개로 분할하고, 각 축의 뒷부분을 센터 베어링으로 프레임에 지지하고, 또 대형 차량의 추진축에는 비틀림 진동을 방지하기 위한 토션 댐퍼를 두고 있다.

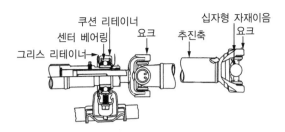

[추진축의 구조]

8 종감속 및 차동장치

(1) 종감속기어

종감속기어는 추진축의 회전력을 직각으로 전달하며, 엔진의 회전력을 최종적으로 감속시켜 구동력을 증가시킨다. 구조는 구동 피니언과 링 기어로 되어 있으며, 종류에는 웜과 웜기어, 베벨 기어, 하이포이드 기어가 있다.

① 하이포이드 기어

하이포이드 기어는 링 기어의 중심보다 구동 피니언의 중심이 10~20% 정도 낮게 설치된 스파이럴 베벨기어의 전위(Off-Set)기어이다.

㉠ 장점

- 구동 피니언의 오프셋에 의해 추진축 높이를 낮출 수 있어 자동차의 중심이 낮아져 안전성이 증대된다.
- 동일 감속비, 동일 치수의 링 기어인 경우에 스파이럴 베벨 기어에 비해 구동 피니언을 크게 할 수 있어 강도가 증대된다.
- 기어 물림률이 커 회전이 정숙하다.

㉡ 단점

- 기어의 폭 방향으로 미끄럼 접촉을 하므로 압력이 커 극압성 윤활유를 사용하여야 한다.
- 제삭이 조금 어렵다.

[하이포이드 종감속기어]

(2) 종감속비

종감속비는 링 기어의 잇수와 구동 피니언의 잇수비로 나타낸다. 종감속비는 엔진의 출력, 차량 중량, 가속 성능, 등판 능력 등에 따라 정해지며, 종감속비를 크게 하면 가속 성능과 등판능력은 향상되나 고속 성능이 저하된다. 한편 변속비와 종감속비를 곱한 값을 총 감속비라 한다.

(3) 차동장치

차동장치는 자동차가 선회할 때 양쪽 바퀴가 미끄러지지 않고 원활하게 선회하려면 바깥쪽 바퀴가 안쪽 바퀴보다 더 많이 회전하여야 하며, 또 요철 노면을 주행할 때에도 양쪽 바퀴의 회전속도가 달라져야 한다. 차동장치는 이러한 구동륜 양 바퀴의 회전수 보상을 위하여 장착된다(래크와 피니언의 원리).

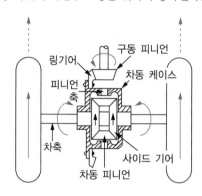

[차동기어의 원리]

(4) 자동 제한 차동기어(LSD)

주행 중 한쪽 바퀴가 진흙에 빠지거나 저항이 매우 적을 경우 차동기어에 의하여 반대쪽 바퀴는 회전하지 않고 저항이 적은 바퀴에 회전력이 집중되어 탈출하기 어렵다. 이러한 차동장치의 문제점을 해결하기 위해 차동기어 내부에서 적당한 저항을 발생시켜 빠지지 않은 반대쪽 구동륜에도 회전력을 부여하는 장치가 자동제한 차동장치이다. 이러한 자동 제한 차동장치의 특징은 다음과 같다.

① 미끄러운 노면에서 출발이 용이하다.
② 요철노면을 주행 시 자동차의 후부 흔들림이 방지된다.
③ 가속 · 커브길 선회 시, 바퀴의 공전을 방지한다.
④ 타이어의 슬립을 방지하여 수명이 연장된다.
⑤ 급속 직진 주행에 안정성이 양호하다.

9 차축

차축은 바퀴를 통하여 차량의 중량을 지지하는 축이며, 구동축은 종감속기어에서 전달된 동력을 바퀴로 전달하고 노면에서 받는 힘을 지지하는 일을 한다.

(1) 앞바퀴 구동(FF)식의 앞 차축

이 형식은 앞바퀴 구동방식 승용차나 4WD의 구동축으로 사용되며, 등속도(CV)자재 이음을 설치한 구동축과 조향 너클, 차축 허브, 허브 베어링 등으로 구성되어 있다.

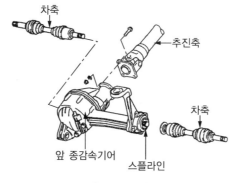

[차축의 구성]

(2) 뒷바퀴 구동(FR)식의 뒤차축과 차축 하우징

이 방식은 차동장치를 거쳐 전달된 동력을 뒷바퀴로 전달한다. 차축의 끝 부분은 스플라인을 통하여 차동 사이드 기어에 끼워지고, 바깥쪽 끝에는 구동 바퀴가 설치된다. 뒤차축의 지지 방식에는 전부동식, 반부동식, 3/4부동식 등 세 가지가 있다.

① 전부동식 : 이 형식은 안쪽은 차동 사이드 기어와 스플라인으로 결합되고, 바깥쪽은 차축 허브와 결합되어 차축 허브에 브레이크 드럼과 바퀴가 설치된다. 이에 따라 바퀴를 빼지 않고도 차축을 빼낼 수 있으며, 버스, 대형 트럭에 사용된다.

② 반부동식 : 이 형식은 구동 바퀴가 직접 차축 바깥에 설치되며, 차축의 안쪽은 차동 사이드 기어와 스플라인으로 결합되고 바깥쪽은 리테이너(Retainer)로 고정시킨 허브 베어링(Hub Bearing)과 결합된다. 반부동식은 차량 하중의 1/2을 차축이 지지한다.

③ 3/4 부동식 : 이 형식은 차축 바깥 끝에 차축 허브를 두고, 차축 하우징에 1개의 베어링을 두고 허브를 지지하는 방식이다. 3/4 부동식은 차축이 차량 하중의 1/3을 지지한다.

[전부동식, 반부동식, 3/4 부동식]

⑩ 휠 및 타이어

바퀴는 휠(Wheel)과 타이어(Tire)로 구성되어 있다. 바퀴는 차량의 하중을 지지하고, 제동 및 주행할 때의 회전력, 노면에서의 충격, 선회할 때 원심력, 차량이 경사졌을 때의 옆 방향 작용을 지지한다.

(1) 휠의 종류와 구조

휠의 종류에는 연강 판을 프레스 성형한 디스크를 림과 리벳이나 용접으로 접합한 디스크 휠(Disc Wheel), 림과 허브를 강철 선의 스포크로 연결한 스포크 휠(Spoke Wheel) 및 방사선 상의 림 지지대를 둔 스파이더 휠(Spider Wheel)이 있다.

(2) 타이어(Tire)

보통(바이어스) 타이어, 레이디얼 타이어, 튜브리스 타이어, 스노우 타이어, 편평 타이어 등이 있으며 그 특징은 다음과 같다.

① **보통(바이어스) 타이어** : 이 타이어는 카커스 코드(Carcass Cord)를 빗금(Bias) 방향으로 하고, 브레이커(Breaker)를 원둘레 방향으로 넣어서 만든 것이다.

② **레이디얼(Radial) 타이어** : 이 타이어는 카커스 코드를 단면(斷面) 방향으로 하고, 브레이커를 원둘레 방향으로 넣어서 만든 것이다. 따라서 반지름 방향의 공기 압력은 카커스가 받고, 원둘레 방향의 압력은 브레이커가 지지한다. 이 타이어의 특징은 다음과 같다.

　㉠ 타이어의 편평율을 크게 할 수 있어 접지 면적이 크다.

　㉡ 특수 배합한 고무와 발열에 따른 성장이 적은 레이온(Rayon)코드로 만든 강력한 브레이커를 사용함으로 타이어 수명이 길다.

　㉢ 브레이커가 튼튼해 트레드가 하중에 의한 변형이 적다.

　㉣ 선회할 때 사이드 슬립이 적어 코너링 포스가 좋다.

　㉤ 전동 저항이 적고, 로드 홀딩이 향상되며, 스탠딩 웨이브가 잘 일어나지 않는다.

　㉥ 고속으로 주행할 때 안전성이 크다.

　㉦ 브레이커가 튼튼해 충격 흡수가 불량하므로 승차감이 나쁘다.

　㉧ 저속에서 조향 핸들이 다소 무겁다.

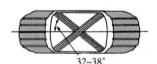 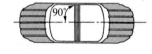

[바이어스(보통) 타이어와 레이디얼 타이어]

③ **튜브리스 타이어(Tubeless Tire)** : 튜브가 있는 타이어는 튜브로 공기압과 기밀을 유지하므로 노면의 못 등에 의하여 튜브가 손상되면 공기가 빠져 공기압력이 저하된다. 또 심한 충격이나 과대한 하중으로 튜브가 파손되면 급격한 공기 누출로 인하여 조향 불능상태가 된다. 튜브리스 타이어는 튜브가 없고 타이어의 내면에 공기 투과성이 적은 특수 고무층을 붙이고 다시 비드부에 공기가 누설되지 않는 재료를 사용하여 림과의 밀착을 확실하게 하기 위하여 비드 부분의 내경을 림의 외경보다 약간 작게 하고 있다. 튜브리스 타이어의 특징은 다음과 같다.

　㉠ 못 등에 찔려도 공기가 급격히 새지 않는다.

　㉡ 펑크 수리가 쉽다.

ⓒ 림의 일부분이 타이어 속의 공기와 접속하기 때문에 주행 중 방열이 잘 된다.

ⓓ 림이 변형되면 공기가 새기 쉽다.

ⓔ 공기압력이 너무 낮으면 공기가 새기 쉽다.

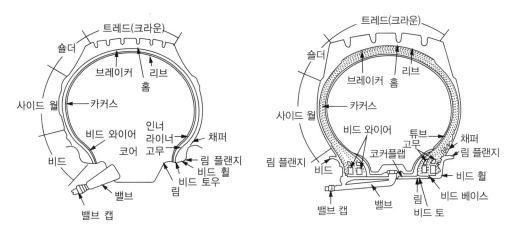

[튜브타이어와 튜브리스 타이어]

④ 스노우(Snow) 타이어 : 이 타이어는 눈길에서 체인을 감지 않고 주행할 수 있도록 제작한 것이며, 중앙부의 깊은 리브 패턴이 방향성을 주고, 러그 및 블록 패턴이 견인력을 확보해준다. 스노타이어는 제동 성능과 구동력을 발휘하도록 다음과 같이 설계되어 있다.

ⓐ 접지 면적을 크게 하기 위해 트레드 폭이 보통 타이어보다 10~20% 정도 넓다.

ⓑ 홈이 보통 타이어보다 승용차용은 50~70% 정도 깊고, 트럭 및 버스용은 10~40% 정도 깊다.

ⓒ 내마멸성, 조향성, 타이어 소음 및 돌 등이 끼워지는 것에 대해 고려되어 있다.

⑤ 편평 타이어 : 이 타이어는 타이어 단면의 가로, 세로 비율을 적게 한 것이며, 타이어 단면을 편평하게 하면 접지 면적이 증가하여 옆 방향 강도가 증가한다. 또 제동, 출발 및 가속할 때 등에서 내 미끄럼 성능과 선회 성능이 좋아진다. 편평 타이어의 장점은 다음과 같다.

ⓐ 보통 타이어보다 코너링 포스가 15% 정도 향상된다.

ⓑ 제동 성능과 승차감이 향상된다.

ⓒ 펑크가 났을 때 공기가 급격히 빠지지 않는다.

ⓓ 타이어 폭이 넓어 타이어 수명이 길다.

(3) 타이어의 호칭 치수

타이어의 호칭 치수는 바깥지름과 폭을 표준 공기 압력과 무부하 상태에서 측정하며, 정하중 반지름은 타이어를 수직으로 하여 규정의 하중을 가하였을 때 타이어의 축 중심에서 접지면까지의 가장 짧은 거리를 측정하며 타이어의 호칭 치수는 다음과 같이 표시한다.

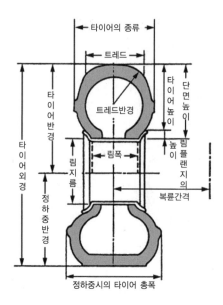

[타이어의 호칭]

(4) 타이어에서 발생하는 이상 현상

① 스탠딩 웨이브 현상 : 이 현상은 타이어 접지 면에서의 찌그러짐이 생기는데 이 찌그러짐은 공기 압력에 의해 곧 회복이 된다. 이 회복력은 저속에서는 공기 압력에 의해 지배되지만, 고속에서는 트레드가 받는 원심력으로 말미암아 큰 영향을 준다. 또 타이어 내부의 고열로 인해 트레드부가 원심력을 견디지 못하고 분리되며 파손된다. 이러한 스탠딩 웨이브 현상을 방지하기 위한 조건은 다음과 같다.

　㉠ 타이어의 편평비가 적은 타이어를 사용한다.

　㉡ 타이어의 공기압을 10~20% 높여준다.

　㉢ 레이디얼 타이어를 사용한다.

　㉣ 접지부의 타이어 두께를 감소시킨다.

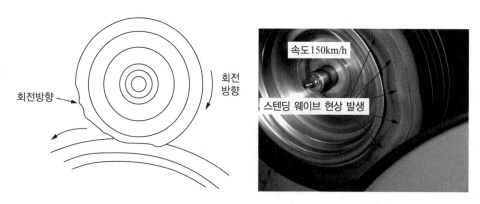

[스탠딩 웨이브]

② 하이드로 플래닝(수막 현상) : 이 현상은 물이 고인 도로를 고속으로 주행할 때 일정 속도 이상이 되면 타이어의 트레드가 노면의 물을 완전히 밀어내지 못하고 타이어는 얇은 수막에 의해 노면으로부터 떨어져 제동력 및 조향력을 상실하는 현상이다. 따라서 하이드로 플래닝을 방지하기 위한 조건은 다음과 같다.

　　ⓐ 트레드의 마모가 적은 타이어를 사용한다.

　　ⓑ 타이어의 공기압을 높인다.

　　ⓒ 배수성이 좋은 타이어를 사용한다.

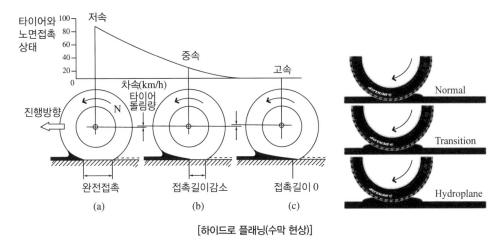

[하이드로 플래닝(수막 현상)]

(5) 바퀴 평형(Wheel Balance)

바퀴 평형에는 정적 평형과 동적 평형이 있다.

① **정적 평형** : 이것은 타이어가 정지된 상태의 평형이며, 정적 불평형일 경우에는 바퀴가 상하로 진동하는 트램핑 현상을 일으킨다.

② **동적 평형** : 이것은 회전 중심축을 옆에서 보았을 때의 평형, 즉, 회전하고 있는 상태의 평형이다. 동적 불평형이 있으면 바퀴가 좌우로 흔들리는 시미 현상이 발생한다.

🔟🔟 현가장치

현가장치는 자동차가 주행 중 노면으로부터 바퀴를 통하여 받게 되는 충격이나 진동을 흡수하여 차체나 화물의 손상을 방지하고 승차감을 좋게 하며, 차축을 차체 또는 프레임에 연결하는 장치이다. 현가장치는 일반적으로 스프링과 쇽 업쇼버(Shock Absorber)의 조합으로 이루어지며 노면에서 발생하는 1차 충격을 스프링에서 흡수하게 되고 충격에 의한 스프링의 자유진동을 쇽 업쇼버가 감쇄시켜 승차감을 향상시킨다.

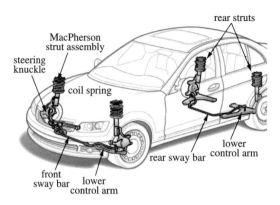

[현가장치의 구조]

(1) 스프링 위 질량의 진동(차체의 진동)

일반적으로 현가장치의 스프링을 기준으로 스프링 위의 질량이 아래 질량 보다 클 경우 노면의 진동을 완충하는 능력이 향상되어 승차감이 우수해지는 특성이 있고 현재의 승용차에 많이 적용되는 방식이다. 그러나 스프링 위 질량이 지나치게 무거우면 연비, 조종성, 제동성능 등의 전반적인 주행성능이 저하될 수 있다.

① 바운싱: 차체가 수직축(Z축)을 중심으로 상하방향으로 운동하는 것을 말하며 타이어의 접지력을 변화시키고 자동차의 주행 안정성과 관련이 있다.

② 롤링 : 자동차 정면의 가운데로 통하는 앞뒤축을 중심으로 한 회전 작용의 모멘트를 말하며 항력 방향 축(X축)을 중심으로 회전하려는 움직임이다.

③ 피칭 : 자동차의 중심을 지나는 좌우 축 옆으로의 회전 작용의 모멘트를 말하며 횡력(측면) 방향 축(Y축)을 중심으로 회전하려는 움직임이다.

④ 요잉 : 자동차 상부의 가운데로 통하는 상하 축을 중심으로 한 회전 작용의 모멘트로서 양력(수직) 방향 축(Z축)을 중심으로 회전하려는 움직임이다.

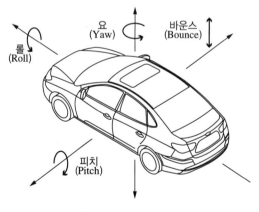

[스프링 위 질량의 진동]

(2) 스프링 아래 질량의 진동(차축의 진동)

스프링 아래 질량의 진동은 승차감 및 주행 안전성과 관계가 깊으며 스프링 아래 질량이 무거울 경우 승차감이 떨어지는 현상이 발생한다. 스프링 아래 질량의 운동은 다음과 같다.

① 휠 홉 : 차축에 대하여 수직인 축(Z축)을 기준으로 상하 평행 운동을 하는 진동

② 휠 트램프 : 차축에 대하여 앞뒤 방향(X축)을 중심으로 회전 운동을 하는 진동

③ 와인드 업 : 차축에 대하여 좌우 방향(Y축)을 중심으로 회전 운동을 하는 진동

④ 스키딩 : 차축에 대하여 수직인 축(Z축)을 기준으로 타이어가 슬립하며 동시에 요잉 운동을 하는 것

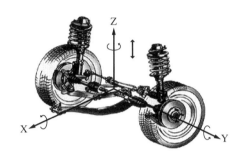

[스프링 아래 질량의 진동]

(3) 현가장치의 구성

① 스프링 : 스프링은 노면에서 발생하는 충격 및 진동을 완충시켜주는 역할을 하며 종류에는 판 스프링, 코일 스프링, 토션 바 스프링 등의 금속제 스프링과 고무 스프링, 공기 스프링 등의 비금속제 스프링 등이 있다.

　㉠ 판 스프링 : 판 스프링은 스프링 강을 적당히 구부린 뒤 여러 장을 적층하여 탄성효과에 의한 스프링 역할을 할 수 있도록 만든 것으로 강성이 강하고 구조가 간단하다. 미세한 진동을 흡수하기가 곤란하고 내구성이 커서 대부분 화물 및 대형차에 적용하고 있다.

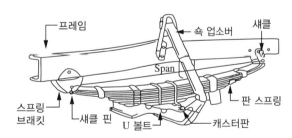

[판 스프링의 구성]

　㉡ 코일 스프링 : 코일 스프링은 스프링 강선을 코일 형으로 감아 비틀림 탄성을 이용한 것이다. 판 스프링보다 탄성도 좋고. 미세한 진동흡수가 좋지만 강도가 약하여 주로 승용차의 앞뒤 차축에 사용된다. 코일 스프링의 특징은 단위 중량당 에너지 흡수율이 크고, 제작비가 저렴하고 스프링의 작용이 효과적이며 다른 스프링에 비하여 손상률이 적은 장점이 있다.

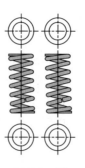

[코일 스프링]

ⓒ 토션 바 스프링 : 토션 바는 스프링 강으로 된 막대를 비틀면 강성에 의해 원래의 모양으로 되돌아
가는 탄성을 이용한 것으로, 다른 형식의 스프링보다 단위 중량당 에너지 흡수율이 크므로 경량화
할 수 있고, 구조도 간단하므로 설치공간을 적게 차지한다.

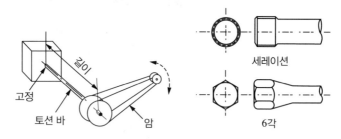

[토션바 스프링의 작동]

ⓓ 에어 스프링 : 에어 스프링은 압축성 유체인 공기의 탄성을 이용하여 스프링 효과를 얻는 것으로
금속 스프링과 비교하면 다음과 같은 특징이 있다.
   • 스프링 상수를 하중에 관계없이 임의로 정할 수 있으며 적차 시나 공차 시 승차감의 변화가 거의
     없다.
   • 하중에 관계없이 스프링의 높이를 일정하게 유지시킬 수 있다.
   • 서징현상이 없고 고주파진동의 절연성이 우수하다.
   • 방음효과와 내구성이 우수하다.
   • 유동하는 공기에 교축을 적당하게 줌으로써 감쇠력을 줄 수 있다.

ⓔ 스태빌라이저 : 스태빌라이저는 토션바 스프링의 일종으로 양끝이 좌·우의 컨트롤 암에 연결되
   며, 중앙부는 차체에 설치되어 커브 길을 선회할 때 차체가 롤링(좌우 진동)하는 것을 방지하며, 차
   체의 기울기를 감소시켜 평형을 유지하는 장치이다.

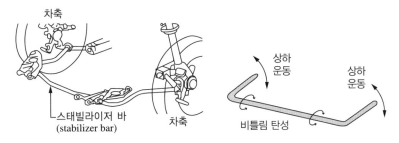

[스태빌라이저의 작동]

② 쇽 업쇼버 : 쇽 업쇼버는 완충기 또는 댐퍼(Damper)라고도 하며 자동차가 주행 중 노면으로부터의 충격에 의한 스프링의 진동을 억제, 감쇠시켜 승차감 향상, 스프링의 수명을 연장시킴과 동시에 주행 및 제동할 때 안정성을 높이는 장치로서 차체와 바퀴 사이에 장착된다.

㉠ 유압식 쇽 업쇼버 : 유압식 쇽 업쇼버는 텔레스코핑형과 레버형이 있으며 일반적으로 실린더와 피스톤, 오일통로로 구성되어 감쇠작용을 한다. 유압식 쇽 업쇼버는 피스톤부의 오일 통로(오리피스)를 통과하는 오일의 작용으로 감쇠력을 조절하며 피스톤의 상승과 하강에 따라 압력이 가해지는 복동식과 한쪽 방향으로만 압력이 가해지는 단동식으로 나눌 수 있다.

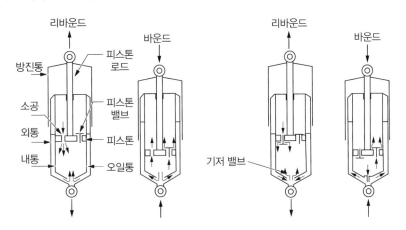

[유압식 쇽 업쇼버이 작동]

㉡ 가스봉입 쇽 업쇼버(드가르봉식) : 이 형식은 유압식의 일종이며 프리 피스톤을 장착하여 프리 피스톤의 위쪽에는 오일이, 아래쪽에는 고압(30kgf/cm^2)의 불활성 가스(질소가스)가 봉입되어 내부에 압력이 형성되어 있는 타입으로 작동 중 오일에 기포가 생기지 않으며, 부식이나 오일 유동에 의한 문제(에어레이션 및 캐비테이션)가 발생하지 않으며 진동흡수성능 및 냉각성능이 우수하다.

(4) 현가장치의 분류

현가장치는 일반적으로 일체 차축식 현가장치, 독립 차축식 현가장치, 공기 스프링 현가장치 등이 있다.

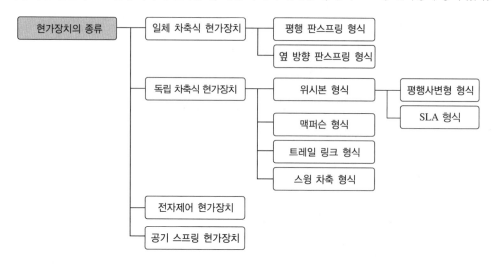

① **일체 차축식 현가장치** : 일체 차축식은 좌우의 바퀴가 1개의 차축에 연결되며 그 차축을 스프링을 거쳐 차체에 장착하는 형식으로 구조가 간단하고 강도가 크므로 대형트럭이나 버스 등에 많이 적용되고 있다.

ⓐ 부품 수가 적어 구조가 간단하며 휠 얼라이먼트의 변화가 적다.

ⓑ 커브길 선회 시 차체의 기울기가 적다.

ⓒ 스프링 아래 질량이 커 승차감이 불량하다.

ⓓ 앞바퀴에 시미 발생이 쉽고 반대편 바퀴의 진동에 영향을 받는다.

ⓔ 스프링 정수가 너무 적은 것은 사용이 어렵다.

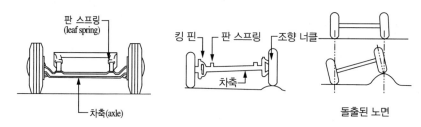

[일체 차축식 현가장치의 구조]

② **독립 차축식 현가장치** : 이 방식은 차축이 연결된 일체 차축식 방식과는 달리 차축을 각각 분할하여 양쪽 휠이 서로 관계없이 운동하도록 설계한 것이며, 승차감과 주행 안정성이 향상되게 한 것이다.

ⓐ 차고를 낮게 할 수 있으므로 주행 안전성이 향상된다.

ⓑ 스프링 아래 질량이 가벼워 승차감이 좋아진다.

ⓒ 조향바퀴에 옆 방향으로 요동하는 진동(Shimmy)발생이 적고 타이어의 접지성(Road Holding)이 우수하다.

ⓓ 스프링 정수가 적은 스프링을 사용할 수 있다.

ⓜ 구조가 복잡하게 되고, 이음부가 많아 각 바퀴의 휠 얼라인먼트가 변하기 쉽다.

ⓑ 주행 시 바퀴가 상하로 움직임에 따라 윤거나 얼라인먼트가 변하여 타이어의 마모가 촉진된다.

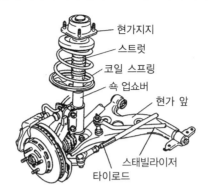

현가지지
스트럿
코일 스프링
쇽 업쇼버
현가 앞
스태빌라이저
타이로드

[독립현가장치(맥퍼슨)의 구조]

③ 위시본 형식 : 이 형식은 위아래 컨트롤 암이 설치되고 암의 길이에 따라 평행사변형 형식과 SLA 형식으로 구분되며 평행사변형 형식은 위아래 컨트롤 암의 길이가 같고 SLA 형식은 아래 컨트롤 암이 위 컨트롤 암보다 길다. SLA 형식은 바퀴의 상하 진동 시 위 컨트롤 암보다 아래 컨트롤 암의 길이가 길어 캠버의 변화가 발생한다.

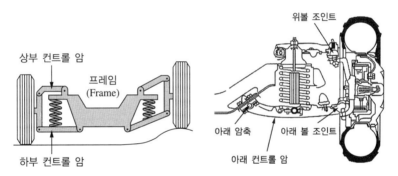

상부 컨트롤 암
프레임
(Frame)
하부 컨트롤 암
위볼 조인트
아래 암축
아래 볼 조인트
아래 컨트롤 암

[위시본 형식(평행사변형 및 SLA)]

④ 맥퍼슨 형식 : 맥퍼슨 형식은 위시본 형식으로부터 개발된 것으로, 위시본 형식에서 위 컨트롤 암은 없으며 그 대신 쇽 업쇼버를 내장한 스트럿의 하단을 조향 너클의 상단부에 결합시킨 형식으로 현재 승용차에 가장 많이 적용되고 있는 형식이다.

㉠ 위시본형에 비해 구조가 간단하고 부품이 적어 정비가 용이하다.

㉡ 스프링 아래 질량을 가볍게 할 수 있고 로드 홀딩 및 승차감이 좋다.

㉢ 엔진룸의 유효공간을 크게 제작할 수 있다.

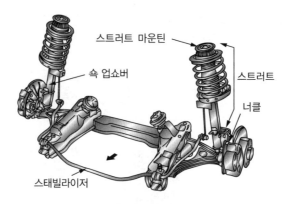

[스태빌라이저]

⑤ **공기 스프링 현가장치** : 공기 스프링 현가장치는 공기 스프링, 서지탱크, 레벨링 밸브 등으로 구성되어 있으며, 하중에 따라 스프링 상수를 변화시킬 수 있고, 차고 조정이 가능하므로 승차감과 차체 안정성을 향상시킬 수 있어 대형 버스 등에 많이 사용된다.

　㉠ 차체의 하중 증감과 관계없이 차고가 항상 일정하게 유지되며 차량이 전후, 좌우로 기우는 것을 방지한다.

　㉡ 공기 압력을 이용하여 하중의 변화에 따라 스프링 상수가 자동적으로 변한다.

　㉢ 항상 스프링의 고유진동수는 거의 일정하게 유지된다.

　㉣ 고주파 진동을 잘 흡수한다(작은 충격도 잘 흡수).

　㉤ 승차감이 좋고 진동을 완화하기 때문에 자동차의 수명이 길어진다.

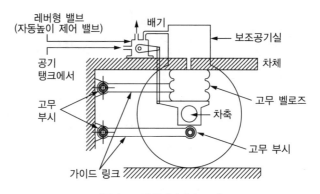

[공기 스프링 현가장치의 구조]

⑥ **공기 스프링 현가장치의 구성**

　㉠ 공기 압축기 : 엔진에 의해 벨트로 구동되며 압축 공기를 생산하여 저장 탱크로 보낸다.

　㉡ 서지 탱크 : 공기 스프링 내부의 압력 변화를 완화하여 스프링 작용을 유연하게 해주는 장치이며, 각 공기 스프링마다 설치되어 있다.

　㉢ 공기 스프링 : 공기 스프링에는 벨로즈형과 다이어프램형이 있으며, 공기 저장 탱크와 스프링 사이의 공기 통로를 조정하여 도로 상태와 주행속도에 가장 적합한 스프링 효과를 얻도록 한다.

　㉣ 레벨링 밸브 : 공기 저장 탱크와 서지 탱크를 연결하는 파이프 도중에 설치된 것이며, 자동차의 높이가 변화하면 압축 공기를 스프링으로 공급하여 차고를 일정하게 유지시킨다.

🔢 전자제어 현가장치

ECS(Electronic Control Suspension System)는 ECU, 각종 센서, 액추에이터 등을 설치하고 노면의 상태, 주행 조건 및 운전자의 조작 등과 같은 요소에 따라서 차고와 현가특성(감쇠력 조절)이 자동적으로 조절되는 현가장치이다. 주행 조건 및 노면의 상태에 따라 감쇠력 및 현가 특성을 조절하는 것이 전자제어 현가장치이며 이러한 현가 시스템은 차고조절 기능도 함께 수행한다.

(1) 전자제어 현가장치의 특징

① 선회 시 감쇠력을 조절하여 자동차의 롤링 방지(앤티 롤)
② 불규칙한 노면 주행 시 감쇠력을 조절하여 자동차의 피칭 방지(앤티 피치)
③ 급출발 시 감쇠력을 조정하여 자동차의 스쿼트 방지(앤티 스쿼트)
④ 주행 중 급제동 시 감쇠력을 조절하여 자동차의 다이브 방지(앤티 다이브)
⑤ 도로의 조건에 따라 감쇠력을 조절하여 자동차의 바운싱 방지(앤티 바운싱)
⑥ 고속 주행 시 감쇠력을 조절하여 자동차의 주행 안정성 향상(주행속도 감응제어)
⑦ 감쇠력을 조절하여 하중변화에 따라 차체가 흔들리는 셰이크 방지(앤티 셰이크)
⑧ 적재량 및 노면의 상태에 관계없이 자동차의 자세 안정
⑨ 조향 시 언더스티어링 및 오버스티어링 특성에 영향을 주는 롤링제어 및 강성배분 최적화
⑩ 노면에서 전달되는 진동을 흡수하여 차체의 흔들림 및 차체의 진동 감소

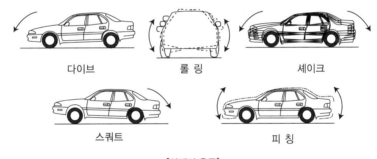

다이브   롤 링   셰이크

스쿼트   피 칭

[차체의 운동]

(2) 전자제어 현가장치의 구성

① **차속 센서** : 스피드미터 내에 설치되어 변속기 출력축의 회전수를 전기적인 펄스 신호로 변환하여 ECS ECU에 입력한다. ECU는 이 신호를 기초로 선회할 때 롤(Roll)량을 예측하며, 앤티 다이브, 앤티 스쿼트제어 및 고속 주행 안정성을 제어할 때 입력 신호로 사용한다.
② **G 센서(중력 센서)** : 엔진 룸 내에 설치되어 있고 바운싱 및 롤(Roll) 제어용 센서이며, 자동차가 선회할 때 G 센서 내부의 철심이 자동차가 기울어진 쪽으로 이동하면서 유도되는 전압이 변화한다. ECU는 유도되는 전압의 변화량을 감지하여 차체의 기울어진 방향과 기울기를 검출하여 앤티 롤(Anti Roll)을 제어할 때 보정 신호로 사용한다.
③ **차고 센서** : 이 센서는 차량의 전방과 후방에 설치되어 있고 차축과 차체에 연결되어 차체의 높이를 감지하며 차체의 상하 움직임에 따라 센서의 레버가 회전하므로 레버의 회전량을 센서를 통하여 감지한다. 또한 ECS ECU는 차고 센서의 신호에 의해 현재 차고와 목표 차고를 설정하고 제어한다.

④ **조향 핸들 각속도 센서** : 이 센서는 핸들이 설치되는 조향 칼럼과 조향축 상부에 설치되며 센서는 핸들 조작 시 홀이 있는 디스크가 회전하게 되고 센서는 홀을 통하여 조향 방향, 조향 각도, 조향속도를 검출한다. 또한 ECS ECU는 조향 핸들 각도 센서 신호를 기준으로 롤링을 예측한다.

⑤ **자동변속기 인히비터 스위치** : 자동변속기의 인히비터 스위치(Inhibitor Switch)는 운전자가 변속 레버를 P, R, N, D 중 어느 위치로 선택 이동하는지를 ECS ECU로 입력시키는 스위치이다. ECU는 이 신호를 기준으로 변속 레버를 이동할 때 발생할 수 있는 진동을 억제하기 위해 감쇠력을 제어한다.

⑥ **스로틀 위치 센서** : 이 센서는 가속페달에 의해 개폐되는 엔진 스로틀개도 검출 센서로서 운전자의 가·감속의지를 판단하기 위한 신호로 사용된다. 운전자가 가속페달을 밟는 양을 검출하여 ECS ECU로 입력시킨다. ECS ECU는 이 신호를 기준으로 운전자의 가·감속의지를 판단하여 앤티 스쿼트를 제어할 때 기준 신호로 이용한다.

⑦ **전조등 릴레이** : 전조등 릴레이는 전조등 스위치를 작동하면 전조등을 점등하는 역할을 한다. 전조등 릴레이의 신호에 따라 ECS ECU는 고속 주행 중 차고 제어를 통하여 적재물 또는 승차 인원 하중으로 인한 전조등의 광축의 변화를 억제하여 항상 일정한 전조등의 조사 각도를 유지한다.

⑧ **발전기 L 단자** : 엔진의 작동여부를 검출하여 차고를 조절하는 신호로 사용된다.

⑨ **모드 선택 스위치** : ECS 모드 선택 스위치는 운전자가 주행 조건이나 노면 상태에 따라 쇽 업쇼버의 감쇠력 특성과 차고를 선택할 때 사용한다.

⑩ **도어 스위치** : 도어 스위치는 자동차의 도어가 열리고 닫히는 것을 감지하는 스위치로 ECS ECU는 도어 스위치의 신호로 자동차에 승객의 승차 및 하차 여부를 판단하여 승·하차를 할 때 차체의 흔들림 및 승·하차 시 탑승자의 편의를 위해 쇽 업쇼버의 감쇠력 제어 및 차고조절 기능을 수행한다.

⑪ **스텝 모터(모터드라이브 방식)** : 스텝 모터는 각각의 쇽 업쇼버 상단에 설치되어 있으며, 쇽 업쇼버 내의 오리피스 통로면적을 ECS ECU에 의해 자동 조절하여 감쇠력을 변화시키는 역할을 한다.

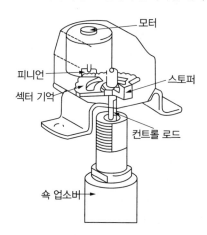

[모터드라이브의 구조]

⑫ **제동등 스위치** : 제동등 스위치는 운전자의 브레이크 페달 조작 여부를 판단하며 ECS ECU는 이 신호를 기준으로 앤티 다이브제어를 실행한다.

⑬ 급·배기 밸브 : 급·배기 밸브는 차고조절을 위해 현가시스템에 설치된 공기주머니에 공기를 급기 또는 배기하는 역할을 수행하는 밸브이다. 이 밸브는 ECS ECU의 명령에 따라 앞·뒤 제어 및 좌·우 제어를 통하여 차량의 운전조건 및 노면상태에 따른 차고조절을 제어한다.

(3) ECS 제어

① 앤티 롤링 제어 : 선회할 때 자동차의 좌우 방향으로 작용하는 가로 방향 가속도를 G 센서로 감지하여 제어하는 것이다.

② 앤티 스쿼트 제어 : 급출발 또는 급가속할 때에 차체의 앞쪽은 들리고, 뒤쪽이 낮아지는 노스 업(Nose-Up) 현상을 제어하는 것이다.

③ 앤티 다이브 제어 : 주행 중에 급제동을 하면 차체의 앞쪽은 낮아지고, 뒤쪽이 높아지는 노스 다운(Nose Down) 현상을 제어하는 것이다.

④ 앤티 피칭 제어 : 자동차가 요철 노면을 주행할 때 차고의 변화와 주행속도를 고려하여 쇽 업쇼버의 감쇠력을 증가시킨다.

⑤ 앤티 바운싱 제어 : 차체의 바운싱은 G 센서가 검출하며, 바운싱이 발생하면 쇽 업쇼버의 감쇠력은 Soft에서 Medium이나 Hard로 변환된다.

⑥ 주행속도 감응 제어 : 자동차가 고속으로 주행할 때에는 차체의 안정성이 결여되기 쉬운 상태이므로 쇽 업쇼버의 감쇠력은 Soft에서 Medium이나 Hard로 변환된다.

⑦ 앤티 쉐이크 제어 : 사람이 자동차에 승하차할 때 하중의 변화에 따라 차체가 흔들리는 것을 쉐이크라고 한다. 규정속도 이하가 되면 ECU는 승하차에 대비한다.

13 조향장치

조향장치는 운전자의 의도에 따라 자동차의 진행 방향을 바꾸기 위한 장치로서 조작기구, 기어기구, 링크기구 등으로 구성된다. 조작기구는 운전자가 조작한 조작력을 전달하는 부분으로 조향 핸들, 조향축, 조향칼럼 등으로 이루어진다. 기어기구는 조향축의 회전수를 감소함과 동시에 조작력을 증대시키며 조작기구의 운동방향을 바꾸어 링크기구에 전달하는 부분이며, 링크기구는 기어기구의 움직임을 앞바퀴에 전달함과 동시에 좌우 바퀴의 위치를 올바르게 유지하는 부분이며 피트먼 암, 드래그 링크, 타이 로드, 너클 암 등으로 구성된다.

(1) 조향장치의 구비 조건

① 조향 조작 시 주행 중의 바퀴의 충격에 영향을 받지 않을 것

② 조작이 쉽고, 방향 변환이 용이할 것

③ 회전 반경이 작아서 협소한 도로에서도 방향 변환을 할 수 있을 것

④ 진행 방향을 바꿀 때 섀시 및 보디 각 부품에 무리한 힘이 작용되지 않을 것

⑤ 고속 주행에서도 조향 핸들이 안정될 것

⑥ 조향 핸들의 회전과 바퀴 선회 차이가 크지 않을 것

⑦ 수명이 길고 다루기가 쉽고 정비가 쉬울 것

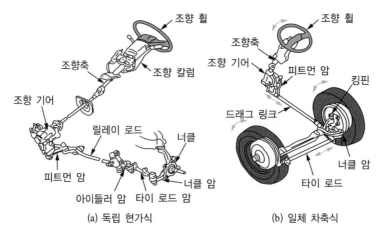

[독립 현가식과 일체 차축식의 구조]

(2) 선회 특성

조향 핸들을 어느 각도까지 돌리고 일정한 속도로 선회하면, 일정의 원주상을 지나게 되며 다음과 같은 특성이 나타난다.

① **언더스티어** : 일정한 방향으로 선회하여 속도가 상승했을 때, 선회반경이 커지는 것으로 원운동의 궤적으로부터 벗어나 서서히 바깥쪽으로 커지는 주행상태가 나타난다.

② **오버스티어** : 일정한 조향각으로 선회하여 속도를 높였을 때 선회 반경이 적어지는 것으로 언더스티어의 반대의 경우로서 안쪽으로 서서히 적어지는 궤적을 나타낸다.

③ **뉴트럴스티어** : 차륜이 원주상의 궤적을 거의 정확하게 선회한다.

④ **리버스스티어** : 최초의 동안은 언더스티어로 밖으로 커지는데 도중에 급선회로 인하여 갑자기 안쪽으로 적어지는 오버스티어의 주행 방법을 나타낸다.

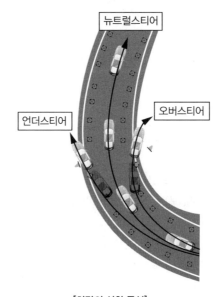

[차량의 선회 특성]

(3) 에커먼 장토식 조향 원리

이 원리는 조향 각도를 최대로 하고 선회할 때 선회하는 안쪽 바퀴의 조향각이 바깥쪽 바퀴의 조향각보다 크게 되며, 뒷 차축 연장선상의 한 점을 중심으로 동심원을 그리면서 선회하여 사이드슬립 방지와 조향 핸들 조작에 따른 저항을 감소시킬 수 있는 방식이다.

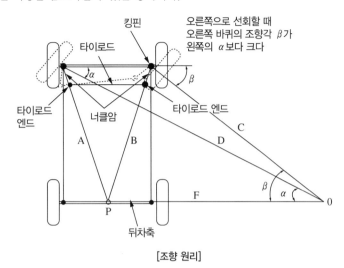

[조향 원리]

(4) 조향 기구

① **조향 휠(조향 핸들)** : 조향 핸들은 림, 스포크 및 허브로 구성되어 있으며, 조향 핸들은 조향 축에 테이퍼나 세레이션홈에 끼우고 너트로 고정시킨다.

② **조향 축** : 조향 축은 조향 핸들의 회전을 조향 기어의 웜으로 전달하는 축이며 웜과 스플라인을 통하여 자재 이음으로 연결되어 있다.

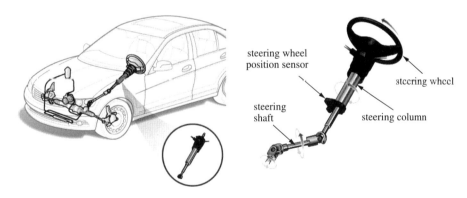

[조향 축의 구조]

③ **조향 기어 박스** : 조향 기어는 조향 조작력을 증대시켜 앞바퀴로 전달하는 장치이며, 종류에는 웜 섹터형, 볼 너트형, 래크와 피니언형 등이 있다.

④ **피트먼 암** : 피트먼 암은 조향 핸들의 움직임을 일체 차축 방식 조향 기구에서는 드래그 링크로, 독립 차축 방식 조향 기구에서는 센터 링크로 전달하는 것이며, 한쪽 끝에는 테이퍼의 세레이션을 통하여 섹터축에 설치되고, 다른 한쪽 끝은 드래그 링크나 센터 링크에 연결하기 위한 볼 이음으로 되어 있다.

⑤ 타이로드 : 독립 차축 방식 조향 기구에서는 드래그 링크가 없으며, 타이로드가 둘로 나누어져 있다. 래크와 피니언 형식의 조향 기어에서는 직접 연결되며, 볼트 너트 형식 조향 기어 상자에서는 센터 링크의 운동을 양쪽 너클 암으로 전달하며, 2개로 나누어져 볼 이음으로 각각 연결되어 있다. 또 타이로드의 길이를 조정하여 토인(Toe-In)을 조정할 수 있다.

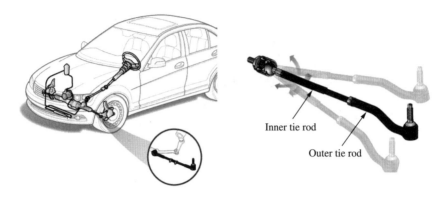

[타이로드]

⑥ 너클 암 : 너클 암은 일체 차축 방식 조향 기구에서 드래그 링크의 운동을 조향 너클에 전달하는 기구이다.

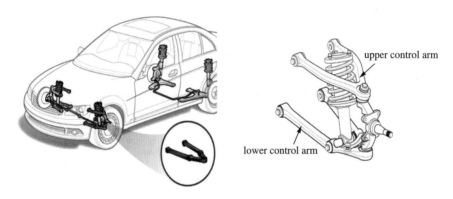

[너클 암의 구조]

(5) 조향장치의 종류

① 웜 섹터 형 : 웜 섹터형은 조향 축과 연결된 웜, 그리고 웜에 의해 회전운동을 하는 섹터 기어로 구성되어 있다. 조향축을 돌리면 웜이 회전하고 웜은 섹터축에 붙어 있는 섹터 기어를 돌린다.

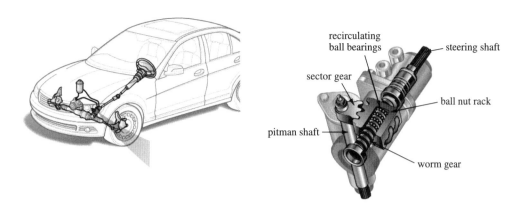

[웜 섹터형 조향장치의 구조]

② 볼 너트형 : 이 형식은 웜과 볼 너트 사이에 여러 개의 강구를 넣어 웜과 볼 너트 사이의 접촉이 볼에 의한 구름접촉이 되도록 한 것이다.

③ 래크와 피니언형 : 래크와 피니언형은 조향축 끝에 피니언을 장착하여 래크와 서로 물리도록 한 것이다. 조향축이 회전되면 피니언 기어가 회전하면서 래크를 좌우로 이동한다.

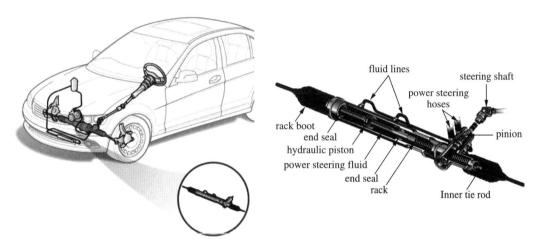

[래크와 피니언 형식의 조향장치 구조]

(6) 유압식 동력 조향장치

동력 조향장치는 엔진에 의해 구동되는 오일 펌프의 유압을 이용하여 조향 시 핸들의 조작력을 가볍게 하는 장치이다. 다음은 동력 조향장치의 장단점이다.

동력 조향장치의 장점	동력 조향장치의 단점
• 조향 조작력이 경감된다. • 조향 조작력에 관계없이 조향 기어비를 선정할 수 있다. • 노면의 충격과 진동을 흡수한다(킥 백 방지). • 앞바퀴의 시미 운동이 감소하여 주행안정성이 우수해 진다. • 조향 조작이 가볍고 신속하다.	• 유압장치 등의 구조가 복잡하고 고가이다. • 고장이 발생하면 정비가 어렵다. • 엔진출력의 일부가 손실된다.

① 동력 조향장치의 구조 : 동력 조향장치는 동력부, 작동부, 제어부의 3주요부로 구성되며 유량제어 밸브 및 유압제어 밸브와 안전 체크 밸브 등으로 구성되어 있다.

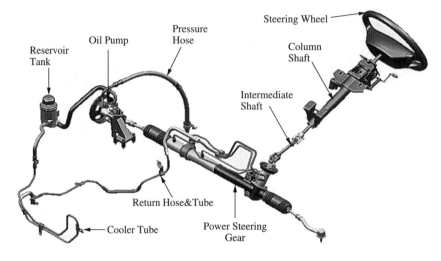

[동력 조향장치의 구성]

㉠ 동력부 : 오일 펌프는 엔진의 크랭크축에 의해 벨트를 통하여 유압을 발생시키며 오일 펌프의 형식은 주로 베인 펌프를 사용한다.

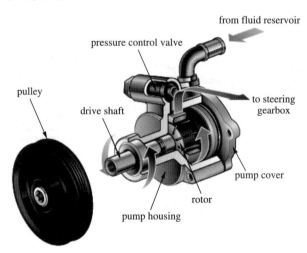

[유압펌프의 구조]

㉡ 작동부 : 동력 실린더는 오일 펌프에서 발생한 유압을 피스톤에 작용시켜서 조향 방향 쪽으로 힘을 가해 주는 장치이다.

㉢ 제어부 : 제어 밸브는 조향 핸들의 조작에 대한 유압통로를 조절하는 기구이며, 조향 핸들을 회전시킬 때 오일 펌프에서 보낸 유압유를 해당 조향 방향으로 보내 동력 실린더의 피스톤이 작동하도록 유로를 변환시킨다.

㉣ 안전 체크 밸브 : 안전 체크 밸브는 제어 밸브 내에 들어 있으며 엔진이 정지되거나 오일 펌프의 고장 또는 회로에서의 오일 누설 등의 원인으로 유압이 발생하지 못할 때 조향 핸들의 조작을 수동으로 전환할 수 있도록 작동하는 밸브이다.

ⓜ 유량조절 밸브 : 오일 펌프의 로터 회전은 엔진 회전수와 비례하므로 주행 상황에 따라 회전수가 변화하며 오일의 유량이 다르게 토출된다. 오일 펌프로부터 오일 토출량이 규정 이상이 되면, 오일 일부를 저장 탱크(리저버)로 빠져나가게 하여 유량을 유지하는 역할을 한다.

ⓗ 유압조절 밸브 : 조향 핸들을 최대로 돌린 상태를 오랫동안 유지하고 있을 때 회로의 유압이 일정 이상이 되면 오일을 저장 탱크로 되돌려 최고 유압을 조정하여 회로를 보호하는 역할을 한다.

14 전자제어식 동력 조향장치(EPS)

EPS(Electronic Power Steering)는 기존의 유압식 조향장치시스템에 차속감응 조타력 조절 등의 기능을 추가하여 조향 안전성 및 고속 안전성 등을 구현하는 시스템이다.

(1) EPS의 특징
① 기존의 동력 조향장치와 일체형이다.
② 기존의 동력 조향장치에는 변경이 없다.
③ 컨트롤밸브에서 직접 입력회로 압력과 복귀회로 압력을 바이패스시킨다.
④ 조향회전각 및 횡가속도를 감지하여 고속 시 또는 급조향 시(유량이 적을 때) 조향하는 방향으로 잡아 당기려는 현상을 보상한다.

(2) EPS 구성요소
① 입력요소
  ㉠ 차속 센서 : 계기판 내의 속도계에 리드 스위치식으로 장착되어 차량속도를 검출하여 ECU로 입력하기 위한 센서이다.
  ㉡ TPS(Throttle Position Sensor) : 스로틀 보디에 장착되어 있고 운전자가 가속페달을 밟는 양을 감지하여 ECU에 입력시켜줌으로써 차속 센서 고장 시 조향력을 적절하게 유지하도록 한다.
  ㉢ 조향각 센서 : 조향 핸들의 다기능 스위치 내에 설치되어 조향속도를 측정하며 기존 동력 조향장치의 Catch Up 현상을 보상하기 위한 센서이다.
② 제어부
  ㉠ 컴퓨터(ECU) : ECU는 입력부의 조향각 센서 및 차속 센서의 신호를 기초로 하여 출력요소인 유량제어밸브의 전류를 적절히 제어한다. 저속 시는 많은 전류를 보내고 고속 시는 적은 전류를 보내어 유량제어밸브의 상승 및 하강을 제어한다.
③ 출력요소
  ㉠ 유량제어밸브 : 차속과 조향각 신호를 기초값으로 하여 최적상태의 유량을 제어하는 밸브이다. 정차 또는 저속 시는 유량제어밸브의 플런저에 가장 큰 축력이 작용하여 밸브가 상승하고 고속 시는 밸브가 하강하여 입력 및 바이패스 통로의 개폐를 조절한다. 유량제어밸브에서 유량을 제어함으로써 조향휠의 답력을 변화시킨다.
  ㉡ 고장진단 신호 : 전자제어 계통의 고장발생 시 고장진단장비로 차량의 컴퓨터와 통신할 수 있는 신호이다.

15 전동식 동력 조향장치

엔진의 구동력을 이용하지 않고 전기 모터의 힘을 이용해서 조향 핸들의 작동시에만 조향 보조력을 발생시키는 구조로 더욱 효율적이고 능동적인 시스템이다. 이 장치는 전기모터로 유압을 발생시켜 조향력을 보조하는 EHPS 장치와 순수 전기 모터의 구동력으로 조향력을 보조하는 MDPS 형식이 있다.

(1) 전동 유압식 동력 조향장치(EHPS)

전동 유압식 동력 조향장치(EHPS; Electronic Hydraulic Power Steering)는 엔진의 동력으로 유압펌프를 작동시켜 조타력을 보조하는 기존의 유압식 파워 스티어링과 달리 전동모터로 필요 시에만 유압펌프를 작동시켜 차속 및 조향 각속도에 따라 조타력을 보조하는 전동 유압식 파워 스티어링이다.

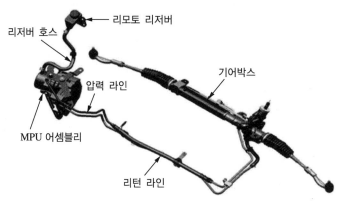

[전동 유압식 동력 조향장치의 구성]

(2) 모터 구동식 동력 조향장치(MDPS)

모터 구동식 동력 조향장치(MDPS; Motor Driven Power Steering)는 전기 모터를 구동시켜 조향 핸들의 조향력을 보조하는 장치로서 기존의 전자제어식 동력 조향장치보다 연비 및 응답성이 향상되어 조종 안전성을 확보할 수 있으며 전기에너지를 이용하므로 친환경적이고 구동소음과 진동 및 설치위치에 대한 설계의 제약이 감소되었다. 이러한 MDPS의 특징은 다음과 같다.

① 전기모터 구동으로 인해 이산화탄소가 저감된다.
② 핸들의 조향력을 저속에서는 가볍고 고속에서는 무겁게 작동하는 차속 감응형 시스템이다.
③ 엔진의 동력을 이용하지 않으므로 연비 향상과 소음, 진동이 감소된다.
④ 부품의 단순화 및 전자화로 부품의 중량이 감소되고 조립 위치에 제약이 적다.
⑤ 차량의 유지비 감소 및 조향성이 증가된다.

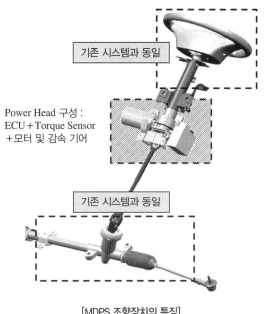

기존 시스템과 동일

Power Head 구성 :
ECU+Torque Sensor
+모터 및 감속 기어

기존 시스템과 동일

[MDPS 조향장치의 특징]

(3) MDPS의 종류

MDPS는 컴퓨터에 의해 차속과 조향 핸들의 조향력에 따라 전동모터에 흐르는 전류를 제어하여 운전자의 조향방향에 대해서 적절한 동력을 발생시켜 조향력을 경감시키는 장치로서 MDPS의 종류로는 모터의 장착위치에 따라서 C−MDPS(칼럼구동 방식), P−MDPS(피니언구동 방식), R−MDPS(래크구동 방식)가 있다. 또한 엔진정지 및 고장 시에 동력을 얻을 수 없으므로 페일 세이프 기능으로 일반 기계식 조향시스템에 의해 조향할 수 있는 구조로 되어 있다.

① C−MDPS : 전기 구동모터가 조향칼럼에 장착되며 조향축의 회전에 대해 보조동력을 발생시킨다. 모터의 초기 구동 시 및 정지 시 조향칼럼을 통해 진동과 소음이 조향 핸들로 전달되나 경량화가 가능하여 소형 자동차에 적용하고 있다.

칼럼측 모터 장착

[C−MDPS 의 구조]

② P−MDPS : 전기 구동모터가 조향기어박스에 장착되며 피니언의 회전에 대해서 보조 동력을 발생시킨다. 엔진룸에 설치되며 공간상 제약이 있어 설계 시 설치 공간에 대한 것을 고려해야 한다.

[P-MDPS의 구조]

③ R-MDPS : 전기 구동모터가 래크기어부에 장착되어 래크의 좌우 움직임에 대해서 보조 동력을 발생시킨다. 엔진룸에 설치되며 공간상 제약이 있어 설계 시 설치 공간에 대한 것을 고려해야 한다.

[R-MDPS의 구조]

16 전 차륜 정렬

(1) 휠 얼라인먼트

자동차를 지지하는 바퀴는 기하학적인 관계를 두고 설치되어 있는데 휠 얼라인먼트는 바퀴의 기하학적인 각도 관계를 말하며 일반적으로 캠버, 캐스터, 토인, 킹핀 경사각 등이 있다. 다음은 휠 얼라인먼트의 역할과 기능을 나타낸다.

① 캐스터 : 직진성과 복원성, 안전성을 준다.

② 캐스터와 킹핀 경사각 : 조향 핸들에 복원성을 준다.

③ 캠버와 킹핀 경사각 : 앞 차축의 휨 방지 및 조향 핸들의 조작력을 가볍게 한다.

④ 토인 : 타이어의 마멸을 최소로 하고 로드홀딩 효과가 있다.

이러한 휠 얼라인먼트의 효과는 연료 절감, 타이어 수명 연장, 안정성 및 안락성, 현가장치 관련 부품 수명 연장, 조향장치 관련 부품 수명 연장 등이 있으며 자동차의 주행에 대하여 노면과 타이어의 저항을 감소시키는 중요한 요소이다.

(2) 휠 얼라이먼트의 구성요소

① 캠버(Camber) : 자동차를 앞에서 볼 때 앞바퀴가 지면의 수직선에 대해 어떤 각도를 두고 장착되어 있는데 이 각도를 캠버각이라 한다. 캠버각은 일반적으로 0.5~1.5° 정도를 주며 바퀴의 윗부분이 바깥쪽으로 기울어진 상태를 정 캠버, 바퀴의 중심선이 수직일 때를 0(Zero) 캠버 그리고 바퀴의 윗부분이 안쪽으로 기울어진 상태를 부 캠버라 한다.

ㄱ 캠버의 역할
- 수직방향 하중에 의한 앞차축의 휨을 방지한다.
- 조향 핸들의 조작을 가볍게 한다.
- 하중을 받았을 때 앞바퀴의 아래쪽부의 캠버가 벌어지는 것을 방지한다.

Negative   Zero   Positive

[캠버의 분류]

ㄴ 정(+) 캠버 : 정 캠버는 바퀴의 위쪽이 바깥쪽으로 기울어진 상태를 말하며 정 캠버가 클수록 선회할 때 코너링 포스가 감소하고 방향 안전성 및 노면의 충격을 감소시킨다. 일반적으로 앞바퀴에 적용되며 0°30′~1°를 적용한다.

ㄷ 부(−) 캠버 : 부 캠버는 바퀴의 위쪽이 안쪽으로 기울어진 상태를 말하며 승용차에서는 뒷바퀴에 −0°30′~1.5° 정도를 두고 있다. 스포츠카 등의 특수한 경우 부 캠버를 사용하며 부 캠버는 선회할 때 코너링 포스를 증가시키며 고정부분 및 너클에 응력이 집중되고 바퀴의 트레드 안쪽의 마모를 촉진시킨다.

② 캐스터(Caster) : 자동차의 앞바퀴를 옆에서 볼 때 너클과 앞 차축을 고정하는 스트럿이 수직선과 어떤 각도를 두고 설치되는데 이를 캐스터 각이라 한다. 캐스터 각은 일반적으로 1~3° 정도이다. 그리고 스트럿이 자동차의 뒤쪽으로 기울어진 상태를 정의 캐스터, 스트럿이 수직선과 일치된 상태를 0(Zero)캐스터, 스트럿이 앞쪽으로 기울어진 상태를 부의 캐스터라 한다.

[캐스터의 분류]

ⓐ 정(+)의 캐스터 : 정의 캐스터는 자동차를 옆에서 볼 때 스트럿이 자동차의 뒤쪽으로 기울어져 있
　　는 상태이다. 정의 캐스터는 주행할 때 직진성이 유지되며 시미 현상을 감소시킨다. 또한 정의 캐
　　스터는 선회 후 바퀴가 직진 위치로 복귀하도록 하는 복원력을 발생시킨다.

　ⓑ 부(−)의 캐스터 : 부의 캐스터는 자동차를 옆에서 볼 때 스트럿이 자동차의 앞쪽으로 기울어져 있
　　는 상태이다. 부의 캐스터를 사용하면 선회 후 바퀴의 복원력이 감소하고 직진성능은 감소하나 사
　　이드 포스에 대한 저항력은 증대된다.

③ 토인(Toe−In) : 자동차 앞바퀴를 위에서 내려다 볼 때 양 바퀴의 중심선 거리가 앞쪽이 뒤쪽보다 약간
　작게 되어 있는데 이것을 토인이라고 하며 일반적으로 2~5mm 정도이다. 토인의 역할은 다음과 같다.

　ⓐ 앞바퀴를 평행하게 회전시킨다.

　ⓑ 앞바퀴의 사이드슬립과 타이어 마멸을 방지한다.

　ⓒ 조향링키지 마멸에 따라 토 아웃이 되는 것을 방지한다.

　ⓓ 토인은 타이로드의 길이로 조정한다.

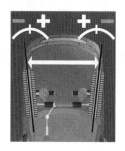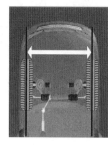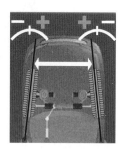

[토의 분류]

④ 킹핀 경사각 : 자동차를 앞에서 보면 독립 차축 방식에서는 위아래 볼이, 일체 차축 방식에서는 킹핀의
　중심선이 지면의 수직에 대하여 어떤 각도를 두고 설치되는데 이를 킹핀 경사각이라고 한다. 킹핀 경사
　각은 일반적으로 7~9° 정도를 준다. 킹핀 경사각의 역할은 다음과 같다.

　ⓐ 캠버와 함께 조향 핸들의 조작력을 가볍게 한다.

　ⓑ 캐스터와 함께 앞바퀴에 복원성을 부여한다.

　ⓒ 앞바퀴가 시미 현상을 일으키지 않도록 한다.

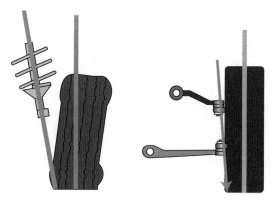

[킹핀 경사각]

🔟 제동장치

제동장치(Brake System)는 주행 중인 자동차를 감속 또는 정지시키고 주차상태를 유지하기 위하여 사용되는 장치이다. 제동장치는 마찰력을 이용하여 자동차의 운동 에너지를 열에너지로 바꾸어 제동하며 구비 조건은 다음과 같다.

(1) 제동장치의 구비 조건
① 작동이 명확하고 제동효과가 클 것
② 신뢰성과 내구성이 우수할 것
③ 점검 및 정비가 용이할 것

(2) 제동장치의 분류
제동장치는 기계식과 유압식으로 분류되며 기계식은 핸드 브레이크에 유압식은 풋 브레이크로 주로 적용된다. 또한 제동력을 높이기 위한 배력장치는 흡기다기관의 진공을 이용하는 하이드로 백(진공서보식)과 압축공기 압력을 이용하는 공기 브레이크 등이 있으며 감속 및 제동장치의 과열방지를 위하여 사용하는 배기 브레이크, 엔진 브레이크, 와전류 리타더, 하이드롤릭 리타더 등의 감속 브레이크가 있다.

(3) 작동 방식에 따른 분류
① **내부 확장식** : 브레이크 페달을 밟아 마스터 실린더의 유압이 휠 실린더에 전달되면 브레이크슈가 드럼을 밖으로 밀면서 압착되어 제동작용을 하는 방식이다.
② **외부 수축식** : 레버를 당길 때 브레이크 밴드를 브레이크 드럼에 강하게 조여서 제동하는 형식이다.
③ **디스크식** : 마스터 실린더에서 발생한 유압을 캘리퍼로 보내어 바퀴와 같이 회전하는 디스크를 패드로 압착시켜 제동하는 방식이다.

(4) 기구에 따른 분류
① **기계식** : 브레이크 페달이나 브레이크 레버의 조작력을 케이블 또는 로드를 통하여 브레이크슈를 브레이크 드럼에 압착시켜 제동 작용을 한다.
② **유압식** : 파스칼의 원리를 이용하여 브레이크 페달에 가해진 힘이 마스터 실린더에 전달되면 유압을 발생시켜 제동 작용을 하는 형식이다.
③ **공기식** : 압축공기의 압력을 이용하여 브레이크슈를 드럼에 압착시켜 제동 작용을 하는 방식이다.
④ **진공배력식** : 유압브레이크에서 제동력을 증가시키기 위하여 엔진의 흡기다기관(서지탱크)에서 발생하는 진공압과 대기압의 차이를 이용하여 제동력을 증대시키는 브레이크 장치이다.
⑤ **공기배력식** : 엔진의 동력으로 구동되는 공기 압축기를 이용하여 발생되는 압축공기와 대기와의 압력차를 이용하여 제동력을 발생시키는 장치이다.

⑱ 유압식 브레이크

유압식 브레이크는 파스칼의 원리를 이용한 것이며 유압을 발생시키는 마스터 실린더, 휠 실린더, 캘리퍼 유압 파이프, 플렉시블 호스 등으로 구성되어 있다.

(1) 유압 브레이크의 특징

① 제동력이 각 바퀴에 동일하게 작용한다.

② 마찰에 의한 손실이 적다.

③ 페달 조작력이 적어도 작동이 확실하다.

④ 유압회로에서 오일이 누출되면 제동력을 상실한다.

⑤ 유압회로 내에 공기가 침입(베이퍼 록)하면 제동력이 감소한다.

(2) 마스터 실린더(Master Cylinder)

마스터 실린더는 브레이크 페달을 밟는 힘에 의하여 유압을 발생시키며 마스터 실린더의 형식에는 피스톤이 1개인 싱글 마스터 실린더와 피스톤이 2개인 탠덤 마스터 실린더가 있으며 현재는 탠덤 마스터 실린더를 사용하고 있다.

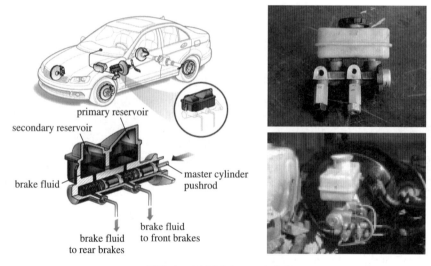

[탠덤 마스터 실린더의 구조 및 설치]

① **실린더 보디** : 실린더 보디의 재질은 주철이나 알루미늄 합금을 사용하며 위쪽에는 리저버 탱크가 설치되어 있다.

② **피스톤** : 피스톤은 실린더 내에 장착되며 페달을 밟으면 푸시 로드가 피스톤을 운동시켜 유압을 발생시킨다.

③ **피스톤 컵** : 피스톤 컵에는 1차 컵과 2차 컵이 있으며 1차 컵은 유압 발생이고 2차 컵은 마스터 실린더 내의 오일이 밖으로 누출되는 것을 방지한다.

④ **체크 밸브** : 브레이크 페달을 밟으면 오일이 마스터 실린더에서 휠 실린더로 나가게 하고 페달을 놓으면 파이프 내의 유압과 피스톤 리턴 스프링을 장력에 의해 일정량만을 마스터 실린더 내로 복귀하도록 하여 회로 내에 잔압을 유지시켜준다. 잔압을 유지시키는 이유는 다음 브레이크 자동시 신속한 자동과 회로 내의 공기가 침투하는 것을 방지하기 위함이다.

⑤ 피스톤 리턴 스프링 : 페달을 놓았을 때 피스톤이 제자리로 복귀하도록 하고 체크 밸브와 함께 잔압을 형성하는 작용을 한다.
⑥ 파이프(Pipe) : 브레이크 파이프는 강철 파이프와 유압용 플렉시블 호스를 사용한다. 파이프는 진동에 견디도록 클립으로 고정하고 연결부에는 금속제 피팅이 설치되어 있다.

(3) 휠 실린더(Wheel Cylinder)

휠 실린더는 마스터 실린더에서 압송된 유압에 의하여 브레이크슈를 드럼에 압착시키는 일을 하며 구조는 실린더 보디, 피스톤 스프링, 피스톤 컵, 공기빼기 작업을 하기 위한 에어 블리더가 있다.

[휠 실린더의 구조]

(4) 브레이크 슈(Brake Shoe)

브레이크 슈는 휠 실린더의 피스톤에 의해 드럼과 마찰을 일으켜 제동력을 발생시키는 부분으로 리턴 스프링을 두어 제동력 해제 시 슈가 제자리로 복귀하도록 하며 홀드다운 스프링에 의해 슈와 드럼의 간극을 유지시킨다. 라이닝은 다음과 같은 구비 조건을 갖추어야 한다.
① 내열성이 크고 열 경화(페이드) 현상이 없을 것
② 강도 및 내마멸성이 클 것
③ 온도에 따른 마찰계수 변화가 적을 것
④ 적당한 마찰계수를 가질 것

(5) 브레이크 드럼(Brake Drum)

브레이크 드럼은 휠 허브에 볼트로 장착되어 바퀴와 함께 회전하며 슈와의 마찰로 제동을 발생시키는 부분이다. 또한 냉각성능을 크게 하고 강성을 높이기 위해 원주방향에 핀이나 리브를 두고 있으며 제동 시 발생한 열은 드럼을 통하여 발산되므로 드럼의 면적은 마찰면에서 발생한 열 방출량에 따라 결정된다. 드럼의 구비 조건은 다음과 같다.
① 가볍고 강도와 강성이 클 것
② 정적 · 동적 평형이 잡혀 있을 것
③ 냉각이 잘 되어 과열하지 않을 것
④ 내마멸성이 클 것

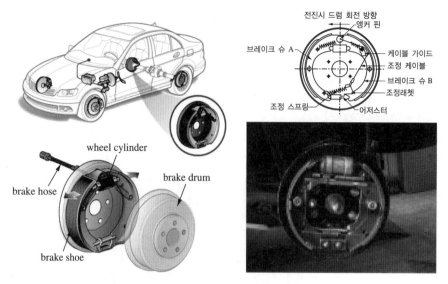

[드럼식 브레이크의 구조]

(6) 베이퍼 록

베이퍼 록 현상은 브레이크 액 내에 기포가 차는 현상으로 패드나 슈의 과열로 인해 브레이크 회로 내에 브레이크액이 비등하여 기포가 차게 되어 제동력이 전달되지 못하는 상태를 말하며 다음과 같은 경우에 발생한다.

① 한여름에 매우 긴 내리막길에서 브레이크를 지속적으로 사용한 경우

② 브레이크 오일을 교환한지 매우 오래된 경우

③ 저질 브레이크 오일을 사용한 경우

(7) 슈의 자기 작동

자기 작동이란 회전 중인 브레이크 드럼에 제동력이 작용하면 회전 방향 쪽의 슈는 마찰력에 의해 드럼과 함께 회전하려는 힘이 발생하여 확장력이 스스로 커져 마찰력이 증대되는 작용이다. 또한 드럼의 회전 반대방향 쪽의 슈는 드럼으로부터 떨어지려는 특성이 발생하여 확장력이 감소된다. 이때 자기 작동작용을 하는 슈를 리딩슈, 자기 작동 작용을 하지 못하는 슈를 트레일링 슈라고 한다.

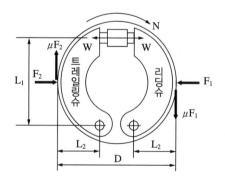

[내부확장 드럼식 브레이크]

(8) 자동 간극조정

브레이크라이닝이 마멸되면 라이닝과 드럼의 간극이 커지게 된다. 이러한 현상으로 인해 브레이크 슈와 드럼의 간극조정이 필요하며 후진 시 브레이크 페달을 밟으면 자동적으로 조정되는 장치이다.

(9) 브레이크 오일

브레이크 오일은 알코올과 피마자유의 화합물이며 식물성 오일이다. 브레이크 오일의 구비 조건은 다음과 같다.
① 점도가 알맞고 점도 지수가 클 것
② 적당한 윤활성이 있을 것
③ 빙점이 낮고 비등점이 높을 것
④ 화학적 안정성이 크고 침전물 발생이 적을 것
⑤ 고무 또는 금속제품을 부식시키지 않을 것

(10) 디스크 브레이크

디스크 브레이크는 마스터 실린더에서 발생한 유압을 캘리퍼로 보내어 바퀴와 함께 회전하는 디스크를 양쪽에서 패드로 압착시켜 제동 작용을 하는 장치이다. 디스크 브레이크는 디스크가 노출되어 있으므로 열 경화(페이드) 현상이 적고 브레이크 간극이 자동조정 되는 브레이크 형식이다. 디스크 브레이크의 장단점은 다음과 같다.
① 디스크가 노출되어 열 방출능력이 크고 제동성능이 우수하다.
② 자기 작동작용이 없어 고속에서 반복적으로 사용하여도 제동력 변화가 적다.
③ 평형성이 좋고 한쪽만 제동되는 일이 없다.
④ 디스크에 이물질이 묻어도 제동력의 회복이 빠르다.
⑤ 구조가 간단하고 점검 및 정비가 용이하다.
⑥ 마찰면적이 적어 패드의 압착력이 커야 하므로 캘리퍼의 압력을 크게 설계해야 한다.
⑦ 자기 작동작용이 없기 때문에 페달 조작력이 커야 한다.
⑧ 패드의 강도가 커야 하며 패드의 마멸이 크다.
⑨ 디스크가 노출되어 이물질이 쉽게 부착된다.

(11) 디스크 브레이크의 구조

디스크 브레이크의 종류는 캘리퍼의 양쪽에 설치된 실린더가 브레이크 패드를 디스크에 접촉시켜 제동력을 발생시키는 고정 캘리퍼형, 실린더가 한쪽에 설치되어 캘리퍼 전체가 이동하여 제동력을 발생시키는 부동 캘리퍼형으로 분류하며 구조는 다음과 같다.

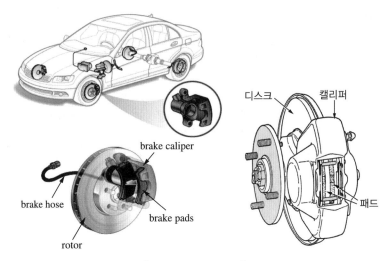

디스크 캘리퍼

brake caliper

brake hose

brake pads

rotor

패드

[디스크 브레이크의 구조]

① **디스크** : 디스크는 휠 허브에 설치되어 바퀴와 함께 회전하는 원판으로 제동 시에 발생되는 마찰열을 발산시키기 위하여 내부에 냉각용의 통기구멍이 설치되어 있는 벤틸레이티드 디스크로 제작되어 있다.

② **캘리퍼** : 캘리퍼는 내부에 피스톤과 실린더가 조립되어 있으며 제동력의 반력을 받기 때문에 너클이나 스트럿에 견고하게 고정되어 있다.

③ **실린더 및 피스톤** : 실린더 및 피스톤은 디스크에 끼워지는 캘리퍼 내부에 설치되어 있고 실린더의 끝부분에는 이물질이 유입되는 것을 방지하기 위하여 유연한 고무의 부츠가 설치되어 있으며 안쪽에는 피스톤실이 실린더 내벽의 홈에 설치되어 실린더 내의 유압을 유지함과 동시에 디스크와 패드 사이의 간극을 조절하는 자동조정장치의 역할도 가지고 있다.

④ **패드** : 패드는 두께가 약 10mm의 마찰제로 피스톤과 디스크 사이에 조립되어 있다. 패드의 측면에는 사용한계를 나타내는 인디케이터가 있으며 캘리퍼에 설치된 점검홈에 의해서 패드가 설치된 상태에서 마모상태를 점검할 수 있도록 되어 있다.

(12) 배력식 브레이크

배력식 브레이크는 유압식 브레이크에서 제동력을 증가시키기 위해 흡기다기관에서 발생하는 진공압과 대기압의 차이를 이용하는 진공배력식 하이드로백과 압축공기의 압력과 대기압력 차이를 이용하는 공기 배력식 하이드로 에어백이 있다. 공기배력식은 구조상 공기 압축기와 공기 저장 탱크를 별도로 장착하여야 하기 때문에 대형차량에 많이 적용된다.

① **진공배력식 브레이크** : 진공배력식 브레이크는 흡기다기관의 진공과 대기압력과의 차이를 이용한 것으로 페달 조작력을 약 8배 증가시켜 제동성능을 향상시키는 장치이다. 또한 배력장치에 이상이 발생하여도 일반적인 유압브레이크로 작동할 수 있는 구조로 되어있다.

② **진공배력식 브레이크의 종류** : 진공배력식 브레이크의 종류에는 마스터 실린더와 배력장치를 일체로 한 일체형 진공배력식과 하이드로백과 마스터실린더를 별도로 설치한 분리형 진공배력식이 있다.

　㉠ 일체형 진공배력식 : 진공배력장치가 브레이크 페달과 마스터 실린더 사이에 장착되며, 기관의 흡기다기관 내에서 발생하는 부압과 대기압과의 압력차를 이용하여 배력작용을 발생시키는 것으로 브레이크 부스터(Brake Booster) 또는 마스터 백이라고도 하며, 주로 승용차와 소형 트럭에 사용되고 있다. 동력전달은 브레이크 페달 밟는 힘, 브레이크 페달, 푸시로드, 플런저, 리액션 패드, 리액

션 피스톤, 마스터 실린더를 거쳐 유압이 발생한다. 이 과정에서 진공압과 대기압차에 의한 압력이 파워 피스톤에 작용하여 이 힘이 마스터 실린더 푸시로드에 작용하므로 배력작용이 일어난다. 일체형 진공배력식 장치의 특징은 다음과 같다.

- 구조가 간단하고 무게가 가볍다.
- 배력장치 고장 시 페달 조작력은 로드와 푸시로드를 거쳐 마스터 실린더에 작용하므로 유압식 브레이크로 작동을 할 수 있다.
- 페달과 마스터 실린더 사이에 배력장치를 설치하므로 설치 위치에 제한이 있다.

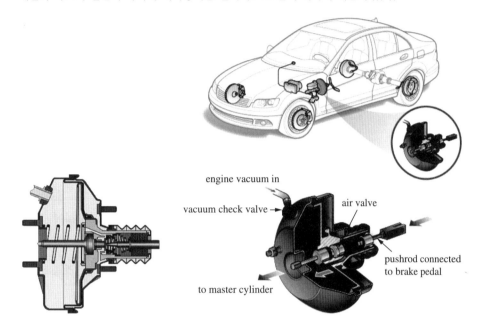

[진공 부스터(하이드로백)의 구조]

ⓛ 분리형 진공배력식 : 마스터 실린더와 배력장치가 서로 분리되어 있는 형태로, 이때의 배력장치를 하이드로 마스터(Hydro Master)라고도 한다. 구조와 작동원리는 일체형 진공배력식 장치와 비슷하다. 분리형 진공배력식 장치는 대기의 공기가 통하는 곳에 압축공기가 유입되어 파워 피스톤 양쪽의 압력차가 더욱 커지므로 강력한 제동력을 얻을 수 있도록 한 것이며 특징은 다음과 같다.

- 배력장치가 마스터 실린더와 휠실린더 사이를 파이프로 연결하므로 설치 위치가 자유롭다.
- 구조가 복잡하다.
- 회로 내의 잔압이 너무 크면 배력장치가 항상 작동하므로 잔압의 관계에 주의하여야 한다.

🔟 공압식 브레이크

(1) 공압식 브레이크의 특징

공압식 브레이크는 공기압축 장치의 압력을 이용하여 모든 바퀴의 브레이크슈를 드럼에 압착시켜서 제동 작용을 하는 것이며 브레이크 페달에 의해 밸브를 개폐시켜 브레이크 챔버에 공급되는 공기량으로 제동력을 조절한다.

① 공압식 브레이크의 장단점

    ㉠ 차량 중량에 제한을 받지 않는다.

    ㉡ 공기가 다소 누출되어도 제동성능이 현저하게 저하되지 않는다.

    ㉢ 베이퍼 록의 발생 염려가 없다.

    ㉣ 페달 밟는 양에 따라 제동력이 조절된다.

    ㉤ 공기 압축기 구동으로 인해 엔진의 동력이 소모된다.

    ㉥ 구조가 복잡하고 값이 비싸다.

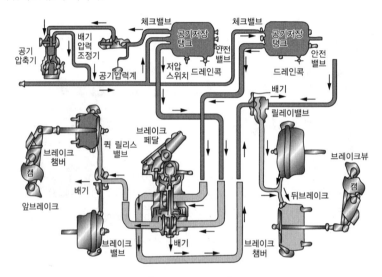

[공기 브레이크 회로]

② **공기 압축기** : 공기 압축기는 엔진의 크랭크축에 의해 구동되며 압축공기를 생산하는 역할을 한다. 공기 압축기 입구에는 언로더 밸브가 설치되어 있고 압력조정기와 함께 공기 압축기가 필요 이상 작동하는 것을 방지하고 공기 저장 탱크 내의 공기 압력을 일정하게 조정한다.

③ **압력조정기와 언로더 밸브**(Air Pressure Regulator & Unloader Valve) : 압력조정기는 공기 저장 탱크 내의 압력이 약 $7kgf/cm^2$ 이상이 되면 공기탱크에서 공기 입구로 유입된 압축공기가 압력조정 밸브를 밀어 올린다. 이에 따라 언로더 밸브를 열어 압축기의 압축작용이 정지된다. 또한 공기 저장 탱크 내의 압력이 규정값 이하가 되면 언로더 밸브가 다시 복귀되어 공기 압축작용이 다시 시작된다.

④ **공기탱크와 안전밸브** : 공기 저장 탱크는 공기 압축기에서 보내온 압축공기를 저장하며 탱크 내의 공기 압력이 규정값 이상이 되면 공기를 배출시키는 안전 밸브와 공기 압축기로 공기가 역류하는 것을 방지하는 체크 밸브 및 탱크 내의 수분 등을 제거하기 위한 드레인콕이 있다.

(2) 공압식 브레이크 계통

① 브레이크 밸브(Brake Valve) : 브레이크 밸브는 페달에 의해 개폐되며 페달을 밟는 양에 따라 공기 탱크 내의 압축공기량을 제어하여 제동력을 조절한다. 페달을 놓으면 플런저가 제자리로 복귀하여 배출 밸브가 열리며 브레이크 챔버 내의 공기를 대기 중으로 배출시켜 제동력을 해제한다.

② 퀵 릴리스 밸브(Quick Release Valve) : 퀵 릴리스 밸브는 페달을 밟아 브레이크 밸브로부터 압축공기 가 입구를 통하여 공급되면 밸브가 열려 브레이크 챔버에 압축공기가 작동하여 제동된다.

③ 릴레이 밸브(Relay Valve) : 릴레이 밸브는 페달을 밟아 브레이크 밸브로부터 공기 압력이 들어오면 다 이어프램이 아래쪽으로 내려가 배출 밸브를 닫고 공급밸브를 열어 공기 저장 탱크 내의 공기를 직접 브레이크 챔버로 보내어 제동시킨다.

④ 브레이크 챔버(Brake Chamber) : 페달을 밟아 브레이크 밸브에서 조절된 압축공기가 챔버 내로 유입 되면 다이어프램은 스프링을 누르고 이동하며 푸시로드가 슬랙 조정기를 거쳐 캠을 회전시켜 브레이 크슈가 확장되고 드럼에 압착되어 제동 작용을 한다.

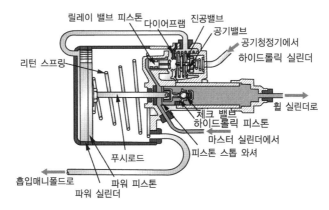

[브레이크 챔버의 구조]

⑤ 슬랙조정기 : 슬랙조정기는 캠축을 회전시키는 역할과 브레이크 드럼 내부의 브레이크슈와 드럼 사이 의 간극을 조정하는 역할을 한다.

⑥ 저압표시기 : 브레이크용의 공기탱크 압력이 규정보다 낮은 경우 적색 경고등을 점등하고 동시에 경고 음을 울려 브레이크용의 공기 압력이 규정보다 낮은 것을 운전사에게 알려주는 역할을 한다.

20 주차 브레이크 및 보조 감속 브레이크

(1) 주차 브레이크

① 센터 브레이크

㉠ 외부 수축식 : 브레이크 드럼을 변속기 출력축이나 추진축에 설치하여 레버를 당기면 로드가 당겨 지며 작동 캠의 작용으로 밴드가 수축하여 드럼을 강하게 조여서 제동이 된다.

㉡ 내부 확장식 : 레버를 당기면 와이어가 당겨지며 이때 브레이크슈가 확장되어 제동작용을 한다.

(2) 보조 감속 브레이크

마찰식 브레이크는 연속적인 제동을 하게 되면 마찰에 의한 온도 상승으로 페이드 현상이나 베이퍼 록(증기폐쇄) 현상이 일어날 수 있다. 따라서 긴 경사 길을 내려갈 때에는 상용 브레이크와 더불어 엔진 브레이크를 작동시켜 주 브레이크를 보호하는 역할을 한다. 그러나 버스나 트럭의 대형화 및 고속화에 따라 상용 브레이크 및 엔진 브레이크만으로는 요구하는 제동력을 얻을 수 없으므로 보조 감속 브레이크를 장착시킨다. 즉 감속 브레이크는 긴 언덕길을 내려갈 때 풋 브레이크와 병용되며 풋 브레이크 혹사에 따른 페이드 현상이나 베이퍼 록을 방지하여 제동장치의 수명을 연장한다. 보조 감속 브레이크의 종류는 다음과 같다.

① 엔진 브레이크 : 변속기 기어단수를 저단으로 놓고 엔진회전에 대한 저항을 증가시켜 감속하는 보조 감속 브레이크이다.

② 배기 브레이크 : 배기라인에 밸브 형태로 설치되어 작동 시 배기 파이프의 통로 면적을 감소시켜 배기 압력을 증가시키고 엔진 출력을 감소시키는 보조 감속 브레이크이다.

③ 와전류 리타더 : 이 브레이크는 변속기 출력축 또는 추진축에 설치되며 스테이터, 로터, 계자 코일로 구성되어 계자 코일에 전류가 흐르면 자력선이 발생하고 이 자력선속에서 로터를 회전시키면 맴돌이 전류가 발생하여 자력선과의 상호작용으로 로터에 제동력이 발생하는 형태의 보조 감속 브레이크 장치이다.

④ 유체식 감속 브레이크(하이드롤릭 리타더) : 물이나 오일을 사용하여 자동차 운동 에너지를 액체 마찰에 의해 열에너지로 변환시켜 방열기에서 감속시키는 방식의 보조 감속 브레이크이다.

21 전자제어 제동장치

(1) ABS의 개요

ABS는 바퀴의 고착현상을 방지하여 노면과 타이어의 최적의 마찰을 유지하며 제동하여 제동성능 및 조향 안전성을 확보하는 전자제어식 브레이크 장치이다.

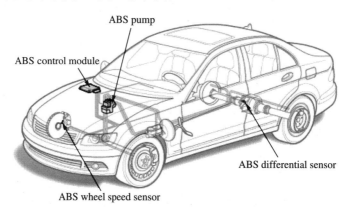

[ABS의 구성]

(2) ABS의 목적

① 조향안정성 및 조종성을 확보한다.

② 노면과 타이어를 최적의 그립력으로 제어하여 제동거리를 단축시킨다.

(3) ABS 구성 부품

① 휠 스피드 센서 : 휠 스피드 센서는 자동차의 각 바퀴에 설치되어 해당 바퀴의 회전상태를 검출하며 ECU는 이러한 휠 스피드 센서의 주파수를 인식하여 바퀴의 회전속도를 검출한다. 휠 스피드 센서는 전자 유도 작용을 이용한 것이며 톤 휠의 회전에 의해 교류 전압이 발생한다. 이 교류 전압은 회전속도에 비례하여 주파수 변화가 나타나기 때문에 이 주파수를 검출하여 바퀴의 회전속도를 검출한다.

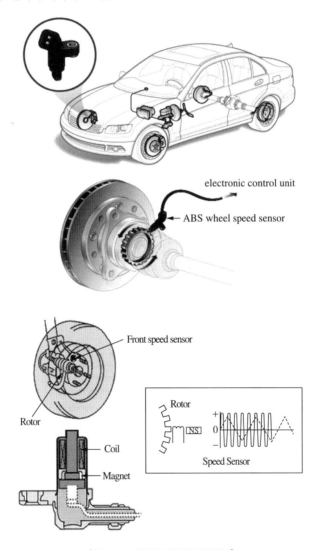

[휠 스피드 센서의 장착 및 작동원리]

② ABS ECU : ABS ECU는 휠 스피드 센서의 신호에 의해 들어온 바퀴의 회전 상황을 인식함과 동시에 급제동 시 바퀴가 고착되지 않도록 하이드롤릭 유닛(유압조절장치) 내의 솔레노이드 밸브 및 전동기 등을 제어한다.

(4) 하이드롤릭 유닛(유압조절장치)

하이드롤릭 유닛은 내부의 전동기에 의해 작동되며 제어 펌프에 의해 공급된다. 또한 밸브 블록에는 각 바퀴의 유압을 제어하기 위해 각 채널에 대한 2개의 솔레노이드 밸브가 들어 있다. ABS 작동 시 ECU의 신호에 따라 리턴 펌프를 작동시켜 휠 실린더에 가해지는 유압을 증압, 유지, 감압 등으로 제어한다.

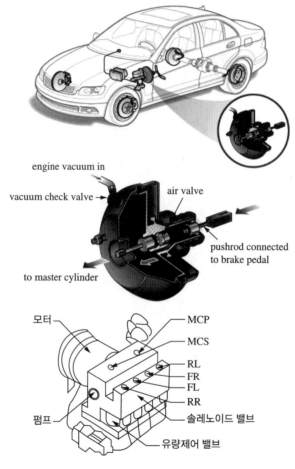

[하이드롤릭 유닛의 구조]

① **솔레노이드 밸브** : 이 밸브는 ABS 작동 시 ECU에 의해 ON, OFF되어 휠 실린더로의 유압을 증압, 유지, 감압시키는 기능을 한다.
② **리턴 펌프** : 이 펌프는 하이드롤릭 유닛의 중심부에 설치되어 있으며 전기 신호로 구동되는 전동기가 편심으로 된 풀리를 회전시켜 증압 시 추가로 유압을 공급하는 기능과 감압할 때 휠 실린더의 유압을 복귀시켜 어큐뮬레이터 및 댐핑챔버에 보내어 저장하도록 하는 기능을 한다.

③ 어큐뮬레이터 : 어큐뮬레이터 및 댐핑챔버는 하이드롤릭 유닛의 아래 부분에 설치되어 있으며 ABS 작동 중 감압 작동할 때 휠 실린더로부터 복귀된 오일을 일시적으로 저장하는 장치이며 증압 사이클에서는 신속한 오일 공급으로 리턴 펌프가 작동되어 ABS가 신속하게 작동하도록 한다. 또한 이 과정에서 발생되는 브레이크 오일의 맥동 및 진동을 흡수하는 기능도 있다.

22 전자제어 구동력 제어장치(TCS)

(1) TCS의 개요

TCS는 구동 및 가속에 대한 미끄러짐 발생 시 엔진의 출력을 감소시키고 ABS 유압 시스템을 통하여 바퀴의 미끄러짐을 억제하여 구동력을 노면에 최적으로 전달할 수 있다. 또한 빠른 속도로 선회 시 자동차의 뒷부분이 밖으로 밀려나가는 테일 아웃 현상이 발생하는데 이런 경우에도 TCS는 엔진의 출력을 제어하여 안전한 선회가 가능하다. 즉, TCS는 가속 및 구동 시 부분적 제동력을 발생하여 구동 바퀴의 슬립을 방지하고 엔진 토크를 감소시켜 노면과 타이어의 마찰력을 항상 일정한계 내에 있도록 자동적으로 제어하는 것이 TCS의 역할이다.

(2) TCS의 종류

① FTCS : 최적의 구동을 위해 엔진 토크의 감소 및 브레이크 제어를 동시에 구현하는 시스템이다. 브레이크 제어는 ABS ECU가 제어하며 TCS 제어를 함께 수행한다.
② BTCS : TCS를 제어할 때 브레이크 제어만을 수행하며 ABS 하이드롤릭 유닛 내부의 모터펌프에서 발생하는 유압으로 구동 바퀴의 제동을 제어한다.

(3) TCS 작동 원리

① 슬립 제어 : 뒷바퀴 휠 스피드 센서의 신호와 앞바퀴 휠 스피드 센서의 신호를 비교하여 구동바퀴의 슬립률을 계산하여 구동바퀴의 유압을 제어한다.
② 트레이스 제어 : 트레이스 제어는 운전자의 조향 핸들 조작량과 가속페달 밟는 양 및 비구동 바퀴의 좌측과 우측의 속도 차이를 검출하여 구동력을 제어하여 안정된 선회가 가능하도록 한다.

23 전자제어제동력 배분 장치(EBD)

제동 시 전륜측과 후륜측의 발생유압 시점을 뒷바퀴가 앞바퀴와 같거나 또는 늦게 고착되도록 ABS ECU가 제동배분을 제어하는 것을 EBD라 한다.

(1) EBD의 제어 원리

EBD는 ABS ECU에서 뒷바퀴의 제동유압을 이상적인 제동배분 곡선에 근접 제어하는 원리이다. 제동할 때 각각의 휠 스피드 센서로부터 슬립률을 연산하여 뒷바퀴 슬립률이 앞바퀴보다 항상 작거나 동일하게 유압을 제어한다.

(2) EBD 제어의 효과

① 후륜의 제동기능 및 제동력을 향상시키므로 제동거리가 단축된다.

② 뒷바퀴 좌우의 유압을 각각 독립적으로 제어하므로 선회 시 안전성이 확보된다.

③ 브레이크 페달의 작동력이 감소된다.

④ 제동 시 후륜의 제동 효과가 커지므로 전륜측 브레이크 패드의 온도 및 마멸 등이 감소되어 안정된 제동 효과를 얻을 수 있다.

24 차량 자세제어시스템(VDC)

(1) VDC의 개요

VDC(Vehicle Dynamic Control System)는 스핀(Spin), 또는 오버스티어(Oversteer), 언더스티어(Understeer) 등의 발생을 억제하여 이로 인한 사고를 미연에 방지할 수 있는 시스템이다. VDC는 요 모멘트 제어, 자동 감속 제어, ABS 및 TCS 제어 등에 의하여 스핀 방지, 오버스티어 방지, 요잉 발생 방지, 조정 안정성 향상 등의 효과가 있다.

[VDC의 구성]

1) 운전자의 조항 의도 분석
 - 조향 휠의 위치(Steering Angle)
 - 제동 페달(Pressure)
 - 차량의 속도(Wheel Speed)

2) 차량의 거동상태 분석
  – 차량 회전속도(Yaw Rate)
  – 측면으로 작동하는 힘(Lateral-G)

3) 제동력을 통한 자세제어
  – ECU는 필요한 대책을 계산
  – 각 바퀴의 제동력을 독립적으로 제어
  – 엔진출력제어

[VDC의 제어요소]

① 요 모멘트 : 요 모멘트란 차체의 앞뒤가 좌, 우측 또는 선회할 때 안쪽, 바깥쪽 바퀴 쪽으로 이동하려는 힘을 말한다. 요 모멘트로 인하여 언더스티어, 오버스티어, 횡력 등이 발생한다. 이로 인하여 주행 및 선회할 때 자동차의 주행 안정성이 저하된다.

② VDC 제어의 개요 : 조향각속도 센서, 마스터 실린더 압력 센서, 차속 센서, G 센서 등의 입력값을 연산하여 자세제어의 기준이 되는 요 모멘트와 자동 감속 제어의 기준이 되는 목표 감속도를 산출하여 이를 기초로 4바퀴의 독립적인 제동압, 자동 감속 제어, 요 모멘트 제어, 구동력 제어, 제동력 제어와 엔진 출력을 제어한다.

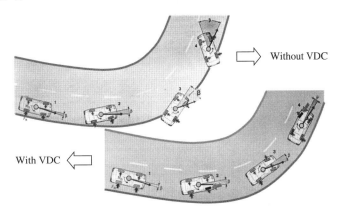

Without VDC

With VDC

[VDC 장착 비교]

③ 제어의 종류
  ㉠ ABS/EBD 제어 : 4개의 휠 스피드의 가·감속을 산출하고 ABS/EBD 작동 여부를 판단하여 제동 제어를 한다.
  ㉡ TCS 제어 : 브레이크 압력제어 및 CAN 통신을 통해 엔진 토크를 저감시켜 구동 방향의 휠 슬립을 방지한다.

ⓒ 요 제어 : 요 레이트 센서, 횡가속도 센서, 마스터 실린더 압력 센서, 조향휠 각속도 센서, 휠 스피드 센서 등의 신호를 연산하여 차량 자세를 제어한다.

④ VDC 제어 조건

　　㉠ 주행속도가 15km/h 이상 되어야 한다.

　　㉡ 점화 스위치 ON 후 2초가 지나야 한다.

　　㉢ 요 모멘트가 일정값 이상 발생하면 제어한다.

　　㉣ 제동이나 출발할 때 언더스티어나 오버스티어가 발생하면 제어한다.

　　㉤ 주행속도가 10km/h 이하로 떨어지면 제어를 중지한다.

　　㉥ 후진할 때에는 제어를 하지 않는다.

　　㉦ 자기 진단기기 등에 의해 강제구동 중일 때에는 제어를 하지 않는다.

⑤ 제동압력 제어

　　㉠ 요 모멘트를 기초로 제어 여부를 결정한다.

　　㉡ 슬립률에 의한 자세제어에 따라 제어 여부를 결정한다.

　　㉢ 제동압력 제어는 기본적으로 슬립률 증가 측에는 증압을 시키고 감소 측에는 감압제어를 한다.

⑥ ABS 관련 제어 : ABS의 관련 제어는 뒷바퀴의 제어의 경우 셀렉터 로우 제어에서 독립 제어로 변경되었으며 요 모멘트에 따라서 각 바퀴의 슬립률을 판단하여 제어한다. 또한 언더스티어나 오버스티어 제어일 때에는 ABS 제어에 제동압력의 증·감압을 추가하여 응답성을 향상시켰다.

⑦ 자동 감속 제어(제동 제어) : 선회할 때 횡 G값에 대하여 엔진의 가속을 제한하는 제어를 실행함으로써 과속의 경우에는 제동제어를 포함하여 선회 안정성을 향상시킨다. 목표 감속도와 실제 감속도의 차이가 발생하면 뒤 바깥쪽 바퀴를 제외한 3바퀴에 제동압력을 가하여 감속 제어를 실행한다.

⑧ TCS 관련 제어 : 슬립 제어는 제동제어에 의해 LSD(Limited Slip Differential) 기능으로 미끄러운 도로에서의 가속성능을 향상시키며 트레이스 제어는 운전 상황에 대하여 엔진의 출력을 감소시킨다.

⑨ 선회 시 제어

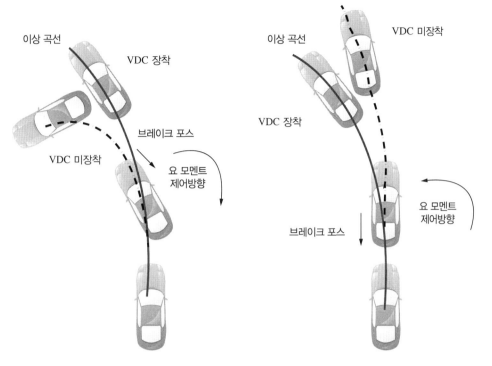

[선회 시 VDC 특성]

㉠ 오버스티어 발생 : 오버스티어는 전륜 대비 후륜의 횡 슬립이 커져 과다 조향현상이 발생하며 시계 방향의 요 컨트롤이 필요하게 된다.

㉡ 언더스티어 발생 : 언더스티어는 후륜 대비 전륜의 횡 슬립이 커져 조향 부족현상이 발생하며 반시계 방향의 요 컨트롤이 필요하게 된다.

⑩ 요 모멘트 제어(Yaw Moment Control) : 요 모멘트 제어는 차체의 자세제어이며 선회할 때 또는 주행 중 차체의 옆 방향 미끄러짐 요잉 또는 횡력에 대하여 안쪽 바퀴 또는 바깥쪽 바퀴에 브레이크를 작동시켜 차체제어를 실시한다.

㉠ 오버스티어 제어(Oversteer Control) : 선회할 때 VDC ECU에서는 조향각과 주행속도 등을 연산하여 안정된 선회 곡선을 설정한다. 설정된 선회 곡선과 비교하여 언더스티어가 발생되면 오버스티어 제어를 실행한다.

[오버 스티어 제어]

ⓛ 언더스티어 제어(Understeer Control) : 설정된 선회 곡선과 비교하여 오버스티어가 발생하면 언더스티어 제어를 실행한다.

[언더스티어 제어]

ⓒ 자동 감속 제어(트레이스 제어) : 자동차의 운동 중 요잉은 요 모멘트를 변화시키며 운전자의 의도에 따라 주행하는 데 있어서 타이어와 노면과의 마찰 한계에 따라 제약이 있다. 즉 자세제어만으로는 선회 안정성에 맞지 않는 경우가 있다. 자동 감속 제어는 선회 안정성을 향상시키는 데 그 목적이 있다.

(2) VDC의 구성

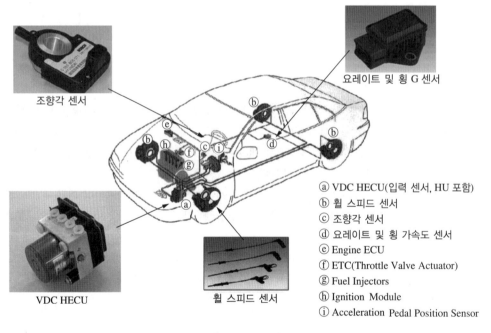

ⓐ VDC HECU(입력 센서, HU 포함)
ⓑ 휠 스피드 센서
ⓒ 조향각 센서
ⓓ 요레이트 및 횡 가속도 센서
ⓔ Engine ECU
ⓕ ETC(Throttle Valve Actuator)
ⓖ Fuel Injectors
ⓗ Ignition Module
ⓘ Acceleration Pedal Position Sensor

[VDC 구성 부품]

① 휠 스피드 센서 : 휠 스피드 센서는 각 바퀴에 1개씩 설치되어 있으며 바퀴 회전속도 및 바퀴의 가속도 슬립률 계산 등은 ABS, TCS에서와 같다.

② 조향휠 각속도 센서 : 조향휠 각속도 센서는 조향 핸들의 조작 속도를 검출하는 것이며 3개의 포토 트랜지스터로 구성되어 있다.

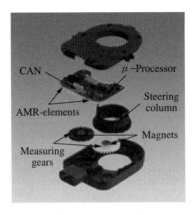

[조향휠 각속도 센서]

③ 요 레이트 센서 : 요 레이트 센서는 센터콘솔 아래쪽에 횡 G 센서와 함께 설치되어 있다.

④ 횡가속도(G) 센서 : 횡 G 센서는 센터콘솔 아래쪽에 요 레이트 센서와 함께 설치되어 있다.

[횡가속도 센서]

⑤ 하이드롤릭 유닛(Hydraulic Unit) : 하이드롤릭 유닛은 엔진룸 오른쪽에 부착되어 있으며 그 내부에는 12개의 솔레노이드 밸브가 들어있다.

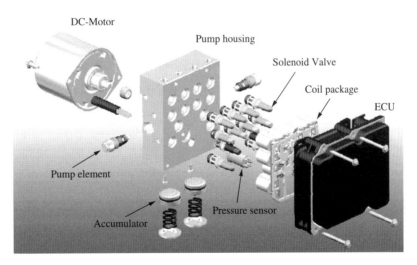

[하이드롤릭 유닛의 구조]

⑥ 유압 부스터(Hydraulic Booster) : 흡기다기관의 부압을 이용한 기존의 진공배력식 부스터 대신 유압 모터를 이용한 것이며 유압 부스터는 액추에이터와 어큐뮬레이터에서 전동기에 의하여 형성된 중압 유압을 이용한다. 유압 부스터의 효과는 다음과 같다.

   ㉠ 브레이크 압력에 대한 배력 비율이 크다.

   ㉡ 브레이크 압력에 대한 응답속도가 빠르다.

   ㉢ 흡기다기관부압에 대한 영향이 없다.

⑦ 마스터 실린더 압력 센서 : 이 센서는 유압 부스터에 설치되어 있으며 스틸 다이어 프램으로 구성되어 있다.

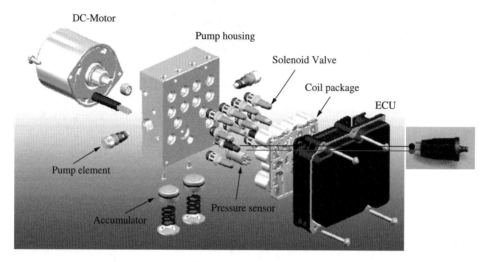

[마스터 실린더 압력 센서]

⑧ 제동등 스위치 : 이 스위치는 브레이크 작동 여부를 ECU에 전달하여 VDC, ABS 제어의 판단여부를 결정하는 역할을 하며 ABS 및 VDC 제어의 기본적인 신호로 사용된다.

⑨ 가속페달 위치 센서 : 이 센서는 가속페달의 조작 상태를 검출하는 것이며 VDC 및 TCS의 제어 기본 신호로 사용된다.

⑩ 컴퓨터(ECU; Electronic Control Unit) : 컴퓨터는 승객석 오른쪽 아래에 설치되어 있으며 2개의 CPU로 상호 점검하여 오작동을 감지한다. 그리고 시리얼 통신에 의해 ECU 및 TCU와 통신을 한다.

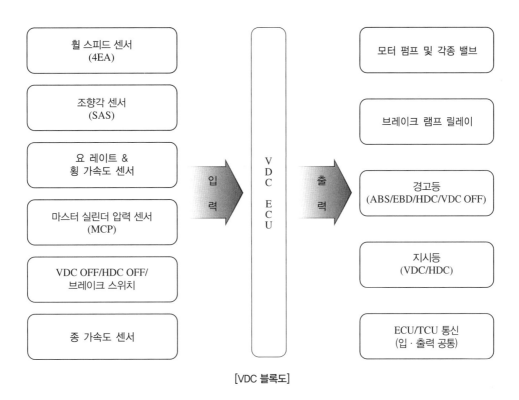

[VDC 블록도]

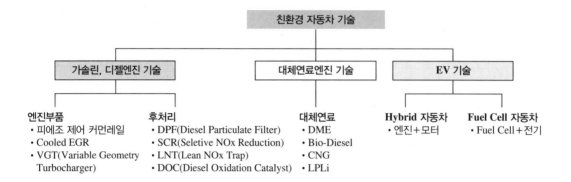

1 가스연료 엔진

자동차에서 가스성분을 연료로 적용하는 방법에 따라 압축 천연가스(CNG), 액화 천연가스(LNG), 흡착 천연가스(ANG) 자동차 등으로 구분된다.

(1) 가스연료 엔진의 장점

① 디젤기관과 비교 시 매연(Smoke)이 100% 감소한다.

② 가솔린엔진에 비해 이산화탄소는 20~30%, 일산화탄소는 30~50% 감소한다.

③ 저온 시동성이 우수하고 옥탄가가 130으로 가솔린보다 높다.

④ 질소산화물 등 오존 영향물질을 70% 이상 감소시킬 수 있다.

⑤ 엔진 소음이 저감된다.

(2) 가스연료 기관 주요구성 부품

① **연료계측밸브** : 8개의 작은 인젝터로 구성되며 ECU의 구동신호를 받아 요구 연료량을 흡기라인에 분사한다.

② **가스압력 센서** : 압력변환기구로서 연료계측밸브에 장착되어 분사직전의 가스압력을 검출한다.

③ **가스온도 센서** : 부특성(Negative Characteristic) 온도측정 센서로 연료계측밸브에 장착되며 가스온도를 측정하여 연료농도를 계산한다.

④ **고압차단 밸브** : 탱크와 압력조절기구 사이에 장착되며 엔진 정지 시 고압연료 라인을 차단한다.

⑤ **탱크 압력 센서** : 탱크 내부의 연료밀도 계산을 위해 측정되며 탱크 온도센서와 함께 사용된다.

⑥ **탱크 온도 센서** : 탱크 속의 연료온도를 측정하기 위하여 사용되며 부특성 서미스터이다.

⑦ **열 교환기구** : 열 교환기구는 압력조절기와 연료계측 밸브 사이에 설치되며 가스의 난기온도를 조절하기 위해 냉각수 흐름을 ON/OFF시킨다.

⑧ **압력조절기구** : 탱크 내의 높은 압력을 엔진에 필요한 저압으로 감압하여 조절한다.

2 액티브 에코 드라이빙 시스템

액티브 에코 드라이빙 시스템은 엔진, 변속기, 에어컨 제어 등을 통하여 연료소비율을 향상시키는 운전 시스템을 말한다. 스위치 ON 시 계기판에 녹색등이 점등되며 연비모드 상태로 주행할 수 있는 시스템이다.

(1) 운전자의 스위치 조작으로 작동이 가능하다.

(2) 액티브 에코 모드 주행시 엔진과 변속기를 우선적으로 제어하며 추가적인 연비 향상 효과를 제공한다.

(3) 기관의 난기운전(위밍업) 이전, 등판 및 가속 시 액티브 에코모드가 비작동한다.

3 공회전 방지(ISG) 시스템

ISG 시스템은 연료 및 배기가스의 저감을 위하여 자동차 정차 시 엔진의 작동을 정지하고 출발 시 기동전동기를 통하여 다시 시동하는 시스템이다. 연료소비율 효과는 약 5~30%이며 이산화탄소 절감효과도 약 6%이다.

4 에너지 회생 제동장치

하이브리드 및 전기자동차에서 감속 시 구동모터를 발전기로 작동하여 감속효과를 얻는 동시에 운동에너지를 전기에너지로 전환하여 배터리에 저장하는 제동시스템이다.

5 언덕길 밀림 방지 장치(HAC)

경사로에서 브레이크를 밟지 않아도 차량이 뒤로 밀리지 않도록 브레이크 압력을 자동적으로 제공하는 시스템이다.

6 하이브리드 시스템(Hybrid System)

하이브리드 전기자동차는 차량의 성능 및 연비를 향상시키고 배출가스 오염을 줄이기 위한 방법으로 동작원리가 다른 두 종류 이상의 동력원을 효율적으로 조합해서 동작시키는 시스템을 말한다. 대부분의 경우 연료를 사용하여 동력을 얻는 기관과 전기로 구동시키는 전기모터로 구성된 시스템이 이에 해당한다.

(1) 하이브리드 전기자동차의 특징
① **에너지손실 저감(Idle Stop)** : 하이브리드 시스템은 기관의 공회전 상태를 자동적으로 정지시킨다. 이 기능을 통해 에너지손실을 저감한다.
② **모터의 기관 보조(Power Assist)** : 모터는 가속 운전을 하는 기관을 보조한다.

③ 고효율 제어 : 하이브리드 시스템은 기관 효율이 낮은 운전조건에서 모터를 사용하고 기관 효율이 높은 운전조건에서 발전을 실행함으로써 자동차의 전체 효율을 극대화시킨다.

④ 회생제동(Regenerative Braking) : 회생제동 시스템은 감속 제동할 때 자동차의 동적 에너지를 브레이크 패드와 디스크의 마찰열로 소산시키지 않고 발전기를 이용하여 전기에너지로 변환하는 것으로 회생 제동량은 차량의 속도, Battery의 충전량 등에 의해서 결정된다.

(2) 운전모드의 작동원리

① 시동모드 : 시동모드는 기관을 가동시켜 발진하는 것인데 하이브리드 자동차에서는 시동을 건다는 것이 꼭 기관을 가동시키는 것을 의미하지 않는다. 직렬식은 전동기로 하기 때문에 기관 시동은 필요 없다. 병렬식은 하이브리드 전동기로 시동을 건다.

② 발진모드 : 발진모드는 자동차를 출발시키는 것으로서 가속페달을 밟아 정지 상태에 있는 자동차를 움직이게 하는 것인데 기관의 동력만으로는 출발할 수 없기 때문에 하이브리드 전동기를 동시에 같이 구동시켜 발진한다. 직렬식은 발진도 하이브리드 전동기로 하고, 병렬식은 기관이 가동되고 있으나 기관의 동력만으로는 출발할 수 없기 때문에 하이브리드 전동기를 동시에 같이 구동시켜 발진한다.

③ 가속 및 등판모드 : 가속 및 등판모드는 구동력을 증가시켜 자동차의 속도가 올라가는 단계로서 직렬식은 하이브리드 전동기로만 하고, 병렬식은 하이브리드 전동기와 기관을 함께 구동시켜 가속한다.

④ 정속모드 : 정속모드는 일정한 속도를 유지하여 주행하는 상태를 의미하는 것으로서 직렬식은 계속해서 하이브리드 전동기만 구동시켜 정속모드를 유지하고, 병렬식은 정속모드부터 소프트 · 하드 방식 모두 기관의 동력만으로 주행한다. 그 이유는 정속주행의 경우 전동기보다 기관의 효율이 좋기 때문이다.

⑤ 감속모드 : 감속모드는 가장 효율적인 모드로서 감속 시 자동차를 움직이는 데 구동력이 쓰이지 않고 오히려 바퀴의 회전에 제동을 걸어야 하기 때문에 바퀴에서 발생하는 회전 동력을 전기에너지로 전환하여 축전기에 충전하게 된다. 이때 발생하는 에너지를 회생에너지라고 한다(직렬식 및 병렬식 동일함).

⑥ 정지모드 : 정지모드는 앞 단계에서 이미 기관의 시동을 모두 정지시킨 상태이므로 일반 자동차와 같이 공전모드가 없이 바로 정지 상태로 들어가게 된다.

(3) 하이브리드 시스템의 장점

① 연료소비율을 약 50% 절감할 수 있고 친환경적이다.

② 탄화수소, 일산화탄소, 질소산화물 등의 유해배출가스가 약 90% 감소한다.

③ 이산화탄소 배출량이 약 50% 감소한다.

(4) 하이브리드 시스템의 단점

① 구조 및 제어 시스템이 복잡하다.

② 정비가 어렵고 수리비가 고가이다.

③ 동력전달계통이 일반 내연기관 자동차와 차이가 있어 복잡하다.

(5) 하이브리드 자동차의 분류

① 직렬형 타입

엔진의 동력은 발전용으로 이용하고 자동차의 구동력은 배터리의 전원으로 회전하는 모터만으로 얻는 하이브리드 자동차 형식이다. 일반적으로 동력전달경로는 엔진, 발전기, 축전지, 전동기, 변속기, 구동바퀴의 순이다.

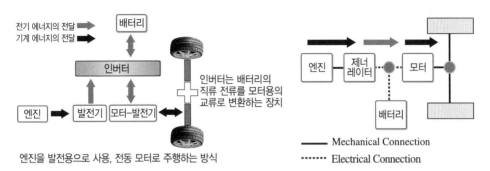

엔진을 발전용으로 사용, 전동 모터로 주행하는 방식

② 병렬형 타입

구동력을 엔진과 모터가 각각 발생을 시키거나 양쪽에서 동시에 얻을 수 있는 하이브리드 전기 자동차이다. 예를 들면 저속주행에서는 모터만을 이용하여 주행하고 고속주행에서는 엔진의 동력으로 주행을 하면서 충전을 하는 방법으로 분리하여 주행할 수 있는 방식이다. 그리고 엔진을 구동력의 메인으로 이용하고 급가속 시에는 모터를 보조 동력으로 이용하여, 브레이크 시에는 발전기로서 작동시켜 에너지를 회생하거나 일시정지 시의 아이들링 스톱을 실시하여 연비가 향상되도록 하는 방식이다.

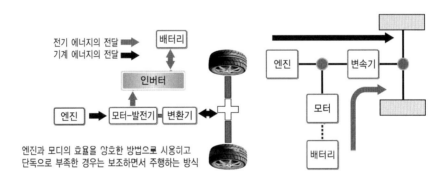

엔진과 모터의 효율을 양호한 방법으로 사용하고
단독으로 부족한 경우는 보조하면서 주행하는 방식

③ 복합형 타입

직렬 방식과 병렬 방식의 양쪽 기구를 배치하고 운전조건에 따라 최적인 운전모드를 선택하여 구동하는 방식이다. 아이들링 시나 저부하 주행에서는 시리즈 방식이 엔진의 열효율이 높기 때문에 전동 모터로 운행하고 엔진은 발전기의 구동에만 사용하며, 고부하 주행에서는 패럴렐 방식이 엔진의 열효율이 높기 때문에 시리즈 방식에서 패럴렐 방식으로 변환하여 모든 영역에서 높은 열효율과 저공해를 실현할 수 있다.

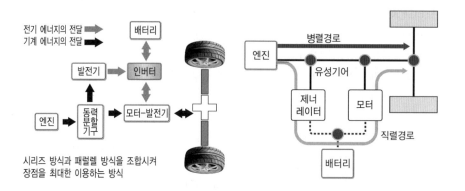

시리즈 방식과 패럴렐 방식을 조합시켜
장점을 최대한 이용하는 방식

7 전기자동차

(1) 모터

전기자동차용으로 직류(브러쉬) 모터를 많이 사용하였으나, 최근에는 교류 모터나 브러시리스 모터 등도 사용하고 있다. 이러한 교류 모터는 같은 출력을 내는 직류 모터에 비하여 가격이 3배 이상 저렴하고, 크기에 비하여 모터의 효율과 토크가 비교적 크다. 또 유지 보수 비용이 상대적으로 저렴하고 수명이 더 길다는 장점을 가지고 있다. 전기자동차용 모터의 조건은 다음과 같다.

① 시동 시의 토크가 커야 한다.
② 전원은 축전지의 직류전원이다.
③ 속도제어가 용이해야 한다.
④ 구조가 간단하고 기계적인 내구성이 커야 한다.
⑤ 취급 및 보수가 간편하고 위험성이 없어야 한다.
⑥ 소형이고 가벼워야 한다.

(2) 전지

리튬금속을 음극으로 사용하는 리튬−이온전지의 경우는 충·방전이 진행됨에 따라 리튬금속의 부피 변화가 일어나고 리튬금속 표면에서 국부적으로 침상리튬의 석출이 일어나며 이는 전지 단락의 원인이 된다. 그러나 카본을 음극으로 사용하는 전지에서는 충·방전 시 리튬이온의 이동만 생길 뿐 전극활물질은 원형을 유지함으로써 전지수명 및 안전성이 향상된다.

(3) 인버터 및 컨버터

인버터(Inverter)는 직류전력을 교류전력으로 변환하는 장치를 말하며 다시 말해 전류의 역변환장치이다. 먼저 전지에서 얻은 직류전압을 조정하는 장치를 컨버터(Converter)라고 한다.

(4) 인버터의 특성 및 작동원리

PWM이란 Pulse Width Modulation의 약칭으로, 평활된 직류전압의 크기는 변화시키지 않고 펄스상의 전압 출력시간을 변화시킨 후 등가인 전압을 변화시켜 펄스폭을 변조시킨다.

(5) 모터제어기

엑셀 페달 조작량 및 속도를 검출해서 의도한 구동 토크 변화를 가져올 수 있도록 차속이나 부하 등의 조건에 따라 모터의 토크 및 회전속도를 제어한다.

8 연료전지

연료전지란 화학에너지가 전기에너지로 직접 변환되어 전기를 생산하는 능력을 갖는 전지(Cell)이다. 기존의 전지와는 달리 외부에서 연료와 공기를 공급하여 연속적으로 전기를 생산한다.

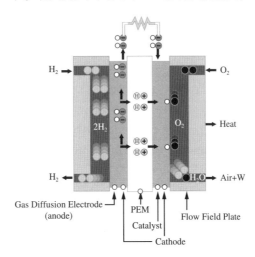

(1) 연료전지의 전기 발생원리

연료전지는 중간 과정 없이 화학에너지에서 바로 전기에너지로 직접 변환된다. 천연가스나 메탄올 등의 연료에서 얻어낸 수소와 공기 중의 산소를 반응시키면 전기에너지를 직접 얻을 수 있다.

(2) 연료전지의 구성

연료전지는 공기극과 연료극의 전극, 두 극 사이에 위치하는 전해질로 구성되어 있다. 연료전지의 구성요소 중 전극은 전기화학반응을 진행시킬 수 있는 일종의 촉매 역할을 하고 전해질은 생성된 이온을 상대극으로 전달시켜주는 매개체 역할을 한다.

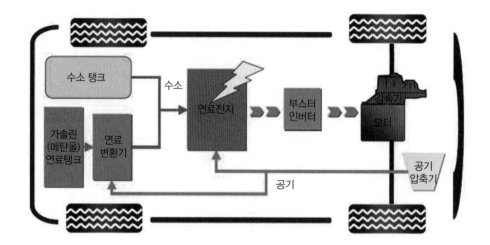

(3) 연료전지의 화학반응

연료전지(Fuel Cell)는 수소 즉 연료와 산화제를 전기화학적으로 반응시켜 전기에너지를 발생시킨다. 이 반응은 전해질 내에서 이루어지며 일반적으로 전해질이 남아있는 한 지속적으로 발전이 가능하다.

(4) 연료전지의 특징

① 장점

    ㉠ 천연가스, 메탄올, 석탄가스 등 다양한 연료의 사용이 가능하다.

    ㉡ 발전효율이 40~60%이며, 열병합발전시 80% 이상까지 가능하다.

    ㉢ 도심부근에 설치가 가능하기 때문에 송 · 배전 시의 설비 및 전력 손실이 적다.

    ㉣ 회전부위가 없어 소음이 없고 기존 화력발전과 같은 다량의 냉각수가 불필요하다.

    ㉤ 배기가스 중 NOx, SOx 및 분진이 거의 없으며, CO_2 발생에 있어서도 미분탄 화력발전에 비하여 20~40% 감소되기 때문에 환경공해가 감소된다.

    ㉥ 부하변동에 따라 신속히 반응하고 설치형태에 따라서 현지 설치용, 중앙 집중형, 분산 배치형과 같은 다양한 용도로 사용이 가능하다.

② 단점

    ㉠ 초기 설치비용에 따른 부담이 크다.

    ㉡ 수소 공급 및 저장 등과 같은 인프라 구축에 어려움이 따른다.

9 차선 이탈 경보장치(LDWS; Lane Departure Warning System)

차선 이탈 경보 시스템은 전방의 카메라를 통하여 차선을 인식하고 일정속도 이상에서 차선을 밟거나 이탈할 경우 클러스터 및 경보음을 통하여 운전자에게 알려주는 주행 안전장치이다. 차량의 윈드쉴드에 내장된 카메라를 통하여 차선을 인식한 후, 차량이 차선에서 이탈할 때 경고 신호 및 경보음을 발생시키며 특정 속도 이상으로 주행 시 작동되는 구조이다. 차선 위에서 차량의 자세와 위치를 실시간으로 모니터링하여 운전자가 방향지시등 작동 없이 차선을 이탈할 경우 등 비정상적인 움직임을 보이면 경보 신호를 전달하여 운전자가 위험한 상황을 회피할 수 있도록 제어한다.

10 주행 조향보조 장치(LKAS; Lane Keeping Assist System)

주행 조향보조 시스템은 차선이탈 경보 시스템의 기능보다 더욱 성능이 향상된 장치로서 차선을 유지할 수 있도록 전자식 동력 조향장치와 연동되어 작동되며 스스로 차선을 유지할 수 있는 시스템이다. 즉 자율주행 시스템의 한 종류로서 차선을 이탈하면 단순히 경보만으로 끝나는 것(LDWS)이 아니라 전동식 동력조향장치 (MDPS)를 제어하여 운전자가 차선을 유지할 수 있도록 보조해주는 편의 장치를 말한다. LKAS는 카메라 또는 근거리 레이더 등의 센서를 이용하여 차선을 확인하고 이에 따라 자동차의 방향과 위치를 결정한다. 차량 앞 유리에 징칙된 가메라가 진빙 차신을 인식하고 레이더를 이용하어 사간거리를 유지할 수 있는 스마트 그루즈 컨트롤 시스템의 융합 기술이라 할 수 있으며 차선 유지를 능동적으로 제어하는 첨단 안전 시스템이다.

🔢 자동 긴급 제동장치(AEBS; Advanced Emergency Braking System)

자동 긴급 제동 시스템은 차량 전면에 탑재된 레이더를 통해 전방에 주행 중인 차량과의 거리를 측정하며, 일정 거리 이상 가까워져서 충돌의 위험을 인식하면 자동으로 제동을 걸어 차량 속도를 감속시키는 기능이다.

AEBS를 통해서 운전자의 부주의, 졸음운전, 시야확보가 힘든 환경 등으로 인해 발생할 수 있는 앞 차량과의 충돌 사고를 최대한 예방하거나 피해를 경감시키는 역할을 할 수 있다. 자동 긴급 제동 시스템의 작동 과정은 앞 차량과의 거리 및 속도를 고려한 충돌 가능 위험성을 기준으로 자동 긴급 제동 및 전방추돌방지 감속 기능으로 나눌 수 있다.

🔢 선택적 환원 촉매장치(SCR)

디젤 자동차의 배기가스에 요소수(UREA) 등을 분사하여 선택적 환원 촉매장치에서 유해 배출가스 중 NOx를 정화하는 시스템을 말한다. 배기가스온도가 낮은 영역에서도 정화효율이 우수하고 질소산화물 정화능력이 60~80%에 이른다.

🔢 입자상 물질 포집 필터(DPF)

디젤 엔진에서 발생되는 입자상 물질(PM) 등을 정화시키는 필터로서 탄소성분 및 입자상 물질을 정화하여 배출시키는 역할을 하고 일정거리 주행 후 PM의 발화 온도(550℃~650℃) 이상으로 배기가스 온도를 상승시켜 연소시키는 장치이다.

⑭ NOx 흡장촉매(LNT; Lean NOx Traps)

LNT(희박 질소 촉매)는 디젤 엔진의 DOC와 유사하게, 백금 촉매를 쓰고 유해 배기가스인 CO(일산화탄소), HC(탄화수소) 등을 환원제로 이용하는 NOx 정화 시스템이다. NOx(질소산화물) 물질을 질소(N_2), 물(H_2O)와 같은 무해한 상태로 환원시켜 NOx(질소산화물)을 정화한다. LNT의 특징은 유독물질을 바로 반응시키는 DOC와는 다르게 NOx(질소산화물)를 잠시 잡아두었다가 반응시키는 것이다. NOx(질소산화물)를 포집 후 반응시키는 이유는, NOx(질소산화물)를 N_2(질소)로 반응시키기 위해서는 '연료 이론 공연비'와 같거나 Rich 상태일 때 배출되는 CO(일산화탄소)와 HC(탄화수소)가 필요하기 때문이다. 이러한 과정을 De-NOx라고 부르며, 적정한 온도는 300~450℃, 20~30초에 걸쳐 이루어진다. 이 과정이 끝나면, 다시 NOx(질소산화물)를 필터에 포집하게 된다.

⑮ Dual-CVVT 시스템

CVVT는 가변밸브 타이밍 장치를 말하는데 이는 엔진의 흡기 또는 배기 밸브의 타이밍, 즉 밸브가 열리고 닫히는 시기를 운전조건에 맞도록 가변 제어한다는 말이다. 다시 말해 엔진회전수가 느릴 때에는 흡기밸브의 열림시기를 늦춰 밸브오버랩을 최소로 하고, 중속 구간에서는 흡기 밸브의 열림시기를 빠르게 하여 밸브오버랩을 크게 할 수 있도록 한다는 것이다. 타우 엔진의 CVVT 시스템은 흡·배기 밸브의 타이밍을 모두 가변제어할 수 있는 시스템이 적용되는데 이러한 방식을 Dual-CVVT라고 한다.

⑯ ETC 시스템

ETC 시스템을 통해 흡입공기량을 최적으로 제어한다는 것은 가솔린엔진에서 매우 큰 의미를 갖는다. 이는 공연비 뿐만 아니라, 배출가스, 연비, 공회전속도, VDC, SCC 등을 제어하는 데 있어서도 중요하게 사용되며, 또한 정교하게 스로틀 밸브를 제어해 운전성능을 최적화할 수 있다는 장점이 있어 케이블 타입의 스로틀 밸브와는 그 성능면에서 큰 차이를 나타내게 된다.

17 발전전류 제한 시스템(SOC; State Of Charge)

현재 고급형 차량에서 배터리의 장착위치는 트렁크로 옮겨지게 되었는데, 배터리가 트렁크로 옮겨짐에 따라 엔진 룸과 트렁크 내부의 온도차이로 인해 전압 불균형이 생길 수 있게 되었다. 이러한 배터리 전압의 불일치를 막기 위해 정확하게 배터리 상태를 확인할 수 있도록 배터리 센서가 장착되고 또한 ECM에서는 배터리의 충전 상태를 파악해 보다 더 효율적으로 충전을 실시하게 되었다. 배터리의 충전 상태가 양호해서 더 이상 충전할 필요가 없는 경우, 또는 가속 시와 같이 엔진의 동력을 최대한 발휘해야 하는 경우에는 충전을 하지 않는다. 이와는 반대로 배터리의 상태가 불량하거나, 감속 시와 같이 타력 주행이 가능할 때에는 충분한 충전을 통해 배터리의 상태를 양호하게 하는 등의 가변적인 제어를 하는데, 이것을 발전전류 제어 시스템이라고 부른다. 시스템 구성으로는 배터리와 배터리 센서, 그리고 ECM과 발전기로 구성되어 있다. 배터리 센서는 배터리 상태를 파악하기 위해서 배터리액의 온도(맵핑값을 이용), 전류, 전압을 검출하는 역할을 한다. 그리고 이 정보 LIN통신선(1개의 선으로 구성)을 이용해서 ECM으로 전달된다. ECM에서는 배터리 센서의 신호를 가지고 배터리 충전 상태인 SOC를 연산하게 되고, 또한 이렇게 연산된 값을 가지고 필요한 충전량을 C단자를 통해 PWM신호로 보내게 된다. 발전기 상태는 FR단자를 통해서 피드백받는다.

(1) 배터리 센서

배터리는 트렁크 내부에 장착되며, 배터리 센서는 배터리 (−)케이블 끝에 장착된다. 배터리 액의 온도와 전압, 전류를 내부 소자(실리콘 다이오드, 션트 저항)와 맵핑값을 이용해 검출하고 이것을 LIN 통신선을 이용해서 엔진 ECM으로 전송하는 역할을 한다.

(2) ECM

ECM에서는 배터리 센서로부터 받은 정보를 이용해 배터리 충전 상태인 SOC를 연산한다. 이후 발전기에 필요한 충전량을 C단자를 통해서 PWM 신호로 전송하고, 또다시 그 결과를 FR단자를 통해 PWM 신호로 피드백받는다.

(3) SOC

SOC는 배터리의 충전상태를 나타내며, 충전상태에 따라 3가지 모드가 있는데, 먼저 Float Charge 모드는 100% 충전이므로 충전할 필요가 없는 상태를 말하며 ECM은 이 상태를 유지하도록 전류를 제어한다. 다음으로 Adsorption Charge 모드는 90% 이상의 충전 상태를 말하는 것으로 경우에 따라 충·방전을 하게 된다. Bulk Charge 모드는 SOC가 80% 이하의 상태로 연비보다는 배터리 충전을 위해 발전을 하는 모드이다.

18 SCC 시스템(Smart Cruise Control)

SCC 시스템은 차량 전방에(라디에이터 그릴 후방) 장착된 전파 레이더를 이용하여 선행 차량과의 거리 및 속도를 측정하여 선행 차량과 적절한 거리를 자동으로 유지하는 시스템이다.

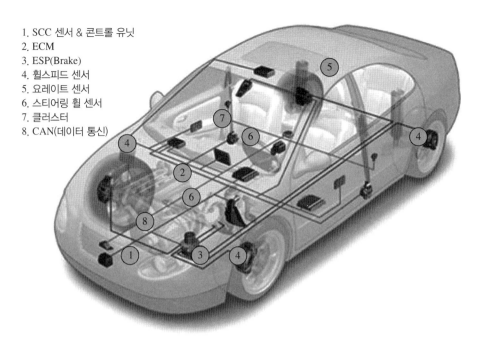

1. SCC 센서 & 콘트롤 유닛
2. ECM
3. ESP(Brake)
4. 휠스피드 센서
5. 요레이트 센서
6. 스티어링 휠 센서
7. 클러스터
8. CAN(데이터 통신)

SCC 센서와 콘트롤 유닛은 라디에이터 그릴 안쪽에 장착되어 전방 차량에 대한 정보를 인식하며 주요 제어를 실행하게 된다. ECM은 엔진 콘트롤 유닛으로 SCC 시스템에서 감속 또는 가속에 대한 정보를 보내게 되면 이를 ETC 시스템을 이용해 엔진 RPM과 토크를 제어하는 일을 하게 된다. VDC 시스템에서는 제동장치를 제어해 속도를 저감할 때 작동하고, 휠스피드 센서나 요레이트 센서, 그리고 스티어링 휠 센서 등은 차량의 상태와 운전자의 운전 의도를 파악하기 위해서 사용된다. 클러스터 모듈에서는 현재 SCC 시스템의 상태나 운전 정보 등을 운전자에게 알려주고 이러한 모든 정보들은 CAN 통신 라인을 통해 공유된다.

(1) 제어순서

① 운전자가 스위치를 조작한다.

　ㄱ 목표 속도 조작

　ㄴ 목표 차간 기리

② SCC 센서&모듈에서 아래의 내용을 연산 후 EBS 모듈에 가·감속도 제어를 요청한다.

　ㄱ 선행 차량 인식(정지물체는 인식을 하나 제어는 하지 않음)

　ㄴ 목표 속도, 목표 차간 거리, 목표 가·감속도 계산

③ 클러스터에 제어 상황을 표시한다.

　ㄱ 설정 속도 표시

　ㄴ 차간 거리 단계 표시

　ㄷ 경보(부저를 울리게 하고, 부저는 클러스터에 장착됨)

④ EBS 모듈은 ECM에 필요한 토크 요청을 하고, 감속도 제어 시 브레이크 토크가 필요하면 토크를 압력으로 변환하여 브레이크 압력을 제어한다. 클러스터, SCC, VDC, ECM은 CAN 통신을 하며, 서로의 정보를 주고받는다. 자동변속기 제어는 하지 않고 TCU에 맵이 반영되어 있다.

(2) 작동원리

차량이 없으면 정속 주행	차량이 있으면 적정거리 유지	차량이 사라지면 설정속도 정속 주행

🔟 EHPS(Electronic Hydraulic Power Steering)

EHPS는 엔진의 동력을 이용하지 않고 배터리의 전원을 공급 받아서 전기 모터를 작동시킨다. 모터의 회전에 의해 유압펌프가 작동되고 펌프에서 발생되는 유압을 조향 기어박스에 전달하여 운전자의 조타력을 보조하도록 되어 있다. 따라서 엔진과 연동되는 소음과 진동이 근본적으로 개선되고 조타 시만 에너지가 소모되기 때문에 연비가 향상되는 장점이 있다.

(1) 시스템의 비교

구분	HPS (Hydraulic Power Steering)	EHPS (Electronic Hydraulic Power Steering)
형상	P/S PUMP	MPU (Motor Pump Unit)
개요	• 엔진 크랭크 샤프트와 연결 • 동력원 : 엔진(P/S펌프)	• 엔진과 분리 → STRG 독립적 시스템 • 동력원 : 전기(Battery) → 전기모터가 유압펌프 구동
장단점	• 상대적 저가 · 경량 • 무(無) 조타 시 펌프 상시 구동됨에 따른 소음 · 진동	• 연비 우수(조타 시에만 에너지 소모) • 엔진과 연동된 소음 · 진동 근본적 개선 • 차속별 EFFORT 제어 가능(기존 유압식의 EPS기능) • 상대적 고가

(2) 각종 제어

① 시동 및 정지조건 : EHPS는 IGN ON 신호가 ECU에 입력되면 소프트웨어가 초기화되고 자기 진단 후 결함이 없을 경우 시스템은 운전자의 요구에 따른 조향력을 제공한다.

② 조향력 제어 : 차량 속도, 조향각 속도에 따라 ECU가 모터의 회전속도를 컨트롤하여 조향력을 경감하고 적절한 조향감을 제공한다.

③ 슬립 모드 제어 : 정차나 주행 시 조향 휠의 움직임이 없을 경우 불필요한 에너지 소모를 막기 위해 모터의 회전수를 특정 회전수로 하향시킨다.

④ 모터 전류 제한 : 모터 전류는 설정된 온도에 따라 최대 허용 전류를 제한하여 시스템을 보호한다.

20 EPBS(Electric Parking Brake System)

현재 대부분의 주차 브레이크 시스템은 운전자에 의해 주차 브레이크 페달을 밟거나 레버를 당김으로써 차량을 안정화시키는 역할이 주요 기능이었으나 EPBS는 간단한 스위치 조작으로 주차 제동을 할 수가 있으며 VDC, 엔진 ECU, TCU 등과 연계하여 자동으로 주차 브레이크를 작동시키거나 해제하고 긴급한 상황에서는 제동 안정성을 확보할 수 있도록 구성된 진보된 주차 브레이크 시스템이다. EPB 시스템을 활용하면 주차 케이블의 장력이 항상 일정하게 유지되어 케이블의 장력 조정 등이 불필요하게 되며 시스템에 고장이 발생되었을 때에는 비상 해제레버를 조작함으로써 주행이 가능하도록 되어 있다.

21 TPMS(Tire Pressure Monitoring System)

타이어 공기압 경고 시스템인 TPMS는 안전운전에 영향을 줄 수 있는 타이어의 압력변화를 경고하기 위하여 타이어 압력이 정해진 압력 이하로 저하 시 운전자에게 경고해주는 시스템이다.

(1) 간접 방식

휠 스피드 센서의 신호를 받아 그 변화를 논리적으로 계산하여 타이어의 압력 상태를 간접적으로 계측하는 방법이다. 따라서 실제 타이어의 압력과 차이가 발생하며 계산치 또한 아래 직접 방식 대비 정확하지 않은 단점이 있어 현재는 거의 사용하지 않고 있다.

(2) 직접 방식

타이어에 장착된 압력 센서로부터 타이어 압력을 직접 계측하고 이를 바탕으로 운전자에게 경고하는 방식이다. 간접 방식에 비하여 고가이나 계측값이 정확하고 시스템이 안정적이어서 현재 널리 쓰이고 있는 방식이다.

(3) 주요 구성품

① 리시버(Receiver) : 이니시에이터와 시리얼 데이터 통신을 하며 TPMS 시스템의 주된 구성품이다.

② 이니시에이터(Initiator) : 리시버로부터 신호를 받아 타이어 압력 센서를 제어하는 기능을 한다.

③ 압력 센서(Sensor) : 타이어 안쪽에 설치되어 타이어 압력과 온도를 측정하고 리시버모듈에 데이터를 전송시킨다.

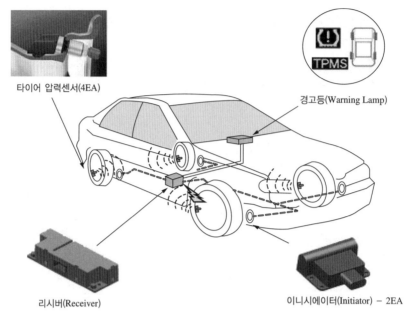

타이어 압력센서(4EA)

경고등(Warning Lamp)

리시버(Receiver)

이니시에이터(Initiator) - 2EA

[TPMS 시스템의 구성]

㉒ PGS(Parking Guide System)

PGS는 주차의 편의성을 향상시키기 위하여 적용되었으며, 다음과 같은 기능을 수행한다.

- 차속 10km/h 이하에서 주행 방향에 따라 전방 또는 후방 카메라 영상을 AV 화면을 통하여 보여준다.
- 후진 주차 시 평행 주차 및 직각 주차에 대하여 보조한다.
- 후진 주차 시 단계별로 주차 보조선 및 조향각에 따라 차량진입이 예상되는 코스를 후방 영상에 표시하여 주차 지원 기능을 수행한다.

㉓ 파워 도어 래치(Power Door Latch)

도어의 크기가 커지면 닫을 때 많은 힘이 필요하다. 특히 노약자나 어린이 등은 더욱 많은 힘이 필요하며, 때로는 도어가 살짝 닫힌 상태로 주행하는 차량을 볼 수 있다. 파워 도어 래치는 이러한 문제점을 해결하기 위하여 네 개의 도어에 적용되었으며, 작은 힘으로 도어를 닫기만 하면 파워 도어 래치가 동작하여 완전하게 도어를 닫아준다. 통상적으로 도어를 살짝 닫으면 1단 닫힘, 도어를 완전히 닫으면 2단 닫힘이라 칭한다.

24 HUD 시스템(Head Up Display System)

HUD는 주행 중 운전자가 시선 이동을 최소화하여 차량 정보를 확인할 수 있도록 윈드쉴드글라스 전방에 각종 정보를 디스플레이함으로써 주행 안전성 및 편의성을 제공하는 시스템이다. 차량의 윈드쉴드글라스에 차량 정보를 표시하여 운전자의 시선 이동시간을 약 40% 경감할 수 있다(약 0.5초 → 약 0.2초).

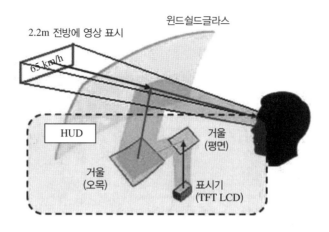

25 BSD & LCA(Blind Spot Detection & Lane Change Assist)

차선 변경 보조 시스템(BSD & LCA; Blind Spot Detection & Lane Change Assistant System)은 차량 후방 좌/우측의 사각지대에 대상차량의 존재 여부를 감지하여 경보하는 기능(BSD) 및 차량의 후방 좌 · 우측에서 접근하는 대상 차량에 대해 경보하는 기능(LCA)을 수행한다. 차량 후미의 좌 · 우측에 각각 장착된 2개의 전파 레이더를 이용하여 후행 차량과의 거리 및 속도를 측정하여 경고기능을 구현한다. 운전자에게 BSD, LCA 경보 정보를 제공하여 운전자의 차선변경의 편의성을 증대하는 편의 장치이다.

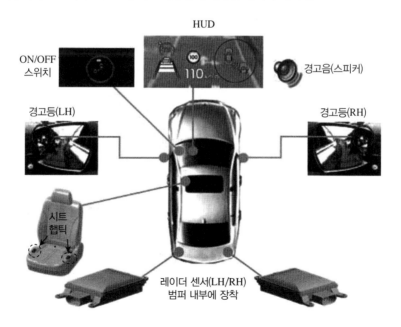

26 AVM(Around View Monitoring)

(1) 개요

차량 전 주위 영상 모니터링 시스템(Around View Monitoring System, 이하 AVM)은 차량의 전방, 양측면, 후방에 1개씩(총 4개)의 초 광각 카메라로부터 입력된 영상을 왜곡 보정, 시점 변환 및 영상 합성기술을 기반으로 차량 주변의 360° 조감도를 위에서 아래로 내려다 본 영상 및 다양한 뷰 모드를 제공하는 시스템이다. AVM 시스템은 주차 및 저속 운행 시 차량 주변 영상을 운전자에게 제공하여 차량 운행의 안전성과 편의성을 향상시키는 것을 목적으로 한다.

(2) AVM 주요 기능

① 차량 주변 영상 표시 기능

차량 주변 영상 표시 기능은 차량이 저속 전진 혹은 후진 시 4개의 카메라로부터 입력된 영상을 차량 주변 360° 조감 영상으로 합성하여 Head Unit을 통해 운전자에게 제공한다. AVM 시스템은 차량 운행 조건 및 운전자 선택에 따라 총 8개의 차량 주변 영상을 제공한다.

② 가이드라인 조향 연동 표시 기능

가이드라인 조향 연동 표시 기능은 차량 후진 시 보여지는 후방 영상 화면에 차량의 예상 주차 가이드라인을 표시하는 기능으로 운전자의 조향 핸들 조작에 연동하여 차량의 예상 진행 궤적이 움직인다. 가이드라인 조향 연동 궤적과 함께 표시되는 중립 궤적선은 조향각이 중립 상태일 때 차량의 예상 진행 궤적을 나타낸다. 중립 궤적선은 조향 핸들 조작에 관계없이 표시되는 고정선이며, 차량의 적용지역에 따라 표시 여부가 결정된다.

③ 전후방 근접 경고 표시 기능

후방/전방에 장착된 PAS 또는 SPAS 센서의 장애물 경보 신호를 어라운드 뷰 영상 내에 표시하여 주차 시 모니터를 보고 경보가 되고 있는 실제 위치를 확인할 수 있도록 하는 기능을 제공한다.

27 AFLS(Adaptive Front Lighting System)

AFLS는 야간 주행 시 발생되는 여러 가지 운전 상황(도로상태, 주행 상태, 승차인원 및 화물 적재량) 변화에 대해 최적의 헤드램프 조명 상태를 제공하기 위한 지능형 전조등 시스템이다. 또한 AFLS 시스템은 기존 차량에서 헤드램프의 상/하 각도만 조정하는 방식에서 벗어나 오토 레벨링 기능을 보다 다이내믹하게 제어하고, 라이트를 점등시킨 상태에서 곡선 도로 주행 시 조향각 및 차량 속도에 따라 헤드램프 로우 빔의 좌/우 조사 각도를 실시간으로 제어해 줌으로써 운전자에게 야간 주행 중 최적의 시계를 확보시켜주는 최첨단 라이팅 시스템이다.

기능	Dynamic Bending (좌/우 제어)	Auto Leveling (상/하 제어)
입력	• 차량 속도 • 조향 핸들 각도 • 변속 레버 위치	• 차량 속도(가/감속) • 차량 적재 부하
출력	AFLS 적용 장애물　　　　　　　장애물 일반 헤드램프	조정 전　↓ 조정 후 조정 전 BRAKE ↓ 조정 후 조정 전
	주행 시 회전 조건에 따른 좌/우 구동	로우빔(하향등) 상/하 제어

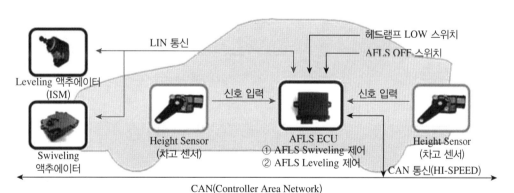

CAN(Controller Area Network)
– 조향 각도, 조향각 속도, 변속레버위치(PRND), 엔진 회전수, 가속페달 개도, 요 레이트, 브레이크 신호, 차고 센서

(1) AFLS 주요 제어 기능

항목	주요 기능 및 세부내용
Dynamic Bending (Swiveling)	• 곡선 도로에서 차량 진행방향에 보다 강화된 빛을 제공 – 곡선 도로 주행 시인성 향상 – 프로젝션 유닛(헤드램프 로우 빔) 좌/우 구동
Class 변환	• 주행 조건에 따른 최적의 빔 패턴 제공 – 저속, 중속, 고속에 따른 빔 패턴 제공 – 우천, 우적 시 대향차 눈부심 방지를 위한 빔 패턴 제공
Auto–Leveling (Dinamic 타입)	• 차량 기울기 조건에 대한 헤드램프 로우 빔의 보상 – 차량 정적 조건에 따른 보상(승차인원, 화물 적재량) – 차량 동적 조건에 따른 보상(급제동, 급가속, 노면 요철) – 프로젝션 유닛(헤드램프 로우 빔) 좌/우 구동
Fail–Safe (안전 법규 만족)	• 시스템 고장 및 오동작 감지 시(센서, 통신 등) 안전모드 동작

(2) AFLS 적용 장점

항목	주요 기능 및 세부내용
주행 안정성 향상	• 차량 운행 중 곡선 도로의 운전자 시인성 확보 → Safety Driving • 차량 속도에 따라 헤드램프 모드, 스위벨링(좌/우) 구동 속도 및 각도가 자동 제어되어 최적 운행 조건 만족 • 대향 차량에 대한 눈부심을 고려한 Fail-Safe 기능 적용 → 시스템 고장 발생시 초기 원점 위치로 자동 복귀
사용 편의성 향상	• 운전자의 선택에 따라 시스템 ON/OFF 가능(오토라이트 스위치) • 기존 차량 헤드램프와의 차이로 운전자의 만족감 증대
기타	• 자가진단 기능으로 DTC 정보 및 센서 입/출력 확인 가능 • CAN&LIN 통신 적용으로 모듈별 배선 수 접속점 감소

28 BAS(Brake Assist System)

브레이크 페달 작동속도를 감지하여 차량의 긴급 상황을 파악하여 운전자가 충분한 브레이크 유압을 가하지 못했을 경우 BAS 기능이 작동하면서 브레이크 유압을 증대시켜 충분한 감속도를 구현한다. 긴급 상황에서 제동거리 감소에 효과가 있다.

29 CBC 시스템(Cornering Brake Control System)

(1) 개요

선회 제동 시 좌/우륜의 제동력을 제어하여 차량 안정성을 확보하고 차량의 Spin을 방지한다.

(2) 주요 특징

① ESC 제어 시점에 앞서 조기 유압 감압 제어를 통해 과도한 ESC 제어를 부드럽게 수행

② 유압 증대 모드 없이 제어하므로 소음 및 진동 저감

③ 차량 상황(Understeer 또는 Oversteer)에 따라 최적화된 제어를 통해 안전성 극대화

④ 내장된 Pressure Sensor와 Upgrade된 컨트롤 로직을 통해 최적 제어 수행

30 AVH(Auto Hold System)

(1) 개요

차량 주행 중 신호 대기, 정차 시 자동 정차 유지, 출발 시 자동 해제 기능으로 편의성과 안전성을 높인다.

(2) 주요 특징

① 신호 대기 등 정차 시 자동 작동, 출발 시 차량 밀림 방지

② 주행 중 EPB(파킹) 스위치로 비상 제동 시 ESC 제어로직으로 안정적인 정차 가능

③ 경사로 정차 후 출발 시 차량 밀림 방지

05 | 자동차관리법령 및 산업안전기준

1 자동차 안전기준(자동차관리법령)

(1) 용어의 정의

① **공차상태** : 자동차에 사람이 승차하지 아니하고 물품을 적재하지 않은 상태로서 연료+냉각수+윤활유+예비타이어(단, 예비타이어를 장착할 수 있는 자동차에 한함)를 설치하여 운영할 수 있는 상태

② **적차상태** : 공차상태의 자동차에 승차정원+최대적재량의 물품이 적재된 상태(단, 승차정원 1인의 중량은 65kg, 13세 미만의 자는 1.5인을 승차정원 1인으로 봄)

③ **윤중** : 자동차가 수평상태에 있을 때에 1개의 바퀴가 수직으로 지면을 누르는 중량, 윤중은 5톤 이하일 것

④ **축하중** : 자동차가 수평상태에 있을 때에 1개의 차축에 연결된 모든 바퀴의 윤중을 합한 것, 축하중은 10톤 이하일 것

⑤ **차량중량** : 공차상태의 자동차의 중량을 말함

⑥ **차량총중량** : 적차상태의 자동차의 중량을 말하며 자동차의 차량총중량은 20톤(승합자동차의 경우에는 30톤, 화물자동차 및 특수자동차의 경우에는 40톤)을 초과하여서는 안 됨

⑦ **승차정원** : 자동차에 승차할 수 있도록 허용된 최대인원(운전자 포함)

(2) 자동차 길이, 너비, 높이 기준

① **길이** : 13m 이하(연결자동차의 경우에는 16.7m를 말한다)

② **너비** : 2.5m 이하(단, 승용자동차 : 간접시계장치, 환기장치는 25cm 이내
　　　　　　　　　　　　기타자동차 : 간접시계장치, 환기장치는 30cm 이내
　　　　　　　　　　　　견인차 : 간접시계장치, 피견인차의 가장 바깥쪽으로부터 10cm 이하)

③ **높이** : 4m 이하

④ **최저지상고** : 공차상태의 자동차에 있어서 접지부분 외의 부분은 지면과의 사이에 10cm 이상의 간격이 있어야 함

(3) 중량분포

조향바퀴의 윤중의 합은 차량중량 및 차량총중량의 각각에 대하여 20%(3륜의 경형 및 소형자동차의 경우에는 18%) 이상

(4) 최대안전경사각도

승용자동차, 화물자동차, 특수자동차 및 승차정원 10명 이하인 승합자동차는 공차상태에서 좌우로 35°(단, 차량총중량이 차량중량의 1.2배 이하인 자동차는 30°), 승차정원 11명 이상인 승합자동차는 적차상태에서 좌우로 28° 기울인 상태에서 전복되지 아니하여야 함

(5) 최소회전반경

자동차의 최소회전반경은 바깥쪽 앞바퀴자국의 중심선을 따라 측정할 때에 12m 이하, 승합자동차의 경우에는 해당 자동차가 반지름 5.3m와 12.5m의 동심원 사이를 회전하였을 때 그 차체가 각 동심원에 모두 접촉되지 않을 것

(6) 접지부분 및 접지압력

접지부분은 소음의 발생이 적고 도로를 파손할 위험이 없는 구조여야 하며, 무한궤도를 장착한 자동차의 접지압력은 무한궤도 1cm²당 3kg을 초과하지 아니할 것

(7) 타이어 트레드(노면에 닿는 부분) 깊이 : 1.6mm 이상 유지될 것

(8) 조향장치

① 조향 핸들의 유격 : 조향 핸들 지름의 12.5% 이하
② 사이드 슬립 : 규정값에서 좌우 방향으로 ±5m/km(±5mm/m) 이내

(9) 제동장치

① 주제동장치의 급제동 정지거리 및 조작력 기준

구분	최고속도 80km/h 이상의 자동차	최고속도 35km/h 이상 80km/h 미만의 자동차	최고속도 35km/h 미만의 자동차
제동초속도	50km/h	35km/h	해당 자동차의 최고속도
급제동 정지거리	22m 이하	14m 이하	5m 이하
측정 시 조작력	발 조작식의 경우 90kg 이하		
	손 조작식의 경우 30kg 이하		
측정자동차의 상태	공차상태의 자동차에 운전자 1인이 승차한 상태		

② 제동력의 판정기준
  ㉠ 제동능력
   • 최고속도가 80km/h 이상이고 차량총중량이 차량중량의 1.2배 이하인 자동차의 각축이 제동력의 합 : 차량총중량의 50% 이상
   • 최고속도가 80km/h 미만이고 차량총중량이 차량중량의 1.5배 이하인 자동차의 각축의 제동력의 합 : 차량총중량의 40% 이상
   • 기타의 자동차
    – 각 축의 제동력의 합 : 차량중량의 50% 이상
    – 각 축의 제동력 : 각 축하중의 50%(다만, 뒷축의 경우에는 해당 축하중의 20%) 이상
  ㉡ 좌우바퀴의 제동력 편차 : 해당 축하중의 8% 이하
  ㉢ 제동력의 복원 : 3초 이내에 해당 축하중의 20% 이하로 감소될 것
③ 주차제동력 : 11° 30' 이상의 경사면에서 정지상태를 유지할 수 있거나 차량중량의 20% 이상일 것

측정 시 조작력	승용자동차	그 밖의 자동차
발	60kg 이하	70kg 이하
손	40kg 이하	50kg 이하

(10) 연료장치

① **연료주입구** : 배기관 끝으로부터 30cm 이상, 노출된 전기 단자 및 전기 계폐기로부터 20cm 이상 떨어져 있을 것

② **수소가스를 연료로 사용하는 자동차의 기준**

  ㉠ 자동차의 배기구에서 배출되는 가스의 수소농도는 평균 4%, 순간 최대 8%를 초과하지 아니할 것

  ㉡ 차단밸브(내압용기의 연료공급 자동 차단장치) 이후의 연료장치에서 수소가스 누출 시 승객거주 공간의 공기 중 수소농도는 1% 이하일 것

  ㉢ 차단밸브 이후의 연료장치에서 수소가스 누출 시 승객거주 공간, 수하물 공간, 후드 하부 등 밀폐 또는 반밀폐 공간의 공기 중 수소농도가 2±1% 초과 시 적색경고등이 점등되고, 3±1% 초과 시 차단밸브가 작동할 것

(11) 차대 및 차체

① **오버행의 기준**(축거 : L, 오버행 : C)

  ㉠ 일반 자동차의 오버행 : $\dfrac{C}{L} \leq \dfrac{1}{2}$

  ㉡ 경형 및 소형자동차의 오버행 : $\dfrac{C}{L} \leq \dfrac{11}{20}$

  ㉢ 승합자동차, 화물자동차(화물을 차체 밖으로 나오게 적재할 우려가 없는 경우에 한정), 특수자동차의 오버행 : $\dfrac{C}{L} \leq \dfrac{2}{3}$

② **측면보호대** : 차량총중량이 8톤 이상, 또는 최대적재량이 5톤 이상인 화물자동차·특수자동차·연결자동차는 측면보호대를 설치하여야 한다(단, 측면보호대의 양쪽 끝과 앞, 뒷바퀴와의 간격은 각 400mm 이내, 가장 아래 부분과 지상과의 간격은 550mm 이하, 가장 윗부분과 지상과의 간격은 950mm 이상일 것).

③ **후부안전판**

  ㉠ 차량총중량이 3.5톤 이상인 화물자동차 및 특수자동차는 후부안전판을 설치하여야 한다.

    • 후부안전판의 양 끝 부분은 뒷차축 중 가장 넓은 차축의 좌·우 최외측 타이어 바깥면(지면과 접지되어 발생되는 타이어 부풀림양은 제외한다) 지점을 초과하여서는 아니 되며, 좌·우 최외측 타이어 바깥면 지점부터의 간격은 각각 100mm 이내일 것

    • 가장 아랫 부분과 지상과의 간격은 550mm 이내일 것

    • 차량 수직방향의 단면 최소높이는 100mm 이상일 것

④ **고압가스를 운반하는 자동차의 고압가스 운송용기** : 차체의 뒤 범퍼 안쪽으로 300mm 이상의 간격이 될 것

⑤ **등록번호판의 부착위치** : 차체의 뒤끝으로부터 65cm 이내일 것

⑥ **견인장치** : 자동차(피견인차 제외)의 앞면 또는 뒷면에는 자동차의 길이 방향으로 견인할 때에 해당 자동차 차량 중량의 1/2 이상의 힘에 견딜 수 있는 구조의 견인장치를 갖출 것

(12) 좌석

① 운전자 좌석의 규격

승용자동차	승합 · 화물 · 특수자동차
50% 성인 남자 인체모형(엉덩이부터 뒷무릎 464.8± 12.7mm, 엉덩이부터 앞무릎 591.8±12.7mm, 발 길이 259.1±7.6mm, 엉덩이 너비 : 363.2±7.6mm)이 착석 가능할 것	가로 · 세로 각각 40cm(23인승 이하의 승합자동차와 좌석의 수보다 입석의 수가 많은 23인승을 초과하는 승합자동차의 좌석의 세로는 35cm) 이상일 것

② 승객 좌석의 규격

승용자동차	승합 · 화물 · 특수자동차 (어린이운송용 제외)	어린이운송용 승합자동차
5% 성인 여자 인체모형(엉덩이부터 뒷무릎 426.72±12.7mm, 엉덩이부터 앞무릎 533.4±12.7mm, 발 길이 226.06± 7.6mm, 엉덩이 너비 : 307.34±7.6mm)이 착석 가능할 것	가로 · 세로 각각 40cm(23인승 이하의 승합자동차와 좌석의 수보다 입석의 수가 많은 23인승을 초과하는 승합자동차의 좌석의 세로는 35cm) 이상일 것	5% 성인 여자 인체모형이 착석할 수 있도록 하되, 좌석 등받이(머리지지대를 포함)의 높이는 71cm 이상일 것

③ 입석
- ㉠ 승합자동차의 입석 공간은 별도 기준에 따른 통로 측정장치(승합자동차 유형별로 높이 1,500~1,900mm)가 통과할 수 있어야 한다.
- ㉡ 1인의 입석의 면적

구분	1인당 입석 면적
승차정원 23인승 이하 승합자동차	$0.125m^2$ 이상
좌석 승객의 수보다 입석 승객의 수가 많은 승차정원 23인승을 초과하는 승합자동차	$0.125m^2$ 이상
입석 승객의 수보다 좌석 승객의 수가 많은 승차정원 23인승을 초과하는 승합자동차	$0.15m^2$ 이상

※ 자동차전용도로 또는 고속국도를 운행하지 아니하는 시내버스 · 농어촌버스 및 마을버스의 승객용 좌석에는 안전띠를 설치하지 않을 수 있다.

(13) 승강구

① 승강구의 규격은 승강구 측정장치 1(너비 55cm, 높이 140~180cm) 또는 측정장치 2(너비 55cm, 높이 165~180cm)가 통과될 것
② 승강구 제1단 발판의 높이는 40cm(어린이운송용 승합자동차의 어린이 승하차를 위한 승강구의 경우 30cm 이하)일 것

(14) 비상구(비상탈출장치)

① 승차정원 16인 이상의 승합자동차에는 승강구를 2개 이상 설치하거나 승강구와 비상문을 각각 1개 이상 설치하여야 한다.

② A형 비상문 : 너비 60cm 이상, 높이 145cm 이상(다만 승차정원 23인승 이하는 너비 55cm 이상, 높이 125cm 이상일 것)

③ B형 비상문 : 차실의 좌측면 뒤쪽(자동차 길이 방향으로 차실의 중간위치보다 비상문 유효 폭 중심이 뒤쪽에 있는 경우) 또는 차실 뒷면에 설치하여야 하며, 유효 폭 40cm 이상, 유효 높이 120cm 이상이어야 한다.

(15) 통로

① 승차정원 16인승 이상의 승합자동차에는 통로 측정장치가 통과할 수 있는 통로를 갖추어야 한다. 다만, 승강구를 열고 바로 탑승하도록 좌석이 설치된 구조의 자동차는 제외한다.

② 통로 측정장치 기준

승합자동차 유형		너비(cm)	높이(cm)
승차정원 16인승 이상 23인승 이하 승합자동차		55	190
승차정원 16인승 이상 23인승 이하 좌석전용 승합자동차		45	150
좌석 승객의 수보다 입석 승객의 수가 많은 승차정원 23인승을 초과하는 승합자동차		55	190
입석 승객의 수보다 좌석 승객의 수가 많은 승차정원 23인승을 초과하는 승합자동차		55	190
승차정원 23인승을 초과하는 좌석전용 승합자동차		45	190
좌석 승객의 수보다 입석 승객의 수가 많은 2층대형승합자동차	1층	55	180
	2층	55	168
입석 승객의 수보다 좌석 승객의 수가 많은 2층대형승합자동차	1층	55	180
	2층	55	168
좌석 전용 2층대형승합자동차	1층	45	180
	2층	45	168

③ 접이식 좌석이 설치된 자동차의 통로의 경우에는 접이식 좌석을 접은 상태에서 통로 측정장치가 통과되어야 한다.

(16) 창유리

자동차의 앞면창유리는 접합유리 또는 유리 · 플라스틱 조합유리로, 그 밖의 창유리는 강화유리, 접합유리, 복층유리, 플라스틱유리 또는 유리 · 플라스틱 조합유리 중 하나로 하여야 한다. 다만, 컨버터블자동차 및 캠핑용자동차 등 특수한 구조의 자동차의 앞면 외의 창유리와 피견인자동차의 창유리는 그러하지 아니하다.

(17) 배기관

① 자동차 배기관의 열림방향은 자동차의 길이 방향에 대해 왼쪽 또는 오른쪽으로 45°를 초과해 열려 있어서는 안 되며, 배기관의 끝은 차체 외측으로 돌출되지 않도록 설치해야 한다.

② 배기관은 자동차 또는 적재물을 발화시키거나 자동차의 다른 기능을 저해할 우려가 없어야 하며, 견고하게 설치하여야 한다.

(18) 전조등

① 주행빔 전조등의 설치 기준

 ㉠ 좌 · 우에 각각 1개 또는 2개를 설치할 것(단, 너비가 130cm 이하인 초소형자동차에는 1개를 설치할 수 있음)

 ㉡ 등광색은 백색일 것

 ㉢ 주행빔 전조등의 설치 및 광도 기준은 별표 6의3에 적합할 것(단, 초소형자동차는 별표 35의 기준을 적용할 수 있음)

② 변환빔 전조등의 설치 기준

 ㉠ 좌 · 우에 각각 1개를 설치할 것(단, 너비가 130cm 이하인 초소형자동차에는 1개를 설치할 수 있음)

 ㉡ 등광색은 백색일 것

 ㉢ 변환빔 전조등의 설치 및 광도 기준은 별표 6의4에 적합할 것(단, 초소형자동차는 별표 36의 기준을 적용할 수 있음)

③ 적응형 전조등의 설치 기준

 ㉠ 좌 · 우에 각각 1개를 설치할 것

 ㉡ 등광색은 백색일 것

 ㉢ 적응형 전조등의 설치 및 광도 기준은 별표 6의5에 적합할 것

④ 주변환빔 전조등의 광속(光束)이 2,000lm을 초과하는 전조등의 설치 기준

 ㉠ 130km/h 이하의 속도에서 작동될 것

 ㉡ 전조등 닦이기 작동 후 광도는 최초 광도값의 70% 이상일 것

(19) 안개등(보조 전조등)

① 앞면에 안개등을 설치할 경우 설치 기준

 ㉠ 좌 · 우에 각각 1개를 설치할 것(단, 너비가 130cm 이하인 초소형자동차에는 1개를 설치할 수 있음)

 ㉡ 등광색은 백색 또는 황색일 것

 ㉢ 앞면안개등의 설치 및 광도 기준은 별표 6의6에 적합할 것(단, 초소형자동차는 별표 37의 기준을 적용할 수 있음)

② 뒷면에 안개등을 설치할 경우 설치 기준

 ㉠ 2개 이하로 설치할 것

 ㉡ 등광색은 적색일 것

 ㉢ 뒷면안개등의 설치 및 광도 기준은 별표 6의7에 적합할 것(단, 초소형자동차는 별표 38의 기준을 적용할 수 있음)

(20) 후퇴등(후진등)

자동차(차량총중량 0.75톤 이하인 피견인자동차는 제외)에는 다음의 기준에 적합한 후퇴등을 설치해야 한다.

① 자동차의 뒷면에는 다음의 구분에 따른 개수를 설치할 것(단, ⓒ의 경우에는 뒷면 후방에 2개 또는 양쪽 측면 후방에 각각 1개를 추가로 설치할 수 있음)

    ㉠ 길이 6m 이하 자동차 : 1개 또는 2개

    ㉡ 길이 6m 초과 자동차 : 2개

② 등광색은 백색일 것

③ 후퇴등의 설치 및 광도 기준은 별표 6의10에 적합할 것(단, 초소형자동차는 별표 40의 기준을 적용할 수 있음)

(21) 번호등

① 등광색은 백색일 것

② 번호등의 설치 및 휘도(輝度)기준은 별표 6의13에 적합할 것(단, 초소형자동차는 별표 42의 기준을 적용할 수 있음)

③ 번호등은 등록번호판을 잘 비추는 구조일 것

(22) 후미등

① 좌·우에 각각 1개를 설치할 것. 다만, 다음의 자동차에는 다음 각 구분에 따른 기준에 따라 후미등을 설치할 수 있다.

    ㉠ 끝단표시등이 설치되지 않은 다음의 어느 하나에 해당하는 자동차 : 좌·우에 각각 1개의 후미등 추가 설치 가능

      • 승합자동차

      • 차량 총중량 3.5톤 초과 화물자동차 및 특수자동차(구난형 특수자동차는 제외)

    ㉡ 구난형 특수자동차 : 좌·우에 각각 1개의 후미등 추가 설치 가능

    ㉢ 너비가 130cm 이하인 초소형자동차 : 1개의 후미등 설치 가능

② 등광색은 적색일 것

③ 후미등의 설치 및 광도 기준은 별표 6의14에 적합할 것(단, 초소형자동차는 별표 43의 기준을 적용할 수 있음)

(23) 제동등

① 좌·우에 각각 1개를 설치할 것. 다만, 다음의 자동차는 다음 각 구분에 따른 기준에 따라 제동등을 설치할 수 있다.

    ㉠ 너비가 130cm 이하인 초소형자동차 : 1개의 제동등 설치 가능

    ㉡ 구난형 특수자동차 : 좌·우에 각각 1개의 제동등 추가 설치 가능

② 등광색은 적색일 것

③ 제동등의 설치 및 광도 기준은 별표 6의15에 적합할 것(단, 초소형자동차는 별표 44의 기준을 적용할 수 있음)

(24) 방향지시등

① 자동차 앞면·뒷면 및 옆면 좌·우에 각각 1개를 설치할 것. 다만, 승용자동차와 차량총중량 3.5톤 이하 화물자동차 및 특수자동차(구난형 특수자동차는 제외)를 제외한 자동차에는 2개의 뒷면 방향지시등을 추가로 설치할 수 있다.

② 등광색은 호박색일 것

③ 방향지시등의 설치 및 광도 기준은 별표 6의17에 적합할 것(단, 초소형자동차는 별표 45의 기준을 적용할 수 있음)

(25) 후부반사기

① 좌·우에 각각 1개를 설치할 것. 다만, 너비가 130cm 이하인 초소형자동차에는 1개를 설치할 수 있다.

② 반사광은 적색일 것

③ 후부반사기의 설치 기준은 별표 6의23에 적합할 것(단, 초소형자동차는 별표 48의 기준을 적용할 수 있음)

(26) 경음기

자동차 전방으로 2m 떨어진 지점으로서 지상높이가 1.2 ± 0.05m인 지점에서 측정한 경적음의 최소크기가 최소 90dB(C)이상일 것

(27) 속도계 및 주행거리계

① 자동차에는 속도계와 통산 운행거리를 표시할 수 있는 구조의 주행거리계를 설치하여야 한다.

② 다음의 자동차(「도로교통법」에 따른 긴급자동차와 해당 자동차의 최고속도가 ③에서 정한 속도를 초과하지 아니하는 구조의 자동차를 제외한다)에는 최고속도제한장치를 설치하여야 한다.

　㉠ 승합자동차(어린이운송용 승합자동차를 포함)

　㉡ 차량총중량이 3.5톤을 초과하는 화물자동차·특수자동차(피견인자동차를 연결하는 견인자동차를 포함)

　㉢ 「고압가스 안전관리법 시행령」의 규정에 의한 고압가스를 운송하기 위하여 필요한 탱크를 설치한 화물자동차(피견인자동차를 연결한 경우에는 이를 연결한 견인자동차를 포함)

　㉣ 저속전기자동차

③ ②의 규정에 의한 최고속도제한장치는 자동차의 최고속도가 다음의 기준을 초과하지 아니하는 구조이어야 한다.

　㉠ ②의 ㉠에 의한 자동차 : 110km/h

　㉡ ②의 ㉡ 및 ㉢에 의한 자동차 : 90km/h

　㉢ ②의 ㉣에 따른 저속전기자동차: 60km/h

(28) 소화설비

① 승차정원 7인 이상의 승용자동차 및 경형승합자동차에는 「소방시설설치유지 및 안전관리에 관한 법률」에 의한 능력단위(이하 "능력단위"라 함) 1 이상인 소화기를 1개 이상 설치하여야 한다.

② 승차정원 15인 이하의 승합자동차 : 능력단위 2 이상인 소화기 1개 이상 또는 능력단위 1 이상인 소화기를 2개 이상 설치하여야 한다.

③ 승차정원 16인 이상 35인 이하의 승합자동차 : 능력단위 2 이상인 소화기를 2개 이상 설치하여야 한다.

④ 승차정원 36인 이상의 승합자동차 : 능력단위 3 이상인 소화기를 1개 이상 및 능력단위 2 이상인 소화기를 1개 이상 설치하여야 한다. 다만, 2층대형승합자동차의 경우에는 위층 차실에 능력단위 3 이상인 소화기 1개 이상을 추가로 설치하여야 한다.

⑤ 승차정원 23인을 초과하는 승합자동차로서 너비 2.3m를 초과하는 경우에는 운전자의 좌석 부근에 소화기를 설치할 수 있도록 가로 60cm, 세로 20cm 이상의 공간을 확보하여야 한다.

(29) 경광등

① 적색 또는 청색 : 범죄수사, 교통단속, 피수용자의 호송·경비, 소방용 자동차 등

② 황색 : 전신·전화업무, 전기·가스사업, 민방위업무 및 공익사업

③ 녹색 : 구급차·혈액 공급차량

(30) 어린이 운송용 승합자동차의 표시등

① 앞면과 뒷면에 분당 60~120회 점멸하는 각각 2개의 적색표시등과 2개의 황색표시등 또는 호박색표시등 설치

② 적색표시등은 바깥쪽에, 황색표시등은 안쪽에 설치

③ 도로에 정지하려고 하거나 출발하려고 하는 때에는 다음의 기준에 적합할 것

　㉠ 도로에 정지하려는 때에는 황색표시등 또는 호박색표시등이 점멸되도록 운전자가 조작할 수 있어야 할 것

　㉡ ㉠의 점멸 이후 어린이의 승하차를 위한 승강구가 열릴 때에는 자동으로 적색표시등이 점멸될 것

　㉢ 출발하기 위하여 승강구가 닫혔을 때에는 다시 자동으로 황색표시등 또는 호박색표시등이 점멸될 것

　㉣ ㉢의 점멸 시 적색표시등과 황색표시등 또는 호박색표시등이 동시에 점멸되지 아니할 것

2 자동차 검사기준 등

(1) 자동차검사

① 자동차검사의 분류

　㉠ 신규검사 : 신규등록을 실시하고자 할 때 실시하는 검사

　㉡ 정기검사 : 신규등록 후 일정 기간마다 정기적으로 실시하는 검사

② 종합검사의 대상과 유효기간

차종	사업용 구분	규모	대상 차령	검사 유효기간
		검사 대상		
승용 자동차	비사업용	경형 · 소형 · 중형 · 대형	차령이 4년 초과인 자동차	2년
	사업용	경형 · 소형 · 중형 · 대형	차령이 2년 초과인 자동차	1년
승합 자동차	비사업용	경형 · 소형	차령이 4년 초과인 자동차	1년
		중형	차령이 3년 초과인 자동차	차령 8년까지는 1년, 이후부터는 6개월
		대형	차령이 3년 초과인 자동차	차령 8년까지는 1년, 이후부터는 6개월
	사업용	경형 · 소형	차령이 4년 초과인 자동차	1년
		중형	차령이 2년 초과인 자동차	차령 8년까지는 1년, 이후부터는 6개월
		대형	차령이 2년 초과인 자동차	차령 8년까지는 1년, 이후부터는 6개월
화물 자동차	비사업용	경형 · 소형	차령이 4년 초과인 자동차	1년
		중형	차령이 3년 초과인 자동차	차령 5년까지는 1년, 이후부터는 6개월
		대형	차령이 3년 초과인 자동차	차령 5년까지는 1년, 이후부터는 6개월
	사업용	경형 · 소형	차령이 2년 초과인 자동차	1년
		중형	차령이 2년 초과인 자동차	차령 5년까지는 1년, 이후부터는 6개월
		대형	차령이 2년 초과인 자동차	6개월
특수 자동차	비사업용	경형 · 소형 · 중형 · 대형	차령이 3년 초과인 자동차	차령 5년까지는 1년, 이후부터는 6개월
	사업용	경형 · 소형 · 중형 · 대형	차령이 2년 초과인 자동차	차령 5년까지는 1년, 이후부터는 6개월

③ 튜닝검사 : 자동차를 튜닝한 경우에 실시하는 검사

④ 임시검사 : 자동차관리법 또는 자동차관리법에 따른 명령이나 자동차 소유자의 신청을 받아 비정기적으로 실시하는 검사

⑤ 수리검사 : 전손 처리 자동차를 수리한 후 운행하려는 경우에 실시하는 검사

(2) 시험기의 정밀도 기준

① 제동 시험기 오차 범위

ㄱ 좌우 제동력 지시 오차 : ±5% 이내(차륜 구동형은 ±2% 이내)

ㄴ 좌우 합계 제동력 지시 오차 : ±5% 이내

ㄷ 좌우 제동력 합계 판정 오차 : ±2% 이내

ㄹ 좌우 제동력 차이 판정 오차 : ±2% 이내

② 전조등 시험기 오차 범위

　　㉠ 광도 지시 오차 : ±15% 이내

　　㉡ 광축 편차 오차 : ±29/174mm(1/6°) 이내

③ 사이드 슬립 측정기 오차 범위

　　㉠ 0점 지시 오차 : ±0.2mm/m(m/km) 이내

　　㉡ 5m/km 지시 오차 : ±0.2mm/m(m/km) 이내

　　㉢ 판정오차 : ±0.2mm/m(m/km) 이내

④ 속도계 시험기 오차 범위

　　㉠ 지시 오차 : 설정속도(35km/h이상)의 ±3% 이내

(3) 자동차 제원의 허용오차

구분\차종	길이(mm)	너비(mm)	높이(mm)	윤거(mm)	축거(mm)	오버행(mm)	객실 및 하대(mm)			차량총중량(kgf)
							길이	너비	높이	
경형 및 소형차	±40	±30	±50	±30	±30	±30	±30	±30	±30	±60
중형 및 대형차	±50	±40	±60	±40	±30	±40	±50	±30	±30	중형자동차 : ±100 대형자동차 : ±3%

① 보도용자동차, 분리하여 운반할 수 없는 규격화된 물품을 운송하는 자동차, 최고속도가 25km/h 미만인 자동차, 2층대형승합자동차, 그 밖의 특수용도에 사용하는 자동차 등에 대하여는 다음 표의 제원기준을 적용할 수 있다.

항목	특례기준	대상 차종
길이	19m 이내	• 풀트레일러 연결자동차 • 저상트레일러 연결자동차 • 센터차축트레일러 연결자동차 • 굴절버스
너비	2.75m 이내	• 콘테이너운송용 풀가고트럭, 콘테이너운송용 풀가고트레일러 • 저상트레일러 • 보도용 자동차(TV중계차 등) • 환경측정용 자동차 • 2층대형승합자동차
최대안전경사각도	30°	• 콘크리트 운반전용의 자동차 • 최고속도가 60km/h 이하인 화물 및 특수자동차
최소회전반경	15.5m 이내	• 보도용 자동차(TV중계차 등) • 특수구조자동차 등 국토교통부장관이 해당 자동차의 제작특성상 특히 필요하다고 인정하는 자동차
완충장치	설치 예외	• 노면청소작업차 • 특수구조자동차 등 구토교통부장관이 해당 자동차의 제작특성상 특히 필요하다고 인정하는 자동차
서리 및 안개 제거장치, 환기장치	설치 예외	• 최고속도가 25km/h 미만인 자동차

② 하대 오프셋(Os) $= \dfrac{\text{하대 내측 길이}}{2} - (A - B)$

(단, A : 뒤 차축 중심에서 차체 최후단까지의 거리, B : 하대 내측의 뒤끝에서 차체 최후단까지의 거리)

(4) 타이어 부하율

타이어의 부하율 $= \dfrac{\text{축하중}}{\text{타이어의 최대 허용하중} \times \text{타이어의 수}} \times 100$

(5) 조향륜의 하중분포

① 공차 시 조향륜의 하중분포 $= \dfrac{\text{공차 시 조향륜의 윤중의 합}}{\text{차량중량}} \times 100$

② 적차 시 조향륜의 하중분포 $= \dfrac{\text{적차 시 조향륜의 윤중의 합}}{\text{차량총중량}} \times 100$

(6) 최대안전 경사각도의 산출

① 오른쪽 : $\beta = \tan^{-1}\left(\dfrac{Br}{H}\right)$

② 왼쪽 : $\beta = \tan^{-1}\left(\dfrac{BL}{H}\right)$

- β : 최대안전 경사각도(°)
- Br : 오른쪽 안정폭
- H : 무게중심높이(중심고)
- BL : 왼쪽 안정폭

(7) 자동차 회전조작력 확인방법

① 평탄한 노면에서 반지름 12m의 원둘레를 회전
② 선회속도 : 10km/h
③ 풍속 : 3m/s 이하에서 측정
④ 적차상태에서 측정

(8) 정밀도에 대한 검사기준

① 지시 : 설정속도(35km/h 이상)의 ±3% 이내
② 판정 : 판정 기준값의 1km 이내

(9) 차대번호 표시 및 확인방법

KNH	A382FI	ES123456
제작회사군	자동차특성군	제작회사 일련번호

(10) 적차 시 전축중

$$W_f = w_f + \frac{a_1 p_1 + a_2 p_2 + \cdots\cdots}{L}$$

> - W_f : 적차 시 전축중
> - $a_1, a_2, \cdots\cdots$: ,후차축에서 하중작용점까지의 거리
> - w_f : 공차 시 전축중
> - $p_1, p_2, \cdots\cdots$: 적재물의 하중
> - L : 축거

(11) 적차 시 후축중

$$W_r = W - W_f \,(W : 차량총중량)$$

(12) 연속좌석의 승차정원(승합·화물·특수자동차)

$$연속좌석의 승차정원 = \frac{좌석의 \ 너비(cm)}{40(cm/1인)}$$

(13) 입석정원

$$입석정원 = \frac{입석면적(m^2)}{0.14(m^2/1인)} (2019년 \ 7월 \ 1일 \ 이전 \ 제작·조립·수입된 \ 자동차)$$

$$= \frac{입석면적(m^2)}{1인의 \ 입석면적(m^2)} (2019년 \ 7월 \ 1일 \ 이후 \ 제작·조립·수입된 \ 자동차)$$

(14) 덤프형 화물차의 최대적재량

$$① \ 소형 \ 자동차 = \frac{최대적재량}{적재함 \ 용적} \geq 1.3ton/m^3$$

$$② \ 기타 \ 자동차 = \frac{최대적재량}{적재함 \ 용적} \geq 1.5ton/m^3$$

(15) 공주거리

$$공주거리 = \frac{V}{3.6} \times t$$

- V : 제동초속도(km/h)
- t : 공주시간(sec)

(16) 제동거리

$$제동거리 = \frac{V^2}{2\mu g}$$

- V : 제동초속도(m/s)
- μ : 마찰계수
- g : 중력가속도(m/s^2)

(17) 정지거리

$$정지거리 = \frac{V}{36} + \frac{V^2}{254} \times \frac{w + W'}{F} \quad (정지거리 = 공주거리 + 제동거리)$$

- V : 제동초속도(km/h)
- w : 차량중량
- W' : 회전부분 상당중량
- F : 각 바퀴의 제동력의 합

(18) 배기가스 기준

① 휘발유(알코올 포함) 사용 자동차 또는 가스 사용 자동차

차종		제작일자	일산화탄소	탄화수소	공기과잉률
경자동차		1997년 12월 31일 이전	4.5% 이하	1,200ppm 이하	1±0.1 이내. 다만, 기화기식 연료공급장치 부착자동차는 1±0.15 이내, 촉매 미부착 자동차는 1±0.20 이내
경자동차		1998년 1월 1일부터 2000년 12월 31일까지	2.5% 이하	400ppm 이하	
경자동차		2001년 1월 1일부터 2003년 12월 31일까지	1.2% 이하	220ppm 이하	
경자동차		2004년 1월 1일 이후	1.0% 이하	150ppm 이하	
승용자동차		1987년 12월 31일 이전	4.5% 이하	1,200ppm 이하	
승용자동차		1988년 1월 1일부터 2000년 12월 31일까지	1.2% 이하	220ppm 이하 (휘발유·알코올 사용 자동차) 400ppm 이하 (가스사용자동차)	
승용자동차		2001년 1월 1일부터 2005년 12월 31일까지	1.2% 이하	220ppm 이하	
승용자동차		2006년 1월 1일 이후	1.0% 이하	120ppm 이하	
승합·화물· 특수자동차	소형	1989년 12월 31일 이전	4.5% 이하	1,200ppm 이하	
승합·화물· 특수자동차	소형	1990년 1월 1일부터 2003년 12월 31일까지	2.5% 이하	400ppm 이하	
승합·화물· 특수자동차	소형	2004년 1월 1일 이후	1.2% 이하	220ppm 이하	
승합·화물· 특수자동차	중형·대형	2003년 12월 31일 이전	4.5% 이하	1,200ppm 이하	
승합·화물· 특수자동차	중형·대형	2004년 1월 1일 이후	2.5% 이하	400ppm 이하	
이륜자동차	소형·중형	2018년 1월 1일 이후	3.0% 이하	1,000ppm 이하	—
이륜자동차	대형	1999년 12월 31일 이전	5.0% 이하	2,000ppm 이하	—
이륜자동차	대형	2000년 1월 1일부터 2006년 12월 31일까지	3.5% 이하	1,500ppm 이하	—
이륜자동차	대형	2007년 1월 1일부터 2008년 12월 31일까지	3.0% 이하	1,200ppm 이하	—
이륜자동차	대형	2009년 1월 1일 이후	3.0% 이하	1,000ppm 이하	—

② 경유 사용 자동차

차종		제작일자		매연
경자동차 및 승용자동차		1995년 12월 31일 이전		60% 이하
		1996년 1월 1일부터 2000년 12월 21일까지		55% 이하
		2001년 1월 1일부터 2003년 12월 31일까지		45% 이하
		2004년 1월 1일부터 2007년 12월 31일까지		40% 이하
		2008년 1월 1일부터 2016년 8월 31일까지		20% 이하
		2016년 9월 1일 이후		10% 이하
승합 · 화물 · 특수자동차	소형	1995년 12월 31일까지		60% 이하
		1996년 1월 1일부터 2000년 12월 31일까지		55% 이하
		2001년 1월 1일부터 2003년 12월 31일까지		45% 이하
		2004년 1월 1일부터 2007년 12월 31일까지		40% 이하
		2008년 1월 1일부터 2016년 8월 31일까지		20% 이하
		2016년 9월 1일 이후		10% 이하
	중형	1992년 12월 31일 이전		60% 이하
		1993년 1월 1일부터 1995년 12월 31일까지		55% 이하
		1996년 1월 1일부터 1997년 12월 31일까지		45% 이하
		1998년 1월 1일부터 2000년 12월 31일까지	시내버스	40% 이하
			시내버스 외	45% 이하
		2001년 1월 1일부터 2004년 9월 30일까지		45% 이하
		2004년 10월 1일부터 2007년 12월 31일까지		40% 이하
		2008년 1월 1일부터 2016년 8월 31일까지		20% 이하
		2016년 9월 1일 이후		10% 이하
	대형	1992년 12월 31일 이전		60% 이하
		1993년 1월 1일부터 1995년 12월 31일까지		55% 이하
		1996년 1월 1일부터 1997년 12월 31일까지		45% 이하
		1998년 1월 1일부터 2000년 12월 31일까지	시내버스	40% 이하
			시내버스 외	45% 이하
		2001년 1월 1일부터 2004년 9월 30일까지		45% 이하
		2004년 10월 1일부터 2007년 12월 31일까지		40% 이하
		2008년 1월 1일부터 2016년 8월 31일까지		20% 이하
		2016년 9월 1일 이후		10% 이하

3 산업안전기준

(1) 산업안전

① 사고예방

㉠ 사고예방 5단계

- 제1단계 : 안전관리조직(조직)
- 제2단계 : 현상 파악(사실의 발견)
- 제3단계 : 원인 규명(분석평가)
- 제4단계 : 대책 선정(시정방법의 선정)
- 제5단계 : 목표 달성(시정책의 적용)

㉡ 재해예방의 4원칙

- 예방가능의 원칙
- 손실우연의 원칙
- 원인연계의 원칙
- 대책선정의 원칙

② 안전점검

㉠ 인적인 면 : 건강상태, 보호구 착용, 기능상태, 자격 적정배치 등

㉡ 물리적인 면 : 기계기구의 설비, 공구, 재료 적치보관상태, 준비상태, 전기시설, 작업발판

㉢ 관리적인 면 : 작업 내용, 작업 순서 기준, 직종 간 조정, 긴급 시 조치, 작업방법, 안전수칙, 작업 중임을 알리는 표시

㉣ 환경적인 면 : 작업 장소, 환기, 조명, 온도, 습도, 분진, 청결상태

㉤ 불안전한 행위

- 불안전한 자세 및 행동, 잡담, 장난을 하는 경우
- 안전장치의 제거 및 불안전한 속도를 조절하는 경우
- 작동 중인 기계에 주유, 수리, 점검, 청소 등을 하는 경우
- 불안전한 기계의 사용 및 공구 대신 손을 사용하는 경우
- 안전 복장을 착용하지 않았거나 보호구를 착용하지 않은 경우
- 위험한 장소에 출입하는 경우

(2) 산업재해

① 재해조사의 목적 : 재해의 원인과 자체의 결함 등을 규명함으로써 동종의 재해 및 유사 재해의 발생을 방지하기 위한 예방대책을 강구하기 위해서 실시한다.

② 재해율의 정의

㉠ 연천인율 : 1,000명의 근로자가 1년을 작업하는 동안에 발생한 재해 빈도를 나타내는 것

$$연천인율 = \frac{재해자\ 수}{연평균\ 근로자\ 수} \times 1,000$$

㉡ 강도율 : 근로시간 1,000시간당 재해로 인하여 근무하지 않는 근로 손실 일수로서 산업재해의 경·중의 정도를 알기 위한 재해율로 이용된다.

$$강도율 = \frac{근로\ 손실\ 일수}{연\ 근로시간} \times 1,000$$

ⓒ 도수율 : 연 근로시간 100만 시간 동안에 발생한 재해 빈도를 나타내는 것

$$도수율 = \frac{재해 \ 발생 \ 건수}{연 \ 근로시간 \ 수} \times 1,000,000$$

ⓔ 천인율 : 평균 재적근로자 1,000명에 대하여 발생한 재해자 수를 나타내는 것

$$천인율 = \frac{재해자 \ 수}{평균 \ 근로자 \ 수} \times 1,000$$

③ 안전점검을 실시할 때 유의사항
　　㉠ 점검한 내용은 상호 이해하고 협조하여 시정책을 강구할 것
　　㉡ 안전 점검이 끝나면 강평을 실시하고 사소한 사항이라도 묵인하지 말 것
　　㉢ 과거에 재해가 발생한 곳에는 그 요인이 없어졌는지 확인할 것
　　㉣ 점검자의 능력에 적응하는 점검내용을 활용할 것
④ 사고가 발생하는 원인
　　㉠ 기계 및 기계장치가 너무 좁은 장소에 설치되어 있을 때
　　㉡ 안전장치 및 보호 장치가 잘되어 있지 않을 때
　　㉢ 적합한 공구를 사용하지 않을 때
　　㉣ 정리 정돈 및 조명 장치가 잘되어 있지 않을 때

(3) 화재
① 연소의 3요소 : 공기(산소), 점화원, 가연성 물질
② 화재의 분류
　　㉠ A급 화재 : 고체 연료성 화재로서 목재, 종이, 섬유 등의 재를 남기는 일반 가연물 화재, 물로 소화 가능
　　㉡ B급 화재 : 액체 또는 기체상의 연료관련 화재로서 가솔린, 알코올, 석유 등의 유류 화재, 모래로 소화 가능
　　㉢ C급 화재 : 전기 기계, 전기 기구 등의 전기 화재
　　㉣ D급 화재 : 마그네슘 등의 금속 화재
　　㉤ E급 화재 : 가스 화새
③ 소화기의 종류
　　㉠ 분말소화기 : A, B, C급
　　㉡ 포말소화기 : A, B급
　　㉢ 이산화탄소(CO_2)소화기 : B, C급, 전기 화재에 가장 적합
④ 소화 작업
　　㉠ 화재가 일어나면 화재 경보를 한다.
　　㉡ 배선의 부근에 물을 공급할 때에는 전기가 통하는지의 여부를 알아본 후에 한다.
　　㉢ 가스 밸브를 잠그고 전기 스위치를 끈다.
　　㉣ 카바이드 및 유류(기름)에는 물을 끼얹어서는 안 된다.
　　㉤ 물 분무 소화 설비에서 화재의 진화 및 연소를 억제시키는 요인
　　　• 연소물의 온도를 인화점 이하로 냉각시키는 효과
　　　• 수증기에 의한 질식 효과
　　　• 연소물의 물에 의한 희석 효과

(4) 안전 · 보건조치

① 안전 · 보건표지의 종류

안전 · 보건표지의 종류에는 금지표지, 경고표지, 지시표지, 안내표지, 유해물질표지, 소방표지가
있다.

㉠ 금지표지 : 바탕은 흰색, 기본모형은 빨간색, 관련 부호 및 그림은 검은색

㉡ 경고표지 : 바탕은 노란색, 기본모형, 관련 부호 및 그림은 검은색

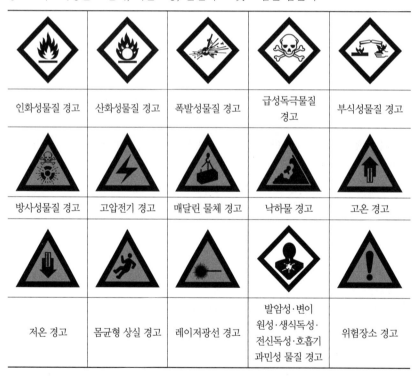

ⓒ 지시표지 : 바탕은 파란색, 관련 그림은 흰색

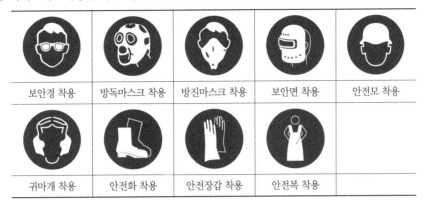

보안경 착용	방독마스크 착용	방진마스크 착용	보안면 착용	안전모 착용
귀마개 착용	안전화 착용	안전장갑 착용	안전복 착용	

ⓔ 안내표지 : 바탕은 흰색, 기본모형 및 관련 부호는 녹색, 또는 바탕은 녹색, 관련 부호 및 그림은 흰색

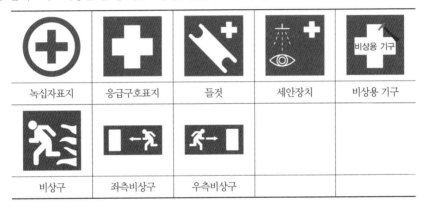

녹십자표지	응급구호표지	들것	세안장치	비상용 기구
비상구	좌측비상구	우측비상구		

② 작업복

　　㉠ 작업에 따라 보호구 및 기타 물건을 착용할 수 있어야 한다.

　　㉡ 소매나 바지자락이 조여질 수 있어야 한다.

　　㉢ 화기사용 직장에서는 방염성, 불연성의 것을 사용하도록 한다.

　　㉣ 작업복은 몸에 맞고 동작이 편하도록 제작한다.

　　㉤ 상의의 끝이나 바지자락 등이 기계에 말려 들어갈 위험이 없도록 한다.

　　㉥ 옷소매는 폭이 좁게 된 것으로, 단추가 달린 것은 되도록 피한다.

③ 작업장의 조명

　　㉠ 초정밀 작업 : 750lux 이상

　　㉡ 정밀작업 : 300lux 이상

　　㉢ 보통작업 : 150lux 이상

　　㉣ 기타작업 : 75lux 이상

　　㉤ 통로 : 75lux 이상

4 자동차 장치 취급 시 주의사항

(1) 엔진 취급 시 주의사항

① 실린더 블록과 실린더

ㄱ 보링 : 마모된 실린더를 절삭하는 작업으로 보링머신을 이용한다.

ㄴ 호닝 : 엔진을 보링한 후에는 바이트 자국을 없애기 위한 작업으로 호닝머신을 이용한다.

ㄷ 리머 : 드릴 구멍보다 더 정밀도가 더 높은 구멍을 가공하는 데 사용한다.

※ 칩을 제거할 때는 절삭유를 충분히 써서 유출시키는 것이 안전하다.

② 실린더 헤드

ㄱ 실린더 헤드 볼트를 풀 때는 바깥쪽에서 안쪽을 향하여 대각선 방향으로 푼다.

ㄴ 실린더 헤드를 조일 때는 2~3회에 나누어 토크 렌치를 사용하여 규정값으로 조인다.

ㄷ 실린더 헤드가 고착되었을 경우 떼어 낼 때에 안전한 작업 방법

• 나무 해머나 플라스틱 해머 등의 연질 해머로 가볍게 두드린다.

• 압축 공기를 사용한다.

• 헤드를 호이스트로 들어서 블록 자중으로 떼어 낸다.

③ 크랭크축

ㄱ 기관의 크랭크축 분해 정비 시 주의사항

• 축받이 캡을 탈거 후 조립 시에는 제자리 방향으로 끼워야 한다.

• 뒤 축받이 캡에는 오일 실이 있으므로 주위를 요한다.

• 스러스트 판이 있을 때에는 변형이나 손상이 없도록 한다.

ㄴ 크랭크축의 휨 측정

• V블록에 크랭크축을 올려놓고 중앙의 저널에 다이얼 게이지를 설치한다.

• 크랭크축을 서서히 1회전시켰을 때 나타난 값이 1/2 휨 값이다.

④ 밸브장치

ㄱ 밸브장치 정비 시 작업 방법

• 밸브 탈착 시 스프링이 튀어 나가지 않도록 한다.

• 분해된 밸브에 표시를 하여 바뀌지 않도록 한다.

• 분해 조립 시 밸브 스프링 전용 공구를 이용한다.

• 밸브 래핑 작업을 할 때는 래퍼를 양손에 끼고 좌우로 돌리면서 가끔 가볍게 충격을 준다.

(2) 윤활 및 냉각장치 취급 시 주의사항

① 윤활장치 취급 시 주의사항

ㄱ 기관오일의 점검 시 작업 방법

• 계절 및 기관에 알맞은 오일을 사용한다.

• 기관을 수평으로 한 상태에서 한다.

• 오일은 정기적으로 점검, 교환한다.

• 오일의 보충 또는 교환 시에는 점도가 다른 것은 서로 섞어서 사용하지 않는다.

② 냉각장치 취급 시 주의사항

    ㉠ 냉각장치 점검 시 작업 방법

- 방열기는 상부온도가 하부온도보다 높다.
- 팬벨트의 장력이 약하면 과열의 원인이 된다.
- 물 펌프 부싱이 마모되면 물의 누수 원인이 된다.
- 실린더 블록에 물때(Scale)가 끼면 엔진과열의 원인이 된다.
- 과열된 기관에 냉각수를 보충할 때는 기관 시동을 끄고 완전히 냉각시킨 후 물을 보충한다.

(3) 연료장치 취급 시 주의사항

① 연료를 공급할 때의 주의사항

    ㉠ 차량의 모든 전원을 OFF하고 주유한다.

    ㉡ 소화기를 비치한 후 주유한다.

    ㉢ 엔진 시동을 끈 후 주유한다.

② 연료장치 점검 시 주의사항

    ㉠ 깨끗하고 먼지가 없는 곳에서 실시한다.

    ㉡ 작업장 가까이에 소화기를 준비한다.

    ㉢ 기관의 회전부분에 손이나 옷이 닿지 않도록 한다.

(4) LPG 연료 취급 시 주의사항

① LPG 충전 사업의 시설에서 저장 탱크와 가스 충전 장소의 사이에는 방호벽을 설치해야 한다.

② LPG 자동차 관리에 대한 주의사항

    ㉠ LPG는 고압이고, 누설이 쉬우며 공기보다 무겁다.

    ㉡ LPG는 온도상승에 의한 압력상승이 있다.

    ㉢ 가스 충전 시에는 합격 용기 여부를 확인하고, 과충전되지 않도록 해야 한다.

    ㉣ 용기는 직사광선 등을 피하는 곳에 설치하고 과열되지 않아야 한다.

    ㉤ 엔진 룸이나 트렁크 실 내부 등을 점검할 때는 가스 누출 탐지기를 이용하여야 한다.

(5) 내연기관의 가동

① 기관을 시동하기 전 윤활유, 냉각수, 축전지 등을 점검한다.

② 기관 운전 상태에서 점검사항

    ㉠ 배기가스의 색을 관찰

    ㉡ 윤활유는 규정 양을 보충

    ㉢ 벨트 장력 조정 시는 기관을 정지

(6) 섀시계통 취급 시 주의사항

① 동력 전달장치 취급 시 주의사항

    ㉠ 기어가 회전하고 있는 곳은 뚜껑으로 잘 덮어 위험을 방지해야 한다.

    ㉡ 천천히 움직이는 벨트라도 손으로 잡지 말아야 한다.

    ㉢ 회전하고 있는 벨트나 기어에 필요 없는 접근을 금해야 한다.

② 유압 라인 내의 공기빼기 작업

　㉠ 마스터 실린더의 오일 저장 탱크에 오일을 채우고 공기빼기 작업을 해야 한다.

　㉡ 작동오일이 차체의 도장 부분에 묻지 않도록 주의해야 한다.

　㉢ 블리더 스크류 주변을 청결히 하여 이물질 유입이 되지 않도록 해야 한다.

(7) 자동변속기 취급 시 주의사항

① 변속기 작업 시 자동차 밑에서 작업할 때에는 보안경을 써야 한다.

② 자동차는 평지에 완전하게 세우고 바퀴는 고임목으로 고여야 한다.

③ 변속기를 탈착하기 위해서는 차량을 승강기(리프트)로 들어 올린 후 변속기 스탠드를 지지한 후 작업한다.

④ 자동변속기 분해 조립 시 유의사항

　㉠ 작업 시 청결을 유지하고 작업한다.

　㉡ 클러치판, 브레이크 디스크는 자동변속기 오일로 세척한다.

　㉢ 조립 시 개스킷, 오일 실 등은 새 것으로 교환한다.

　㉣ 해머가 필요할 경우 나무 또는 플라스틱 등의 연질 해머를 사용한다.

(8) 제동장치 취급 시 주의사항

① 브레이크 정비 시 주의사항

　㉠ 라이닝의 교환은 반드시 세트(조)로 한다.

　㉡ 패드를 지지하는 록 핀에는 그리스를 도포한다.

　㉢ 마스터 실린더의 분해조립은 바이스에 물려 지지한다.

② 공기 브레이크 장치 취급 시 주의사항

　㉠ 라이닝의 교환은 반드시 세트(조)로 한다.

　㉡ 매일 공기 압축기의 물을 빼낸다.

　㉢ 규정 공기압을 확인한 다음 출발해야 한다.

(9) 전장품 취급 시 주의사항

① 축전지 취급 시 주의사항

　㉠ 전해액이 옷이나 피부에 닿지 않도록 한다.

　㉡ 중탄산소다수와 같은 중화제를 항상 준비해 두어야 한다.

　㉢ 황산액이 담긴 병을 옮길 때는 보호 상자에 넣어 운반해야 한다.

　㉣ 축전지 전해액량은 정기적으로 점검한다.

　㉤ 충전지 육안검사는 벤트 플러그의 공기구멍 막힘 상태, 케이스의 균열점검, 단자의 부식상태 등을 검사한다.

　㉥ 축전지 케이스의 균열에 대하여 점검하고 정도에 따라 수리 또는 교환한다.

　㉦ 전해액을 혼합할 때에는 증류수에 황산을 천천히 붓는다.

② 축전지 충전 시 주의사항

　㉠ 전해액 비중 점검 결과 방전되었으면 보충전한다.

　㉡ 충전기로 충전할 때에는 극성에 주의한다.

　㉢ 축전지의 충전실은 항상 환기장치가 잘 되어 있어야 한다.

ⓔ 충전 중 전해액의 온도가 45℃를 넘지 않도록 한다.

ⓜ 충전 중인 배터리에 화기를 가까이해서는 안 된다.

ⓗ 축전지를 과충전하여서는 안 된다.

③ 충전장치 취급 시 주의사항

　　㉠ 발전기 출력전압 점검 시 배터리(−)케이블을 분리하지 않는다.

　　㉡ 배터리를 단락시키지 않는다.

　　㉢ 회로를 단락시키거나 극성을 바꾸어 연결하지 않는다.

④ 회로시험기 사용 시 주의사항

　　㉠ 고온, 다습, 직사광선을 피한다.

　　㉡ 0점 위치를 확인하고 측정한다.

　　㉢ 선택 스위치는 확인하고 측정한다.

　　㉣ 지침은 정면 위에서 읽는다.

　　㉤ 테스터 리드의 적색은 (+)단자에, 흑색은 (−)단자에 꽂는다.

　　㉥ 전류 측정 시는 회로를 연결하고 그 회로에 직렬로 테스터를 연결하여야 한다.

　　㉦ 각 측정 범위의 변경은 큰 쪽부터 작은 쪽으로 하고 역으로는 하지 않는다.

　　㉧ 중앙 손잡이 위치를 측정 단자에 합치시켜야 한다.

　　㉨ 회로시험기의 0점 조절은 측정 범위가 변경될 때마다 실시하여야 한다.

(10) 기계 및 기기 취급 시 주의사항

① 측정공구 사용 시 안전사항

　　㉠ 다이얼 게이지를 취급할 때의 안전사항

　　　• 다이얼 게이지로 측정할 때 측정부분의 위치는 공작물에 수직으로 놓는다.

　　　• 분해 소제나 조정은 하지 않는다.

　　　• 다이얼 인디케이터에 어떤 충격이라도 가해서는 안 된다.

　　　• 측정할 때에는 측정물에 스핀들을 직각으로 설치하고 무리한 접촉은 피한다.

　　㉡ 마이크로미터를 보관할 때 주의사항

　　　• 깨끗히 하여 보관함에 넣어 보관한다.

　　　• 앤빌과 스핀들을 접촉시키지 않는다.

　　　• 습기가 없는 곳에 보관한다.

　　　• 사용 중 떨어뜨리거나 큰 충격을 주지 않도록 한다.

　　　• 래칫 스톱을 돌려 1~2회전 정도 돌려 측정력을 가한다.

　　　• 기름, 쇳가루, 먼지 등에 의한 오차 발생을 주의한다.

　　㉢ 버니어캘리퍼스 : 부품의 바깥지름, 안지름, 길이, 깊이 등을 측정한다.

② 정비작업 시 안전사항

　　㉠ 작업에 맞는 공구를 사용한다.

　　㉡ 부품을 분해할 때에는 앞에서부터 순서대로 푼다.

　　㉢ 전기장치는 기름기 없이 작업을 한다.

　　㉣ 잭(Jack)을 사용할 때 손잡이를 빼놓는다.

　　㉤ 사용 목적에 적합한 공구를 사용한다.

ⓗ 연료를 공급할 때는 소화기를 비치한다.

ⓢ 차축을 정비할 때는 잭과 스탠드로 고정하고 작업한다.

ⓞ 전기장치의 시험기를 사용할 때 정전이 되면 즉시 스위치는 OFF에 놓는다.

③ 리프트 작업 시 안전사항

 ㉠ 차축, 차륜을 정비할 때는 잭과 안전스탠드로 고정하고 작업한다.

 ㉡ 잭(Jack)으로 차체를 들어 올리는 방법

  • 차체를 올리고 난 후 잭 손잡이를 뺀다.

  • 잭을 올리고 나서 받침대(스탠드)로 받친다.

  • 잭은 물체의 중심위치에 설치한다.

  • 잭은 중앙 밑 부분에 놓아야 한다.

  • 잭만 받쳐진 중앙 밑 부분에는 들어가지 않는 것이 좋다.

  • 잭은 밑바닥이 견고하면서 수평이 되는 곳에 놓고 작업하여야 한다.

(11) 기기 취급

① 차량 시험기기의 취급

 ㉠ 시험기기 전원의 종류와 용량을 확인한 후 전원 플러그를 연결한다.

 ㉡ 눈금의 정확도는 수시로 점검해서 0점을 조정해 준다.

 ㉢ 시험기기의 누전 여부를 확인한다.

② 전조등 시험

 ㉠ 차량을 수평인 지면에 세운다.

 ㉡ 적절히 예비운전이 된 공차 상태의 자동차에 운전자 1인이 승차한 상태로 한다.

 ㉢ 시험기에 차량을 마주보고 한다.

 ㉣ 타이어 공기압은 표준 공기압으로 한다.

 ㉤ 자동차의 축전지는 충전한 상태로 한다.

 ㉥ 4등식 전조등의 경우 측정하지 아니하는 등화에서 발신하는 빛을 차단한 상태로 한다.

③ 속도계 시험

 ㉠ 롤러에 묻은 기름, 흙을 닦아낸다.

 ㉡ 시험차량의 타이어 공기압이 정상인가를 확인한다.

 ㉢ 시험차량은 공차상태로 하고 운전자 1인이 탑승한다.

④ 휠 밸런스 시험

 ㉠ 시험기 사용 순서를 숙지 후 사용한다.

 ㉡ 휠의 탈ㆍ부착 시에는 무리한 힘을 가하지 않는다.

 ㉢ 시험하고자 하는 바퀴 규격에 맞는 테이퍼콘을 선택한다.

 ㉣ 타이어를 과속으로 돌리거나 진동이 일어나게 해서는 안 된다.

 ㉤ 타이어의 회전 방향에 서지 말아야 한다.

 ㉥ 회전하는 휠에 손을 대지 않는다.

 ㉦ 점검 후 테스터 스위치를 끈 다음 자연히 정지하도록 한다.

 ㉧ 균형추를 정확히 부착한다.

⑤ 사이드슬립 시험

    ㉠ 시험기의 운동부분은 항상 청결하여야 한다.

    ㉡ 시험기의 답판 및 타이어에 부착된 수분, 오일, 흙 등을 제거한다.

    ㉢ 시험기에 대하여 직각으로 서서히 진입시켜야 한다.

    ㉣ 답판 상에서는 브레이크 페달을 밟지 않는다.

    ㉤ 답판 상에서는 조향 핸들을 좌우로 틀지 않는다.

    ㉥ 답판은 직진 상태에서 5km/h의 속도로 통과하여야 한다.

⑥ 측정공구 사용 시 안전사항

    ㉠ 타이어 트레드의 표면에 습기를 제거한다.

    ㉡ 브레이크 페달을 확실히 밟은 상태에서 측정한다.

    ㉢ 시험 중 타이어와 가이드 롤러와의 접촉이 없도록 한다.

    ㉣ 주 제동장치와 주차제동장치의 제동력의 크기를 시험한다.

(12) 전동 및 기계 공구

① 선반 작업

    ㉠ 선반의 베드 위나 공구대 위에 직접 측정기나 공구를 올려놓지 않는다.

    ㉡ 돌리개는 적당한 크기의 것을 사용한다.

    ㉢ 공작물을 고정한 후 렌치 종류는 제거해야 한다.

    ㉣ 치수를 측정할 때는 기계를 정지시키고 측정을 한다.

    ㉤ 내경 작업 중에는 구멍 속에 손가락을 넣어 청소하거나 점검하려고 하면 안 된다.

② 드릴 작업

    ㉠ 드릴 작업 때 칩은 회전을 중지시킨 후 솔로 제거한다.

    ㉡ 드릴은 사용 전에 균열이 있는가를 점검한다.

    ㉢ 드릴의 탈·부착은 회전이 멈춘 다음 행한다.

    ㉣ 가공물이 관통될 즈음에는 알맞게 힘을 가하여야 한다.

    ㉤ 드릴 끝이 가공물을 관통하였는지를 손으로 확인해서는 안 된다.

    ㉥ 공작물은 단단히 고정시켜 따라 돌지 않게 한다.

    ㉦ 작업복을 입고 작업한다.

    ㉧ 테이블 위에 고정시켜서 작업한다.

    ㉨ 드릴 작업은 장갑을 끼고 작업해서는 안 된다.

    ㉩ 머리가 긴 사람은 안전모를 쓴다.

    ㉪ 작업 중 쇳가루를 입으로 불어서는 안 된다.

    ㉫ 드릴 작업에서 둥근 공작물에 구멍을 뚫을 때는 공작물을 V블록과 클램프로 잡는다.

    ㉬ 드릴 작업을 하고자 할 때 재료 밑의 받침은 나무판이 적당하다.

③ 그라인더(연삭 숫돌) 작업

    ㉠ 숫돌의 교체 및 시험운전은 담당자만이 하여야 한다.

    ㉡ 그라인더 작업에는 반드시 보호안경을 착용하여야 한다.

    ㉢ 숫돌의 받침대는 3mm 이상 열렸을 때에는 사용하지 않는다.

    ㉣ 숫돌 작업은 측면에 서서 숫돌의 정면을 이용하여 연삭한다.

ⓜ 안전커버를 떼고서 작업해서는 안 된다.

ⓗ 숫돌 차를 고정하기 전에 균열이 있는지 확인한다.

ⓢ 숫돌 차의 회전은 규정 이상 빠르게 회전시켜서는 안 된다.

ⓞ 플랜지가 숫돌 차에 일정하게 밀착하도록 고정시킨다.

ⓩ 그라인더 작업에서 숫돌 차와 받침대 사이의 표준간격은 2~3mm 정도가 가장 적당하다.

ⓩ 탁상용 연삭기의 덮개 노출각도는 90°이거나 전체 원주의 1/4을 초과해서는 안 된다.

④ 기계 작업에서의 주의사항

ⓐ 구멍 깎기 작업을 할 때에는 운전 도중 구멍 속을 청소해서는 안 된다.

ⓑ 치수측정은 운전을 멈춘 후 측정하도록 한다.

ⓒ 운전 중에는 다듬면 검사를 절대로 금한다.

ⓓ 베드 및 테이블의 면을 공구대 대용으로 쓰지 않는다.

ⓔ 주유를 할 때에는 지정된 기름 외에 다른 것은 사용하지 말고 기계는 운전을 정지시킨다.

ⓕ 고장의 수리, 청소 및 조정을 할 때에는 동력을 끊고 다른 사람이 작동시키지 않도록 표시해둔다.

ⓖ 운전 중 기계로부터 이탈할 때는 운전을 정지시킨다.

ⓗ 기계 운전 중 정전이 발생되었을 때는 각종 모터의 스위치를 꺼둔다(OFF).

⑤ 안전장치를 선정할 때의 고려사항

ⓐ 안전장치의 사용에 따라 방호가 완전할 것

ⓑ 안전장치의 기능 면에서 신뢰도가 클 것

ⓒ 정기 점검 이외에는 사람의 손으로 조정할 필요가 없을 것

(13) 공기공구

① 공기압축기

ⓐ 각 부의 조임 상태를 확인한다.

ⓑ 윤활유의 상태를 수시로 점검한다.

ⓒ 압력계 및 안전밸브의 이상 유무를 확인한다.

ⓓ 규정 공기압력을 유지한다.

ⓔ 압축공기 중의 수분을 제거하여 준다.

② 공기압축기 운전 시 점검사항

ⓐ 압력계, 안전밸브 등의 이상 유무

ⓑ 이상 소음 및 진동

ⓒ 이상 온도 상승

③ 공기공구 사용방법

ⓐ 공구의 교체 시에는 반드시 밸브를 꼭 잠그고 하여야 한다.

ⓑ 활동 부분은 항상 윤활유 또는 그리스로 급유한다.

ⓒ 사용 시에는 반드시 보호구를 착용해야 한다.

ⓓ 공기공구를 사용하는 경우에는 밸브를 서서히 열고 닫아야 한다.

ⓔ 공기기구를 사용할 때는 보안경을 사용한다.

ⓕ 고무 호스가 꺾여 공기가 새는 일이 없도록 한다.

ⓖ 공기기구의 반동으로 생길 수 있는 사고를 미연에 방지해야 한다.

ⓗ 에어 그라인더는 회전수를 점검한 후 사용한다.

(14) 수공구

① 수공구 사용에서 안전사고 원인

    ㉠ 사용법이 미숙하다.

    ㉡ 수공구의 성능을 잘 알지 못하고 선택하였다.

    ㉢ 힘에 맞지 않는 공구를 사용하였다.

    ㉣ 사용공구의 점검 · 정비를 잘하지 않았다.

② 수공구를 사용할 때 일반적 유의사항

    ㉠ 수공구를 사용하기 전에 이상 유무를 확인 후 사용한다.

    ㉡ 작업자는 필요한 보호구를 착용한 후 작업한다.

    ㉢ 공구는 규정대로 사용해야 한다.

    ㉣ 용도 이외의 수공구는 사용하지 않는다.

    ㉤ 수공구 사용 후에는 정해진 장소에 보관한다.

    ㉥ 작업대 위에서 떨어지지 않게 안전한 곳에 둔다.

    ㉦ 공구를 사용한 후 제자리에 정리하여 둔다.

    ㉧ 예리한 공구 등을 주머니에 넣고 작업을 하여서는 안 된다.

    ㉨ 사용 전에 손잡이에 묻은 기름 등은 닦아내어야 한다.

    ㉩ 공구를 던져서 전달해서는 안 된다.

③ 펀치 및 정 작업할 때의 유의사항

    ㉠ 펀치 작업을 할 경우에는 타격하는 지점에 시선을 두어야 한다.

    ㉡ 정 작업을 할 때에는 서로 마주 보고 작업하지 말아야 한다.

    ㉢ 열처리한(담금질한) 재료에는 사용하지 말아야 한다.

    ㉣ 정 작업은 시작과 끝을 조심해야 한다.

    ㉤ 정 작업에서 버섯머리는 그라인더로 갈아서 사용해야 한다.

    ㉥ 쪼아내기 작업은 방진안경을 쓰고 작업해야 한다.

    ㉦ 정의 머리 부분은 기름이 묻지 않도록 해야 한다.

    ㉧ 금속 깎기를 할 때는 보안경을 착용해야 한다.

    ㉨ 정의 날을 몸 바깥쪽으로 히고 해머로 타격해야 한다.

    ㉩ 정의 섕크나 해머에 오일이 묻지 않도록 한다.

    ㉪ 보관을 할 때에는 날이 부딪쳐서 무디어지지 않도록 한다.

④ 렌치를 사용할 때 주의사항

    ㉠ 너트에 맞는 것을 사용한다[볼트 및 너트 머리 크기와 같은 조(Jaw)의 오픈렌치를 사용].

    ㉡ 렌치를 몸 안으로 잡아 당겨 움직이게 한다.

    ㉢ 해머의 대용으로 사용하지 않는다.

    ㉣ 파이프 렌치를 사용할 때는 정지상태를 확실히 한다.

    ㉤ 너트에 렌치를 깊이 물린다.

    ㉥ 높거나 좁은 장소에서는 몸을 안전하게 한 다음 작업한다.

    ㉦ 힘의 전달을 크게 하기 위하여 한쪽 렌치 조에 파이프 등을 끼워서 사용해서는 안 된다.

    ㉧ 복스 렌치를 오픈엔드 렌치보다 더 많이 사용하는 이유는 볼트 · 너트 주위를 완전히 싸게 되어 있어 사용 중에 미끄러지지 않기 때문이다.

⑤ 조정 렌치를 취급하는 방법

　　㉠ 고정 조 부분에 렌치의 힘이 가해지도록 한다(조정 렌치를 사용할 때에는 고정 조에 힘이 걸리도록 하여야만 렌치의 파손을 방지할 수 있으며 안전한 자세임).

　　㉡ 렌치에 파이프 등을 끼워서 사용하지 않는다.

　　㉢ 작업할 때 몸 쪽으로 당기면서 작업한다.

　　㉣ 볼트 또는 너트의 치수에 알맞게 밀착되도록 크기를 조절한다.

⑥ 토크 렌치를 사용할 때 주의사항

　　㉠ 핸들을 잡고 몸 안쪽으로 잡아당긴다.

　　㉡ 조임력은 규정값에 정확히 맞도록 한다.

　　㉢ 볼트나 너트를 조일 때 조임력을 측정한다.

　　㉣ 손잡이에 파이프를 끼우고 돌리지 않도록 한다.

⑦ 해머 작업을 할 때 주의사항

　　㉠ 녹슨 것을 칠 때는 주의한다(해머로 녹슨 것을 때릴 때에는 반드시 보안경을 쓸 것).

　　㉡ 기름이 묻은 손이나 장갑을 끼고 작업하지 않는다.

　　㉢ 해머는 처음부터 힘을 주어 치지 않는다.

　　㉣ 해머 대용으로 다른 것을 사용하지 않는다.

　　㉤ 타격면이 평탄한 것을 사용하지 않는다.

　　㉥ 손잡이는 튼튼한 것을 사용한다.

　　㉦ 타격 가공하려는 것을 보면서 작업한다.

　　㉧ 해머를 휘두르기 전에 반드시 주위를 살핀다.

　　㉨ 사용 중에 자루 등을 자주 조사한다.

　　㉩ 좁은 곳에서는 작업을 금한다.

⑧ 줄 작업을 할 때 주의사항

　　㉠ 사용 전 줄의 균열 유무를 점검한다.

　　㉡ 줄 작업은 전신을 이용할 수 있게 하여야 한다.

　　㉢ 줄에 오일 등을 칠해서는 안 된다.

　　㉣ 작업대 높이는 작업자의 허리 높이로 한다.

　　㉤ 허리는 펴고 몸의 안정을 유지한다.

　　㉥ 목은 수직으로 하고 눈은 일감을 주시한다.

　　㉦ 줄 작업 높이는 팔꿈치 높이로 한다.

06 | 자동차 공학 및 성능

1 단위계 및 환산

(1) 단위계

구분	길이	무게(힘)	시간
M.K.S 단위계	m	kgf	sec
C.G.S 단위계	cm	gf	sec
F.P.S 단위계(영국단위계)	ft	lb	sec
S.I 단위계(국제표준 단위계)	힘의 단위인 kgf, gf를 N, dyne으로 환산하여 나타낸 것		

(2) S.I 단위계

$1N \cdot m = 1J$	$1N/m^2 = 1Pa$
$1kJ = 10^3 J$	$1kPa = 10^3 Pa$
$1MJ = 10^6 J$	$1MPa = 10^6 Pa$
$1GJ = 10^9 J$	$1GPa = 10^9 Pa$

(3) 단위의 환산

① 길이

㉠ $1m = 100cm$

㉡ $1cm = 0.01m$

㉢ $1inch = 2.54cm$

㉣ $1ft = 12inch = 30.48cm$

② 무게(힘)

㉠ $1kgf = 1,000gf$

㉡ $1gf = 0.001kgf$

㉢ $1lb(pound) = 0.4536kgf$

2 힘과 운동

(1) 힘

물체의 모양이나 운동 상태를 변화시키는 요인으로 단위는 kgf, N, dyne, lb 등의 단위가 사용된다. 여기서 중력공학 단위인 kgf는 N으로 환산할 수 있다. 뉴턴의 운동 2법칙에 의하여 $1kgf = 9.8N$의 관계가 성립된다. 즉, 힘의 단위에 대한 관계는 $1kgf = 9.8N = 9.8 \times 10^5 dyne$이 성립된다.

(2) 일량

단위시간 동안 이루어진 일의 크기를 말하며 단위는 kgf · m, N · m, J 등의 단위가 사용된다. 일량을 구하는 공식은 다음과 같다.

$$일(kgf \cdot m) = 힘(kgf) \times 거리(m)$$

❸ 속도와 가속도

(1) 속도

단위시간당 움직인 거리를 말하며 단위는 m/s, km/h, m/min 등의 단위가 사용된다.
속도를 구하는 공식은 다음과 같다.

$$V(m/s) = \frac{S(m)}{t(sec)} = \frac{움직인\ 거리}{시간}$$

(2) 가속도

단위시간당 속도의 변위량을 말하며 단위는 일반적으로 m/s^{2}을 사용한다.
가속도를 구하는 식은 다음과 같다.

$$a(m/s^2) = \frac{V_2(m/s) - V_1(m/s)}{t(sec)} = \frac{속도의\ 변화량}{시간}$$

- V_2 : 나중속도   - V_1 : 처음속도

감속도의 경우에도 위와 같은 방법으로 산출한다.

❹ 온도와 열량

온도는 일반적으로 섭씨온도(℃)와 화씨온도(℉)로 나뉘며 각 온도에 대한 절대온도가 있다.

(1) 섭씨온도

단위는 ℃를 사용하며 순수한 물을 기준으로 어는점(빙점)은 0℃이고, 끓는점(비등점)은 100℃이다.

(2) 화씨온도

단위는 ℉를 사용하며 순수한 물을 기준으로 어는점(빙점)은 32℉이고, 끓는점(비등점)은 212℉이다.

(3) 켈빈온도

섭씨의 절대온도는 켈빈온도라 하며 단위는 K를 사용하고 섭씨온도에 273을 더한다.
예 0℃+273=273K

(4) 랭킨온도

화씨의 절대온도는 랭킨온도라 하며 단위는 ˚R을 사용하고 화씨온도에 460을 더한다.

예 $32˚F + 460 = 492˚R$

섭씨온도와 화씨온도의 환산은 물을 기준으로 할 때 섭씨온도는 0~100℃까지 100등분이며 화씨온도는 32~212˚F로 180등분이다. 이러한 관계로 다음의 환산식이 도출된다.

$$℃ = \frac{5}{9}(˚F - 32), \quad ˚F = \frac{5}{9}℃ + 32$$

위의 관계식에서 섭씨온도와 화씨온도가 같아지는 온도는 $-40℃ = -40˚F$이다.

(5) 열량과 비열

① 구분

㉠ 1kcal : 표준 대기압하에서 순수한 물 1kgf의 온도를 14.5~15.5℃까지 1℃ 상승시키는 데 필요한 열량

㉡ 1BTU : 순수한 물 1lb를 1˚F 올리는 데 필요한 열량

㉢ 비열 : 어떤 물질 1gf 의 온도를 1℃ 올리는 데 필요한 열량

5 압력

압력의 정의는 단위 면적당 작용하는 힘을 말하며 고체역학에서는 응력이라 표현한다. 압력의 단위는 kgf/cm², lb/in², N/m², Pa, mmHg, mAq, bar 등의 단위가 주로 사용되며 주요 압력단위별 관계는 다음과 같다.

$$1atm = 1.0332kgf/cm^2 = 10.332mAq = 1.01325bar = 101325Pa = 760mmHg$$

압력은 위의 정의로부터 다음과 같이 산출한다.

$$P(kgf/cm^2) = \frac{F(kgf)}{A(cm^2)} = \frac{작용하는 \ 힘}{면적}$$

(1) 게이지압(정압)

정압부분에 해당하는 게이지압은 대기압보다 높은 영역에서 측정된 게이지압력을 말한다. 정압을 측정하는 게이지는 압력이 게이지에 작용하지 않을 때 지침이 0을 지침하고 있다. 따라서 현재 대기압상태를 0으로 기준한다.

(2) 진공 게이지압(부압)

진공상태의 압력을 측정하는 게이지압을 말하여 부압을 측정하는 게이지는 부압(진공)이 게이지에 작용하지 않을 때 지침이 0을 지침하고 있다. 따라서 현재 대기압상태를 0으로 기준한다.

(3) 절대압력

완전진공(100%) 상태를 기준으로 하는 압력이다.

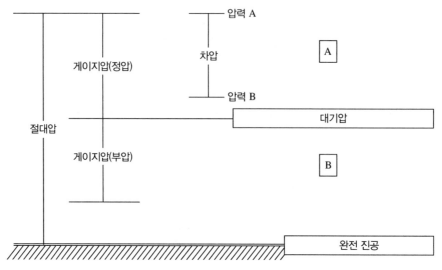

위의 그림에서 A점의 절대압력과 B점의 절대압력은 다음과 같이 구한다.
① A 지점의 절대압력＝대기압＋게이지압(정압)
② B 지점의 절대압력＝대기압－진공 게이지압(부압)

6 동력

동력은 단위시간당 행한 일량을 말하며 힘×속도, 일량/시간으로 표현할 수 있다.

(1) 마력

마력은 일반적으로 75kgf의 물체를 1초(sec) 동안 1m 옮기는 마력을 1마력이라 하며 영마력과 불마력이 있다. 일반적으로 PS 단위를 쓰고 SI 단위계의 kW와 동일한 개념이며 아래와 같이 정의된다.

$1PS = 75\text{kgf} \cdot \text{m/sec} = 75 \times 9.81\text{N} \cdot \text{m/sec} = 736\text{J/sec}$

$1\text{kW} = 102\text{kgf} \cdot \text{m/sec} = 102 \times 9.81\text{N} \cdot \text{m/sec} = 1,000\text{J/sec} = 1\text{kJ/sec}$

위의 정의에서 PS와 kW의 관계는 다음과 같다.

$$1PS = 0.736\text{kW} = 736\text{W}$$

엔진공학에서 지시마력(도시마력, IPS)은 엔진의 연소 가스 자체의 폭발 동력을 말하며 엔진에서의 폭발 동력이 크랭크축에 전달되는 과정에서 손실되는 마력을 손실마력(FPS)이라 한다. 또한 최종적으로 사용되는 크랭크축 동력을 제동마력(축마력, 실마력, 정미마력, BPS)이라 한다. 이러한 마력의 개념은 다음과 같다.

$$IPS = FPS + BPS,\ BPS = IPS - FPS$$

엔진의 기계효율은 $\eta_m = \dfrac{BPS}{IPS}$이고, $BPS = \eta_m \times IPS$이다.

(2) 지시마력(도시마력, IPS)

지시마력은 엔진의 연소실에서 연소가스 자체의 폭발 동력을 말하며 실제 엔진 마력과는 차이가 있다. 그 이유는 연소실에서 폭발한 가스의 동력이 엔진 각부(커넥팅로드, 크랭크축 등)를 지나며 손실이 발생되며 동시에 냉각손실, 마찰손실 등의 이유로 실제 엔진 출력과 차이가 발생하기 때문이다. 지시마력을 구하는 식은 다음과 같다.

$$IPS = \frac{P_{mi} \times v}{75} = \frac{P_{mi} \times A \times L \times Z \times N(/2)}{75\text{kgf}} = \frac{P_{mi} \times A \times L \times Z \times N}{75 \times 60 \times 100 \times (2)}$$

- P_{mi} : 지시평균유효압력(kgf/cm^2)
- A : 실린더 단면적(cm^2)
- L : 행정(cm)
- Z : 실린더 수
- N : 엔진 회전수$\left(4$행정의 경우 $\dfrac{N}{2}$, 2행정의 경우 $N\right)$
- v : 분당 배기량($A \times L \times Z \times N$)

(3) 마찰 손실 마력(FPS)

폭발 동력이 크랭크축까지 전달되는 과정에서 마찰로 손실되는 마력을 말하며 일반적으로 다음과 같이 구한다.

$$FPS = \frac{F \times V}{75} = \frac{F_r \times Z \times N \times V_p}{75}$$

$$V_p = \frac{2 \times L \times N}{60} = \frac{L \times N}{30}$$

- F : 실린더 내 피스톤 링의 마찰력 총합
- F_r : 링 1개당 마찰력
- V_p : 피스톤 평균속도

(4) 정미마력(제동마력, 실마력, 축마력, 실제사용마력, BPS; Brake PS)

연소된 열에너지가 기계적 에너지로 변화된 에너지 중에서 마찰에 의해 손실된 손실 마력을 제외한 크랭크축에서 실제 활용될 수 있는 마력으로 엔진의 정격속도에서 전달할 수 있는 동력의 양을 말한다. 즉 크랭크축에서 직접 측정하므로 축마력이라고도 한다.

$$BPS = \frac{P_{mb} \times v}{75} = \frac{P_{mb} \times A \times L \times Z \times N}{75 \times 60 \times 100 \times (2)}$$

또한 토크와 엔진 회전수를 구하는 식은 다음과 같다.

$$PS = \frac{T \times N}{716}$$

- P_{mb} : 제동평균유효압력(kgf/cm²)
- A : 실린더 단면적(cm²)
- L : 행정(cm)
- Z : 실린더 수
- N : 엔진 회전수$\left(4행정의 경우 \dfrac{N}{2}, 2행정의 경우 N\right)$
- v : 분당 배기량$(A \times L \times Z \times N)$

(5) 연료마력(PPS)

엔진의 성능을 시험할 때 소비되는 연료의 연소과정에서 발생된 열에너지를 마력으로 환산한 것으로 시간당 연료 소모에 의하여 측정되고 최대출력으로 산출한다.

$$PPS = \frac{60 \times C \times W}{632.3 \times t} = \frac{C \times W}{10.5 \times t}$$

- C : 저위 발열량(kcal/kg)
- W : 사용연료 중량(kg)
- t : 시험시간(분)

$$
\begin{aligned}
1PS &= 75\text{kgf} \cdot \text{m/s} = 75 \times 9.8\text{N} \cdot \text{m/s} \\
&= 75 \times 9.8\text{J/s} \\
&= 75 \times 9.8 \times 0.24\text{cal/s} \\
&= 75 \times 9.8 \times 0.24 \times \frac{\text{cal}}{\text{s}} \times \frac{3,600\text{sec}}{1\text{h}} \times \frac{1\text{ kcal}}{1,000\text{cal}} \\
&= 75 \times 9.8 \times 0.24 \times 3,600 \times \frac{1}{1,000}\text{kcal/h} \\
&= 632.3\text{kcal/h}
\end{aligned}
$$

(6) 과세마력(공칭마력, SAE 마력)

단순하게 실린더 직경과 기통 수에 대하여 설정하는 마력으로 인치계와 미터계로 나눈다.

$$
\begin{aligned}
SAE\ PS &= \frac{D^2 \times N}{2.5}(인치계) \\
&= \frac{D^2 \times N}{1,613}(미터계)
\end{aligned}
$$

- D : 직경(실린더)   - N : 기통 수

7 압축비

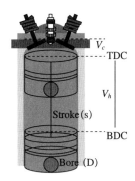

압축비는 엔진 실린더의 연소실 체적에 대한 실린더 총체적(Total Volume)을 말하며 엔진의 출력 성능과 연료소비율, 노킹 등에 영향을 주는 매우 중요한 요소이다. 일반적으로 디젤 기관의 압축비(15~22:1)가 가솔린 기관(7~12:1)보다 높다. 엔진의 운동에서 피스톤이 가장 높은 위치에 있을 때를 상사점(TDC; Top Dead Center)이라 하고 반대로 피스톤이 가장 아래에 위치할 때를 하사점(BDC; Bottom Dead Center)이라 한다. 또한 상사점과 하사점의 구간을 행정(Stroke)이라 하며 피스톤이 상사점에 위치할 때 피스톤 윗부분의 실린더 헤드의 공간을 연소실이라 하고 그때의 체적을 연소실 체적 또는 간극체적(Clearance Volume)이라 한다. 압축비를 구하는 식은 다음과 같다.

$$\varepsilon = \frac{\text{실린더 최대 체적 } V(\max)}{\text{실린더 최소 체적 } V(\min)} = \frac{\text{총체적}}{\text{연소실 체적}}$$

$$= \frac{\text{연소실 체적} + \text{행정 체적}}{\text{연소실 체적}} = \frac{V_c + V_h}{V_c} = 1 + \frac{V_h}{V_c}$$

$$V_h = V_c(\varepsilon - 1) \qquad\qquad V_c = \frac{V_h}{\varepsilon - 1}$$

8 배기량

피스톤이 1사이클을 마치고 배기라인을 통하여 배출한 가스의 용적을 말하며 이론상 상사점에서 하사점 까지 이동한 실린더 원기둥의 체적이 여기에 해당된다. 단일 실린더의 배기량과 총배기량, 분당 배기량으로 산출한다.

(1) 실린더 1개의 배기량

$$V = A \times L = \frac{\pi d^2}{4} \times L$$

• V : 배기량	• A : 단면적
• L : 행정	• Z : 실린더 수
• N : 엔진 회전수	

(2) 총배기량

$$V = A \times L \times Z = \frac{\pi d^2}{4} \times L \times Z$$

(3) 분당 배기량

$$V = A \times L \times Z \times N = \frac{\pi d^2}{4} \times L \times Z \times N \, (2\text{행정 기관} = N, \, 4\text{행정 기관} = N/2)$$

- d : 실린더 내경
- L : 행정
- N : 회전수
- Z : 실린더 수

분당 배기량의 산출에서는 실제 배기량을 계산하여야 하므로 4행정기관의 경우 크랭크축 2회전에 1번의 배기를 하고 2행정기관의 경우는 크랭크축 1회전당 1번의 배기를 하기 때문에 rpm 대입 시 4행정은 N/2 으로 대입하고, 2행정인 경우에는 N으로 대입한다.

9 엔진의 효율

효율은 공급과 수급의 비이며, 이론상 발생하는 동력에 대한 실제 얻은 동력과의 비이다. 엔진에서 열효율은 크게 열역학적 사이클에 의한 열효율과 정미 열효율, 기계효율 등에 대하여 산출한다.

(1) 이론 열효율

엔진의 이론 열효율은 열역학적 사이클의 분류별로 산출하는 열효율이며 구하는 식은 다음과 같다.

① 오토 사이클(Otto Cycle)의 이론 열효율

$$\eta_o = 1 - \frac{1}{\varepsilon^{k-1}}$$

- ε : 압축비
- k : 공기 비열비

② 디젤 사이클(Diesel Cycle)의 이론 열효율

$$\eta_D = 1 - \frac{1}{\varepsilon^{k-1}} \times \frac{\sigma^{k-1}}{k(\sigma-1)}$$

- ε : 압축비
- k : 공기 비열비
- σ : 체절비

③ 복합 사이클(Sabathe Cycle)의 이론 열효율

$$\eta_s = 1 - \frac{1}{\varepsilon^{k-1}} \times \frac{\rho\sigma^{k-1}}{(\rho-1)+k\rho(\sigma-1)}$$

- ε : 압축비
- σ : 체절비
- k : 공기 비열비
- ρ : 폭발비

④ 열역학적 사이클의 비교

    ㉠ 기본 사이클은 모두 압축비 증가에 따라 열효율이 증가한다.

    ㉡ 오토 사이클은 압축비의 증가만으로 열효율을 높일 수 있으나, 노킹으로 인하여 제한된다.

    ㉢ 디젤 사이클의 열효율은 공급 열량의 증감에 따른다.

    ㉣ 사바테 사이클의 열효율 증가도 역시 디젤 사이클과 같이 공급 열량의 증감에 따른다.

- 공급 열량 및 압축비가 일정할 때의 열효율 비교

$$\eta_o > \eta_s > \eta_d \ (오토 > 사바테 > 디젤)$$

- 공급 열량 및 최대압력이 일정할 때의 열효율 비교

$$\eta_o < \eta_s < \eta_d \ (오토 < 사바테 < 디젤)$$

- 열량 공급과 기관수명 및 최고 압력 억제에 의한 열효율 비교

$$\eta_o < \eta_d < \eta_s \ (오토 < 디젤 < 사바테)$$

(2) 정미 열효율

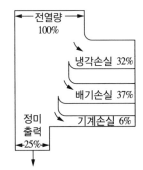

$$\eta_b = \frac{수급}{공급} = \frac{실제}{이론} = \frac{실제\ 일로\ 변환된\ 에너지}{공급된\ 에너지} \times 100 = \frac{BPS}{Fuel} = \frac{BPS \times 632.3}{B \times C} \times 100$$

$$(1PS = 632.3 \text{kcal/h})$$

- BPS : 제동마력
- B : 연료의 저위 발열량(kcal/kg)
- C : 연료 소비량(kg/h)

(3) 기계효율

실린더 내에서 발생한 지시마력에서 엔진의 운전 중 각 부의 마찰 등에 의하여 손실되어 발생한 제동마력과의 상호 관계이다.

$$\eta_m = \frac{BPS}{IPS} = \frac{\dfrac{P_{mb} \times A \times L \times N \times Z}{75 \times 60 \times 100}}{\dfrac{P_{mi} \times A \times L \times N \times Z}{75 \times 60 \times 100}} = \frac{P_{mb}}{P_{mi}}$$

🔟 연소공학

엔진의 혼합비는 완전연소조건으로 볼 때 가솔린의 경우 이론상 14.7~15:1 정도의 혼합비를 이뤄야 한다. 연소촉진에 도움을 주는 공기의 요소는 산소이며 액체연료 1kg을 완전연소시키기 위해서는 $\frac{8}{3}$C+8H+S-Okg/kg만큼의 산소를 공급해야 한다. 따라서 연소에 필요한 이론 공기량은 공기 중 산소 비율은 $L \times 0.232 = \frac{8}{3}$C+8H+S-O이다.

(1) 가솔린의 완전연소식

$$가솔린(kg) : 산소(kg) = 212 : 736$$
$$C_{15}H_{32} + 23O_2 \rightarrow 15CO_2 + 16H_2O$$

완전연소, 즉 효율이 100%라면 CO_2와 H_2O만 배기가스로서 발생하지만 실제에 있어서는 CO, HC, NOx라는 유해 배기가스가 발생하며 혼합비를 14.7 : 1(이론 혼합비)에 맞추면 CO, HC는 어느 정도 제어가 되나 NOx는 다량으로 발생된다. 따라서 NOx를 저감시키는 장치가 EGR(Exhaust Gas Recirculation) 밸브이다. EGR 밸브는 배기가스 일부를 다시 흡기측에 보내고 연소 시 연소온도를 낮추어 NOx를 저감시킨다. 또한 배기라인에 장착되어 배기가스를 정화시키는 3원 촉매장치가 있다.

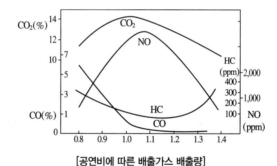

[공연비에 따른 배출가스 배출량]

(2) 옥탄가(Octane Number)

가솔린 연료의 내폭성을 수치로 나타낸 것(표준 옥탄가=80)으로 가솔린 기관에서 이소옥탄의 항노크성을 옥탄가 0으로 하여 제정한 앤티 노크성의 척도이다.

$$ON = \frac{이소옥탄}{이소옥탄+정헵탄} \times 100$$

① 옥탄가를 측정할 수 있는 엔진=CFR기관(압축비를 조절할 수 있음)
② 내폭성 향상제

• 4 에틸납(Tetra Ethyl Lead : T · E · L)	• 에틸 아이오다이드(Ethyle Iodide)
• 벤젠	• 티탄 테트라 클로라이드
• 에틸 알코올	• 테트라 에틸 주석
• 크실롤(Xylol)	• 니켈 카보닐
• 아닐린	• 철 카보닐

(3) 세탄가(Cetane Number)

디젤연료의 착화성을 나타내는 수치로 디젤연료의 앤티 노크성의 척도이다.

$$CN = \frac{세탄}{세탄 + \alpha메틸나프탈렌} \times 100$$

① 착화성 향상제

초산 에틸($C_2H_5NO_3$), 초산 아밀($C_5H_{11}NO_3$), 아초산 에틸($C_2H_5NO_2$), 아초산 아밀($C_5H_{11}NO_2$) 등의 NO_3 또는 NO_2의 화합물

11 노킹과 방지법

(1) 가솔린 노킹(Knocking)

연료가 균일하게 혼합되어 있는 예혼합기의 연소는 화염전파에 의해 이루어진다. 화염전파 도중에 화염면에서 떨어진 미연소 혼합기의 잔류가스가 자발화를 하여 고주파의 압력진동(데토네이션파)과 소음이 발생하는 현상을 노킹이라 한다. 노킹이 발생하면 화염전파 속도는 300~2,500m/s(정상 연소속도는 20~30m/s) 정도 된다.

(2) 가솔린 노킹의 발생원인

① 엔진에 과부하가 걸렸을 때
② 엔진이 과열 또는 연소실에 열점이 있을 때
③ 점화시기가 너무 빠를 때
④ 혼합비가 희박할 때
⑤ 저옥탄가의 가솔린을 사용할 때
⑥ 엔진 회전속도가 낮아 화염전파 속도가 느릴 때
⑦ 흡기 온도 및 압력이 높을 때
⑧ 제동 평균 유효압력이 높을 때(압축비가 높을 때)

(3) 노킹이 엔진에 미치는 영향

① 연소실 내의 온도는 상승하고 배기가스 온도는 낮아진다.
② 최고압력은 상승하고 평균 유효압력은 낮아진다.
③ 엔진의 과열 및 출력이 저하된다.
④ 타격음이 발생하며, 엔진 각부의 응력(Stress)이 증가한다.
⑤ 배기가스 색이 황색에서 흑색으로 변한다.
⑥ 실린더와 피스톤의 손상 및 고착이 발생한다.

(4) 가솔린 노킹의 방지법

① 고옥탄가의 가솔린(내폭성이 큰 가솔린)을 사용한다.
② 점화시기를 늦춘다.
③ 혼합비를 농후하게 한다.

④ 압축비, 혼합가스 및 냉각수 온도를 낮춘다.

⑤ 화염전파 속도를 빠르게 한다.

⑥ 혼합가스에 와류를 증대시킨다.

⑦ 연소실에 카본이 퇴적된 경우에는 카본을 제거한다.

⑧ 화염전파 거리를 짧게 한다.

(5) 가솔린과 디젤 엔진의 노킹 방지법 비교

구분	착화점	착화지연	압축비	흡입온도	흡입압력	실린더 벽 온도	실린더 체적	회전수	와류
가솔린	높게	길게	낮게	낮게	낮게	낮게	작게	높게	많이
디젤	낮게	짧게	높게	높게	높게	높게	크게	낮게	많이

12 연료 소비율

연료 소비율은 시간 마력당 연료 소비율과 주행거리에 대한 연료 소모량으로 산출하며 구하는 식은 다음과 같다.

(1) 시간 마력당 연료 소비율(SFC; Specific Fuel Consumption)

$$SFC = \frac{B}{PS}(\text{kg/ps} \cdot \text{h})(\text{g/ps} \cdot \text{h})$$

(2) 연료 소비율

$$\text{km/l} = \frac{\text{주행거리(km)}}{\text{소모연료(l)}}$$

13 라디에이터 코어 막힘율

라디에이터 코어는 냉각수가 흐르는 통로이며 엔진의 열을 흡수하여 라디에이터에서 냉각시켜 다시 엔진으로 순환하는 시스템이다. 이러한 라디에이터는 일반적으로 알루미늄으로 제작하며 내부의 냉각수 통로에 스케일 등이 쌓여 라디에이터의 신품 용량 대비 20% 이상의 막힘율이 산출되면 라디에이터를 교환한다. 또한 라디에이터의 입구와 출구의 온도 차이는 5~7℃ 내외이다.

$$\text{라디에이터 코어 막힘률} = \frac{\text{신품 용량} - \text{구품 용량}}{\text{신품 용량}} \times 100$$

ⓗ 밸브 및 피스톤

(1) 밸브양정

밸브양정은 캠축의 노즈부에 의해서 밸브 리프터를 통하여 밸브가 작동하는 양을 말하며 구하는 식은 다음과 같다.

$$h = \frac{\alpha \times l'}{l} - \beta$$

- h : 밸브의 양정
- l : 로커암의 캠쪽 길이
- β : 밸브 간극
- α : 캠의 양정
- l' : 로커암의 밸브쪽 길이

(2) 밸브지름

$$d = D\sqrt{\frac{V_p}{V}}$$

- D : 실린더 내경(mm)
- V_p : 피스톤 평균속도(m/s)
- V : 밸브공을 통과하는 가스속도(m/s)

(3) 피스톤 평균속도

크랭크축이 상하 왕복 운동함에 따라 상사점과 하사점에서는 운동의 방향이 바뀌어 속도가 0인 지점이 생기며, 그때 피스톤의 평균속도를 구하는 식은 다음과 같다.

$$S = \frac{2LN}{60} = \frac{LN}{30}$$

- N : 엔진 회전수(rpm)
- S : 피스톤 평균속도(m/s)
- L : 행정(m)

ⓘ 실린더 벽 두께

엔진의 폭발압력에서 발생하는 응력에 대하여 파괴가 발생하지 않는 실린더의 벽 두께를 산출하는 것을 말하며 일반적으로 다음과 같이 구한다.

$$t = \frac{p \times D}{2\sigma}$$

- p : 폭발압력(kg/cm^2)
- t : 실린더 벽 두께(cm)
- D : 실린더 내경(cm)
- σ : 실린더 벽 허용응력(kg/cm^2)

16 크랭크 회전속도

일반적으로 원형의 물체가 회전하는 속도를 구하는 일반식으로 차륜의 속도, 크랭크축의 회전속도, 공작기계의 회전속도 등을 구할 때 적용된다.

$$V(\text{m/s}) = \frac{\pi DN}{1,000 \times 60}$$

- $D(\text{mm})$: 크랭크핀의 회전직경 = 피스톤 행정
  = 크랭크 암 길이 × 2

$$(\text{m/s}) = \frac{\pi DN}{1,000 \times 60}$$

$$(\text{m/min}) = \frac{\pi DN}{1,000}$$

- $N(\text{rpm})$: 크랭크축 회전수

17 점화시기

엔진의 크랭크축의 운동은 연소실의 폭발압력이 전달되는 각도에 의해서 결정된다. 따라서 엔진의 출력성능은 상사점 후(ATDC) 13~15° 지점에서 연소실의 폭발 압력이 강력하게 피스톤에 작용하여 크랭크축을 회전시켜야 한다. 이 압력 발생점을 최고폭발 압력점이라 하고 엔진회전속도와 관계없이 항상 ATDC 13~15°를 유지해야 하므로 엔진의 스파크 플러그에서 불꽃이 발생하는 점화시점을 변경하여 최고 폭발 압력점에 근접하도록 하는 것이 점화시기이다. 따라서 엔진의 회전수가 빨라지면 피스톤의 운동속도도 증가하게 되어 점화시기를 빠르게(진각) 하여야 하고 엔진의 회전속도가 늦을 경우에는 점화시기를 늦추어(지각) 항상 최고 폭발 압력점에서 연소가 일어나도록 제어한다.

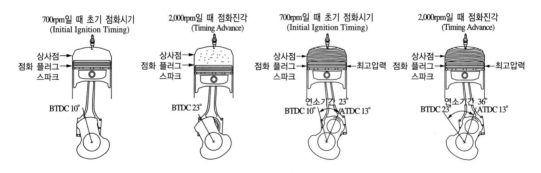

(1) 크랭크 각도(Crank Angle)

점화되어 실린더 내 최대 연소압에 도달하기까지 소요된 각도

$$CA = 360° \times \frac{R}{60} \times T = 6RT$$

• R : rpm	• T : 화염전파 시간(초)

(2) 점화시기(Ignition Timming)

점화를 해주는 시기(각도)

$$IT = 360° \times \frac{R}{60} \times T - F = CA - F$$

• F : 최대 폭발압이 가해지는 때의 크랭크 각도

🔢 자동차의 주행저항

자동차의 주행 시 노면과의 마찰, 경사로의 등판, 공기에 의한 저항 및 가속 시 발생하는 저항 등을 자동차의 주행저항이라 하며 각각의 모든 저항의 합을 전 주행저항(총주행저항)이라 한다. 각 저항은 다음과 같이 산출한다.

$$R_t(\text{전체 주행저항}) = R_1 + R_2 + R_3 + R_4$$

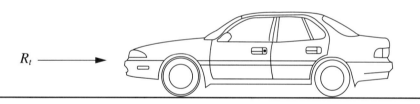

$$R_1(\text{구름저항}) = f_1 \times W = f_1 \times \cos\theta$$

• W : 차량중량(kg)
• f_1 : 구름저항계수(kg/t)
• θ : 도로경사각(°)

$$R_2(\text{공기저항}) = f_2 \times A \times V^2$$

• A : 자동차 전면 투영 면적(m²)
• V : 속도(m/s)
• f_2 : 공기저항계수

$$R_3(\text{구배저항}) = W \times \sin\theta$$
$$= W \times \tan\theta$$
$$= W \times \frac{G}{100}$$

- θ : 경사각(°)
- G : 도로구배율(%)
- W : 차량중량(kg)

$$R_4(\text{가속저항}) = ma = \frac{w}{g}a$$
$$= \frac{w+w'}{g}a$$

- w : 차량중량
- w' : 회전부분 관성상당중량
- a : 가속도

19 자동차의 주행속도

단위시간당 움직인 거리를 말하며 다음과 같이 산출한다.

$$V(\text{km/h}) = \pi \cdot D \cdot N_w$$
$$= \pi \cdot D \cdot N_w \times \frac{1}{100} \times 60$$

$$\frac{V(\text{km/h})}{3.6} = V(\text{m/s})$$

- D : 바퀴의 직경(m)
- πD : 바퀴가 1회전했을 때 진행거리

$$N_w : \text{바퀴의 회전수}\left(\frac{r}{\min}\right) = \frac{N_e}{r_t \times r_f} = \frac{N_e}{r_f}$$

20 클러치 성능

엔진의 동력을 변속기로 전달 또는 차단하는 역할을 하며 전달 토크는 다음과 같이 산출한다.

(1) 전달효율

$$\eta = \frac{수급}{공급} \times \frac{변속기의\ 입력축}{입력축}$$

(2) 전달토크

$$T = \mu \times F \times r$$

- μ : 압력판, 플라이휠, 디스크 사이의 마찰계수(0.3~0.5)
- F : 압력판이 디스크를 누르는 힘(압력판에는 스프링의 힘이 작용)
- r : 디스크 접촉면 유효반경

(3) 압력판의 압력

$$P = \frac{F}{A} = \frac{F}{\dfrac{\pi(D^2 - d^2)}{4}} (\text{kg/cm}^2)$$

- A : 클러치 디스크 유효 면적
- F : 디스크에 작용하는 작용력

(4) 구동력

$$T = F \cdot r \rightarrow F = \frac{T}{r}$$

- T : 구동토크
- F : 구동력
- r : 반경

21 변속비(감속비)

엔진의 회전력을 주행조건에 맞도록 적절하게 감속 또는 증속하는 장치를 변속장치라 하며 변속비(감속비)란 변속장치에 기어 또는 풀리를 이용하여 감속, 증속비를 얻는 것을 말한다. 또한 자동차에서는 변속장치를 통하여 나온 출력을 종감속기어 장치를 통하여 최종 감속하여 더욱 증대된 감속비를 얻어 구동능력을 향상시킨다.

(1) 변속비(r_t)

$$r_t = \frac{피동\ 잇수}{구동\ 잇수} = \frac{구동회전\ 수}{피동회전\ 수}$$

$$r_t = \frac{Z_2}{Z_1} \times \frac{Z_4}{Z_3} = \frac{입력축\ 카운터\ 기어\ 잇수}{변속기\ 입력축\ 잇수} \times \frac{출력축\ 기어\ 잇수}{출력축\ 카운터\ 기어\ 잇수}$$

(2) 종감속비(r_f)

$$r_f = \frac{\text{링 기어 잇수}}{\text{피니언 기어 잇수}} = \frac{\text{피니언의 회전수}}{\text{링 기어의 회전수}}$$

(3) 총감속비(R_t)

$$R_t = r_t \times r_f$$

• r_t : 변속기의 변속비	• r_f : 종감속비의 감속비

22 차동장치

차동기어는 자동차가 선회할 때 동력은 전달되면서 양쪽 바퀴의 회전수 차이를 보상하여 원활하게 회전할 수 있도록 좌우 바퀴의 회전수의 차이를 자동적으로 조정하는 장치이다.

$$N_w = \frac{L+R}{2}$$

$$N_w = \frac{N_3}{r_f} = \frac{N_e}{r_t + r_f}$$

• N_w : 직진 시 바퀴의 회전수	• L : 좌측 바퀴 회전수	• R : 우측 바퀴 회전수
• N_3 : 추진축 회전수	• N_e : 기관(엔진)의 회전수	

차동장치가 달린 자동차의 한쪽바퀴를 들어올리면 땅에 지지되어 있는 바퀴는 회전수가 0이 되고 들어 올려진 바퀴는 N_w의 2배로 회전한다.

23 최소회전반경

조향각도를 최대로 하고 선회하였을 때 바퀴에 의해 그려지는 동심원 가운데 가장 바깥쪽 원의 반경을 자동차의 최소회전반경이라 한다. 최소회전반경을 산출하는 공식은 다음과 같다.

$$R = \frac{L}{\sin \alpha} + r$$

• L : 축거(Wheel Base)	• α : 외측륜조향각	• r : 캠버옵셋

24 조향기어비

조향핸들이 움직인 각과 바퀴, 피트먼 암, 너클 암이 움직인 각도와의 관계이다.

$$\text{조향기어비} = \frac{\text{조향 핸들 회전각}(°)}{\text{피트먼 암, 너클 암, 바퀴 선회각}(°)}$$

25 브레이크

(1) 마스터 실린더에 작용하는 힘(F′)

$$F' = \frac{A+B}{A} \times F$$

- F : 브레이크를 밟는 힘

(2) 작동압

$$P_1 = \frac{F'}{A} = \frac{F'}{\frac{\pi d^2}{4}}$$

- d : 마스터 실린더의 직경

(3) 제동압

$$P_2 = \frac{W}{A} = \frac{W}{S \cdot t}$$

- W : 슈를 드럼에 미는 힘
- S : 라이닝의 길이
- t : 라이닝의 폭

(4) 제동토크

$$T = \mu \times F \times r$$

26 자동차의 정지거리

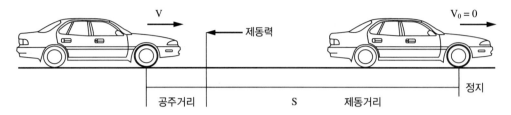

정지거리＝공주거리＋제동거리

(1) 공주거리

장애물을 발견하고 브레이크 페달로 발을 옮겨 힘을 가하기 전까지의 자동차 진행거리를 말한다
$\left(\text{보통사람의 공주시간은 } \dfrac{1}{10}\text{초}\right).$

$$S_L = \frac{V}{3.6}(\text{km/h}) \times \frac{1}{10}(\text{sec}) = \frac{V}{36}(\text{m})$$

(2) 제동거리

브레이크 페달에 힘을 가하여 제동시켜 자동차가 완전 정지할 때까지의 진행거리를 말한다.

$$S_b = \frac{V^2}{254\mu}$$

(3) 정지거리

$$S = \frac{V}{36} + \frac{V^2}{254\mu}$$

자동차구조학
적중예상문제

01 ▸ 엔진

01 다음 중 엔진은 과열하지 않는데 방열기 내에 기포가 생기는 원인으로 적절한 것은?

① 서모스탯 기능 불량　　　　　　　② 실린더 헤드 개스킷의 불량
③ 크랭크 케이스에 압축 누설　　　　④ 냉각수량 과다
⑤ 엔진 내부의 습도 과다

> | 해설 |
> 실린더 헤드 개스킷의 불량으로 공기 유입 시 방열기 내 기포가 발생할 수 있다.
>
> 정답 ②

02 다음 중 실린더 행정 내경 비$\left[\dfrac{(행정)}{(내경)}\right]$의 값이 1.0보다 큰 기관은?

① 장행정 기관(Long Stroke Engine)
② 정방행정 기관(Square Engine)
③ 단행정 기관(Short Stroke Engine)
④ 터보 기관(Turbo Engine)
⑤ 외연 기관(External Combustion Engine)

> | 해설 |
> $\dfrac{(행정)}{(실린더\ 내경)}=1$이면 정방행정 기관(스퀘어 기관), $\dfrac{(행정)}{(실린더\ 내경)}>1$이면 장행정 기관(언더스퀘어 기관),
> $\dfrac{(행정)}{(실린더\ 내경)}<1$이면 단행정 기관(오버스퀘어 기관)이다.
>
> 정답 ①

03 다음 중 제동출력 22PS, 회전수 5,500rpm인 기관의 축 토크는?

① 약 $8.36\text{kg}_f \cdot \text{m}$

② 약 $6.42\text{kg}_f \cdot \text{m}$

③ 약 $5.12\text{kg}_f \cdot \text{m}$

④ 약 $3.84\text{kg}_f \cdot \text{m}$

⑤ 약 $2.86\text{kg}_f \cdot \text{m}$

| 해설 |

$\text{PS} = \dfrac{\text{T} \times \text{N}}{716}$ 이므로 구하고자 하는 축 토크에 대한 식은 다음과 같다.

$\text{T} = \dfrac{716 \times \text{PS}}{\text{N}} = \dfrac{716 \times 22}{5,500} \fallingdotseq 2.86\text{kg}_f$

정답 ⑤

04 다음 중 노크 센서는 어떤 것을 감지하여 노킹을 판단하는가?

① 배기 소음

② 배출가스 압력

③ 엔진 블록의 진동

④ 흡기 다기관의 진공

⑤ 차량 외부와 내부의 습도 차이

| 해설 |

노크 센서는 실린더 블록에 설치되어 노킹 발생 시 실린더 벽에 발생하는 진동을 감지한다.

정답 ③

05 다음 중 흡입공기 유량을 측정하는 센서는?

① 맵 센서

② 산소 센서

③ 흡기온도 센서

④ 대기압 센서

⑤ 에어플로 센서

| 해설 |

에어플로 센서(Air Flow sensor)는 흡입공기 유량을 감지한다.

정답 ⑤

06 다음 중 기화기식과 비교한 MPI 연료분사 방식의 특징으로 적절하지 않은 것은?

① 저속 또는 고속에서 토크 영역의 변화가 가능하다.
② 온랭 시에도 최적의 성능을 보장한다.
③ 설계 시 체적효율의 최적화에 집중하여 흡기 다기관 설계가 가능하다.
④ 월 웨팅(Wall Wetting)에 따른 냉시동 특성은 큰 효과가 없다.
⑤ 열화 환경에서 운전 시 더 안전하게 작동한다.

| 해설 |
냉시동 특성이 향상되는 것은 MPI 연료분사 방식의 장점이다.

정답 ④

07 다음 중 자동차 배출가스의 탄화수소(HC) 생성 원인으로 적절하지 않은 것은?

① 농후한 연료로 인한 불완전 연소
② 화염전파 후 연소실 내의 냉각작용으로 타다 남은 혼합기
③ 희박한 혼합기에서 점화 실화
④ 배기 머플러 불량
⑤ 주변 환경의 영향 등으로 낮아진 연소실 온도

| 해설 |
탄화수소 생성 원인
• 연소실 내 혼합 가스 연소 시 연소 온도에 이르지 못하여 불꽃이 도달하기 전에 꺼짐으로써 발생하는 미연소 가스
• 밸브 오버랩(Valve Over Lap)으로 인한 혼합 가스 누출
• 엔진 감속 시 스로틀 밸브 폐쇄로 인한 흡기 다기관의 진공도 상승으로 혼합 가스의 농후 및 실린더 내의 잔류 가스의 실화
• 혼합 가스의 희박으로 인한 실화

정답 ④

08 다음 중 엔진 실린더 헤드를 기준으로 센서의 장착 위치가 다른 것은?

① 산소 센서(O_2)
② 흡기온도 센서(ATS)
③ 흡입공기량 센서(AFS)
④ 스로틀 포지션 센서(TPS)
⑤ 대기압력 센서(BPS)

| 해설 |
산소 센서는 배기 다기관부에 설치하여 배기가스 내 산소농도를 검출하여 연료분사 보정량을 결정하는 신호를 보내는 센서이다.

오답분석
②·③·④·⑤ 흡기 계통에 설치하는 센서이다.

정답 ①

PART 3

09 다음 중 실린더 연소실 체적이 50cc, 행정 체적이 350cc인 기관의 압축비는?

① 2 : 1
② 4 : 1
③ 6 : 1
④ 8 : 1
⑤ 10 : 1

| 해설 |
$$[압축비(\epsilon)] = \frac{(연소실\ 체적) + (행정\ 체적)}{(연소실\ 체적)} = \frac{50 + 350}{50} = 8$$

정답 ④

10 다음 중 칼만와류식 에어플로 센서의 설치 위치로 가장 적절한 곳은?

① 흡기 다기관 내
② 서지탱크 내
③ 에어클리너 내
④ 실린더 헤드
⑤ 배기 매니폴드 양 끝

| 해설 |
칼만와류식 에어플로 센서는 초음파를 이용하여 흡입공기의 와류를 검출하여 흡입공기량을 검출하는 센서로, 에어클리너 안에 설치한다.

정답 ③

11 다음 중 SPI(Single Point Injection) 방식의 연료분사 장치에서 인젝터가 설치되는 위치로 가장 적절한 곳은?

① 흡입밸브의 앞쪽
② 연소실 중앙
③ 서지탱크(Surge Tank)
④ 흡기 다기관 내
⑤ 스로틀 밸브(Throttle Valve)의 앞쪽

| 해설 |
SPI 방식은 1개의 인젝터로 스로틀 밸브 앞쪽에 연료를 분사하여 각 실린더에 알맞은 혼합비로 공급한다.

정답 ⑤

12 기관 rpm이 3,570이고, 변속비가 3.5, 종감속비가 3일 때, 오른쪽 바퀴의 회전수가 420rpm이라면 왼쪽 바퀴 회전수는?

① 1,480rpm
② 340rpm
③ 270rpm
④ 260rpm
⑤ 2.7rpm

| 해설 |
변속비가 3.5, 종감속비가 3이면 총감속비는 $3.5 \times 3 = 10.5$이다.
엔진 회전수가 3,570rpm이므로 좌우 바퀴의 회전수는 각각 $3,570 \div 10.5 = 340$rpm이다.
오른쪽 바퀴의 회전수가 $340 + 80 = 420$rpm이므로 왼쪽 바퀴의 회전수는 $340 - 80 = 260$rpm이다.

정답 ④

13 디젤기관의 인터쿨러 터보(Intercooler Turbo) 장치는 어떤 효과를 이용한 것인가?

① 압축된 공기의 밀도를 증가시키는 효과
② 압축된 공기의 온도를 증가시키는 효과
③ 압축된 공기의 수분을 증가시키는 효과
④ 배기가스를 압축시키는 효과
⑤ 배기가스를 팽창시키는 효과

| 해설 |
인터쿨러 터보 장치는 압축공기를 냉각시킴으로써 공기의 밀도를 증가시켜 출력 향상을 유도하는 장치이다.

정답 ①

14 다음 중 실린더의 윗부분이 아랫부분보다 마멸이 큰 이유는?

① 오일이 상단까지 밀어주지 못하기 때문이다.

② 냉각의 영향을 받기 때문이다.

③ 피스톤링의 호흡작용이 있기 때문이다.

④ 압력이 작게 작용하기 때문이다.

⑤ 의도적으로 실린더 윗부분을 무른 재질로 제작하기 때문이다.

| 해설 |
실린더 상부가 하부보다 마멸이 큰 이유는 실린더 상부 피스톤의 운동방향의 전환, 링의 호흡작용, 폭발압력 작용 부분이기 때문이다.

정답 ③

15 다음 중 기관이 과열되는 원인과 가장 거리가 먼 것은?

① 서모스탯이 열림 상태로 고착   ② 벨트의 느슨해짐

③ 냉각팬 작동 불량   ④ 라디에이터의 막힘

⑤ 냉각수에 혼입된 이물질

| 해설 |
기관의 과열 원인
- 수온조절기가 닫힌 채로 고장
- 방열기 코어가 막혔을 때(라디에이터 핀에 다량의 이물질 부착)
- 벨트가 헐겁거나 끊어짐
- 점화시기 조정 불량
- 수온조절기 과소 개방
- 물펌프 작동 불량
- 냉각수에 이물질 혼입
- 냉각팬의 파손

정답 ①

16 다음 중 블로 다운(Blow Down) 현상에 대한 설명으로 옳은 것은?

① 밸브와 밸브시트 사이에서 가스가 누출되는 현상
② 압축행정 시 피스톤과 실린더 사이에서 공기가 누출되는 현상
③ 피스톤이 상사점 근방에서 흡·배기밸브가 동시에 열려 배기 잔류가스를 배출시키는 현상
④ 배기행정 초기에 배기밸브가 열려 배기가스 자체의 압력에 의하여 배기가스가 배출되는 현상
⑤ 피스톤 내 가스 배출 후 낮아진 압력에 의해 공기가 유입되는 현상

| 해설 |
블로 다운 현상은 배기행정 초기에 배기밸브가 열려 배기가스 자체의 압력으로 배기가스가 배출되는 현상을 일컫는다.

정답 ④

17 가솔린 연료 분사기(Injector)의 분사 형태에서 순차분사는 어떤 센서의 신호에 동기되어 분사하는가?

① 산소 센서　　　　　　　　　② 에어플로 센서
③ 크랭크 각 센서　　　　　　　④ 맵 센서
⑤ 수온 센서

| 해설 |
가솔린 기관의 인젝터 작동 시기는 엔진 크랭크 센서의 신호를 기반으로 한다.

정답 ③

18 다음 중 자동차용 가솔린 연료의 물리적 특성으로 옳지 않은 것은?

① 인화점은 약 −40℃ 이하이다.
② 비중은 약 0.65 ~ 0.75이다.
③ 밀도는 약 0.67로 물보다 밀도가 낮다.
④ 발열량은 약 11,000kcal/kg로, 경유에 비하여 높다.
⑤ 자연발화점은 약 250℃로, 경유보다 낮아 위험하다.

| 해설 |
자연발화점은 경유보다 높다.

정답 ⑤

19 어느 가솔린엔진의 제동 연료소비율이 250g/PSh일 때의 제동열효율은?(단, 연료의 저위발열량은 10,500kcal/kg이다)

① 약 12.5%

② 약 24.1%

③ 약 36.2%

④ 약 48.3%

⑤ 약 67.3%

| 해설 |

$$\eta_e = \frac{BPS \times 632.3}{G \times H_1} = \frac{632.3}{b_e \times H} = \frac{632.3}{0.25 \times 10,500} \times 100 ≒ 24.1$$

정답 ②

20 다음 중 LP가스를 사용하는 자동차의 차량 전복으로 인하여 파이프가 손상되었을 때 용기 내 LP가스 연료를 차단하기 위한 역할을 하는 것은?

① 영구자석

② 과류방지 밸브

③ 체크 밸브

④ 감압 밸브

⑤ 스로틀 밸브

| 해설 |

LPG 자동차의 전복 또는 사고로 용기 내 가스가 누설될 경우 과류방지 밸브가 LPG의 누설을 차단한다.

정답 ②

01 다음 중 리튬이온 배터리와 비교한 리튬폴리머 배터리의 장점으로 적절하지 않은 것은?

① 패키지 설계에서 기계적 강성이 좋다.
② 폭발 가능성이 적어 안전성이 좋다.
③ 대용량 설계가 유리하여 기술 확장성이 좋다.
④ 발열 특성이 우수하여 내구 수명이 좋다.
⑤ 전해질 누수의 우려가 적다.

> **| 해설 |**
> 리튬폴리머 배터리는 파우치 형태로 제작되어 기계적 강성이 리튬이온 배터리에 비해 떨어진다.
>
> 정답 ①

02 다음 중 고전압 배터리의 충·방전 과정에서 전압 편차가 생긴 셀을 동일 전압으로 제어하는 것은?

① 충전상태 제어　　　　　　　　② 셀 밸런싱 제어
③ 파워 제한 제어　　　　　　　　④ 고전압 릴레이 제어
⑤ 안티 쉐이크 제어

> **| 해설 |**
> 셀 밸런싱 제어는 고전압 배터리 셀의 전압 편차를 동일 전압으로 제어한다.
>
> 정답 ②

03 다음 중 트랜지스터의 대표적인 기능으로 릴레이와 같은 작용을 하는 것은?

① 스위칭 작용　　　　　　　　　② 채터링 작용
③ 정류 작용　　　　　　　　　　④ 상호 유도 작용
⑤ 증폭 작용

> **| 해설 |**
> 회로에서 트랜지스터는 증폭 작용과 스위칭 작용을 한다. 그리고 릴레이는 회로 내에서 스위칭 작용을 한다.
>
> 정답 ①

04 다음 중 반도체 소자에서 역방향의 전압이 어떤 값에 도달하면 역방향 전류가 급격히 흐르게 되는 전압은?

① 컷인 전압
② 자기유도 전압
③ 사이리스터 전압
④ 히스테리시스 전압
⑤ 브레이크 다운 전압

> **| 해설 |**
> 반도체 소자에서 허용치 이상의 역전류가 가해지면 역방향으로 전류가 급격하게 흐르게 된다. 이 허용치 전압을 브레이크 다운 전압 혹은 제너 전압이라고 부른다.
>
> **정답 ⑤**

05 다음 중 달링턴 트랜지스터에 대한 설명으로 옳은 것은?

① 트랜지스터보다 컬렉터 전류가 작다.
② 2개의 트랜지스터를 하나로 결합하여 전류 증폭도가 높다.
③ 다른 극성의 트랜지스터 2개를 사용한다.
④ 2개의 트랜지스터처럼 취급해야 한다.
⑤ 낮은 입력 임피던스와 높은 출력 임피던스를 갖는다.

> **| 해설 |**
> 달링턴 트랜지스터는 2개의 트랜지스터를 하나로 결합한 것으로 전류 증폭도가 높다.
>
> **정답 ②**

06 다음 중 축전지용 전해액(묽은 황산)을 표현한 화학식은?

① H_2O
② SO_2
③ PbO
④ $PbSO_4$
⑤ H_2SO_4

> **| 해설 |**
> **오답분석**
> ① 물
> ② 이산화황
> ③ 산화납
> ④ 황산납
>
> **정답 ⑤**

07 트랜지스터(NPN형)에서 점화코일의 1차 전류는 어느 쪽으로 흐르는가?

① 이미터에서 컬렉터로   ② 베이스에서 컬렉터로

③ 베이스에서 이미터로   ④ 컬렉터에서 베이스로

⑤ 컬렉터에서 이미터로

| 해설 |

NPN형에서의 전류의 흐름은 컬렉터에서 이미터로, 베이스에서 이미터로 흐른다.
반면에 PNP형에서의 전류의 흐름은 이미터에서 베이스로, 이미터에서 컬렉터로 흐른다.

정답 ⑤

08 12V, 30W의 헤드라이트 한 개를 킬 때 흐르는 전류의 세기는?

① 0.4A   ② 2.5A

③ 5A   ④ 10A

⑤ 360A

| 해설 |

$P=VI$이므로 $I=\dfrac{P}{V}=\dfrac{30}{12}=2.5\text{A}$이다.

정답 ②

09 다음 중 자동차 전기회로의 보호장치로 옳은 것은?

① 안전밸브   ② 캠버

③ 퓨저블 링크   ④ 턴시그널 램프

⑤ 솔레노이드 스위치

| 해설 |

퓨저블 링크는 배터리와 연결된 전기회로에 과부하가 걸릴 때 녹이 끊어져 전체 와이어링 하니스의 손상을 방지
한다.

정답 ③

10 다음 중 전조등의 광량을 검출하는 라이트 센서에서 빛의 세기에 따라 광전류가 변화되는 원리를 이용한 소자는?

① 포토다이오드
② 발광다이오드
③ 제너다이오드
④ 사이리스터
⑤ 쇼트키다이오드

| 해설 |
포토다이오드는 빛의 세기에 따라 광전류가 변하는 원리를 이용한 반도체 소자이다.

정답 ①

11 다음 중 자동차의 점화장치에서 배터리 12V를 자기유도작용과 상호유도작용을 통해 고전압으로 변환하는 구성요소는?

① 스파크 플러그
② 트랜지스터
③ 점화코일
④ 인젝터
⑤ 릴레이

| 해설 |
점화 1차코일은 자기유도작용, 점화 2차코일은 상호유도작용을 통해 전압을 증폭시킨다.

정답 ③

12 교류발전기에서 발생한 교류를 직류로 변환하는 정류기는 무엇으로 구성되어 있는가?

① 실리콘 다이오드
② 트랜지스터
③ 차고 센서
④ 휠 스피드 센서
⑤ 토크 컨버터

| 해설 |
교류발전기의 스테이트에서 발생한 교류전원을 실리콘 다이오드를 통해 직류전원으로 정류한다.

정답 ①

13 다음 중 DC발전기의 계자코일과 계자철심에 해당하며 자속을 만드는 AC발전기의 부품은?

① 정류기
② 전기자
③ 로터
④ 스테이터
⑤ 브러쉬

| 해설 |
교류발전기와 직류발전기의 비교

기능(역할)	교류(AC)발전기	직류(DC)발전기
전류발생	스테이터	전기자(아마추어)
정류작용(AC → DC)	실리콘 다이오드	정류자, 러시
역류방지	실리콘 다이오드	컷아웃 릴레이
여자형성	로터	계자코일, 계자철심
여자방식	타여자식(외부전원)	자여자식(잔류자기)

정답 ③

14 다음 중 발전기 출력이 낮고 축전지 전압이 낮을 때의 상황으로 적절하지 않은 것은?

① 충전 회로에 높은 저항이 걸려있을 때
② 축전지 터미널에 접촉이 불량할 때
③ 다이오드가 단락 및 단선이 되었을 때
④ 발전기 조정전압이 낮을 때
⑤ 스테이터 코일이 단락되었을 때

| 해설 |
발전기 출력 및 축전지 전압이 낮을 때의 원인
· 충전 회로에 걸려 있는 높은 저항
· 다이오드의 단락 혹은 단선
· 낮은 발전기 조정전압
· 스테이터 코일의 단락

정답 ②

15 다음 중 단방향 3단자 사이리스터(SRC)에 대한 설명으로 옳지 않은 것은?

① 애노드(A), 캐소드(K), 게이트(G)로 이루어진다.

② 캐소드에서 게이트로 흐르는 전류가 순방향이다.

③ 게이트에 전압이 공급되지 않을 때 양 단에 흐르는 전류의 세기는 0이다.

④ 게이트에 (+)전류, 캐소드에 (−)전류를 흘려보내면 애노드와 캐소드 사이가 순간적으로 도통된다.

⑤ 애노드와 캐소드 사이가 도통된 것은 게이트 전류를 제거해도 계속 도통이 유지되며, 애노드 전위를 0으로 만들어야 해제된다.

> | 해설 |
> 게이트에 신호가 인가되면 양극과 음극 사이에 전류가 흐르고, 게이트 신호가 없으면 양극과 음극 사이에 전류는 흐르지 않고 높은 전압이 유지된다.
>
> 정답 ②

16 다음 중 12V, 5W 전구 1개와 24V, 60W 전구 1개를 12V 배터리에 직렬로 연결하였을 때의 결과로 옳은 것은?

① 양쪽 전구가 똑같이 밝다.　　　　② 5W 전구가 더 밝다.

③ 60W 전구가 더 밝다.　　　　　　④ 5W 전구가 끊어진다.

⑤ 60W 전구가 끊어진다.

> | 해설 |
> **저항의 직렬 연결의 성질**
> • 합성 저항의 값은 각 저항의 합과 같다.
> • 각 저항에 흐르는 전류는 일정하다.
> • 각 저항에 가해지는 전압의 합은 전원의 전압과 같다.
> • 동일 전압의 축전지를 직렬 연결하면 전압은 축전지 개수의 배가 되고 용량은 1개일 때와 같다.
> • 다른 전압의 축전지를 직렬 연결하면 전압은 각 전압의 합과 같고 용량은 평균값이 된다.
> • 큰 저항과 월등히 작은 저항을 직렬 연결하면 월등히 작은 저항은 무시된다.
>
> 정답 ②

17 다음 중 배터리 격리판에 대한 설명으로 옳지 않은 것은?

① 격리판은 전도성이 있어야 한다.
② 전해액에 부식되지 않아야 한다.
③ 전해액의 확산이 잘되어야 한다.
④ 기계적 강도가 보장되어야 한다.
⑤ 극판에서 이물질을 내뿜지 않아야 한다.

| 해설 |
배터리 격리판의 구비조건
• 비전도성일 것
• 전해액의 확산이 잘될 것
• 기계적 강도가 우수할 것
• 전해액에 의해 산화 또는 부식되지 않을 것
• 극판에서 유독성 물질이 방출되지 않을 것

정답 ①

18 다음 중 자동차용 납산배터리의 기능으로 옳지 않은 것은?

① 납과 황산의 산화·환원반응을 응용한 이차전지이다.
② 엔진 시동에 필요한 전기에너지를 공급한다.
③ 발전기 고장 시에는 자동차 전기장치에 전기에너지를 공급한다.
④ 발전기의 출력과 부하 사이의 시간적 불균형을 조절한다.
⑤ 시동 전에 미리 자동차 전기장치에 전기에너지를 공급한다.

| 해설 |
자동차 시동 후 발전기에서 전기장치에 전기에너지를 공급한다.

정답 ⑤

19 다음 중 바이메탈을 이용한 것으로, 과도한 전류가 흐르면 바이메탈이 열을 받아 휨으로써 접점이 떨어지고 온도가 낮아지면서 접촉부가 붙게 되어 전류를 흐르게 하는 것은?

① 퓨즈
② 퓨저블 링크
③ 서킷 브레이커
④ 전기 브레이크
⑤ Dual-CVVT 시스템

| 해설 |
서킷 브레이커(Circuit Breakers)는 과도한 전류가 흐르면 열팽창률이 다른 두 금속이 가열팽창되어 휨으로써 접점이 떨어지고 온도가 낮아지면 접촉부가 붙어 스위치 역할을 한다.

정답 ③

PART 3

20 12V의 전압에 20Ω의 저항을 연결하였을 때 흐르는 전류의 세기는?

① 0.6A
② 1A
③ 5A
④ 6A
⑤ 10A

| 해설 |
$$I = \frac{V}{R} = \frac{12}{20} = 0.6A$$

정답 ①

01 다음 중 타이어의 뼈대가 되는 부분으로, 튜브의 공기압에 견디면서 일정한 체적을 유지하고 하중이나 충격에 변형되면서 완충작용을 하며 내열성 고무로 밀착시킨 구조로 되어 있는 것은?

① 비드(Bead)
② 브레이커(Breaker)
③ 트레드(Tread)
④ 카커스(Carcass)
⑤ 튜브(Tube)

| 해설 |
타이어의 구조
- 트레드(Tread) : 지면과 직접 접촉하는 부위로, 타이어의 골격이 되는 카커스와 브레이커 벨트층의 외측에 강력한 고무층으로 되어 있다. 접지면의 문양에 따라 리브(Rib), 러그(Rug), 블록형 등이 있다.
- 브레이커(Breaker) : 트레드와 카커스의 중간 코드(벨트)층으로, 외부로부터 오는 충격이나 내부코드의 손상을 방지한다.
- 카커스(Carcass) : 타이어의 골격을 이루는 강도가 큰 코드층으로, 타이어의 하중, 충격 및 타이어의 공기압을 지지하는 역할을 한다.
- 비드(Bead) : 카커스 코드의 끝부분으로, 타이어를 휠 림(Wheel Rim)에 고정하는 역할을 한다.
- 사이드월(Side Wall) : 타이어의 옆 부분으로 승차감을 유지시키는 역할을 한다.
- 튜브(Tube) : 타이어 내부의 공기압을 유지시키는 역할을 한다. 오늘날 대부분의 승용차용 타이어는 특수 설계하여 튜브 없는 타이어(Tubeless)를 사용한다.

정답 ④

02 다음 중 국내 승용차에 가장 많이 사용되는 현가장치로, 구조가 간단하고 스트럿이 조향 시 회전하는 것은?

① 위시본 형식
② 맥퍼슨 형식
③ SLA 형식
④ 데디온 형식
⑤ 트레일링 암 형식

| 해설 |
맥퍼슨 스트럿 현가장치는 쇽 업소버를 내장한 스트럿의 하단을 조향 너클의 상단부에 결합시킨 형식으로, 조향 시 스트럿이 회전하는 구조이다.

정답 ②

03 다음 중 현가장치에서 스프링이 압축되었다가 원위치로 되돌아올 때 작은 구멍(오리피스)을 통과하는 오일의 저항으로 진동을 감소시키는 것은?

① 캘리퍼   ② 스태빌라이저

③ 공기스프링   ④ 토션 바 스프링

⑤ 쇽 업소버

| 해설 |
쇽 업소버는 오리피스 면적을 조정하여 감쇄력을 발생시킨다.

정답 ⑤

04 다음 중 현가장치가 갖추어야 할 기능으로 적절하지 않은 것은?

① 승차감의 향상을 위해 상하 움직임에 적당한 유연성이 있어야 한다.

② 원심력이 발생되어야 한다.

③ 주행 안정성이 있어야 한다.

④ 구동력 및 제동력 발생 시 적당한 강성이 있어야 한다.

⑤ 노면에서 발생하는 충격을 흡수할 수 있어야 한다.

| 해설 |
현가장치에서 원심력이 발생되면 차체의 운동 상태가 불안정해진다.

정답 ②

05 다음 중 자동차 현가장치에 사용하는 토션바 스프링에 대한 설명으로 옳지 않은 것은?

① 스프링의 비틀림 강성을 이용한 장치이다.
② 스프링의 힘은 바의 길이 및 단면적에 반비례한다.
③ 진동의 감쇠작용이 없어 쇽 업소버를 병용하여야 한다.
④ 구조가 간단하고 가로 또는 세로로 자유로이 설치할 수 있다.
⑤ 단위 무게에 대한 에너지 흡수율이 다른 스프링에 비해 크며 가볍고 구조도 간단하다.

| 해설 |
토션바 스프링의 힘은 길이에 반비례하고 단면적에 비례하는 특성이 있다.
토션바 스프링
막대 스프링 중 하나로 단위 무게에 대한 에너지 흡수율이 다른 스프링에 비해 크며 가볍고 구조도 간단하다. 또한 설치 제약이 다른 스프링에 비해 적다. 그러나 진동의 감쇠작용이 없으므로 쇽 업소버를 병용하여야 한다.

정답 ②

06 다음 중 앞 차축 현가장치에서 맥퍼슨형의 특징으로 옳지 않은 것은?

① 위시본형에 비하여 구조가 간단하다.
② 로드 홀딩이 좋다.
③ 엔진 룸의 유효공간을 넓게 할 수 있다.
④ 대량생산에 용이하다.
⑤ 스프링 아래 중량을 크게 할 수 있다.

| 해설 |
맥퍼슨형 현가장치
• 위시본형에 비하여 구조가 간단하다.
• 스프링 아래 질량이 작아 승차감이 우수하다.
• 로드홀딩 효과가 우수하다.
• 엔진실의 유효면적을 넓게 할 수 있다.

정답 ⑤

07 다음 중 추진축 스플라인 부의 마모가 심할 때의 현상으로 가장 적절한 것은?

① 차동기의 드라이브 피니언과 링기어의 치합이 불량하게 된다.
② 차동기의 드라이브 피니언 베어링의 조임이 헐겁게 된다.
③ 동력을 전달할 때 충격 흡수가 잘된다.
④ 주행 중 소음을 내고 추진축이 진동한다.
⑤ 마모된 부위에 이물질이 부착되어 과열의 원인이 된다.

| 해설 |
스플라인 부의 마모가 심하면 스플라인 치합의 간극이 증가하여 주행 시 소음 및 추진축이 진동한다.

정답 ④

08 다음 중 자동차 앞 차축 독립현가장치에 속하지 않는 것은?

① 트레일링 암 형식(Trailing Arm Type)
② 위시본 형식(Wishbone Type)
③ 맥퍼슨 형식(MacPherson Type)
④ SLA 형식(Short Long Arm Type)
⑤ 스윙차축 형식(Swing Axle Type)

| 해설 |
트레일링 암 형식은 뒤 차축 독립현가방식이다.

정답 ①

09 다음 중 현가장치의 판 스프링 구조에 해당하지 않는 것은?

① 스팬(Span)
② 너클(Knuckle)
③ 스프링 아이(Spring Eye)
④ U 볼트(U−bolt)
⑤ 섀클(Shackle)

| 해설 |
판 스프링 구조
- 스팬(Span) : 스프링의 아이와 아이의 중심거리이다.
- 아이(Eye) : 주(Main) 스프링의 양 끝부분에 설치된 구멍을 말한다.
- 캠버(Camber) : 스프링의 휨 양을 말한다.
- 센터볼트(Center Bolt) : 스프링의 위치를 맞추기 위해 사용하는 볼트이다.
- U 볼트(U−bolt) : 차축 하우징을 설치하기 위한 볼트이다.
- 닙(Nip) : 스프링의 양 끝이 휘어진 부분이다.
- 섀클(Shackle) : 스팬의 길이를 변화시키며, 스프링을 차체에 설치한다.
- 섀클 핀(행거) : 아이가 지지되는 부분이다.

정답 ②

10 다음 중 현가장치에서 적당히 구부린 스프링 강 여러 장을 쌓아 발생되는 탄성효과로 스프링 역할을 하게 만드는 것은?

① 공기 스프링
② 토션 바 스프링
③ 판 스프링
④ 코일 스프링
⑤ 스태빌라이저

| 해설 |
판 스프링은 스프링 강을 적당히 구부린 후 여러 장을 적층하여 탄성효과에 의한 스프링 역할을 할 수 있도록 만든 것으로, 강성이 강하고 내구성이 크며 구조가 간단하다. 하지만 미세한 진동을 흡수하기에는 곤란하여 대부분 화물차 등의 대형차에 적용하고 있다.

정답 ③

11 다음 중 자동차 선회 시 차체의 좌우 진동을 억제하는 것은?

① 스태빌라이저   ② 겹판 스프링

③ 타이로드   ④ 킹핀

⑤ 공기 스프링

| 해설 |
스태빌라이저는 차체의 좌우 진동(롤링)을 감소시키는 부품이다.

정답 ①

12 다음 중 뒤 차축 현가방식의 독립 현가식 중 세미 트레일링 암(Semi-trailing Arm) 방식의 단점으로 옳지 않은 것은?

① 가격이 비싸다.

② 구조가 복잡하다.

③ 차실 바닥이 낮아진다.

④ 공치 시와 승차 시 캠버가 변한다.

⑤ 종감속기어가 현가 암 위에 고정되어 그 진동이 현가장치로 전달되므로 차단할 필요성이 있다.

| 해설 |
세미 트레일링 암 방식의 특징

장점	단점
• 회전축의 각도에 따라 스윙 액슬형에 가깝기도 하고 풀 트레일링 암형이 되기도 한다. • 회전축을 3차원적으로 튜닝할 수 있다.	• 타이어에 횡력이나 제동력이 작용될 때 연결점 부위에 모멘트가 발생하여 이것이 타이어의 슬립 앵글을 감소시켜 오버스티어 현상을 만든다. • 차동기어(Differential Gear)가 서스펜션 바 위에 고정되기 때문에 그 진동이 서스펜션에 전달되므로 차단할 필요성이 있다. • 부품 수가 많고 고비용이다.

정답 ③

13 휠의 구성요소로 옳지 않은 것을 〈보기〉에서 모두 고르면?

> **보기**
>
> ㄱ. 휠 허브　　　　　　　　　ㄴ. 카커스
> ㄷ. 휠 디스크　　　　　　　　ㄹ. 림
> ㅁ. 트레드

① ㄱ, ㄴ, ㅁ　　　　　　　　② ㄱ, ㄷ, ㄹ
③ ㄱ, ㄷ, ㅁ　　　　　　　　④ ㄴ, ㄹ, ㅁ
⑤ ㄷ, ㄹ, ㅁ

| 해설 |

오답분석
ㄴ · ㅁ 타이어의 구성요소 중 하나이다.

정답 ②

14 다음 중 독립현가방식의 차량에서 선회할 때 롤링을 감소시켜 주고 차체의 평형을 유지시켜 주는 것은?

① 볼 조인트　　　　　　　　② 공기 스프링
③ 쇽 업소버　　　　　　　　④ 스태빌라이저
⑤ 판 스프링

| 해설 |

오답분석
① 볼 조인트 : 승용차의 프런트 서스펜션이나 키잡이용 드래그 링크의 이음매 등 볼 형태의 이음매이다.
② 공기 스프링 : 감쇠작용이 있기 때문에 작은 진동 흡수에 좋고 차체 높이를 일정하게 유지하지만, 구조가 복잡하고 제작비가 비싸다.
③ 쇽 업소버 : 스프링의 진동을 억제하여 승차감을 좋게 하고 접지력을 향상시켜 자동차의 로드홀딩(Road Holding)과 주행안정성을 확보하며, 코너링 시 원심력으로 발생되는 차체의 롤링을 감소시키는 역할을 한다.
⑤ 판 스프링 : 차량의 전체 중량을 지지하고 타이어와 노면 사이의 접지력을 유지시키는 등의 역할을 한다.

정답 ④

15 액슬축의 지지 방식을 〈보기〉에서 모두 고르면?

> **보기**
> ㄱ. 전부동식 ㄴ. 1/4부동식
> ㄷ. 반부동식 ㄹ. 3/4부동식

① ㄴ, ㄷ ② ㄷ, ㄹ
③ ㄱ, ㄷ, ㄹ ④ ㄴ, ㄷ, ㄹ
⑤ ㄱ, ㄴ, ㄷ, ㄹ

| 해설 |
액슬축 지지방식
반부동식, 전부동식, 3/4부동식

정답 ③

16 다음 중 일체식 현가장치와 비교한 독립식 현가장치의 장점으로 옳지 않은 것은?

① 스프링 정수가 적은 스프링도 사용 가능하다.
② 선회 시 감쇠력을 조절하여 롤링을 방지하기 때문에 주행안정성이 우수하다.
③ 앞바퀴의 시미(Shimmy) 현상이 작게 발생한다.
④ 스프링 밑 질량이 작기 때문에 승차감이 향상된다.
⑤ 불균일한 노면에서도 안정적인 승차감을 얻을 수 있다.

| 해설 |
선회 시 감쇠력을 조절하여 롤링을 방지하는 것은 전자제어 현가장치의 장점이다.

정답 ②

17 다음 중 윤중에 대한 설명으로 옳은 것은?

① 자동차가 수평으로 있을 때 1개의 바퀴가 지면을 수직으로 누르는 중량
② 자동차가 수평으로 있을 때 차량 중량이 1개의 바퀴에 수평으로 걸리는 중량
③ 자동차가 수평으로 있을 때 차량 총중량이 2개의 바퀴에 수직으로 걸리는 중량
④ 자동차가 수평으로 있을 때 공차 중량이 4개의 바퀴에 수직으로 걸리는 중량
⑤ 자동차가 수평으로 있을 때 차량 총중량이 바퀴를 통해 수직으로 누르는 압력

| 해설 |
윤중은 자동차가 수평으로 있을 때 1개의 바퀴가 지면을 수직으로 누르는 힘(무게)을 일컫는다.

정답 ①

18 다음 중 공기 현가장치의 특징으로 옳은 것은?

① 압축공기의 탄성을 이용한 현가장치이다.
② 스프링 정수가 자동적으로 조정되므로 하중의 증감에 관계없이 고유 진동수를 거의 일정하게 유지할 수 있다.
③ 공기 스프링 자체에 감쇠성이 있으므로 작은 진동을 흡수하는 효과가 있다.
④ 하중 증감에 관계없이 차체 높이를 일정하게 유지하며 앞뒤, 좌우의 기울기를 방지할 수 있다.
⑤ 고유 진동수를 높일 수 있으므로 스프링 효과를 유연하게 할 수 있다.

| 해설 |
공기 현가장치는 스프링 정수가 자동적으로 조정되므로 하중의 증감에 관계없이 고유 진동수를 거의 일정하게 유지할 수 있으며 차고 조절 및 작은 진동 흡수 효과가 우수하다.

정답 ②

19 다음 중 추진축의 자재이음으로 가능한 변화는?

① 축의 길이
② 회전 속도
③ 회전축의 각도
④ 회전 토크
⑤ 회전 각속도

> **| 해설 |**
> 자재이음은 각도 변화를 가능하게 하고, 슬립이음은 길이 변화를 가능하게 한다.
>
> 정답 ③

20 다음 중 현가장치가 갖추어야 할 조건으로 옳지 않은 것은?

① 승차감의 향상을 위해 상하 움직임에 적당한 유연성이 있어야 한다.
② 원심력이 발생되어야 한다.
③ 주행 안정성이 있어야 한다.
④ 구동력 및 제동력 발생 시 적당한 강성이 있어야 한다.
⑤ 차체에 발생하는 진동이 운전자에게 전달되지 않아야 한다.

> **| 해설 |**
> 현가장치는 주행 시 발생하는 진동을 감쇄하여 운전자에게 쾌적한 운전 환경을 제공하는 장치로, 바퀴에 생기는 구동력, 제동력, 원심력에 잘 견딜 수 있도록 수평 방향의 연결이 견고해야 한다.
>
> 정답 ②

01 EV 자동차의 EPCU를 구성하는 내부 구성품을 〈보기〉에서 모두 고르면?

> **보기**
>
> ㄱ. VCU   ㄴ. BMS
>
> ㄷ. MCU   ㄹ. OBC
>
> ㅁ. VCU   ㅂ. LDC

① ㄱ, ㄴ, ㅂ   ② ㄱ, ㄷ, ㄹ
③ ㄷ, ㄹ, ㅁ   ④ ㄷ, ㄹ, ㅂ
⑤ ㄷ, ㅁ, ㅂ

| 해설 |
일반적으로 EV 시스템의 EPCU는 MCU(모터제어기), VCU(차량제어기), LDC(저전압 직류 변환장치)로 구성
된다.

정답 ⑤

02 다음 중 DLI(Distributer Less Ignition) 점화장치의 구성요소에 해당하지 않는 것은?

① 파워TR   ② ECU
③ 로터   ④ 이그니션 코일
⑤ 디스트리뷰터

| 해설 |
로터는 배전기에 적용하는 점화장치 부품이다.

정답 ③

03 다음 중 사이드미러(후사경) 열선 타이머 제어 시 입출력 요소로 옳지 않은 것은?

① 전조등 스위치 신호　　　　　　② IG 스위치 신호

③ 열선 스위치 신호　　　　　　　④ 열선 릴레이 신호

⑤ 발전기 L단자 신호

| 해설 |
전조등 스위치 신호는 사이드미러 열선 회로의 입출력 요소가 아니다.

 정답 ①

04 전자제어식 자동변속기 차량에서 변속시점은 무엇에 의해 결정되는가?

① 엔진 회전속도와 크랭크 각도

② 엔진 스로틀 밸브의 개도와 변속기 오일 온도

③ 차량의 주행속도와 엔진 스로틀 밸브의 개도

④ 차량의 주행속도와 크랭크 각도

⑤ 타이어의 온도

| 해설 |
전자제어식 자동변속기 차량에서 변속시점을 결정하는 요소는 차속 센서와 스로틀 밸브 개도량이다.

정답 ③

05 다음 중 HEV에서 고전압 배터리의 고전압 직류전원을 저전압 직류전원으로 전환시켜 차량의 일반 전장 시스템 및 전원공급으로 사용할 수 있도록 전력변환을 수행하는 장치는?

① MCU　　　　　　　　　　　② LDC

③ BMS　　　　　　　　　　　④ HCU

⑤ ABS

| 해설 |
LDC는 고전압 배터리 직류전원을 저전압 직류전원으로 변환시켜 12V 보조배터리를 통하여 차량제어기, 일반 전장 및 편의 시스템 등에 공급한다.

 정답 ②

06 다음 중 EV 주행 시 감속 또는 제동상태에서 모터를 발전 모드로 전환하여 제동에너지의 일부를 전기에너지로 변환하는 모드는?

① 발진가속 모드

② 제동전기 모드

③ 긴급제동 모드

④ 주행전환 모드

⑤ 회생제동 모드

| 해설 |
EV 주행 중 감속 또는 제동 시 모터를 발전기로 전환하여 제동에너지 일부를 전기에너지로 변환하여 충전하는 모드는 회생제동 모드이다.

정답 ⑤

07 다음 중 지능형 자동차 시스템에 대한 설명으로 옳지 않은 것은?

① LKAS - 주행 조향 보조시스템으로 주행 중 차선인식을 통한 능동조향제어 기능을 가진다.

② SCC - 차량의 가·감속 제어 및 레이더를 이용한 전방 차량 거리를 계산하여 차량의 속도 및 차간거리제어 기능을 수행한다.

③ BSD - 바디 전장 시스템에서 실내 공기질 향상을 위한 클러스터 이오나이저 및 CO_2 센서를 활용한 공조제어 시스템을 말한다.

④ AEB - 카메라영상 정보와 전방레이더를 활용한 퓨전타겟 기술을 활용하여 저속주행 시 긴급제동 구현 및 제동 감속(예압발생) 기능을 수행하여 충돌사고를 회피한다.

⑤ TPMS - 타이어 내부 압력이 정해진 압력 이하로 내려갈 때 운전자에게 경고해주는 시스템이다.

| 해설 |
BSD는 후측방 레이더를 사용하여 운전자에게 사각지대에 대한 경고를 제공하는 시스템이다.

정답 ③

08 다음 중 ABS ECU에 논리를 추가하여 뒷바퀴의 제동 압력을 요구 유압 배분곡선(이상 제동 배분곡선)에 근접 제어하는 방식의 전자제어 제동장치는?

① ABS
② EBD
③ TCS
④ AWD
⑤ EHPS

| 해설 |
EBD 시스템은 후륜측 하중의 변화에 따라 제동력을 조정한다.

정답 ②

09 다음 중 하이브리드 시스템에서 배터리의 유지 관리를 위한 제어시스템은?

① HCU
② MCU
③ TCU
④ HUD
⑤ BMS

| 해설 |
BMS는 고전압 배터리의 온도, 전압, 전류 등을 측정하여 배터리의 냉각 제어, 셀 밸런싱 제어, 릴레이 제어, 출력 제어 등의 역할을 한다.

정답 ⑤

10 다음 중 전동식 주차제동장치(EPB) 내 포스 센서(Force Sensor)의 역할로 옳은 것은?

① 브레이크 페달의 압력 감지
② VDC 작동 시 후륜 제동력 인가
③ 파킹브레이크 인가 힘을 감지
④ 제동 시 제동력 감지
⑤ 전방 및 후방 장애물 감지

| 해설 |
EPB 내 포스 센서는 주차 브레이크 작동 시 케아블 장력을 측정하여 주차 브레이크에 인가된 힘을 감지하는 역할을 한다.

정답 ③

11 다음 중 외부 온도에 따라 저항값이 변하는 소자로서 수온 센서 등 온도 감지용으로 쓰이는 반도체는?

① 게르마늄(Germanium)
② 실리콘(Silicone)
③ 지르코니아(Zirconia)
④ 인코넬(Inconel)
⑤ 서미스터(Thermistor)

| 해설 |
서미스터는 온도의 변화에 따라 저항값이 크게 변하는 반도체 소자이다.

정답 ⑤

12 다음 전자제어 동력조향장치의 구성요소 중 차속과 조향각 신호를 기초로 최적 상태의 유량을 제어하여 조향 휠의 조작력을 적절히 변화시키는 것은?

① 댐퍼 제어 밸브
② 유량 제어 밸브
③ 동력 실린더 밸브
④ 매뉴얼 밸브
⑤ 체크 밸브

| 해설 |
유량 제어 밸브는 주행 상황에 따라 오일 펌프로부터의 오일 토출량이 일정 수치 이상이 되면 오일 일부를 저장 탱크로 빠져나가게 하여 유량을 유지하는 역할을 한다.

정답 ②

13 다음 중 감광식 룸램프 제어에 대한 설명으로 옳지 않은 것은?

① 도어를 연 후 닫을 때 실내등이 즉시 소등되지 않고 서서히 소등될 수 있도록 한다.
② 모든 신호는 엔진 ECU로 입력된다.
③ 입력요소는 모든 도어 스위치이다.
④ 시동 및 출발 준비를 할 수 있도록 편의를 제공하는 기능이다.
⑤ 센서에 감지되는 빛의 세기에 따라 내부 저항 값이 바뀌는 구조이다.

| 해설 |
감광식 룸램프는 바디전장(BCM) 제어를 통해 제어되며 스위치의 입력 신호에 따라 감광등의 실내등을 제어한다.

정답 ②

14 다음 중 전자제어 현가장치에서 조향 휠의 좌우 회전방향을 감지하여 차체의 롤링을 예측하기 위한 센서는?

① 조도 센서
② 차속 센서
③ G 센서
④ 차고 센서
⑤ 조향각 센서

| 해설 |
조향 휠 각속도 센서는 조향 휠의 회전각도와 속도를 측정하여 차체의 롤링형상을 예측하고 이를 제어하는 신호를 보내는 센서이다.

정답 ⑤

15 다음 중 전자제어 스로틀 장치(ETS)의 기능으로 옳지 않은 것은?

① 정속 주행 제어 기능
② 구동력 제어 기능
③ 제동력 제어 기능
④ 공회전속도 제어 기능
⑤ 스로틀 밸브 제어 기능

| 해설 |
전자제어 스로틀 장치는 액추에이터를 이용한 스로틀 밸브 제어 장치이며 정속 주행, 구동력, 공회전속도 등을 제어한다.

정답 ③

16 다음 전자제어기관의 연료분사 제어방식 중 점화순서에 따라 순차적으로 분사되는 방식은?

① 동시분사 방식
② 그룹분사 방식
③ 독립분사 방식
④ 간헐분사 방식
⑤ 연무분사 방식

| 해설 |
독립분사는 동기분사, 순차분사라고도 불리며 이는 1사이클에 1실린더만 1회 점화시기에 동기하여 배기행정 끝무렵에 분사한다.

정답 ③

17 다음 중 실린더와 피스톤 사이의 틈새로 가스가 누출되어 크랭크실로 유입된 가스를 연소실로 유도하여 재연소시키는 배출가스 정화 장치는?

① 촉매변환기
② 연료 증발 가스 배출 억제 장치
③ 배기가스 재순환 장치
④ 제동압력 제어 장치
⑤ 블로바이 가스 환원 장치

| 해설 |
블로바이 가스
압축행정에서 피스톤과 실린더 사이로 누설되는 미연소 혼합가스이며 탄화수소(HC)로 구성되어 있다.

정답 ⑤

18 다음 중 전자제어 현가장치에서 롤(Roll) 제어를 할 때 신호를 받는 부품끼리 짝지은 것은?

① 차속 센서, 브레이크 스위치
② 차속 센서, 인히비터 스위치
③ 차속 센서, 조향각 센서
④ 차고 센서, 스로틀 포지션 센서
⑤ 차고 센서, 조향각 센서

| 해설 |
전자제어 현가장치에서 안티롤 제어 시 차속 센서와 조향 휠 각속도 센서의 신호를 받는다.

정답 ③

19 다음 중 전자제어 동력조향장치의 유량제어 방식에 대한 설명으로 옳은 것은?

① 동력실린더에 의해 유로를 통과하는 유압유를 제한하거나 바이패스시켜 제어밸브의 피스톤에 가해지는 유압을 조절하는 방식이다.

② 제어밸브의 열림 정도를 직접 조절하는 방식이며, 동력실린더의 유압은 제어밸브의 열림 정도로 결정된다.

③ 제어밸브에 의해 유로를 통과하는 유압유를 제한하거나 바이패스시켜 동력실린더의 피스톤에 가해지는 유압을 조절하는 방식이다.

④ 동력실린더의 열림 정도를 직접 조절하는 방식이며, 제어밸브의 유압은 제어밸브의 열림 정도로 결정된다.

⑤ 동력실린더의 열림 정도를 직접 조절하는 방식이며, 동력실린더에 의해 유로를 통과하는 유압유의 압력으로 결정된다.

| 해설 |
유량제어 방식은 제어밸브에 의해 유로를 통과하는 유압유를 제한하거나 바이패스시켜 동력실린더의 피스톤에 가해지는 유압을 조절하는 방식으로, 구조가 간단하고 조향력 변화가 크지 않다.

정답 ③

20 다음 중 전자제어 현가장치에서 자동차 전방에 있는 노면의 돌기 및 단차를 검출하는 제어는?

① 안티록 제어
② 스카이훅 제어
③ 퍼지 제어
④ 프리뷰 제어
⑤ 슬립 모드 제어

| 해설 |
전자제어 현가장치에서 프리뷰 제어 시스템은 자동차 주행 시 전방 노면 상태를 감지하여 서스펜션을 제어하는 시스템이다.

정답 ④

01 타이어공기압 경고장치가 작동해야 하는 최소 시속은?

① 정지 상태   ② 10km/h
③ 20km/h   ④ 30km/h
⑤ 40km/h

> | 해설 |
> **타이어공기압 경고장치(자동차 및 자동차부품의 성능과 기준에 관한 규칙 제12조의2)**
> 타이어공기압 경고장치는 최소한 시속 40킬로미터부터 해당 자동차의 최고속도까지의 범위에서 작동해야 한다.
>
> 정답 ⑤

02 다음 중 자동차 안전기준 관련 용어에 대한 설명으로 옳은 것은?

① 적차상태에서 승차정원은 8세 이상인 자를 1인으로 본다.
② 차량중량은 인당 65kg의 적차상태에서의 120% 중량이다.
③ 접지부분은 최대공기압 상태에서 타이어가 지면과 접촉되는 부분이다.
④ 승차정원은 차량에 승차할 수 있는 최대 허용인원으로 운전자를 포함한다.
⑤ 공차상태는 타이어를 제외하고 연료, 냉각수를 포함한 모든 것이 비어있는 차량 자체의 상태이다.

> | 해설 |
> 오답분석
> ① 적차상태에서 승차정원은 13세 미만인 자일 때 1.5인을 승차정원 1인으로 본다.
> ② 차량중량은 공차상태의 자동차의 중량을 말하며, 미완성 자동차의 경우 제작자가 해당 자동차의 안전 및 성능을 고려하여 제시한 중량이다.
> ③ 접지부분은 적정공기압 상태에서 타이어가 지면과 접촉되는 부분이다.
> ⑤ 공차상태는 자동차에 사람이 승차하지 않고 물품을 적재하지 않은 상태에서 운행할 수 있는 상태이다.
>
> 정답 ④

03 다음 중 기관의 오일교환 작업 시 주의사항으로 옳지 않은 것은?

① 새 오일 필터로 교환 시 O링에 오일을 바르고 조립한다.
② 시동 중에 엔진 오일량을 수시로 점검한다.
③ 기관이 워밍업 후 시동을 끄고 오일을 배출한다.
④ 작업이 끝나면 시동을 걸고 오일 누출 여부를 검사한다.
⑤ 엔진룸 및 차체에 오일을 흘릴 경우에는 즉시 닦아낸다.

| 해설 |
엔진 오일량의 점검은 시동을 끄고 일정 시간 후 점검해야 한다.

정답 ②

04 다음 중 자동차 주행 중 충전램프의 경고등이 켜졌을 때의 원인으로 적절하지 않은 것은?

① 팬벨트가 미끄러지고 있다.
② 발전기 뒷부분에 소켓이 빠졌다.
③ 축전지의 접지케이블이 이완되었다.
④ 전압계에 문제가 발생하였다.
⑤ 배터리가 방전되었다.

| 해설 |
자동차 주행 중 충전램프 경고등이 켜질 때는 발전기에서 정상적인 발전전압이 출력되지 않음을 의심해볼 수 있다.

정답 ④

05 전기자 시험기로 시험하기에 적절한 것을 〈보기〉에서 모두 고르면?

> **보기**
> ㄱ. 코일의 단락　　　　　　　　ㄴ. 코일의 저항
> ㄷ. 코일의 접지　　　　　　　　ㄹ. 코일의 단선

① ㄱ, ㄴ　　　　　　　　　② ㄱ, ㄴ, ㄹ
③ ㄱ, ㄷ, ㄹ　　　　　　　④ ㄴ, ㄷ, ㄹ
⑤ ㄱ, ㄴ, ㄷ, ㄹ

| 해설 |
전기자 시험기를 이용하여 단선, 단락, 접지 여부를 시험한다.

정답 ③

06 다음 중 승합자동차의 승객 좌석의 설치 높이는?

① 35cm 이상 40cm 이하

② 40cm 이상 50cm 이하

③ 45cm 이상 50cm 이하

④ 50cm 이상 65cm 이하

⑤ 65cm 이상 75cm 이하

| 해설 |
승객 좌석의 규격 등(자동차 및 자동차부품의 성능과 기준에 관한 규칙 제25조 제3항)
승합자동차(15인승 이하의 승합자동차 및 어린이운송용 승합자동차를 제외한다)의 승객 좌석의 높이는 40센티미터 이상 50센티미터 이하이어야 한다. 다만, 자동차의 원동기부분 및 바퀴부분의 좌석 등 그 구조상 40센티미터 이상 50센티미터 이하로 좌석을 설치하기가 곤란한 부분의 좌석을 제외한다.

정답 ②

07 다음 중 피스톤과 관련된 점검사항으로 적절하지 않은 것은?

① 피스톤의 중량

② 피스톤의 마모

③ 피스토의 균열

④ 피스톤과 실린더 간극

⑤ 피스톤 오일링 홈의 구멍 크기

| 해설 |
피스톤 점검 시에는 중량, 마모 및 균열 여부, 실린더 간극 등을 점검한다.

정답 ⑤

08 다음 중 유압식 브레이크 정비에 대한 설명으로 옳지 않은 것은?

① 패드는 안쪽과 바깥쪽을 세트로 교환한다.

② 패드는 좌 · 우 어느 한쪽이 교환시기가 되면 좌 · 우 동시에 교환한다.

③ 패드 교환 후 브레이크 페달을 2~3회 밟아준다.

④ 브레이크액은 공기와 접촉 시 비등점이 상승하여 제동성능이 향상된다.

⑤ 브레이크액이 금속이나 고무패킹을 부식시키지 않는지 주의해야 한다.

| 해설 |
브레이크액이 공기 또는 수분에 노출되면 비등점이 하강하여 제동성능이 떨어진다.

정답 ④

09 배기장치 분해 및 조립 시 안전 및 유의 사항으로 옳지 않은 것을 〈보기〉에서 모두 고르면?

> **보기**
>
> ㄱ. 배기장치를 분해하기 전 엔진을 가동하여 엔진이 정상 온도가 되도록 한다.
> ㄴ. 배기 장치의 각 부품을 재조립할 때 배기가스의 누출이 없도록 주의해야 한다.
> ㄷ. 재조립할 때 개스킷은 재사용해도 무관하다.
> ㄹ. 재조립할 때 배기파이프의 열에 의해 다른 기관이 손상되지 않도록 접촉 여부를 확인해야 한다.

① ㄱ, ㄷ   ② ㄱ, ㄹ

③ ㄴ, ㄷ   ④ ㄴ, ㄹ

⑤ ㄷ, ㄹ

| 해설 |
ㄱ. 배기장치 분해 전 엔진 작동을 멈추고 열기를 충분히 냉각해야 한다.
ㄷ. 개스킷은 새로운 것으로 교환해야 한다.

정답 ①

10 다음 글에서 빈칸 ㉠, ㉡에 들어갈 수를 바르게 짝지은 것은?

> **보기**
>
> 연료탱크의 주입구 및 가스배출구는 노출된 전기단자로부터 ____㉠____ mm 이상, 배기관의 끝으로부터 ____㉡____ mm 이상 떨어져 있어야 한다.

	㉠	㉡			㉠	㉡
①	300	200		②	200	300
③	250	200		④	200	250
⑤	150	150				

| 해설 |
연료장치(자동차 및 자동차부품의 성능과 기준에 관한 규칙 제17조 제1항)
자동차의 연료탱크·주입구 및 가스배출구는 다음 각호의 기준에 적합하여야 한다.
1. 연료장치는 자동차의 움직임에 의하여 연료가 새지 아니하는 구조일 것
2. 배기관의 끝으로부터 30센티미터 이상 떨어져 있을 것(연료탱크를 제외한다)
3. 노출된 전기단자 및 전기개폐기로부터 20센티미터 이상 떨어져 있을 것(연료탱크를 제외한다)
4. 차실 안에 설치하지 아니하여야 하며, 연료탱크는 차실과 벽 또는 보호판 등으로 격리되는 구조일 것

정답 ②

11 다음 중 계기판의 주차 브레이크등이 점등되는 조건으로 옳지 않은 것은?

① 주차 브레이크가 당겨져 있을 때

② 브레이크액이 부족할 때

③ 브레이크 페이드 현상이 발생했을 때

④ EBD 시스템에 결함이 발생했을 때

⑤ 브레이크 패드가 마모되었을 때

| 해설 |
주차 브레이크등은 브레이크액의 부족, 주차 브레이크 작동, EBD 시스템 이상 발생 시 점등된다.

정답 ③

12 가솔린기관에서 MPI시스템의 인젝터 점검방법으로 적절하지 않은 것을 〈보기〉에서 모두 고르면?

> **보기**
> ㄱ. 솔레노이드 코일의 저항 점검
> ㄴ. 인젝터의 리턴 연료량 점검
> ㄷ. 인젝터의 작동음
> ㄹ. 인젝터의 연료분사량

① ㄱ   ② ㄴ

③ ㄱ, ㄷ   ④ ㄴ, ㄹ

⑤ ㄷ, ㄹ

| 해설 |
인젝터의 리턴 연료량 점검은 디젤기관에 해당하는 사항이다.

정답 ②

13 엔진 가동 시 화재가 발생하였을 때 가장 먼저 취해야 할 조치사항은?

① 모래를 뿌린다.
② 물을 붓는다.
③ 점화원을 차단한다.
④ 엔진을 가속하여 팬의 바람으로 끈다.
⑤ 엔진이 식을 수 있도록 공기와 접촉시킨다.

> | 해설 |
> 엔진 화재 시 가장 먼저 취해야 할 조치는 전원 공급을 차단하는 것이다.
>
> 정답 ③

14 다음 중 자동차 정비 작업 시 안전 및 유의사항으로 적절하지 않은 것은?

① 기관 운전 시 일산화탄소가 생성되므로 환기장치를 해야 한다.
② 헤드 개스킷이 닿는 표면은 스크레이퍼로 큰 압력을 가하여 깨끗이 긁어낸다.
③ 점화 플러그의 청소 시 보안경을 쓰는 것이 좋다.
④ 기관을 들어낼 때 체인 및 리프팅 브래킷은 무게 중심부에 튼튼히 걸어야 한다.
⑤ 축이 회전하는 기구를 작업할 때에는 맨손으로 작업해야 한다.

> | 해설 |
> 헤드 및 실린더 표면을 스크레이퍼 등으로 긁어내면 표면이 손상되어 성능이 저하되거나 고장이 발생할 수 있다.
>
> 정답 ②

15 계기판의 충전경고등은 어느 때 점등되는가?

① 배터리 전압이 10.5V 이하일 때
② 알터네이터에서 충전이 안 될 때
③ 알터네이터에서 충전되는 전압이 높을 때
④ 배터리 전압이 14.7V 이상일 때
⑤ 배터리가 완전 방전될 때

> | 해설 |
> 발전기 고장으로 충전 불량 시 계기판 충전경고등이 점등된다.
>
> 정답 ②

16 하이브리드 자동차의 정비 시 주의사항으로 옳지 않은 것을 〈보기〉에서 모두 고르면?

보기

ㄱ. 엔진 룸의 고압 세차는 하지 않는다.
ㄴ. 고전압 케이블(U, V, W상)의 극성은 올바르게 연결한다.
ㄷ. 도장 후 고압 배터리는 헝겊으로 덮어두고 열처리한다.
ㄹ. 하이브리드 모터 작업 시 휴대폰, 신용카드 등을 휴대하여도 무관하다.

① ㄱ, ㄷ
② ㄱ, ㄹ
③ ㄴ, ㄷ
④ ㄴ, ㄹ
⑤ ㄷ, ㄹ

| 해설 |
ㄷ. 하이브리드 차량의 도장 작업 시 도장부스 온도 상승으로 인해 배터리가 열적 손상을 입을 가능성이 있으므로 백도어 개방 후 도장 작업을 진행한다.
ㄹ. 하이브리드 모터 작업 시 휴대폰, 신용카드 등을 휴대하면 안 된다.

정답 ⑤

17 전자제어 연료분사 장치에서 연료펌프의 구동상태를 점검하는 방법으로 옳은 것을 〈보기〉에서 모두 고르면?

보기

ㄱ. 연료펌프 모터의 작동음을 확인한다.
ㄴ. 연료의 송출 여부를 점검한다.
ㄷ. 연료압력을 측정한다.
ㄹ. 연료펌프를 분해하여 점검한다.

① ㄱ, ㄴ
② ㄱ, ㄷ
③ ㄴ, ㄷ
④ ㄱ, ㄴ, ㄷ
⑤ ㄴ, ㄷ, ㄹ

| 해설 |
오답분석
ㄹ. 연료펌프는 분해점검하지 않는다.

정답 ④

18 다음 중 드릴 작업 시 안전사항으로 옳지 않은 것은?

① 장갑을 끼고 작업한다.

② 머리가 긴 경우, 단정하게 하여 작업모를 착용한다.

③ 작업 중 쇳가루를 입으로 불어서는 안 된다.

④ 공작물은 단단히 고정시켜 따라 돌지 않게 한다.

⑤ 절삭점을 제외한 부분에 덮개를 설치한다.

| 해설 |
드릴 작업 시 장갑을 착용하면 드릴 회전 시 장갑이 끼어 손과 함께 말려들어가 큰 부상을 당할 수 있다.

정답 ①

19 다음 중 전자제어 연료분사 장치에서 인젝터의 상태를 점검하는 방법으로 적절하지 않은 것은?

① 인젝터를 분해하여 점검한다.

② 인젝터의 작동음을 듣는다.

③ 인젝터의 작동시간을 측정한다.

④ 인젝터의 분사량을 측정한다.

⑤ 인젝터의 저항값을 측정한다.

| 해설 |
인젝터 점검 시 인젝터 작동음, 작동시간, 분사량, 저항 등을 점검한다.

정답 ①

20 다음 중 연삭 작업 시 안전사항으로 적절하지 않은 것은?

① 연삭 숫돌 설치 전 해머로 가볍게 두들겨 균열 여부를 확인해 본다.

② 연삭 숫돌의 측면에 서서 연삭한다.

③ 연삭기의 커버를 벗긴 채 사용하지 않는다.

④ 연삭 숫돌의 주위와 연삭 지지대 간격은 가능한 한 멀리 떨어트린다.

⑤ 안구를 보호하기 위해 보안경을 착용한다.

| 해설 |
연삭 숫돌 주위와 연삭 지지대 간격은 2~3mm 정도로 이격한다.

정답 ④

01 다음 중 구동모터의 회전자와 고정자의 위치를 감지하는 것은?

① 레졸버

② 경사각 센서

③ 인버터

④ 저전압 직류 변환장치

⑤ 고전압 교류 변환장치

| 해설 |
레졸버는 구동모터에서 로터의 위치를 검출하여 모터 컨트롤 유닛으로 제어신호를 보낸다.

정답 ①

02 다음 중 차륜 정렬의 목적으로 옳지 않은 것을 〈보기〉에서 모두 고르면?

> 보기
>
> ㄱ. 선회 시 좌·우측 조향각 통일
> ㄴ. 조향 휠 복원성 유지
> ㄷ. 조향 휠 조작력 확보
> ㄹ. 타이어 편마모 방지

① ㄱ

② ㄹ

③ ㄱ, ㄷ

④ ㄱ, ㄹ

⑤ ㄴ, ㄷ

| 해설 |
차륜 정렬은 적은 힘으로도 조향이 가능하도록 하고 안정성 확보, 타이어 편마모의 최소화 및 조향 핸들의 복원성을 확보한다.

정답 ①

03 다음 중 변속기의 내부에 설치된 증속 구동 장치의 특징으로 옳지 않은 것은?

① 기관의 회전속도를 일정 수준 낮추어도 주행 속도를 그대로 유지한다.

② 출력과 회전수의 증대로 윤활유 및 연비가 증가한다.

③ 기관의 회전속도가 같으면 증속장치가 설치된 자동차의 속도가 더 빠르다.

④ 기관의 수명이 길어지고 운전이 정숙하게 된다.

⑤ 평탄한 도로 주행 시 연료를 절약할 수 있다.

| 해설 |
오버드라이브라고도 하는 증속 구동 장치는 구동력이 작아지나 고속주행이 가능하고 정숙한 운전으로 연비가 향상되는 기능이다.

정답 ②

04 변속기의 제1감속비가 4.5 : 1이고 종감속비는 6 : 1일 때 총감속비는?

① 27 : 1

② 10.5 : 1

③ 1.33 : 1

④ 0.75 : 1

⑤ 0.1 : 1

| 해설 |
(총감속비)=(변속비)×(종감속비)이므로 총감속비는 4.5×6:1=27:1이다.

정답 ①

05 다음 중 일반 승용차에서 교류 발전기의 충전전압 범위는?(단, 12V 배터리의 경우이다)

① 54.8 ∼ 64.8V

② 43.8 ∼ 54.8V

③ 33.8 ∼ 43.8V

④ 23.8 ∼ 34.8V

⑤ 13.8 ∼ 14.8V

| 해설 |
12V 전원을 사용하는 일반 승용차의 발전기 출력 전압은 13.8 ∼ 14.8V이다.

정답 ⑤

06 다음 중 에어컨 시스템에서 냉매라인을 고압라인과 저압라인으로 나누었을 때 저압라인의 부품에 해당하는 것은?

① 응축기(Condenser)
② 리시버 드라이어(Receiver Drier)
③ 어큐뮬레이터(Accumulator)
④ 송풍기(Blower Motor)
⑤ 증발기(Evaporator)

| 해설 |
어큐뮬레이터는 증발기를 거쳐 나온 저압 기체의 불순물을 제거하는 역할을 한다.

정답 ③

07 다음 중 자동변속기 구성장치 중 오일 펌프에서 공급된 유압을 각부로 공급하는 유압회로를 형성하는 것은?

① 밸브 바디
② 피드백 펌프
③ 토크 컨버터
④ 유성기어
⑤ 스테이터

| 해설 |
자동변속기는 오일 펌프에서 발생한 유압을 밸브 바디에서 유압회로를 통해 각 부로 공급한다.

정답 ①

08 다음 중 자동차 엔진오일이 우유색처럼 보일 때의 원인으로 가장 적절한 것은?

① 노킹이 발생했다.
② 가솔린이 유입되었다.
③ 교환 시기가 지나서 오염되었다.
④ 냉각수가 섞여 있다.
⑤ 정상이므로 이상 없다.

| 해설 |
엔진오일 상태에 따른 엔진오일 색 변화
  • 짙은 갈색 혹은 황색 : 정상
  • 검은색 : 심한 오염
  • 백색 : 냉각수 혼입
  • 적색 : 가솔린 유입
  • 회색 : 연소가스 생성물(4에틸납) 혼입

정답 ④

09 다음 중 자동차 엔진에 냉각수를 보충하려고 할 때 가장 안전한 방법은?

① 주행 중 냉각수 경고등이 점등되면 공회전 상태에서 바로 냉각수를 넣는다.

② 주행 중 냉각수 경고등이 점등되면 라디에이터 캡을 열고 바로 엔진오일을 보충한다.

③ 주행 중 냉각수 경고등이 점등되면 라디에이터 캡을 열고 바로 냉각수를 보충한다.

④ 주행 중 냉각수 경고등이 점등되면 엔진을 냉각시킨 후 라디에이터 캡을 열고 냉각수를 보충한다.

⑤ 주행 중 냉각수 경고등이 점등되면 엔진을 냉각시킨 후 라디에이터 캡을 열고 엔진오일을 보충한다.

| 해설 |
주행 중 냉각수 경고등이 점등되면 주행을 멈추고 엔진을 식힌 후 라디에이터 캡을 열고 냉각수를 보충한다.

정답 ④

10 엔진오일의 유압이 낮아지는 원인으로 옳지 않은 것을 〈보기〉에서 모두 고르면?

> 보기
>
> ㄱ. 베어링의 오일 간극이 크다.
> ㄴ. 유압조절 밸브의 스프링 장력이 크다.
> ㄷ. 오일 팬 내의 윤활유 양이 과다하다.
> ㄹ. 윤활유 공급 라인에 공기가 유입되었다.

① ㄱ, ㄹ   ② ㄴ, ㄷ

③ ㄷ, ㄹ   ④ ㄱ, ㄷ, ㄹ

⑤ ㄴ, ㄷ, ㄹ

| 해설 |
엔진오일의 유압이 낮아지는 원인
• 베어링 오일의 간극 과다
• 오일 팬 내 윤활유 부족
• 윤활유 공급 라인 내 공기 유입
• 유압조절 밸브의 스프링 장력 부족

정답 ②

11 토크 컨버터의 구성품을 〈보기〉에서 모두 고르면?

> **보기**
> ㄱ. 펌프   ㄴ. 터빈
> ㄷ. 유성기어   ㄹ. 스테이터
> ㅁ. 클러치

① ㄱ, ㄴ, ㄹ   ② ㄱ, ㄹ, ㅁ
③ ㄴ, ㄷ, ㅁ   ④ ㄴ, ㄹ, ㅁ
⑤ ㄷ, ㄹ, ㅁ

| 해설 |
토크 컨버터는 펌프, 터빈, 스테이터로 구성되어 있다.

정답 ①

12 다음 중 토크 컨버터 내 스테이터가 회전하기 시작하여 펌프 및 터빈과 함께 회전할 때, 이에 대한 설명으로 옳은 것은?

① 오일 흐름의 방향을 바꾼다.
② 터빈의 회전속도가 펌프보다 증가한다.
③ 토크변환이 증가한다.
④ 유체클러치의 기능을 한다.
⑤ 스테이터가 역회전을 한다면 전달 효율은 감소한다.

| 해설 |
스테이터 회전 시직 시점은 고속회전 시 스테이터가 회전하면서 유체커플링으로 전환되는 시점이다.

정답 ④

13 토크 컨버터에서 터빈러너의 회전속도가 펌프임펠러의 회전속도에 가까워져 스테이터가 공전하기 시작하는 지점은?

① 영점   ② 임계점

③ 클러치점   ④ 변속점

⑤ 최고속도점

| 해설 |
클러치 포인트는 터빈러너의 회전속도가 펌프임펠러의 회전속도와 비슷하게 되어 스테이터가 회전하기 시작하는 지점이다.

정답 ③

14 사용 중인 중고 자동차의 냉각수(부동액)를 넣었더니 14L가 주입되었다. 신품 라디에이터에는 16L의 냉각수가 주입된다면 라디에이터 코어 막힘률은?

① 12.5%   ② 15.5%

③ 20.5%   ④ 22.5%

⑤ 25%

| 해설 |

$$(\text{라디에이터 코어 막힘률}) = \frac{(\text{신품 용량}) - (\text{구품 용량})}{(\text{신품 용량})} \times 100 = \frac{16-14}{16} \times 100 = 12.5\%$$

정답 ①

15 다음 중 백워닝(후방경보) 시스템의 기능에 대한 설명으로 옳지 않은 것은?

① 차량 후방의 장애물은 초음파 센서를 이용하여 감지한다.

② 차량 후방의 장애물과의 거리에 따라 경고음이 다르게 작동한다.

③ 차량 후방의 장애물 감지 시 브레이크가 작동하여 차속을 감속시킨다.

④ 차량 후방의 장애물 형상에 따라 감지되지 않을 수도 있다.

⑤ 사각지대가 존재하므로 후진에 유의해야 한다.

| 해설 |
후방경보 시스템은 차량 후방에 장착한다. 초음파 센서를 이용하여 차량 후방에 존재하는 장애물을 감지하고 그 거리에 따라 경보음의 패턴에 변화를 주어 장애물과의 거리 등을 운전자에게 알려준다. 하지만 장애물의 형상에 따라 인식이 어려운 경우도 있다.

정답 ③

16 다음 중 자동변속기에서 토크 컨버터 내의 록업 클러치(댐퍼 클러치)의 작동조건으로 적절하지 않은 것은?

① D 레인지에서 일정 차속(약 70km/h)일 때

② 냉각수 온도가 충분히(약 75℃) 올랐을 때

③ 브레이크 페달을 밟지 않을 때

④ 엔진 회전수가 정격 rpm 이상일 때

⑤ 발진 및 후진 시

| 해설 |
댐퍼 클러치가 작동하지 않는 경우
- 발진 및 후진
- 오일온도가 60℃ 이하일 때
- 제3속에서 제2속으로 시프트 다운될 때
- 변속레버가 중립 위치에 있을 때
- 엔진브레이크가 작동할 때
- 냉각수 온도가 50℃ 이하일 때
- 엔진 회전수가 800rpm 이하일 때

정답 ⑤

17 수동변속기에서 싱크로메시 기구는 어떤 작용을 하는가?

① 가속 작용   ② 감속 작용

③ 동기 작용   ④ 배력 작용

⑤ 마찰 작용

> | 해설 |
> 싱크로메시 기구는 변속기어가 물릴 때 주축기어와 부축기어의 회전속도를 동기시켜 원활한 치합이 이루어지도록 하는 장치이다.
>
> 정답 ③

18 다음 중 자동변속기의 유압제어 기구에서 매뉴얼 밸브의 역할로 옳은 것은?

① 선택 레버의 움직임에 따라 P, R, N, D 등의 각 레인지로 변환 시 유로 변경

② 오일 펌프에서 발생한 유압을 차속과 부하에 알맞은 압력으로 조정

③ 유성 기어를 차속이나 엔진 부하에 따라 변환

④ 각 단 위치에 다른 포지션을 컴퓨터로 전달

⑤ 엔진의 과열상태를 감지하여 냉각 팬 작동

> | 해설 |
> 매뉴얼 밸브는 자동변속기 차량에서 시프트 레버의 조작을 받아 변속 레인지를 결정한다.
>
> 정답 ①

19 다음 중 TPS(Throttle Position Sensor)의 기능으로 적절하지 않은 것은?

① TPS는 스로틀 보디(Throttle Body)의 밸브축과 함께 회전한다.

② TPS는 배기량을 감지하는 회전식 가변저항이다.

③ 스로틀 밸브(Throttle Valve)의 회전에 따라 출력 전압이 변화한다.

④ TPS의 결함이 있으면 변속 충격 또는 다른 고장이 발생한다.

⑤ 가속 및 감속 상태를 파악하여 연료분사량 등을 제어하는 신호를 송출한다.

| 해설 |
스로틀 포지션 센서(TPS)는 스로틀 개도를 검출하여 공회전 영역 파악, 가·감속 상태 파악 및 연료분사량을 보정 및 제어하는 신호를 송출한다.

정답 ②

---

20 자동변속기를 제어하는 TCU(Transaxle Control Unit)에 입력되는 신호로 옳지 않은 것을 〈보기〉에서 모두 고르면?

> **보기**
>
> ㄱ. 인히비티 스위치   ㄴ. 스로틀 포지션 센서
> ㄷ. 엔진 회전수   ㄹ. 휠 스피드 센서
> ㅁ. 솔레노이드 밸브

① ㄱ, ㄷ   ② ㄴ, ㄷ

③ ㄴ, ㄹ   ④ ㄷ, ㄹ

⑤ ㄹ, ㅁ

| 해설 |
솔레노이드 밸브는 TCU의 출력 신호이고, 휠 스피드 센서는 전자제어 제동 시스템(ABS)에 적용하는 센서이다.

정답 ⑤

SD에듀 현대자동차 모빌리티
생산직/기술인력 자동차구조학

개정2판1쇄 발행	2024년 06월 20일 (인쇄 2024년 05월 23일)
초 판 발 행	2023년 02월 10일 (인쇄 2023년 01월 17일)
발 행 인	박영일
책 임 편 집	이해욱
편 저	SDC(Sidae Data Center)
편 집 진 행	안희선 · 김내원
표지디자인	박수영
편집디자인	박지은 · 장성복
발 행 처	(주)시대고시기획
출 판 등 록	제10-1521호
주 소	서울시 마포구 큰우물로 75 [도화동 538 성지 B/D] 9F
전 화	1600-3600
팩 스	02-701-8823
홈 페 이 지	www.sdedu.co.kr
I S B N	979-11-383-7222-0 (13320)
정 가	22,000원

※ 이 책은 저작권법의 보호를 받는 저작물이므로 동영상 제작 및 무단전재와 배포를 금합니다.
※ 잘못된 책은 구입하신 서점에서 바꾸어 드립니다.